Homo s@piens

Das Buch

Noch zu unseren Lebzeiten, in den nächsten zwanzig Jahren, wird sich die Welt dramatischer verändern als im gesamten 20. Jahrhundert. Computer werden in der Zukunft persönliche Züge aufweisen, Emotionen zeigen und eigene Ziele und Wünsche formulieren. Sie werden einen freien Willen äußern, und die Menschen, deren Denken immer noch von der Arbeit organischer Neuronen abhängt, werden ihnen glauben. Das gesamte Spektrum menschlicher Intelligenzleistung hat mit ernsthafter Konkurrenz zu rechnen ...
Ray Kurzweil entwickelt eine atemberaubende Vision vom Leben im 21. Jahrhundert, die weitreichende ethische und philosophische Fragen aufwirft.

Der Autor

Ray Kurzweil, geboren 1948, hat am Massachusetts Institute of Technology Computerwissenschaften und Literatur studiert. Er gilt als einer der Pioniere der künstlichen Intelligenz. Mit einer Vielzahl von Erfindungen – vom Synthesizer über Lesemaschinen für Blinde bis zur Texterkennungs-Software und dem Spracherkennungssystem zum Diktieren am PC – hat der Wissenschaftler unsere digitale Gegenwart geprägt.

Ray Kurzweil

Homo s@piens

Leben im 21. Jahrhundert – Was bleibt vom Menschen?

Aus dem Englischen von Helmut Dierlamm, Enrico Heinemann, Ute Mihr, Thomas Pfeiffer, Reiner Pfleiderer

Econ Taschenbuch Verlag

Econ Taschenbuch Verlag 2000
Der Econ Taschenbuch Verlag ist ein Unternehmen der
Econ Ullstein List Verlag GmbH & Co. KG, München

Titel der amerikanischen Originalausgabe:
The Age of Spiritual Machines (Viking Press, London)
Umschlagkonzept: Büro Meyer & Schmidt, München –
Jorge Schmidt
Übersetzung: Helmut Dierlamm, Enrico Heinemann, Ute Mihr,
Thomas Pfeiffer, Reiner Pfleiderer
Umschlaggestaltung: Bauer + Möhring, Berlin
Titelabbildung: Tony Stone
Druck und Bindearbeiten: Ebner Ulm
Printed in Germany
ISBN 3-612-26741-8

Inhaltsübersicht

Dank

An dieser Stelle möchte ich den vielen danken, die mich bei diesem Vorhaben mit Anregungen, Geduld, Ideen, Kritik, Hinweisen und auf andere Weise unterstützt haben. Mein besonderer Dank gilt:

– meiner Frau Sonya für ihre liebevolle Geduld während der vielen unerwarteten Wendungen und Verwicklungen des schöpferischen Prozesses.

– meiner Mutter für die langen Spaziergänge in meiner Kindheit in den Wäldern von Queens (die es damals tatsächlich noch gab) und für ihr begeistertes Interesse an meinen nicht immer voll ausgereiften Ideen, die sie schon früh unterstützt hat.

– den Lektoren des Verlages Viking, Barbara Grossman und Dawn Drzal, für ihre wertvollen Hinweise und für ihr fachkundiges Lektorat sowie dem einsatzfreudigen Team von Viking/Penguin, unter anderem der Verlegerin Susan Peterson, den Vertriebsleuten Ivan Held und Paul Slovac, dem Lektor John Jusino, der Gestalterin Bethy Lew, dem Fotografen Jerry Bauer sowie Jariya Wanapun und Amanda Patton vom Sekretariat.

– meiner literarischen Agentin Loretta Barett für die Unterstützung bei der Verwirklichung des Projektes.

– meinen brillanten Rechercheuren Wendy Dennis und Nancy Mulford für ihre engagierte und hilfreiche Arbeit.

– Rose Russo und Robert Brun dafür, daß sie Ideen zur Illustration in glanzvolle visuelle Präsentationen verwandelt haben.

– Aaron Kleiner für seine Ermutigung und Unterstützung.

– George Gilder für seine anregenden Gedanken und Hinweise.

– Harry George, Don Gonson, Larry Janowitch, Hannah Kurzweil, Rob Pressman und Mickey Singer für ihre anregenden und hilfreichen Diskussionen zu den Themen dieses Buches.

– meinen Lesern: Peter Arnold, Melanie Baker-Futorian, Loretta Barrett, Stephen Baum, Bryan Bergeron, Mike Brown, Cheryl Cordima, Avi Coren, Wendy Dennis, Mark Dionne, Dawn Drzal, Nicholas Fabijanic, Gil Fischman, Ozzie Frankell, Vicky Frankell, Bob Frankston, Francis Ganong, Tom Garfield, Harry George,

Audra Gerhardt, George Gilder, Don Gonson, Martin Greenberger, Barbara Grossman, Larry Janowitch, Aaron Kleiner, Jerry Kleiner, Allen Kurzweil, Amy Kurzweil, Arielle Kurzweil, Edith Kurzweil, Ethan Kurzweil, Hannah Kurzweil, Lenny Kurzweil, Missy Kurzweil, Nancy Kurzweil, Peter Kurzweil, Rachel Kurzweil, Sonya Kurzweil, Jo Lernout, Jon Lieff, Elliot Lobel, Cyrus Mehta, Nancy Mulford, Nicholas Mullendore, Rob Pressman, Vlad Sejnoha, Mickey Singer, Mike Sokol, Kom Storey und Barbara Tyrell für Zuspruch, (sehr konstruktive) Kritik und zahllose wertvolle Hinweise.

– schließlich allen Forschern, Ingenieuren, Unternehmern und Künstlern, die engagiert am Aufbau des Zeitalters der spirituellen Maschinen mitwirken.

Hinweis an den Leser

Ein Photon, das durch einen Versuchsaufbau aus Glasflächen und Spiegeln geschickt wird, geht einen ungewissen Weg. Genaugenommen schlägt es jeden möglichen verfügbaren Weg ein (für Photonen gibt es nämlich keine »The Road Not Taken« wie in Robert Frosts Gedicht). Diese Ambiguität gilt so lange, bis die Beobachtung durch einen bewußt wahrnehmenden Beobachter das Teilchen dazu zwingt, sich zu entscheiden, welchen Weg es genommen hat. Dann ist die Ungewißheit – rückwirkend – ausgeräumt, und das Photon scheint sich für einen bestimmten Weg von Anfang an entschieden zu haben.

Wie Quantenteilchen haben auch Sie, der Leser und die Leserin dieses Buchs, die Wahl, welchen Weg Sie nehmen wollen. Sie können die Kapitel, wie von mir beabsichtigt, der Reihenfolge nach lesen. Vielleicht können Sie es nach der Lektüre des »Prologs« aber nicht erwarten, in die Zukunft zu blicken, und springen deshalb sofort zu den Kapiteln von Teil III zum 21. Jahrhundert (siehe die Inhaltsübersicht auf Seite 7 ff.). Anschließend kehren Sie zu den vorigen Kapiteln zurück, die das Wesen und den Ursprung der Trends und Wirkungskräfte im kommenden Jahrhundert behandeln. Vielleicht verläuft Ihr Weg ja auch bis zum Ende Ihrer Lektüre scheinbar ziellos. Beim Epilog wird allerdings jede Ungewißheit ausgeräumt sein, so daß es den Anschein hat, als hätte der von Ihnen eingeschlagene Weg von Anfang an festgestanden.

Prolog:

Eine unerbittliche Glückssträhne

Der Spieler war vollkommen überrascht. Daß er sich hier wiederfinden würde, hätte er nicht erwartet. Aber wenn er über sein Leben nachdachte, kam er gar nicht so schlecht weg. Jetzt saß er jedenfalls in diesem prachtvollen Saal mit glitzernden Kristallüstern, kostbaren Perserteppichen und Büffettischen, auf denen sich Delikatessen türmten. Und bildschöne Damen warfen dem Neuankömmling tiefe Blicke zu.

Der Spieler begab sich an den Roulettisch und versuchte sein Glück: auf Anhieb die richtige Zahl! Er setzte erneut, und wieder hatte er Glück. So ging es eine ganze Zeit, bis er sich an einen anderen Spieltisch setzte. Auch hier gewann er Spiel um Spiel, sorgte mit seiner Glückssträhne beim Personal und bei den schönen Damen für Aufsehen.

Am folgenden Tag setzte sich die Gewinnserie fort, und auch am nächsten und am übernächsten: Der Spieler gewann jedes Spiel und häufte immer mehr Geld an. Die Glückssträhne übertraf seine kühnsten Träume. Und sie hielt an: Wochen und Monate hindurch verlor er kein einziges Spiel.

Dann aber wurde der Spieler unruhig: Das ständige Gewinnen begann langweilig zu werden, das monotone Spielen mit sicherem Gewinn verlor jeden Reiz. Und er gewann weiter. Schließlich wandte er sich an einen der Türsteher, den er für einen Wächterengel hielt: Er habe diese ewigen Gewinne satt, beklagte er sich. Er sei für den Himmel nicht geschaffen, sei immer ein Kandidat für die Hölle gewesen, und dorthin wolle er jetzt gehen …

»Aber genau da sind wir«, erhielt er zur Antwort.

Soweit meine Erinnerung an eine Episode von *Twilight Zone*, einer Fernsehserie aus meiner Kindheit. Den Titel habe ich mir nicht gemerkt, aber ich würde sie »Sei vorsichtig mit deinen Wünschen« nennen. Wie so oft in dieser spannenden Serie thematisiert diese Episode eine der Paradoxien der menschlichen Natur: Wir lieben es,

Probleme zu lösen, aber wir wollen nicht, daß alle Probleme aus der Welt geschafft werden, jedenfalls nicht zu schnell. Denn wir sind mehr den Problemen als ihren Lösungen zugetan.

Wie im Falle des Todes. Wir verwenden einen Großteil unserer Energien darauf, ihn zu verdrängen, ihn zu vermeiden, ihn möglichst lange hinauszuschieben. Und doch betrachten wir den Tod, wenn er eintritt, hilflos als tragisches Geschehen. Aber ohne Tod ist ein Leben kaum vorstellbar: Erst die Endlichkeit gibt unserer Zeit Bedeutung und Sinn. Wer endlos lange Zeit hat, kann sie nicht genießen. Wenn wir den Tod ewig hinausschieben könnten, erginge es uns vielleicht wie dem Spieler, der das ständige Gewinnen am Ende satt hat.

Aber noch befinden wir uns nicht in dieser Zwangslage. Noch sind Probleme in ausreichendem Maße vorhanden, und kaum ein Beobachter des 20. Jahrhunderts sieht hier ein Zuviel an Fortschritt. Trotz des wachsenden Wohlstandes – wir verdanken ihn unter anderem der Informationstechnologie – kämpft die Menschheit noch immer mit Sorgen und Nöten, wie sie seit Anfang der Geschichtsschreibung bekannt sind.

Im 21. Jahrhundert wird dies anders sein. Die Computertechnik versetzt uns in die Lage, jahrhundertealte Probleme zu lösen. Sie weist uns den Weg in eine postbiologische Zukunft, die das Wesen von Sterblichkeit verändert. Ist unsere Psyche auf die kommenden Veränderungen vorbereitet? Sicherlich nicht. Aber auch das wird sich wahrscheinlich ändern.

Vor Ablauf des nächsten Jahrhunderts[1] wird der Mensch seine Stellung als das intelligenteste und das leistungsfähigste Wesen auf Erden verloren haben. Doch halt – diese Prognose steht und fällt damit, was wir unter dem Begriff »menschliches Wesen« verstehen. Und hier läßt sich bereits ein wesentlicher Unterschied zwischen diesen Jahrhunderten erahnen. Anders als im jetzigen Jahrhundert wird dies die vorrangige politische und philosophische Begriffsbestimmung sein: die Frage, wie wir das Wesen des Menschen definieren.

Aber ich greife vor. Das jetzige Jahrhundert hat gewaltige technische und soziale Veränderungen mit sich gebracht, die um 1899 von nur wenigen Experten vorausgesehen worden waren. Veränderungen vollziehen sich – seit den ersten Erfindungen – in immer rascherer Geschwindigkeit. (Wie ich im ersten Kapitel dieses Buches zeigen werde, ist diese Beschleunigung ein der technischen Entwicklung innewohnender Zug.) Deshalb dürfen wir in den ersten beiden Jahrzehnten des 21. Jahrhunderts weitaus größere Veränderungen erwarten, als wir im gesamten 20. Jahrhundert erlebt haben. Um die unabwendbare Entwicklung im kommenden Jahrhundert einzuschätzen, müssen wir uns zunächst mit dem gegenwärtigen Jahrhundert befassen.

Der Übergang ins 21. Jahrhundert

Heutige Computer übertreffen menschliche Intelligenz auf zahlreichen Spezialgebieten: so beim Schachspielen, bei der medizinischen Diagnose, dem An- und Verkauf von Aktien und der Lenkung von Mittelstreckenraketen. Andererseits ist die menschliche Intelligenz auf fast allen Gebieten anpassungsfähiger und flexibler. Noch immer sind Computer nicht in der Lage, Gegenstände auf einem Küchentisch zu beschreiben, einen Kinofilm zusammenzufassen, Schnürsenkel zu binden, den Unterschied zwischen einem Hund und einer Katze zu benennen (mit neuronalen Netzen – Computersimulationen menschlicher Gehirnzellen – ist dies theoretisch allerdings heute schon möglich), auf Witze zu reagieren oder andere komplizierte Aufgaben zu erfüllen, die ihre menschlichen Schöpfer glänzend meistern.[2]

Ein Grund für diese Defizite liegt darin, daß selbst die leistungsfähigsten Computer noch immer millionenfach einfacher als die menschliche Intelligenz funktionieren. (Sie reagieren zumeist nach vorgegebenen Mustern auf einfache Befehle.) Diese Ungleichheit wird allerdings schon Anfang des nächsten Jahrhunderts verschwinden. Seit der Erfindung von Rechenanlagen Anfang unseres Jahrhunderts haben sich deren Arbeitsgeschwindigkeit und Komplexität alle vierundzwanzig Monate verdoppelt (was jeweils eine Vervierfachung der Leistungsfähigkeit bedeutet). Da dieser Trend in Zukunft anhalten dürfte, werden Computer um das Jahr 2020 die Speicherkapazität und Rechengeschwindigkeit des menschlichen Gehirns erreichen.

Aber das gibt ihnen nicht automatisch auch die Flexibilität menschlicher Intelligenz. Ebenso wichtig sind die Organisation und die

Inhalte dieser beiden Fähigkeiten, gewissermaßen die Software der Intelligenz. Ein Ansatz, Software nach Art des Gehirns zu entwickeln, besteht in der Umkehrtechnik – dabei wird ein menschliches Gehirn gescannt (was schon Anfang des nächsten Jahrhunderts möglich werden wird)[3], und die Nervenschaltungen werden auf einen ausreichend leistungsfähigen Neurocomputer (ein Rechner zur Simulation einer gewaltigen Anzahl menschlicher Neuronen) übertragen.

Es gibt eine Vielzahl denkbarer Szenarios, wie in einer Maschine Intelligenz auf menschlichem Niveau erzeugt werden könnte. Wir werden in der Lage sein, mit neuronalen Netzen und anderen Paradigmen kombinierte Systeme so zu entwickeln und zu trainieren, daß sie »natürliche Sprache«, d. h. menschliche Sprache – gesprochene Worte wie geschriebene Texte – verstehen und daraus Wissen und Erkenntnisse ableiten und verarbeiten können. Die Fähigkeit, aus Sprache oder schriftlichen Texten Wissen zu exzerpieren, ist bei der heutigen Generation von Computern nach wie vor begrenzt, doch wächst ihre Kompetenz auf diesem Gebiet rasant. Im zweiten Jahrzehnt des 21. Jahrhunderts werden Computer Texte selbständig lesen, speichern und verarbeiten. Dann können sie mit jeder Art Literatur – mit Büchern, Fachzeitschriften, wissenschaftlichen Veröffentlichungen und anderem Material – gefüttert werden. In einem weiteren Schritt werden Maschinen selbständig Wissen erwerben: Sie wagen sich in die physische Welt hinaus, nutzen die verfügbaren Quellen und Informationsdienste und tauschen das erworbene Wissen untereinander aus (was Maschinen viel leichterfällt als Menschen).

Sobald Computer ein menschliches Niveau an Intelligenz erreicht haben, werden sie auch diese Stufe zwangsläufig rasch überwinden. Rechner hatten gleich nach ihrem Erscheinen begonnen, den Menschen an Gedächtnisleistungen und der Fähigkeit zur Informationsverarbeitung zu überflügeln. Heutzutage speichern Computer mühelos und jederzeit abrufbar Milliarden von Fakten. Dagegen bereitet es Menschen oft schon Schwierigkeiten, wenn sie sich eine Handvoll Telefonnummern merken sollen. Rechner durchforsten in Bruchteilen von Sekunden Datenbanken mit vielen Millionen Einträgen. Auf ihre Wissensbasen kann jederzeit zugegriffen werden. Maschinen, die eine Intelligenz auf menschlichem Niveau mit der dem Computer innewohnenden höheren Arbeitsgeschwindigkeit, Zuverlässigkeit und Kommunikationsfähigkeit vereinen, werden Phantastisches leisten.

Obwohl die Neuronen von Säugetieren auf wunderbare Weise ihren Zweck erfüllen, sind sie ihren technischen Entsprechungen gegenüber deutlich im Nachteil. Ein Großteil ihres komplexen Aufbaus dient statt der Informationsverarbeitung der Aufrechterhaltung der eigenen Lebensfunktionen. Zudem arbeiten Neuronen sehr langsam. Elektronische Schaltungen funktionieren mindestens eine Million Male schneller. So könnte ein Computer mit menschlichen Fähigkeiten, indem er abstrakte Begriffe versteht, Muster erkennt oder andere typisch menschliche Intelligenzleistungen erbringt, mit einer gewaltigen Wissensbasis umgehen, die sich aus dem gesamten von Menschen und Maschinen zusammengetragenen Wissen speist.

Daß Computer mit der menschlichen Intelligenz ernsthaft konkurrieren werden, halten viele unter Berufung auf den momentanen Stand der Technik für ein Hirngespinst. Wer zu Hause mit seinem Computer umgeht, hat nicht den Eindruck, daß er es mit echter Intelligenz zu tun hat. Wie sollte diese Maschine Humor haben, eine Meinung vertreten oder eine andere der Fähigkeiten zeigen, in denen menschlicher Geist brilliert?

Aber die Computertechnik macht eine rasante Entwicklung durch. Fähigkeiten, die vor zwei Jahrzehnten nicht für möglich gehalten wurden, werden heute technisch umgesetzt. Zum Beispiel sind Computer heutzutage schon in der Lage, fortlaufend gesprochene Texte exakt zu erfassen und niederzuschreiben; sie sind dialogfähig, da sie Eingaben - schriftlich oder mündlich - verstehen und intelligent beantworten können. Sie werten medizinische Verfahren - Elektrokardiogramme, Blutuntersuchungen usf. - so zuverlässig wie Ärzte aus und bestreiten ganz selbstverständlich Schachweltmeisterschaften. Zu den Errungenschaften des nächsten Jahrzehnts gehören simultan dolmetschende Telefone, elektronische Assistenten, die einen auf Anfrage mit jeder erdenklichen Information versorgen, und eine Vielzahl weiterer Maschinen mit immer breiter gefächerten und flexibleren Intelligenzleistungen.

Im zweiten Jahrzehnt des nächsten Jahrhunderts werden die Grenzen zwischen menschlicher und maschineller Intelligenz immer stärker verschwimmen. Deutlich erkennbar wird dagegen die

Überlegenheit der Computerintelligenz im Hinblick auf Geschwindigkeit, Zuverlässigkeit und Speicherkapazität sein. Und immer schwieriger wird es andererseits werden, zu bestimmen, wo menschliche Intelligenz noch überlegen ist.

Schon heute leistet Computersoftware mehr, als viele wahrnehmen. Bei Demonstrationen der jüngsten Entwicklung auf Gebieten wie der Sprach- oder Schrifterkennung erlebe ich es häufig, daß der Stand der Technik Beobachter völlig überrascht. Die einzigen Erfahrungen beruhen meist auf dem Umgang mit einem veralteten System, das über einen beschränkten Wortschatz verfügte, Pausen zwischen den gesprochenen Wörter erforderte und dabei noch Fehler produzierte. Staunend erleben sie dann, wie heutige Systeme fortlaufend gesprochene Texte mit bis zu sechzigtausend verschiedenen Vokabeln zuverlässig wie eine Sekretärin niederschreiben.

Die Intelligenz von Computern nähert sich unaufhaltbar der unseren an. So vertraute Garry Kasparow 1990 beispielsweise noch darauf, daß ein Computer ihn im Schach niemals auch nur annähernd werde schlagen können. Die damals modernsten Systeme blieben hinter seinen Fähigkeiten weit zurück. Allerdings wurden die Computer kontinuierlich weiterentwickelt, wobei sie alljährlich 45 Bewertungspunkte aufholten. 1997 wurde Kasparow schließlich doch besiegt. Allerdings warnten viele vor voreiligen Schlüssen, und in der Tat sind zahlreiche menschliche Fähigkeiten weitaus schwieriger zu übertreffen als die beim Schach erforderlichen. Noch immer schneiden Computer auf vielen Gebieten – so beim Verfassen eines Buches – geradezu erbärmlich ab. Aber da ihre Leistungsfähigkeit exponentiell wächst, werden sich Erfahrungen wie die Kasparows im Schach auf anderen Gebieten wiederholen. In den nächsten Jahrzehnten werden Maschinen mit jeder beliebigen menschlichen Fähigkeit gleichziehen und sie schließlich auch übertreffen, sogar unsere großartige Fähigkeit, in einer breiten Vielfalt von Zusammenhängen Ideen hervorzubringen.

Wir haben uns angewöhnt, die Evolution als eine über Jahrmilliarden verlaufende Entwicklung anzusehen, die zwangsläufig in der Entstehung ihrer größten Errungenschaft gipfelte: in der menschlichen Intelligenz. Wenn Anfang des 21. Jahrhunderts auf der Erde eine neue Form der Intelligenz entsteht, die mit der menschlichen konkurriert und sie schließlich wesentlich übertrifft, so kommt dieser

Entwicklung höchste Bedeutung zu – nicht weniger jedenfalls als der Entstehung der menschlichen Intelligenz, aus der sie entstanden ist. Diese Entwicklung durchdringt alle Aspekte des Menschlichen, die Arbeitswelt wie das Schulwesen, die Staatsführung, die Kriegführung, die Kunst und das menschliche Selbstverständnis.

Noch ist das alles Zukunftsmusik. Aber mit Computern, die an Komplexität mit dem menschlichen Gehirn konkurrieren und dieses schließlich übertreffen, erlangen Maschinen die Fähigkeit, abstrakte und schillernde Begriffe zu verstehen und angemessen auf sie zu reagieren. Daß Menschen als komplizierte Wesen erscheinen, rührt mitunter von ihren widerstreitenden inneren Bestrebungen her. Ihre von Werten und Gefühlen bestimmten Ziele geraten oft miteinander in Konflikt – ein unvermeidliches Ergebnis des Umgangs mit Abstraktionen. Computer, die einen vergleichbaren – und sogar höheren – Grad an Komplexität erreichen und die in der Funktion zudem zumindest teilweise der menschlichen Intelligenz nachempfunden sind, werden sich notwendigerweise ebenfalls an werte- und gefühlsbestimmten Zielen orientieren, auch wenn diese Werte und Gefühle nicht unbedingt den menschlichen entsprechen.

Eine Vielfalt philosophischer Fragen stellt sich. Denken Computer oder rechnen sie nur? Ist menschliches Denken nur ein Rechnen? Wenn das menschliche Gehirn physikalischen Gesetzen folgt, ist es dann nur eine hochkomplexe Maschine? Gibt es zwischen menschlichem und maschinellem Denken einen grundlegenden Unterschied? Oder, umgekehrt formuliert, müssen wir Computer als bewußt denkende Wesen betrachten, sobald sie die Komplexität menschlicher Gehirne erlangt haben und ebenso komplexe und feinsinnige Aufgaben erfüllen? Diese letzte Frage ist so problematisch, daß manche Philosophen sie für sinnlos halten – anderen gilt sie dagegen als die einzig sinnvolle Frage in der Philosophie. Die Frage nach dem Bewußtsein, die bis in die Zeit Platons zurückreicht, gewinnt mit der Entwicklung von Maschinen, die anscheinend Willenskraft und Gefühle besitzen, eine ganz neue Dimension.

Angenommen, es gelänge im 21. Jahrhundert, den Inhalt eines menschlichen Gehirns ohne chirurgischen Eingriff (z. B. durch High-Tech-Verfahren wie der Kernspintomographie) zu scannen und auf einen Personal Computer zu kopieren: Hat die Person in der

Maschine dann das gleiche Bewußtsein wie die in der menschlichen Kopiervorlage? Diese Person könnte glaubhaft versichern, sie sei in Brooklyn aufgewachsen, habe in Massachusetts studiert, sei in den Tomographen geschoben worden und in dem Rechner wieder zu sich gekommen. Der gescannte Mensch würde zwar einräumen müssen, daß die Programmierung der Maschine seine Lebensgeschichte, sein Wissen, sein Gedächtnis und seine Persönlichkeit teilt, doch er würde sich gegen eine Gleichsetzung mit dem Rechner nachdrücklich verwahren.

Auch wenn die Computer in der Zukunft nicht einem bestimmten menschlichen Gehirn nachempfunden sind, werden sie immer mehr persönliche Züge aufweisen, Emotionen zeigen und eigene Ziele und Wünsche formulieren. Computer werden einen freien Willen haben. Sie werden spirituelle Erfahrungen für sich reklamieren. Und die Menschen, deren Denken noch immer von der Arbeit organischer Neuronen abhängt – werden ihnen glauben.

Oft liest man zu den kommenden Jahrzehnten demographische, wirtschaftliche und politische Prognosen, die die revolutionären Auswirkungen der Entwicklung selbständig arbeitender Maschinen vollkommen außer acht lassen. Aber wenn wir die Welt der Zukunft begreifen wollen, müssen wir uns fragen, welche Folgen es hat, wenn das gesamte Spektrum menschlicher Intelligenzleistung zwangsläufig nach und nach ernsthaft Konkurrenz bekommt.

TEIL I

Die Vergangenheit unter der Lupe

Kapitel 1

Das Gesetz von Zeit und Chaos

EINE (SEHR KURZE) GESCHICHTE DES UNIVERSUMS: DIE SICH VERLANGSAMENDE ZEIT

Das Universum besteht aus Geschichten, nicht aus Atomen.

Muriel Rukeyser

Ist das Universum ein gewaltiger Mechanismus, eine gewaltige Rechenoperation, eine gewaltige Symmetrie, ein gewaltiger Unfall oder ein gewaltiger Gedanke?

John D. Barrow

Beginnen wir am Anfang. Wir stoßen dabei auf eine ungewöhnliche Eigenart im Wesen der Zeit, die für den Übergang ins 21. Jahrhundert von entscheidender Bedeutung ist. Die Geschichte des Universums setzt vor ungefähr fünfzehn Milliarden Jahren ein. Damals gab es kein Leben, das die Geburt des Universums und der Zeit, wie wir sie heute rekonstruieren, bewußt hätte wahrnehmen können. (Im Rückblick – aus Sicht der Quantenmechanik – könnten wir heute sagen, jedes Universum, das nicht auch bewußtes Leben hervorbringt, um in der eigenen Existenz wahrgenommen zu werden, hat überhaupt nicht existiert.)

10^{-43} Sekunden (ein Zehntel eines Millionstel eines Billionstel eines Billionstel einer Billionstelsekunde) nach dem Urknall[1] hatte sich das Universum auf 100 Millionen Billionen Billionen Grad abgekühlt. Und eine gewaltige Kraft bildete sich heraus: die Schwerkraft (Gravitation).

Nicht allzuviel ereignete sich in den nächsten 10^{-34} Sekunden (dieser winzige Bruchteil einer Sekunde ist schon eine Milliarde Male länger als 10^{-43} Sekunden). In dem noch kühleren Universum – jetzt war es »nur« noch eine Milliarde Milliarden Milliarden Grad heiß –

entstand in Form von Elektronen und Quarks Materie. Um die Balance zu wahren, trat gleichzeitig Antimaterie in Erscheinung. In diesem wieder ereignisreicheren Zeitraum entstanden in rascher Folge zwei weitere Kräfte: Neben der Schwerkraft existierten jetzt die starke Kraft [2] und die elektroschwache Kraft [3].

Nach weiteren 10^{-10} Sekunden (ein Zehntel einer Milliardstelsekunde) zerfiel die elektroschwache Kraft in zwei Kräfte, die uns bekannte elektromagnetische Kraft und die schwache Kraft [4].

Kompliziert wurden die Dinge nach weiteren 10^{-5} Sekunden (eine Zehnmillionstelsekunde). Mit der weiteren Abkühlung des Universums auf die schon maßvolle Temperatur von einer Billion Grad verschmolzen Quarks zu Protonen und Neutronen, während Antiquarks Antiprotonen bildeten.

Dann gelangten die Materieteilchen an einen Scheideweg. Wie es dazu kam, ist noch nicht völlig geklärt. Bisher war offenbar alles eben und glatt verlaufen. Aber eine weitere gleichförmige Entwicklung hätte zu einem uniformen Weltall geführt. Leben hätte sich niemals entwickelt, und dies bedeutet, daß das Universum nie existiert hätte.

Auf je 10 Milliarden Antiprotonen enthielt das Universum 10 Milliarden und 1 Protonen. Bei Kollisionen vernichteten sich Protonen und Antiprotonen gegenseitig, wobei ein weiteres wichtiges Phänomen entstand: Licht (Photonen). Nach dem Untergang von fast der gesamten Antimaterie blieb die Materie als dominanter Faktor zurück. Dieses Szenario zeigt, daß ein Gegner mit dem geringsten Vorteil sehr gefährlich sein kann.

Nach einer weiteren Sekunde (dieser im Vergleich zu den vorausgehenden Abschnitten in der Geschichte des Universums sehr lange Zeitraum zeigt, daß die Zeitspannen exponentiell länger werden) vernichteten sich – wie zuvor Protonen und Antiprotonen – die Elektronen und Antielektronen (sogenannte Positronen) gegenseitig. Übrig blieben fast nur Elektronen.

Nach einer weiteren Minute verschmolzen Neutronen und Protonen zu Atomkernen – von Helium, Lithium und schweren Formen des Wasserstoffs. Die Temperatur betrug »nur« noch eine Milliarde Grad.

Ungefähr 300 000 Jahre später (die Abläufe verlangsamen sich nun drastisch) herrschte eine Durchschnittstemperatur von gerade noch

3000 Grad. Jetzt fingen die Atomkerne in ihrer Nähe befindliche Elektronen ein: Das Atom war geboren.

Nach einer Milliarde Jahren bildeten die Atome gewaltige Materiewolken, aus denen die Galaxien hervorgingen.

Nach weiteren zwei Milliarden Jahren strahlten in den Galaxien erste Sterne, von denen viele Sonnensysteme bildeten.

Weitere drei Milliarden Jahre später entstand in der Umlaufbahn eines unauffälligen Sterns in einem Seitenarm einer Galaxie der Planet Erde.

An dieser Stelle ist auf eine auffällige Eigenart der zeitlichen Abläufe hinzuweisen: Am Anfang der Geschichte des Universums veränderten sich die Dinge besonders rasant. In der ersten Milliardstelsekunde kam es zu drei Paradigmenwechseln. Später dauerte es bis zur nächsten einschneidenden Veränderung im Kosmos mehrere Milliarden Jahre. Es liegt im Wesen der Zeit, daß das Tempo ihres Ablaufs geometrisch ab- oder zunimmt. Sie ist also einer gewaltigen Beschleunigung oder – wie im Fall der Entstehungsgeschichte des Universums – einer gewaltigen Verzögerung unterworfen. Einen gleichbleibend schnellen, also offenbar linearen Verlauf nimmt die Zeit anscheinend nur in diesen ereignisarmen Äonen. Auf der Zeitkurve (zwischen den exponentiell verzögerten oder beschleunigten Abschnitten des Zeitverlaufs) müßte dieser ereignisarme Großteil der Zeit annähernd eine Gerade darstellen, als Abbild ihres scheinbar linearen Verlaufs. Doch – ein linearer Ablauf entspricht in keiner Weise dem wahren Wesen der Zeit.

Warum ist dies wichtig? Nicht für die Beobachtung der langen Zeiträume, in denen sich wenig bewegt. Die große Bedeutung liegt dagegen im »Knie der Kurve«, also in jenen Zeitabschnitten, in denen die Zeitkurve – durch eine exponentielle Beschleunigung oder Verzögerung – nach oben oder nach unten ausreißt. (Diese Beschleunigung ist vergleichbar mit der exponentiellen Zunahme der Geschwindigkeit eines Körpers, der in ein Schwarzes Loch stürzt.)

Die Geschwindigkeit der Zeit

Inwiefern kann man überhaupt von einer sich verändernden »Geschwindigkeit« der Zeit sprechen? Wir können sagen, ein Prozeß läuft in einer bestimmten Geschwindigkeit ab, er schreitet in einem bestimmten Maß pro Sekunde voran. Wie aber kann man davon reden, daß die Zeit selbst ihr Tempo verändert? Kann man das Vergehen der Zeit als Geschwindigkeit messen?

Einstein bejaht dies. Nach ihm ist Zeit vom Bewegungszustand des zeitmessenden Beobachters abhängig.[5] So kann ein bestimmter Zeitraum von einem Beobachter als eine Sekunde und von einem anderen als vierzig Jahre erlebt werden. Einstein nennt das Beispiel eines Mannes, der mit annähernder Lichtgeschwindigkeit zu einem zwanzig Lichtjahre entfernten Stern reist. Aus Sicht der Erde dauert diese Reise in beide Richtungen jeweils etwas mehr als zwanzig Jahre. Als der Mann auf die Erde zurückkehrt, ist seine Ehefrau um vierzig Jahre gealtert. Für ihn selbst währte diese Reise dagegen recht kurz. Wenn er sich nur nahe genug der Lichtgeschwindigkeit angenähert hat, dauert die Reise für ihn eine Sekunde oder weniger (wobei es praktische Einschränkungen gibt, weil eine allzu große Beschleunigung oder Verlangsamung des Raumschiffs seinen Körper zerquetschen würde). Wessen Zeitrahmen ist nun real? Einstein sagt, beide sind real. Denn Zeit existiert nur relativ zum Bewegungszustand des Beobachters.

Die Vögel mancher Arten haben eine natürliche Lebensspanne von nur wenigen Jahren. Beim Beobachten ihrer raschen Bewegungen gewinnt man den Eindruck, daß die Zeit für sie in einem anderen Rhythmus vergeht. Wir Menschen erfahren dies in verschiedenen Lebensabschnitten. Kleinkinder nehmen Veränderungen und das Vergehen der Zeit anders wahr als Erwachsene. Wir werden noch sehen, daß im Falle der Evolution die Zeit sich im Gegensatz zur Geschichte des Universums nicht verzögert, sondern immer stärker beschleunigt.

Es liegt in der Natur des exponentiellen Wachstums, daß Ereignisse in extrem langen Zeiträumen extrem langsam aufeinanderfolgen, daß dieser Ablauf aber im Knie der Zeitkurve eine gewaltige Beschleunigung erfährt. Genau dieses Phänomen erleben wir beim Eintritt ins 21. Jahrhundert.

DIE EVOLUTION:
DIE SICH BESCHLEUNIGENDE ZEIT

Am Anfang war das Wort ... Und das Wort ist Fleisch geworden.

Johannes 1,1 u. 14.

Ein großer Teil des Universums bedarf keiner Erklärung. Zum Beispiel die Elefanten. Sobald Moleküle miteinander konkurrieren und andere Moleküle nach ihrem Ebenbild hervorbringen können, wird man irgendwann auch Elefanten und ähnliche Wesen durch die Landschaft streifen sehen.

Peter Atkins

Je tiefer man in die Vergangenheit blickt, desto weiter sieht man in die Zukunft.

Winston Churchill

Bevor wir auf das Knie der Kurve zurückkommen, müssen wir uns mit dem exponentiellen Wachstum der Zeit eingehender befassen. Im 19. Jahrhundert wurden als universelle Prinzipien die sogenannten Hauptsätze der Thermodynamik formuliert.[6] Wie der Name besagt, befassen sie sich mit dem Wesen der Wärme. Sie sind die erste bedeutende Weiterentwicklung der Gesetze der klassischen Mechanik, die der englische Mathematiker, Physiker und Astronom Sir Isaac Newton ein Jahrhundert zuvor entdeckt hatte. Aber während Newton eine mit der Präzision eines Uhrwerks ablaufende Welt beschrieb, befassen sich die Sätze der Thermodynamik mit einem Universum des Chaos. Und hierin liegt in der Tat auch das Wesen der Wärme. Sie ist die chaotische – unvorhersagbare – Bewegung von Elementarteilchen. Eine Folgerung aus dem zweiten Hauptsatz der Thermodynamik besagt: In einem abgeschlossenen System (in dem die zusammenwirkenden Elemente und Kräfte von außen nicht beeinflußt werden, z. B. das Universum) wird die Unordnung der Wärmeenergiebewegung, die sogenannte *Entropie*, mit der Zeit immer größer. Bleibt ein abgeschlossenes System wie unsere Welt also sich selbst überlassen, wird es in zunehmendem Maße chaotisch. Viele

Menschen halten das übrigens für eine sehr treffende Beschreibung ihrer aktuellen Lebenssituation.

Die Hauptsätze der Thermodynamik waren im 19. Jahrhundert allerdings eine unbequeme Entdeckung, war man anfangs doch davon überzeugt gewesen, daß man die weltbeherrschenden Prinzipien, die allesamt nur Ordnung bedeuteten, fast vollständig durchschaut hatte. Nur wenige Steinchen schienen noch zu fehlen, damit das jetzt schon gut erkennbare Mosaik der Welt vollständig zusammengelegt werden konnte. Die Thermodynamik war die erste Theorie, die gegen diese selbstgefällige Vorstellung Widerspruch einlegte. Sie sollte nicht die letzte sein.

Dieser zweite Hauptsatz der Thermodynamik, oft auch das Gesetz der wachsenden Entropie genannt, schien die Unmöglichkeit einer natürlichen Entstehung von Intelligenz zu implizieren. Intelligentes Verhalten ist das Gegenteil von zufälligem Verhalten, und jedes auf seine Umwelt intelligent reagierende System muß in höchstem Maße geordnet sein. Die Chemie des Lebens, vor allem die intelligenten Lebens, setzt sich aus hochkomplexen Strukturen zusammen. Aus dem immer chaotischeren Strudel aus Teilchen und Energie im Universum entstanden bestens strukturierte Organismen. Wie kann man das Entstehen von intelligentem Leben mit dem Gesetz der wachsenden Entropie in Einklang bringen?

Darauf gibt es zwei Antworten. Zunächst einmal läuft das Gesetz der wachsenden Entropie der Stoßrichtung der Evolution, die zu einem immer höheren Maß an Ordnung führt, nicht wirklich zuwider. Beide widersprechen sich nur scheinbar: Die Ordnung des Lebens entwickelt sich in einem gewaltigen Chaos, und das Vorhandensein von Formen des Lebens beeinträchtigt das Maß der Entropie im übergeordneten System, in dem diese sich entwickelt haben, nicht erheblich. Ein Organismus ist kein abgeschlossenes System, sondern ein Teil des übergeordneten Systems seiner Umwelt. Und dieses übergeordnete System verkörpert ein Höchstmaß an Entropie. Mit anderen Worten: Die von den Formen des Lebens verkörperte Ordnung hat mit Blick auf das Maß der sonst herrschenden Entropie keine Bedeutung.

Während das Chaos im Universum also wächst, bringen zur gleichen Zeit evolutionäre Prozesse immer höher organisierte Strukturen hervor.[7] Die Evolution ist ein Prozeß, aber kein abgeschlossenes System. Sie ist äußeren Einflüssen unterworfen und bezieht ihre Anstöße aus dem sie umgebenden Chaos. Folglich behält das Gesetz der wachsenden Entropie auch mit der Evolution des Lebens und mit der Entstehung von Intelligenz Gültigkeit.

Bei der zweiten Antwort müssen wir uns eingehender mit der Evolution befassen, aus der die Intelligenz hervorgegangen ist.

Das exponentiell wachsende Tempo der Evolution

Wie bereits erwähnt, entstand Milliarden Jahre nach dem Urknall als ganz gewöhnlicher Planet die Erde. Auf ihr sorgte die Sonnenenergie für die Entstehung immer komplexerer Moleküle. Aus der Physik ging die Chemie hervor.

Zwei Milliarden Jahre später nahm das Leben seinen Anfang. Leben meint hier *aus Materie und Energie bestehende Strukturen, die sich selbst erhalten und reproduzieren können*. Auf diese selbstverständliche Definition kamen die Menschen übrigens erst vor einigen Jahrhunderten.

Mit der Zeit wurden die zunächst nur aus wenigen Molekülketten bestehenden Strukturen komplizierter. Die Moleküle schlossen sich zu Gruppen mit speziellen Aufgaben zusammen. Aus der Chemie ging die Biologie hervor.

Vor ungefähr 3,4 Milliarden Jahren tauchten auf der Erde erste lebende Organismen auf: anaerobe (ohne Sauerstoff auskommende) Einzeller, die sich auf rudimentäre Weise fortpflanzen konnten. Zu den frühen Erfindungen der Evolution gehörte ein einfaches System der Vererbung, die Fähigkeit zur Fortbewegung im Wasser und die Photosynthese als Voraussetzung zur Entwicklung höherer sauerstoffatmender Organismen. Die bedeutendste Neuerung in der nächsten Jahrmilliarde war die Erfindung der DNS, die fortan die evolutionäre Entwicklung steuerte und sie gleichsam auch aufzeichnete.

Eine zentrale Bedingung für einen evolutionären Prozeß ist ein »schriftliches« Protokoll seiner Errungenschaften. Andernfalls müßten erbrachte Problemlösungen im Verlauf des Prozesses immer wieder neu gefunden werden. Bei den ersten Organismen wurde dieses

Protokoll in ihren Materiehüllen festgehalten, also in der Chemie ihrer primitiven Zellstrukturen codiert. Mit der Erfindung der DNS hatte die Evolution eine Art Computersprache geschaffen, mit der sie ihre Errungenschaften fortan dokumentieren konnte. Mit dieser Erfindung schuf sie die Voraussetzungen für kompliziertere Experimente. Die aus einer Vielzahl von Molekülen bestehenden Zellen organisierten sich zu Gemeinschaften, aus denen dann vor 700 Millionen Jahren die ersten mehrzelligen Pflanzen und Tiere hervorgingen. In den nächsten 130 Millionen Jahren entstanden die Grundbaupläne der höher entwickelten Tiere, darunter auch das Skelett mit Wirbelsäule, das es den ersten Fischen ermöglichte, sich im Wasser blitzschnell und wendig fortzubewegen.

Während die Evolution zur Entwicklung der ersten primitiven Zellen Jahrmilliarden benötigte, folgten die späteren herausragenden Ereignisse in Abständen von nur einigen hundert Millionen von Jahren aufeinander, eine deutliche Beschleunigung in der Entwicklung.[8] Als vor 65 Millionen Jahren die Dinosaurier ausstarben, übernahmen die Säugetiere (die Insekten werden hier möglicherweise widersprechen) die Herrschaft über die Erde.[9] Mit dem Auftauchen der Primaten vollzog sich der Fortschritt nun in Schritten von mehreren zehn Millionen Jahren.[10] Vor 15 Millionen Jahren entstanden dann die ersten Hominiden – sie zeichneten sich durch den Gang auf den hinteren Extremitäten aus –, womit sich die Zeiträume der Evolution auf Jahrmillionen verkürzten.[11]

Vor ungefähr 500 000 Jahren entwickelte sich unsere Spezies, der *Homo sapiens*. Ihn kennzeichnet vor allem die vergrößerte Großhirnrinde, die für das rationale Denken zuständig ist. Dennoch unterscheidet der Homo sapiens sich von anderen Primaten genetisch nur unwesentlich. Seine DNS entspricht zu 98,6 Prozent der des Flachlandgorillas und zu 97,8 Prozent der des Orang-Utans.[12] Seit dieser Zeit konzentriert sich die Entwicklungsgeschichte auf eine Variante der Evolution, die von der Menschheit vorangetrieben wird: auf den technischen Fortschritt.

TECHNIK: DIE FORTSETZUNG DER EVOLUTION MIT ANDEREN MITTELN

Wenn ein Wissenschaftler etwas als möglich darstellt, liegt er fast sicher richtig. Wenn er etwas als unmöglich hinstellt, liegt er sehr wahrscheinlich falsch. – Die einzige Möglichkeit, die Grenzen des Möglichen zu erkunden, liegt darin, sich dicht an ihm vorbei ins Unmögliche zu wagen. – Jede einigermaßen moderne Technik ist von Magie nicht zu unterscheiden.

Die drei Gesetze der Technik von Arthur C. Clarke

Eine Maschine ist ebenso charakteristisch, typisch und deutlich menschlich wie eine Sonate für Violine oder ein Lehrsatz des Euklid.

Gregory Vlastos

Die Evolution, die ein exponentiell wachsendes Tempo an den Tag legt, geht nahtlos in den technischen Fortschritt über. Während der Homo sapiens nicht als einzige Spezies Werkzeuge benutzt, zeichnet er sich als einziges Wesen durch die Erfindung von Technik aus.[13] Technik geht über die bloße Herstellung und den Gebrauch von Werkzeugen hinaus. Zu ihr gehören eine Tradition der Herstellung und eine kontinuierliche Verbesserung von Werkzeugen. Technik erfordert Erfindungsreichtum und setzt die Evolution mit anderen Mitteln fort. So wie die Evolution in der Biologie mit der Erfindung der DNS, des »genetischen Codes«, ihr Tempo exponentiell beschleunigte, so gewann die Weiterentwicklung von Werkzeugen mit der Erfindung der Schrift und später mit dem Einsatz von Datenbanken sprunghaft an Fahrt. Die Technik wird schließlich ihrerseits neue Technik entwickeln. Aber greifen wir nicht vor.

Mit dem Auftauchen des Homo sapiens beschleunigte sich die Entwicklungsgeschichte auf einen Rhythmus von einigen zehntausend Jahren. Viele Unterarten des Homo sapiens tauchten auf. Vor 100 000 Jahren erschien in Europa und im Nahen Osten der *Homo sapiens neandertalensis* und verschwand vor 35 000 bis 40 000 Jahren auf mysteriöse Weise wieder. Trotz ihres Rufs der Primitivität schufen die Neandertaler eine Kultur, zu der Bestattungsriten mit Grabbeigaben wie Blumen gehörten. Das Schicksal dieser menschlichen

Vettern ist bislang nicht vollständig aufgeklärt. Wahrscheinlich gerieten sie in Konflikt mit unseren unmittelbaren Vorfahren, dem *Homo sapiens sapiens,* einer Unterart, die vor ungefähr 90 000 Jahren auf den Plan trat. Mehrere Arten und Unterarten von Hominiden begannen primitive Formen von Technik zu entwickeln. Die jeweils intelligenteste und wehrhafteste Unterart setzte sich als einzige durch, und damit etablierte sich eine Gesetzmäßigkeit, die sich die gesamte Menschheitsgeschichte hindurch wiederholen sollte: Immer verhalf die technische Überlegenheit einer Gruppe zur Herrschaft. Dieser Trend kann einem freilich Sorgen bereiten, wenn man sich vor Augen hält, daß die Maschinen des 21. Jahrhunderts uns an Intelligenz und technischem Sachverstand überholen werden.

So blieb vor 40 000 Jahren als einzige Unterart des Menschen nur der Homo sapiens sapiens übrig.

Was ist Technologie?

Da Technik die Fortsetzung der Evolution mit anderen Mitteln ist, wächst das Tempo ihrer Entwicklung ebenfalls exponentiell. Das Wort »Technik« stammt aus dem Griechischen: *techne* meint »Handwerk« oder »Kunst«. Im Begriff der Technologie steckt zudem das griechische *logia* für »das Studium von«. Nach *einer* Deutung wäre Technologie so das Studium des Handwerks. Handwerk meint die Herstellung von Hilfsmitteln zum Erreichen praktischer Zwecke. Die hier angeführte Definition basiert auf dem Begriff »Hilfsmittel« statt auf »Material«, weil Technologie auch den Umgang mit nichtmateriellen Hilfsmitteln wie Information abdeckt.

Technologie wird oft definiert als die Herstellung von Werkzeugen, mit denen der Mensch die Kontrolle über die Umwelt gewinnt. Diese Definition ist allerdings unzulänglich. Der Mensch ist nicht das einzige Wesen, das Werkzeuge herstellt oder benutzt. Orang-Utans auf Sumatra brechen Äste ab und bringen sie so in Form, daß sie mit ihnen Termitenbauten aufbrechen können. Krähen fertigen Werkzeuge aus Zweigen und Blättern an. Blattschneideameisen stellen aus zerkauten trockenen Blättern Kleister her. Und Krokodile nutzen Wurzeln, um ihre Beute festzuklemmen.[14]

Typisch menschlich bei der Herstellung von Werkzeugen ist dagegen der Einsatz von Wissen – von aufgezeichnetem Wissen. Die Wissensbasis ist gewissermaßen der genetische Code der technischen Entwicklung. Mit dem technischen Fortschritt wurden auch die Mittel zur Aufzeichnung dieser Wissensbasis weiterentwickelt: von der mündlichen Überlieferung aus uralter Zeit über die Konstruktionszeichnungen der Handwerker des 19. Jahrhunderts bis hin zu den computergestützten Datenbanken der neunziger Jahre unseres Jahrhunderts.

Eine Technologie impliziert zudem, daß sie ihre materiellen Bestandteile transzendiert. Erst wenn verschiedene Bauteile in richtiger Weise zusammengefügt werden, entsteht die vollkommene Neuheit der Erfindung. Als Alexander Graham Bell 1875 zufällig zwei bewegliche Trommeln mit Solenoiden (Magnetspulen) zu einem Telefon zusammenfügte, transzendierte das Ergebnis dessen Bestandteile: Erstmals wurde es möglich, eine menschliche Stimme wie durch Zauberkraft über große Entfernungen zu übertragen.

Wenn wir Dinge willkürlich zusammenfügen, entsteht meistens nur ein Zufallsprodukt. Aber werden Materialien – und in der modernen Technik Information – in genau der richtigen Weise zusammengefügt, geschieht eine Transzendenz. Das zusammengesetzte Objekt ist weitaus mehr als die Summe seiner Einzelteile.

Dieses Phänomen der Transzendenz taucht auch in der Kunst auf, die als Sonderform der menschlichen Technik gelten kann. Wenn man eine Violine oder ein Klavier auf die richige Art manipuliert, entlockt man ihnen auf wundersame Weise in harmonischer Folge Töne: Musik. Musik ist mehr als eine Folge akustischer Signale. Sie löst im Zuhörer eine kognitive, emotionale und vielleicht auch spirituelle Reaktion aus – eine andere Art der Transzendenz. Alle Formen der Kunst teilen dieses eine Ziel: Sie stellen eine Kommunikation vom Künstler zu seinem Publikum her. Im Zentrum stehen nicht nüchterne Fakten, sondern köstliche Früchte aus dem Garten der Erscheinungen: Gefühle, Gedanken, Erfahrungen und Sehnsüchte. Die griechische Bedeutung von *techne logia* schließt die Kunst als zentrale Erscheinungsform der Technik mit ein.

Eine weitere Form menschlicher Technik ist die Sprache. Eine der ursprünglichsten Anwendungen von Technik ist Kommunikation, zu der Sprache die Grundlage liefert. Kommunikation ist eine überlebenswichtige Fähigkeit. Sie versetzte Sippen und Stämme in die Lage, gemeinsame Strategien zur Überwindung von Hindernissen und Widrigkeiten zu entwickeln. Auch Tiere kommunizieren. Affen unterschiedlicher Entwicklungsstufen verständigen sich mit einer Vielzahl von Gebärden und Lauten. Bienen lotsen Mitglieder ihres Staates mit Schwänzeltänzen zu Nektarquellen. Weibchen einer malaiischen Baumfroschart zeigen mit einer Art Steptanz Paarungsbereitschaft an. Krabben bedrohen mit einem bestimmten Winken der Scheren ihre Rivalen und locken durch ein Winken in verändertem Rhythmus Weibchen an.[15] Allerdings scheint sich diese Art der Verständigung nur durch Veränderung von Erbanlagen weiterzuentwickeln. Diesen Arten fehlt die Möglichkeit, die Mittel ihrer Kommunikation zu dokumentieren: Sie werden von Generation zu Generation meist unverändert weitergereicht. Dagegen entwickelt sich die menschliche Sprache wie alle Formen der Technik weiter. Mit den höher entwickelten Formen von Sprache entstanden dank der Technik gleichzeitig auch immer bessere Mittel, mit denen Sprache aufgezeichnet und weiterverbreitet werden kann.

Der Homo sapiens ist einzigartig im Gebrauch und der Weiterentwicklung aller möglichen Formen von Technik: seien es die Künste, die Sprache oder die Maschinen. Und immer stellt ihre Weiterentwicklung die Fortsetzung der Evolution mit anderen Mitteln dar.

Von den sechziger bis in die neunziger Jahre machen Menschenaffen immer wieder Furore, weil ihnen Sprachvermögen auf mindestens kindlichem Niveau nachgesagt wurde. Die Schimpansen Lana und Kanzi drückten in bestimmten Reihenfolgen verschiedene Knöpfe mit Sprachsymbolen. Dagegen hieß es von den Gorillas Washoe und Koko, sie benutzten die amerikanische Taubstummensprache. Skeptische Sprachwissenschaftler wenden allerdings ein, daß diese Affen auch vielfach unstrukturierte Sätze hervorbrächten: »Nim essen, Nim essen, trink iß mich Nim, Gummi, ich Gummi kitzle mich, Nim spielen, du ich Banane ich Banane du.« Selbst bei einer großzügigeren Bewertung dieser Experimente sind solche Fähigkeiten im Tierreich immer nur die Ausnahme. Die Menschenaffen haben die von ihnen erlernte Sprache als Spezies nicht selbst entwickelt, sie erwerben sie nicht spontan und setzen sie auch nur in sehr beschränktem Maße ein.[16] Bestenfalls haben sie am Rande Anteil an einer rein menschlichen Errungenschaft: der Kommunikation durch die – auf sich selbst verweisende, auf Symbolen beruhende und sich weiterentwickelnde – Sprache.

Unsere Vorfahren hatten von früheren Arten und Unterarten der Hominiden so manche Errungenschaft geerbt: Felszeichnungen, Formen von Malerei, Musik und Tanz, Religion, eine entwickelte Sprache, Feuer und Waffen. Zigtausend Jahre lang schufen Menschen Werkzeuge aus Steinen, die auf einer Seite angeschliffen wurden. Erst nach so langer Zeit entdeckte unsere Spezies, daß ein beidseitig geschliffener Stein als Werkzeug weitaus nützlicher sein kann. Wichtig sind aber nicht die langen Zeiträume, sondern die Tatsache, daß solche Erfindungen gemacht wurden und daß sie sich durchsetzten. Keine andere Spezies der Erde, die Werkzeuge benutzt, hat sich fähig gezeigt, bei deren Herstellung Neuerungen einzuführen und an ihnen festzuhalten.

Ein weiterer entscheidender Punkt ist, daß sich die Entwicklung der Technik – so wie die biologische Evolution – in einem immer schnelleren Tempo vollzieht. In den Anfängen – so bei der Herstellung von Faustkeilen – dauerte die Weiterentwicklung ganze Zeitalter. (Anders als bei den Jahrmilliarden der Evolution der Lebensformen sind darunter allerdings nur Jahrtausende zu verstehen.)

Wie die Evolution der Arten hat sich die technische Entwicklung mit der Zeit stark beschleunigt.[17] So vollzog sich der technische Fortschritt des 19. Jahrhunderts sehr viel rasanter als der früherer Zeiten: Die Menschen gruben Kanäle, bauten riesige Dampfschiffe, pflasterten Straßen, verlegten Eisenbahngleise und erfanden die Telegrafie, die Fotografie, das Fahrrad, die Nähmaschine, die Schreibmaschine, das Telefon, den Plattenspieler, das Kino, das Automobil und natürlich auch, Thomas Edison sei Dank, die Glühbirne. Durch die sich weiterhin exponentiell beschleunigende technische Entwicklung brachten die beiden ersten Jahrzehnte des 20. Jahrhunderts so viele Errungenschaften, wie im gesamten 19. Jahrhundert erreicht worden waren. Heute vollziehen sich technische Revolutionen im Rhythmus von wenigen Jahren. So gibt es das World Wide Web, die jüngste revolutionäre Neuerung in der Telekommunikation, als eines von vielen Beispielen erst seit wenigen Jahren.

Die technische Entwicklung als Zwangsläufigkeit

Sobald das Leben einen Planeten erobert hat, kann die Entstehung von Technik als unausweichlich betrachtet werden. Die Fähigkeit, durch Technik den eigenen physischen Wirkungskreis zu erweitern – und sich durch sie Annehmlichkeiten zu verschaffen –, bringt einen entscheidenden Selektionsvorteil. Die Technik versetzt unsere Spezies in die Lage, sich in ihrer ökologischen Nische zu behaupten. Dabei erfordert ihre Herstellung zwei Eigenschaften: Intelligenz und die physische Fähigkeit, die Umwelt zu manipulieren. Mehr zum Wesen der Intelligenz in Kapitel 4: *»Eine neue Form von Intelligenz auf Erden«*. Zur Intelligenz gehört sicher auch die Fähigkeit, beschränkte Ressourcen, auch Zeit, optimal zu nutzen. Da diese Fähigkeit die Überlebensaussichten einer Art vergrößert, wird sie durch die natürliche Auslese der Evolution gefördert. Ebenso nützlich ist die Fähigkeit des Organismus, seine Umwelt zu manipulieren, eine Fähigkeit, ohne die er ihr vollkommen ausgeliefert wäre: Dies gilt für den Schutz vor Freßfeinden ebenso wie für die Nahrungsaufnahme oder für die Befriedigung anderer Bedürfnisse. Früher oder später muß ein Organismus daher beide Fähigkeiten entwickeln.

Der Lebenszyklus einer Technologie

Technologien kämpfen ums Überleben, sie entwickeln sich weiter, und sie sind einem charakteristischen Lebenszyklus unterworfen. Dabei können wir sieben Phasen deutlich gegeneinander abgrenzen.

In der *Vorläuferphase* sind die Grundvoraussetzungen einer neuen Technologie vorhanden: Visionäre sehen sie schon detailgenau vor sich. Ihre Träume können allerdings auch dann noch nicht als Erfindung gelten, wenn sie schriftlich oder anders fixiert werden. Leonardo da Vinci hat detaillierte Baupläne von Flugapparaten und sich selbständig bewegenden Fahrzeugen gezeichnet, ohne daß man ihn dehalb als Erfinder des Flugzeugs oder des Automobils betrachtet.

Die nächste Phase – sie wird in unserer Kultur besonders gefeiert – ist die der eigentlichen *Erfindung*, das sehr kurze Stadium einer Geburt nach langen Wehen. Mit einer Mischung aus Neugierde, wissenschaftlichem Forscherdrang und Entschlossenheit – und gewöhnlich einem Schuß Geltungssucht – kombiniert der Erfinder verschiedene technische Ansätze auf neue Weise und hebt so sein Kind aus der Taufe.

Als nächstes folgt die *Entwicklungsphase*. Die Erfindung steht unter Schutz und wird von Tüftlern (zu denen auch der Erfinder gehören kann) weiterentwickelt. Diese Phase ist wichtiger als die der Erfindung, denn sie kann weitere kreative Neuerungen mit noch größerer Bedeutung hervorbringen. Obwohl zahlreiche Tüftler Automobile zusammenschraubten, trat die

Erfindung Auto ihren Siegezug erst nach Henry Fords Erfindung der Massenproduktion an.

Die vierte Phase ist das *Reifestadium*. Obwohl noch immer in Entwicklung begriffen, hat sich die technische Neuerung aus dem Bannkreis der Fangemeinde gelöst und beginnt ein Eigenleben zu führen. Sie kann im Alltagsleben so tiefe Wurzeln schlagen, daß sie aus ihm nicht mehr wegzudenken ist. Daraus ergibt sich ein interessantes Szenario für die nächste Phase, die ich das Stadium der *Anwärter* nennen möchte. Ein Emporkömmling droht die etablierte Technik zu verdrängen. Begeisterte Verfechter prophezeien ihm vorschnell einen Sieg. Aber trotz einiger Vorteile stellt sich möglicherweise heraus, daß ein für die Funktion oder für die Qualität wichtiger Aspekt nicht berücksichtigt wurde. Wenn sich die Neuerung gegen die etablierte Technik nicht durchsetzen kann, sehen Konservative dies als Beweis dafür, daß der alte Ansatz technisch nicht zu schlagen ist.

Ein solcher Sieg ist für eine alternde Technologie aber nur von kurzer Dauer. Ein anderer neuer Ansatz verweist sie schon wenig später ins Reich des *Überholten*. Dieser Abschnitt im Lebenszyklus einer Technologie sind sozusagen die Seniorenjahre, die von einem schrittweisen Niedergang gekennzeichnet sind. Ihr ursprünglicher Zweck und ihre Funktionen werden jetzt von einem leistungsfähigeren Konkurrenten erfüllt. Diese Phase, die vielleicht zwischen fünf und zehn Prozent des Lebenszyklus ausmacht, weicht schließlich dem Stadium des *Historischen* (heute zum Beispiel Pferd und Wagen, das Cembalo, die mechanische Schreib- oder die elektromechanische Rechenmaschine).

Beispielhaft ist hier die Geschichte der Schallplatte. Mitte des 19. Jahrhunderts tauchten mehrere Vorläufer auf, so Édouard-Léon Scott de Martinvilles Phonograph, der Schallwellen in Form eines Prägemusters aufzeichnete. Aber erst Thomas Edison kombinierte 1877 die notwendigen Bestandteile miteinander und erfand so das erste Gerät zur Aufzeichnung und Wiedergabe von Tönen. Die kommerzielle Nutzung erforderte technische Verbesserungen. Voll ausgereift war die Technik schließlich 1948, als Columbia die Langspielplatte (LP) mit 33 Umdrehungen pro Minute und RCA Victor eine Platte mit geringerem Durchmesser und mit 45 Umdrehungen pro Minute auf den Markt brachte. Als Konkurrent – Anwärter – erschien in den sechziger Jahren der Kassettenrekorder, der in den Siebzigern weite Verbreitung fand. Anfangs prognostizierten Verfechter, wegen seiner Handlichkeit und der Reproduzierbarkeit von Aufnahmen werde der Kassettenrekorder den unhandlichen Plattenspieler und die Schallplatte, deren Klangqualität durch Kratzer beeinträchtigt werden kann, schließlich vom Markt verdrängen.

Neben den erkennbaren Vorteilen hat die Kassette allerdings auch Nachteile: Ein wahlfreier Zugriff (die Möglichkeit, Titel ohne besonderen Aufwand in einer bestimmten Reihenfolge abzuspielen) fehlt. Zudem leidet ebenfalls durch Abnutzung die Klangqualität. In den späten achtziger und den frühen neunziger Jahren versetzte die digitale Compactdisc (CD) der herkömmlichen Schallplatte den Todesstoß. Die CD gestattet einen wahlfreien Zugriff und verfügt über eine Klangqualität, die bis nahe an die Grenzen des menschlichen Hörvermögens heranreicht. Wegen dieser beiden Vorteile kann die herkömmliche Schallplatte seit Mitte der neunziger Jahre als technisch überholt gelten. Obwohl Schallplatten in kleinen Mengen noch immer produziert werden, tritt diese von Edison vor mehr als hundert Jahren begründete Technik langsam ins Stadium des Historischen ein.

Ein weiteres Beispiel ist der Buchdruck, eine Technik, die sich bis vor kurzem im Reifestadium befunden hat. Mit dem Erscheinen des »virtuellen« Buches auf der Grundlage von Software ist diese Technik nun ins Stadium der Anwärter eingetreten. Allerdings ist dieser Konkurrent noch keine ernsthafte Bedrohung, wenn man die Auflösung, den Kontrast, die Flimmerfreiheit und andere optische Qualitäten von Papier und Druckerschwärze betrachtet. Ein Sieg der neuen Technik ist erst zu erwarten, wenn künftige Computerbildschirme zum Papier eine befriedigende Alternative bieten.

DIE UNAUFHALTSAME ENTWICKLUNG DER COMPUTERTECHNIK

Die Definition, Menschen seien Tiere, die Werkzeuge herstellen, ist nicht schlecht. Ihre ersten Erfindungen, die sie dazu befähigten, in einer unzivilisierten Welt bestehen zu können, waren ganz einfache und primitive Werkzeuge. Ihre jüngsten Errungenschaften, die nicht nur die Fähigkeit der menschlichen Hand ersetzen, sondern auch den menschlichen Intellekt entlasten, sind auf die Verwendung höher entwickelter Werkzeuge zurückzuführen.

Charles Babbage

Alle bisher betrachteten grundlegenden Prozesse – die Entstehung des Universums, die Evolution der Arten und die sich anschließende Entwicklung der Technik – vollzogen sich mit exponentiell zu- oder abnehmender Geschwindigkeit. Wo liegt die Gemeinsamkeit dieser Entwicklungen? Warum hat sich die Entwicklung des Kosmos exponentiell verzögert, während sich die Evolution der Arten beschleunigt? Die Antworten sind überraschend und für das Verständnis des 21. Jahrhunderts von grundlegender Bedeutung.

Doch dazu später; wenden wir uns zuvor einem weiteren wichtigen Beispiel für eine beschleunigte Entwicklung zu: dem exponentiellen Wachstum der Rechenleistung.

In einem frühen Stadium der Evolution bildeten sich Organe mit der Fähigkeit heraus, innere Zustände aufrechtzuerhalten und auf äußere Reize differenziert zu reagieren. Nach der Entwicklung des Nervensystems entstanden immer komplexere und leistungsfähigere Gehirne mit der Fähigkeit, große Mengen an Sinnesdaten zu speichern, visuelle, auditive und taktile Muster zu erkennen und immer kompliziertere Schlüsse zu ziehen. Die Fähigkeit, Probleme zu erkennen und sie zu lösen – *Rechenleistungen* zu erbringen –, wurde zu einer Triebfeder bei der Entwicklung mehrzelliger Organismen.

Gleiche Bedeutung hat die Rechenleistung in der technischen Entwicklung. Produkte sind nützlicher, wenn sie innere Zustände aufrechterhalten und auf variierende äußere Umstände und Situationen differenziert reagieren können. Maschinen, die immer größere Gedächtnisleistungen erbringen und immer zielsicherer logische Entscheidungen treffen, sind mehr als nur Hilfsmittel, die dem Menschen einen erweiterten Wirkungskreis und größere physische Stärke verleihen. Die Nocken, Zahnräder und Hebel aus dem Mittelalter bildeten die technischen Voraussetzungen, auf deren Grundlage sich in der europäischen Renaissance ausgeklügelte Automaten entwickeln konnten. Die ersten mechanischen Rechenmaschinen des 17. Jahrhunderts wurden zu immer komplizierteren Anlagen weiterentwickelt. Schließlich konnte 1890 in den USA erstmals eine Volkszählung automatisch durchgeführt werden. Der Computer spielte im Zweiten Weltkrieg bei der Entschlüsselung der Geheimcodes der Nationalsozialisten die entscheidende Rolle. Seither haben sich Rechenanlagen in einer Aufwärtsspirale immer rasanter weiterentwickelt.

Das Mooresche Gesetz

Das sogenannte Mooresche Gesetz beschreibt ein bemerkenswertes Phänomen – und zwar die verblüffende Gesetzmäßigkeit, mit der sich in den letzten vierzig Jahren die Entwicklung der Computertechnik beschleunigt hat. Gordon Moore, der Erfinder des integrierten Schaltkreises und Intel-Gründer, hatte 1965 folgende Entdeckung gemacht: Die Oberfläche der Transistoren, die in integrierte Schaltkreise eingeätzt werden, verringerte sich alle zwölf Monate mit jeder neuen Chip-Generation um ca. 50 Prozent. Später, so wurde berichtet, hätte Moore den Rhythmus dieses Generationswechsels auf achtzehn Monate korrigiert, er selbst sprach 1975 von vierundzwanzig Monaten, ein Wert, der der tatsächlichen Entwicklung dann auch eher entspricht.

Die Auswirkungen des Mooreschen Gesetzes

Jahr	Anzahl der Transistoren auf dem neuesten Computer-Chip von Intel*
1972	3.500
1974	6.000
1978	29.000
1982	134.000
1985	275.000
1989	1.200.000
1993	3.100.000
1995	5.500.000
1997	7.500.000

* Nach der Consumer Electronics Manufacturers Association

Im Ergebnis bedeutet dies, daß alle zwei Jahre die doppelte Menge an Transistoren auf einen integrierten Schaltkreis gepackt werden. Damit verdoppelt sich die Anzahl der Schaltelemente auf einem Chip ebenso wie deren Arbeitsgeschwindigkeit. Bei den ziemlich konstanten Produktionskosten eines integrierten Schaltkreises bekommt man damit alle zwei Jahre für das gleiche Geld doppelt so viele Schaltelemente mit zweifacher Arbeitsgeschwindigkeit. Bei zahlreichen Anwendungen bedeutet dies de facto eine Vervierfachung der Leistungsfähigkeit. Von dieser Entwicklung sind alle Arten von Schaltelementen betroffen, von den Arbeitsspeichern der Computer bis hin zu ihren Prozessoren.

Diese aufschlußreiche Beobachtung ist als das Mooresche Gesetz in die Geschichte der Technik eingegangen. Wie lange kann diese Entwicklung fortdauern? Nach einer optimistischen Schätzung der Chiphersteller wird das Mooresche Gesetz seine Gültigkeit noch fünfzehn Jahre behalten: Bei den fotolithografischen Verfahren (die Verfahren der Halbleiterherstellung auf der Grundlage von lichtempfindlichen Trägersubstanzen) werden immer höhere Auflösungen erzielt. Dadurch wird die Größe der Transistoren und anderer Schaltelemente – sie werden heute in Millionstel Metern gemessen – konstant weiter reduziert.[18] Aber dann – nach fast sechzig Jahren – wird dieses Paradigma allerdings zwangsläufig fallen. Denn bis dahin wären die Isolationsschichten der Transistoren nur noch wenige Atome dick, weshalb sie sich mit herkömmlichen Methoden nicht weiter reduzieren ließen.

Was kommt dann?

Wie zunächst einmal festzuhalten ist, hat das exponentielle Wachstum von Rechenleistung nicht erst mit der Entwicklung integrierter Schaltkreise und dem Mooreschen Gesetz begonnen. Die nachfolgende Graphik stellt dieses Wachstum in einem Zeitraum von 1900 bis 1998 dar.[19] Dabei erfaßt sind 49 im 20. Jahrhundert entwickelte bedeutende Rechenanlagen. Auf der Y-Achse erscheinen in Zehnerpotenzen die Rechengeschwindigkeiten pro Kosteneinheit (Anzahl der »Rechenoperationen pro Sekunde« in 1000 US-Dollar). Dabei entspricht jeder Punkt auf der Kurve einer dieser Maschinen. Die ersten fünf arbeiteten auf mechanischer Basis, die folgenden drei auf elektromechanischer Grundlage (mit Relais), die nächsten elf mit Hilfe von Vakuumröhren und die folgenden zwölf mit sogenannten »diskreten« Transistoren. Nur die letzten achtzehn Computer funktionierten auf der Grundlage integrierter Schaltkreise.

Zum Schaubild »Das exponentielle Wachstum der Rechenleistung 1900–1998« (siehe nächste Seite):

Ich habe durch die Punkte eine Kurve für ein sogenanntes Polynom vierten Grades gelegt, die bis zu vier Extrempunkte haben kann. Ich habe also nicht von vornherein versucht, eine Gerade durch die Punkte zu legen, sondern die am besten passende Kurve vierten Grades. Dennoch kamen Geraden dabei heraus – eine für den Zeitraum von 1900 bis 1985, und eine weitere, stärker ansteigende für den Zeitraum von 1985 bis 1998. (Auf diesen »Knick« wird in Kapitel 6, *»Der Bau neuer Gehirne«*, ausführlich eingegangen.) Eine Gerade in einem Diagramm mit Potenzen auf der Y-Achse zeigt ein exponentielles Wachstum an. Diese Art Zunahme hat folglich nicht erst mit dem Mooreschen Gesetz zur Entwicklung der integrierten Schaltkreise begonnen. Sie geht vielmehr auf die Entwicklung elektrischer Rechenanlagen Anfang des 20. Jahrhunderts zurück.

DAS EXPONENTIELLE WACHSTUM DER RECHENLEISTUNG 1900–1998

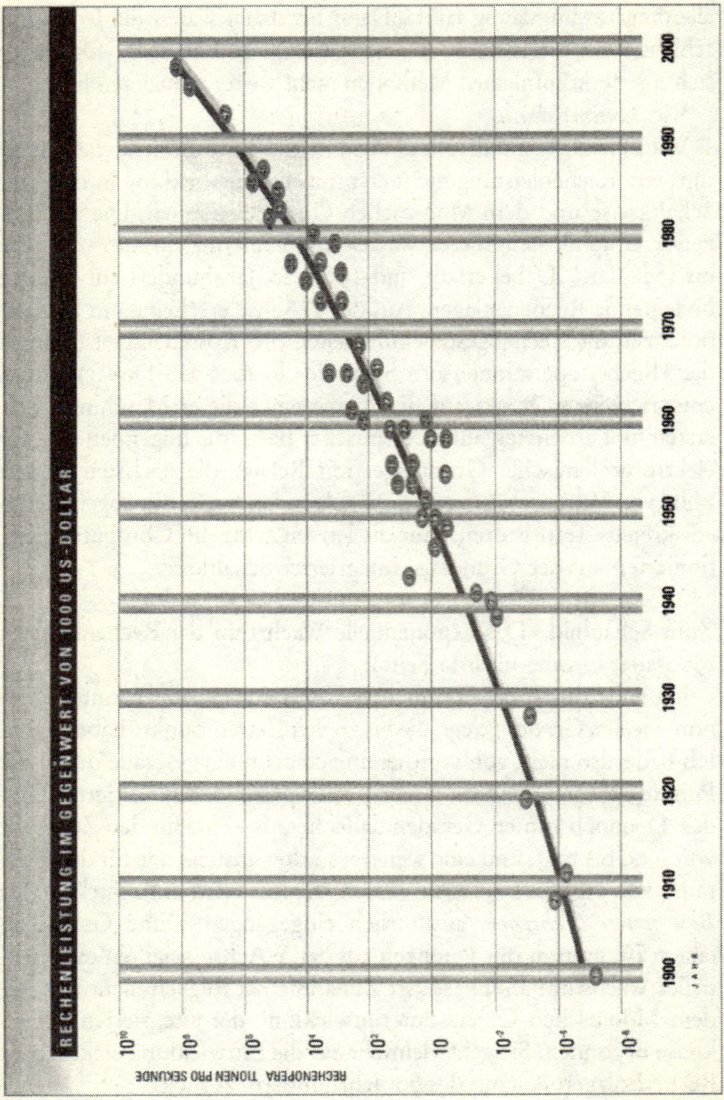

Mechanische Rechenanlagen

1.	1900	Analytische Maschine
2.	1908	Hollerith Tabulator
3.	1911	Monroe Calculator
4.	1919	IBM Tabulator
5.	1928	National Ellis 3000

Elektromechanische (auf Relaistechnik beruhende) Rechenanlagen

6.	1939	Zuse 2
7.	1940	Bell Calculator Model 1
8.	1941	Zuse 3

Rechenanlagen auf der Basis von Vakuumröhren

9.	1943	Colossus
10.	1946	Eniac
11.	1948	IBM SSEC
12.	1949	BINAC
13.	1949	EDSAC
14.	1951	Univac I
15.	1953	Univac 1103
16.	1953	IBM 701
17.	1954	EDVAC
18.	1955	Whirlwind
19.	1955	IBM 704

Rechenanlagen mit diskreten Transistoren

20.	1958	Datamatic 1000
21.	1958	Univac II
22.	1959	Mobidic
23.	1959	IBM 7090
24.	1960	IBM 1620

25.	1960	DEC PDP-1
26.	1961	DEC PDP-4
27.	1962	Univac III
28.	1964	CDC 6600
29.	1965	IBM 1130
30.	1965	DEC PDP-8
31.	1966	IBM 360 Modell 75

Computer mit integrierten Schaltkreisen

32.	1968	DEC PDP-10
33.	1973	Intellec-8
34.	1973	Data General Nova
35.	1975	Altair 8800
36.	1976	DEC PDP-11 Modell 70
37.	1977	Cray 1
38.	1977	Apple II
39.	1979	DEC VAX 11 Modell 780
40.	1980	Sun-1
41.	1982	IBM PC
42.	1982	Compaq Portable
43.	1983	IBM AT-80286
44.	1984	Apple Macintosh
45.	1986	Compac Deskpro 386
46.	1987	Apple Mac II
47.	1993	Pentium PC
48.	1996	Pentium PC
49.	1998	Pentium II PC

In den achtziger Jahren machten Professor Hans Moravec von der Carnegie Mellon University, David Waltz von der Nippon Electric Company, andere und ich die Beobachtung, daß die Rechenleistung der Anlagen lange vor Erfindung des integrierten Schaltkreises 1958 und sogar vor Erfindung des Transistors 1947 exponentiell zugenommen hatte.[20] Unabhängig von der jeweiligen Hardware hatten sich Geschwindigkeit und Leistung am Anfang des Jahrhunderts alle drei Jahre verdoppelt, am Ende dieses Jahrhunderts passiert dies innerhalb von einem Jahr. Das »Gesetz vom exponentiellen Wachstum der Rechenleistung« hatte seltsamerweise schon seit mindestens einem Jahrhundert Gültigkeit: von der Lochkartentechnik, die 1890 in den USA zur Volkszählung eingesetzt wurde, über die auf Relais beruhenden Rechenmaschinen, die den Geheimcode der Nationalsozialisten knackten, zu den Elektronengehirnen mit Vakuumröhren der fünfziger Jahre und den Transistoren der sechziger bis hin zu verschiedenen Generationen von Chip-Computern der letzten vierzig Jahre. Die Rechenanlagen von heute sind beim gleichen Preis hundert Millionen Mal leistungsfähiger als ihre Vorgänger vor einem halben Jahrhundert. Hätte die Automobilindustrie im gleichen Zeitraum eine ebenso rasante Entwicklung durchlaufen, würde ein Auto heute etwas mehr als ein Fünfzigstel Pfennig kosten und mit Überlichtgeschwindigkeit durch die Landschaft rasen.

Wie bei jeder Entwicklung, die sich exponentiell beschleunigt, sind die Zuwachsraten anfangs kaum wahrnehmbar. Trotz vieler Jahrzehnte des Fortschritts seit Einsatz der ersten elektrischen Rechenanlage zur Volkszählung von 1890 fiel das Phänomen erst Mitte der sechziger Jahre unseres Jahrhunderts auf (auch wenn Alan Turing 1950 schon eine Vorahnung dieser Entwicklung hatte). Auch dann wurde es zunächst nur von einer kleinen Gemeinde von Computeringenieuren und Wissenschaftlern wahrgenommen. Heute braucht man nur regelmäßig die Werbeanzeigen der Lokalpresse für Computer - und Computerspiele - zu studieren, um sich einen Eindruck von der Dramatik der Entwicklung auf diesem Gebiet zu verschaffen. Die Verbesserungen im Preis-Leistungs-Verhältnis der Rechner sind inzwischen von Monat zu Monat erkennbar.

Das Mooresche Gesetz zu integrierten Schaltkreisen stellt folglich nicht das erste, sondern das fünfte Paradigma zum exponentiellen Wachstum der Leistungsfähigkeit von Rechenanlagen dar. Dies legt die Vermutung nahe, daß die rasante Entwicklung auch dann noch anhält, wenn die integrierten Schaltkreise und das Mooresche Gesetz technisch überholt sind. Und diese Frage ist für die Einschätzung der weiteren Entwicklung im 21. Jahrhundert von höchster Bedeutung. Um das Wesen dieses Trends besser zu begreifen, müssen wir uns noch einmal den anfangs gestellten Fragen zum exponentiellen Wachstum der Zeit zuwenden.

Das Gesetz von Zeit und Chaos

Innerhalb eines Prozesses wird der Zeitraum zwischen den herausragenden (sein Wesen verändernden oder seine Zukunft maßgeblich beeinflussenden) Ereignissen nach Maßgabe der Unordnung größer oder kleiner.

Das Gesetz der wachsenden Unordnung

Mit der exponentiell wachsenden Unordnung erfährt die Zeit eine exponentielle Verzögerung (die Zeiträume zwischen den herausragenden Ereignissen werden immer größer).

Das Gesetz der wachsenden Unordnung, angewandt auf das Universum

Das Universum begann als »Singularität«, als ein einziger undifferenzierter Punkt ohne Ausdehnung und Unordnung. Die frühen epochemachenden Ereignisse folgten deshalb mit blitzartiger Geschwindigkeit aufeinander. Mit der Zeit nahm die Unordnung im Kosmos rasch zu. Damit verlangsamten sich zugleich die zeitlichen Abläufe (die Zeitabstände zwischen den herausragenden Ereignissen wurden exponentiell länger).

Das Gesetz der wachsenden Unordnung, angewandt auf das Leben eines Organismus

Die Entwicklung eines Organismus von der befruchteten Eizelle bis zur Reife ist ein Prozeß in Richtung einer immer größeren Differenzierung und daher einer immer größeren Unordnung. Damit vergrößern sich die Zeiträume zwischen den herausragenden Ereignissen im Verlauf der Zeit exponentiell.

Das Gesetz vom steigenden Ertragszuwachs

Mit der exponentiell wachsenden Ordnung läuft die Zeit in beschleunigtem Tempo ab (die Zeiträume zwischen herausragenden Ereignissen werden immer kürzer).

Das Gesetz vom steigenden Ertragszuwachs, angewandt auf einen evolutionären Prozeß

Ein evolutionärer Prozeß ist kein geschlossenes System; die Evolution nutzt das sie umgebende Chaos des übergeordneten Systems zur Differenzierung ihrer Erzeugnisse.

- Die Evolution baut auf ihrer eigenen wachsenden Ordnung auf.

Daraus folgt:

- In einem evolutionären Prozeß nimmt die Ordnung exponentiell zu.

Daraus folgt:

- Die Zeit läuft in einem exponentiell wachsenden Tempo ab.

Daraus folgt:

- Die Erträge (die nützlichen Produkte des Prozesses) wachsen exponentiell an.

Das Gesetz vom steigenden Ertragszuwachs, angewandt auf die Evolution der Arten

Die Zeiträume zwischen den herausragenden Ereignissen (die Entwicklung eines neuen Stammes) verkürzen sich im Verlauf der Zeit exponentiell.

⇩

Die Evolution der Arten mündet in den technischen Fortschritt

Der technische Fortschritt ist ein evolutionärer Prozeß. Er ist in der Tat die Fortsetzung des evolutionären Prozesses, die die technikschaffende Spezies hervorgebracht hat. Nach dem Gesetz vom steigenden Ertragszuwachs verkürzen sich bei der technischen Entwicklung die Zeiträume zwischen den herausragenden Ereignissen mit der Zeit exponentiell. Die »Erträge« (also der Nutzen) der Technik wachsen im Verlauf der Zeit exponentiell.

⇩

Technik erzeugt Rechenleistung

Rechenleistung ist die Essenz der technischen Ordnung. Nach dem Gesetz vom steigenden Ertragszuwachs wächst die Rechenleistung mit der Zeit exponentiell.

⇩

Das Mooresche Gesetz zu den integrierten Schaltkreisen

Die Transistorengröße halbiert sich alle 24 Monate. Dadurch verdoppeln sich die Rechenleistung (die Anzahl der Schaltelemente auf einem Chip) und deren Arbeitsgeschwindigkeit alle 24 Monate. Dieses Gesetz ist das fünfte Paradigma, das seit der Erfindung von Rechenanlagen für einen steigenden Ertragszuwachs in der Computertechnologie sorgt (nach den mechanischen Geräten und den Maschinen mit Relais, mit Vakuumröhren und mit diskreten Transistoren).

DAS GESETZ VON ZEIT UND CHAOS

Ist der Fluß der Zeit etwas Reales? Oder ist unsere Wahrnehmung von ihr vielleicht nur eine Illusion, die darüber hinwegtäuscht, daß Realität eine gewaltige Ansammlung von Augenblicken ist?

Lee Smolin

Die Zeit ist die Art und Weise, mit der die Natur verhindert, daß alles auf einmal geschieht.

Graffito

Die Dinge sind eher so, wie sie jetzt sind, als wie sie jemals waren.

Dwight Eisenhower

Betrachten wir die verschiedenen exponentiell verlaufenden Trends:

- Die Entstehung des Universums war einer exponentiellen zeitlichen *Verzögerung* unterworfen: Während sich in der ersten Milliardstel Sekunde drei Epochen ablösten, folgten die späteren herausragenden Ereignisse in Abständen von Milliarden Jahren aufeinander.
- Die Entwicklung eines Organismus läuft mit einer exponentiellen zeitlichen *Verzögerung* ab: Im ersten Monat nach der Empfängnis entwickelt sich beim Menschen der Körper, der Kopf und sogar ein Schwanz. In den ersten Monaten bildet sich das Gehirn heraus. Nach der Geburt entwickeln sich der Körper und die geistigen Fähigkeiten zunächst rasant weiter: In seinem ersten Lebensjahr entwickelt der Mensch die Grundlagen zu seiner Fortbewegung und zur Kommunikation. Fast jeden Monat setzt er einen Meilenstein in seiner Entwicklung. Später wird der Abstand zwischen den wichtigen Ereignissen größer: Zunächst sind es Jahre, dann Jahrzehnte.
- Die Evolution der Arten auf der Erde beschleunigt sich exponentiell.
- Die Entwicklung der menschlichen Technik beschleunigt sich exponentiell; sie führt das sich beschleunigende Tempo der biologischen Evolution fort.

- Auch die Rechenleistung wächst exponentiell. In einem zeitlich ablaufenden Prozeß bedeutet exponentielles Wachstum, daß eine Entwicklung sich beschleunigt. So mußten bis zur Entstehung der ersten MIPS (Millionen Instruktionen pro Sekunde) für tausend Dollar beispielsweise um die 90 Jahre vergehen. Heute kommt jeden Tag eine MIPS hinzu. Und die allgemeine Innovationsrate beschleunigt sich ebenso.
- Das Mooresche Gesetz zu integrierten Schaltkreisen bildet, wie erwähnt, das fünfte Paradigma zum exponentiellen Wachstum der Rechenleistung.

Diese Entwicklungen werfen verschiedene Fragen auf:

Was haben die verschiedenen exponentiellen Trends miteinander gemein?
Warum beschleunigen sich einige Prozesse, während andere sich verzögern?
Und was bedeutet dies für das weitere exponentielle Wachstum der Rechenleistung, wenn das Mooresche Gesetz seine Gültigkeit verliert?

Spiegelt das Mooresche Gesetz nur bestimmte Erwartungen und Zielsetzungen der Industrie wider, wie Randy Isaac, der Leiter der Entwicklungsabteilung von IBM, behauptet? Oder verbirgt sich hinter dem Gesetz ein eher grundlegendes Phänomen, das über die Fortschritte bei der Herstellung integrierter Schaltkreise hinausgeht?

Ich habe mir zum Verhältnis dieser verschiedenen Trends jahrelang Gedanken gemacht: Dabei stieß ich schließlich auf eine überraschende Gemeinsamkeit.

Was bestimmt, ob die Zeit sich beschleunigt oder verzögert? Die Antwort lautet: *Die Zeit läuft in Relation zum Maß der Unordnung ab.* Daraus läßt sich das *Gesetz von Zeit und Chaos* formulieren:

Der Zeitraum zwischen den herausragenden Ereignissen eines Prozesses (also Ereignissen, die sein Wesen verändern oder seine Zukunft maßgeblich beeinflussen) wird mit dem Maß der Unordnung länger oder kürzer.

In einem Prozeß, den ein hohes Maß an Unordnung kennzeichnet, sind die Zeitabstände bis zum nächsten bedeutsamen Ereignis größer. In der Umkehrung bedeutet dies, daß die Zeitabstände zwischen den bedeutenden Ereignissen mit wachsender Ordnung schrumpfen.

Bei der Definition von Unordnung ist allerdings Vorsicht geboten. Unordnung meint die Menge der ungeordneten (d. h. ziellosen) Ereignisse, die *für den Prozeß relevant sind.* So läßt sich die ziellose Bewegung von Atomen und Molekülen in einem Gas oder einer Flüssigkeit als Wärme messen. Im Prozeß der biologischen Evolution steht Unordnung dagegen für unvorhersagbare Ereignisse, die auf die Organismen einwirken; ebenso die (zufällig entstehenden) Veränderungen im genetischen Code, die als Mutationen in Erscheinung treten.

Übertragen wir das Gesetz von Zeit und Chaos auf unsere Beispiele. Im Hinblick auf die wachsende Unordnung läßt sich aus diesem Gesetz ein weiteres Gesetz ableiten:

> *Das Gesetz der wachsenden Unordnung: Mit wachsender Unordnung verzögert sich die Zeit exponentiell (d. h., der Zeitabstand zwischen den herausragenden Ereignissen wird mit der Zeit immer länger).*

Genau dies trifft auf die Entstehung des Universums zu. Als der Kosmos eine »nackte« Singularität war – ein vollkommener Punkt in Raum und Zeit –, gab es keine Unordnung: Deshalb waren die Zeitabstände zwischen den ersten bedeutsamen Ereignissen fast gleich Null. Mit der Ausdehnung des Universums wuchs exponentiell die Unordnung – und damit vergrößerten sich auch die Zeiträume für epochemachende Veränderungen. Mit Milliarden von Galaxien, die über Billionen von Lichtjahren im Raum verteilt sind, stellt das Universum ein gewaltiges Chaos dar, und es bedarf, um alles für den nächsten Paradigmenwechsel zu organisieren, Zeiträume von Milliarden von Jahren.

Ähnlich verhält es sich bei der Entwicklung eines Organismus. In der befruchteten Eizelle ist das Maß an Unordnung noch sehr beschränkt, während es bei der Entwicklung zum voll ausgebildeten

Organismus mit Billionen Zellen gewaltig zunimmt. Am Ende des Lebens setzt ein Verfall ein. Das Zufällige gewinnt immer stärker die Oberhand. Folglich werden die Zeitabstände zwischen herausragenden Ereignissen mit zunehmendem Alter größer. Und dies spiegelt sich sogar in unserer persönlichen Erfahrung wider.

Aber für unsere Zwecke wichtiger und relevanter ist die gegenläufige Spirale des Gesetzes von Zeit und Chaos. Diese umgekehrte Ableitung nenne ich hier das *Gesetz vom steigenden Ertragszuwachs:*

> *Mit der exponentiell wachsenden Ordnung beschleunigt sich die Zeit exponentiell (d. h., die Zeitabschnitte zwischen den herausragenden Ereignissen verkürzen sich).*

Das Gesetz vom steigenden Ertragszuwachs trifft speziell auf evolutionäre Prozesse zu, weil bei ihnen die Ordnung und nicht die Unordnung wächst. Wie wir gesehen haben, beschleunigen sich bei evolutionären Prozessen die zeitlichen Abläufe.

Unordnung

Wie wir oben gesehen haben, ist der Begriff der Unordnung im Gesetz von Zeit und Chaos problematisch. Das Ausmaß des Chaos ist in unserem Zusamenhang allein nicht hinreichend – zur Unordnung muß noch eine Zufälligkeit hinzukommen, die für den betrachteten Prozeß relevant ist. Noch problematischer ist das Gegenteil der Unordnung, das im oben formulierten Gesetz von Zeit und Chaos »Ordnung« genannt wurde.

Beginnen wir mit der Definition der Unordnung und arbeiten uns dann zur Ordnung vor: Wenn Unordnung eine zufällige Folge von Ereignissen ist, müßte zum Gegenteil der Unordnung das »Nichtzufällige« gehören. Und wenn »zufällig« »unvorhersagbar« bedeutet, dann könnten wir daraus schließen, daß Ordnung Vorhersagbarkeit bedeutet. Dies aber wäre falsch.

Betrachten wir beispielsweise den in der Informationstheorie[21] gemachten Unterschied zwischen Information und einem Rauschen.

Information ist eine Abfolge von Daten, die in einem Prozeß einen Sinn ergibt: so die Erbinformation der DNS in der Entwicklung des Organismus oder die Bits in einem ablaufenden Computerprogramm. Ein Rauschen ist dagegen eine rein zufällige Abfolge von akustischen Daten. *Aber weder ein Rauschen noch Information sind vorhersagbar.* Das Rauschen ist an sich unvorhersagbar, und es trägt keine Information. Aber nicht weniger vorhersagbar ist die Information, denn wenn zukünftige Daten auf der Grundlage von vergangenen vorausgesagt werden könnten, dann wären sie keine Information mehr. Nehmen wir eine Zahlenfolge, in der nur Nullen und Einsen einander abwechseln (010101010101 ...). Eine solche Zahlenfolge ist zweifelsfrei geordnet und zuverlässig vorhersagbar. Aber gerade weil sie so vorhersagbar ist, erwarten wir nicht , daß sie über die ersten Ziffernpaare hinausgehend irgendeine Information enthält.

Reine Planmäßigkeit schafft keine Ordnung, denn Ordnung braucht Information. Vielleicht sollte deshalb statt von »Ordnung« eher von »Information« gesprochen werden. Aber dieser Begriff allein ist für unsere Zwecke ebenfalls unzulänglich. Nehmen wir ein Telefonbuch. Es enthält zweifellos eine Menge Information und ebenso eine gewisse Ordnung. Aber wenn wir den Umfang des Telefonbuchs verdoppeln, erhalten wir zwar eine größere Menge an Daten, nicht aber ein höheres Maß an Ordnung.

Ordnung ist folglich Information, die einem Zweck entspricht. Das Maß der Ordnung gibt an, wie sehr Information ihrem Zweck entspricht. In der Evolution der Arten liegt dieser Zweck beispielsweise im Überleben. Ein evolutionärer Algorithmus (ein die Evolution simulierendes problemlösendes Computerprogramm), der die günstigsten Investitionen auf dem Aktienmarkt ermitteln soll, hat den Zweck des Geldverdienens. Aber ein Mehr an Information bedeutet dabei nicht unbedingt ein höheres Maß an Zweckdienlichkeit. Ein besserer Lösungsansatz kann sehr gut mit weniger Daten auskommen.

Unlängst ist zur Beschreibung des Wesens von Information, die durch einen evolutionären Prozeß hervorgebracht wird, der Begriff »Komplexität« verwendet worden. Dieser Begriff kommt dem Begriff von Ordnung, wie ich ihn beschreibe, einigermaßen nahe. Denn die von der biologischen Evolution hervorgebrachten Baupläne sind mit der Zeit ja immer komplexer geworden. Andererseits trifft auch dieser Begriff die Sache nicht ganz: Eine höhere Ordnung – eine bessere Anpassung an den Zweck – wird zuweilen ja eher durch eine Vereinfachung als durch eine Steigerung der Komplexität erreicht. Wie Einstein es formulierte: »Alles sollte so einfach wie möglich gemacht werden, aber nicht einfacher.« So führt zum Beispiel eine neue Theorie, die scheinbar zusammenhanglose Vorstellungen zu einer umfassenderen und kohärenteren Lehre verknüpft, zu einer Vereinfachung, wobei die von mir beschriebene »zweckgerichtete Ordnung« aber größer wird. Im übrigen hat die Evolution gezeigt, daß der allgemeine Trend zu mehr Ordnung nicht zwangsläufig zu größerer Komplexität führt.[22]

Wenn man folglich die Lösung eines Problems verbessert – dabei kann die Komplexität größer oder kleiner werden –, erhöht man das Maß an Ordnung. Es bleibt die Frage, wie wir das Problem definieren. Und wie wir sehen werden, liegt in der Definition des Problems häufig auch der Schlüssel zu seiner Lösung.

Das Gesetz der wachsenden Entropie versus wachsende Ordnung

Wie verhält sich nun das Gesetz von Zeit und Chaos zum zweiten Hauptsatz der Thermodynamik? Das Gesetz von Zeit und Chaos bezieht sich im Gegensatz zu dem zweiten Hauptsatz der Thermodynamik nicht unbedingt auf ein abgeschlossenes System. Bei ihm geht es vielmehr um einen Prozeß. Das Universum ist ein abgeschlossenes (keinen äußeren Einflüssen unterliegendes) System, da außerhalb von ihm nichts existiert. Nach dem zweiten Hauptsatz der Thermodynamik wächst in ihm das Chaos, während sich die zeitlichen Abläufe verlangsamen. Dagegen haben wir es bei der Evolution mit einem offenen System zu tun. Sie vollzieht sich innerhalb eines gewaltigen Chaos, *von dem sie abhängt und aus dem sie ihre Optionen zur Differenzierung zieht.* Von diesen Optionen ausgehend, bildet sie einen Prozeß, in dem durch Auswahl kontinuierlich ein höheres Maß an Ordnung entsteht. Selbst eine Katastrophe, die das Ausmaß des Chaos im umgebenden System gewaltig steigert, trägt letztlich nur zu einer Erhöhung des Maßes an Ordnung bei, die der evolutionäre Prozeß hervorbringt. Nehmen wir den Asteroiden, der vor 65 Millionen Jahren für das Aussterben der höher entwickelten Organismen wie der Dinosaurier verantwortlich gewesen sein soll. Der Aufschlag dieses gewaltigen kosmischen Brockens, der riesige Mengen Staub in die Atmosphäre riß, stürzte die Erde in ein gewaltiges Chaos. Aber dies beschleunigte die Entwicklung der Säugetiere, die jetzt die vormals von Sauriern besetzten ökologischen Nischen erobern konnten. Und dieser Wandel bildete die Voraussetzung für die Entwicklung des technikschaffenden Homo sapiens. Die kosmische Katastrophe trug auf lange Sicht so zu einem höheren Maß an Ordnung auf der Erde bei.

Wie ich bereits betont habe, hat nur ein winziger Bruchteil der Materie im Kosmos und auf der Erde Teil an den Erfindungen der Evolution. Folglich steht die Evolution nicht im Widerspruch zum Gesetz der wachsenden Entropie. Sie ist sogar angewiesen auf das sie umgebende Chaos, denn das Chaos ist eine unerschöpfliche Quelle neuer Entwicklungsmöglichkeiten.

Wie ich dargestellt habe, war mit der Hervorbringung des Lebens die Entwicklung einer technikschaffenden Spezies – und der Technik – auf der Erde vorprogrammiert. Technik ist die Fortsetzung der Evolution mit anderen Mitteln. Sie ist selbst ein evolutionärer Prozeß, der deshalb ebenfalls beschleunigt verläuft.

Ein wichtiger Grund für den beschleunigten Verlauf der Evolution – der Arten und der Techik – liegt darin, daß sie auf *ihre eigene wachsende Ordnung aufbaut*. Die von der Evolution hervorgebrachten Neuerungen fördern und ermöglichen eine noch schnellere Evolution. Das spektakulärste Beispiel der biologischen Evolution ist die Erfindung der DNS, einer bestens geschützten Datenbank, die die Baupläne des Lebens in einer genial verschlüsselten Sprache aufzeichnet und speichert – und so als Ausgangsbasis für immer neue Experimente dient.

Im Fall der technischen Evolution haben die immer raffinierteren Methoden des Menschen, Information aufzuzeichnen, das Entstehen von moderneren Formen von Technik gefördert. So wurden die ersten Computer noch auf dem Papier entworfen und von Hand zusammengesetzt. Die heutige Generation von Rechnern wird dagegen selbst am Rechner entworfen und in vollautomatischen Produktionsstraßen zusammengesetzt. Die Eingriffe des Menschen beschränken sich zumeist nur noch auf die Steuerung und Kontrolle der Produktionsabläufe.

Der evolutionäre Prozeß des technischen Fortschritts zielt darauf ab, Fertigkeiten auf exponentielle Weise zu verbessern. Erfinder streben danach, die Qualität und Leistungsfähigkeit der Produkte auf vielfältige Weise zu optimieren. Dabei funktioniert eine Innovation nicht additiv, sondern multiplikativ. Der technologische Fortschritt baut wie alle evolutionären Prozesse auf den eigenen Errungenschaften auf. Unter diesem Aspekt gewinnt der technische Fortschritt noch rasanter an Fahrt, wenn die Technik volle Kontrolle über ihn gewinnt.

Mit Blick auf die Evolution der Arten und der Technik läßt dies folgende Schlüsse zu:

Das Gesetz vom steigenden Ertragszuwachs, angewandt auf einen evolutionären Prozeß:

- *Ein evolutionärer Prozeß ist kein abgeschlossenes System. Deshalb zieht die Evolution aus dem Chaos des übergeordneten Systems Möglichkeiten zur Differenzierung.*

- *Evolution baut auf der eigenen wachsenden Ordnung auf.*

Daraus folgt:

- *In einem evolutionären Prozeß wächst die Ordnung exponentiell.*

Daraus folgt:

- *Die Zeit beschleunigt sich exponentiell.*

Daraus folgt:

- *Die Erträge (d. h. die nützlichen Produkte des Prozesses) wachsen beschleunigt an.*

Die Verzögerung der zeitlichen Abläufe und ihre Beschleunigung vollziehen sich simultan als zwei sich überlagernde Bewegungen: Auf den gesamten Kosmos bezogen, werden die Abläufe immer langsamer, während die Evolution, die jetzt vor allem in Form des technischen Fortschritts spürbar wird, sich gleichzeitig weiterhin beschleunigt. Dies sind die beiden Seiten – zwei ineinandergreifende Spiralen – des Gesetzes von Zeit und Chaos.

Die Spirale, die uns am meisten interessiert – das Gesetz vom steigenden Ertragszuwachs –, sorgt in der Welt der Technik für ein immer höheres Maß an Ordnung, was unweigerlich zur Weiterentwicklung von Rechenleistung geführt hat. Rechenleistung ist das Wesen von Ordnung. Sie verschafft einer Technik die Fähigkeit, zur Erfüllung ihrer Aufgaben auf ihre Umwelt flexibel und angemessen zu reagieren. Damit wird auch die Entwicklung der Computertechnik zu einem evolutionären Prozeß, der auf den eigenen Fortschritt baut. Die Zeiträume bis zur Erlangung vorgegebener Ziele verkürzen sich im Verlauf der Zeit exponentiell (es dauerte neunzig Jahre bis zur Entwicklung der ersten MIPS für tausend Dollar, heute kommt jeden Tag eine weitere MIPS hinzu). Dies bedeutet nichts anderes, als daß auch der Fortschritt in der Computertechnik mit der Zeit exponentiell wächst.

Die Lernkurve: Schnecke versus Mensch

Die »Lernkurve« beschreibt das Aneignen einer Fähigkeit in Zeiteinheiten. Wenn ein Wesen – eine Schnecke oder ein Mensch – eine neue Fähigkeit erlernt, baut das neu erworbene Können auf sich selbst auf. Die Lernkurve erinnert deshalb anfangs an ein Schaubild, das ein exponentielles Wachstum nach dem Gesetz vom steigenden Ertragszuwachs wiedergibt. Allerdings stoßen die Fähigkeiten irgendwann an Grenzen, so daß mit fortschreitender Perfektion das Gesetz vom sinkenden Ertragszuwachs gilt. Die Fortschritte lassen nach, so daß die Lernkurve die Form eines in die Länge gezogenen und nach rechts kippenden S annimmt:  .

Die Lernkurve ist erstaunlich universell, denn sie gilt für die Lernerfolge der meisten mehrzelligen Lebewesen. Auch für die von Schnecken, die auf der Suche nach frischen Blättern lernen, an einem Baum nach oben zu kriechen. Menschen lernen natürlich stets Neues.

Zwischen dem Menschen und der Schnecke gibt es allerdings einen wichtigen Unterschied. Menschen sind zur Innovation fähig, das bedeutet, sie können sich neue Fertigkeiten und neues Wissen aneignen und beide konservieren. Die Innovation ist die treibende Kraft im Gesetz vom steigenden Ertragszuwachs. Sie verhindert das Abflachen der Lernkurve zu einem S. Dank der Innovation steigt die Lernkurve beim Menschen exponentiell an.

Die Überwindung der S-Kurve spiegelt die Einzigartigkeit der menschlichen Spezies wider. Diese Lernleistung wird von keiner anderen Spezies erbracht. Was macht uns auf diesem Gebiet einzigartig, obwohl wir den anderen Primaten genetisch so ähnlich sind?

Der Grund liegt darin, daß die Fähigkeit, die S-Kurve zu überwinden, eine neue ökologische Nische definiert. Wie bereits erwähnt, waren bereits andere Arten und Unterarten von Hominiden zur Innovation fähig, doch bot die Nische offenbar nur *einem* Konkurrenten zum Überleben Platz. Im 21. Jahrhundert werden wir diese exklusive Nische allerdings teilen müssen: mit unseren Maschinen.

Was bedeutet dies für das Mooresche Gesetz?

Die von Moore aufgestellte Regel wird vermutlich um das Jahr 2020 ihre Gültigkeit verlieren. Das 1958 – also gerade rechtzeitig – formulierte Gesetz wird im Jahre 2018 über sechzig Jahre hinweg Dienst getan haben – für heutige Vorstellungen eine ziemlich lange Zeit. Im Gegensatz dazu ist das Gesetz vom steigenden Ertragszuwachs keine Arbeitsvorgabe mit zeitlich beschränkter Gültigkeit. Es handelt sich dabei vielmehr um einen Wesenszug von Zeit und Chaos, einen aus dem Gesetz von Zeit und Chaos abgeleiteten Satz, der ein breites Spektrum von scheinbar divergierenden Phänomenen und Trends beschreibt. Im Einklang mit dem Gesetz vom steigenden Ertragszuwachs wird eine fortschrittlichere Computertechnik dort weitermachen, wo das Mooresche Gesetz endet, und zwar in einem nahtlosen Übergang.

Die meisten exponentiell verlaufenden Entwicklungen stoßen an eine Grenze ... nicht aber diese

Häufig wird Zukunftsprognosen gegenüber der Einwand erhoben, es handele sich dabei nur um eine gedankenlose Hochrechnung gegenwärtiger Trends, und Faktoren, die den Trend beenden oder beeinflussen können, würden regelmäßig ausgeblendet. Diese Kritik ist im Falle *exponentiell* verlaufender Entwicklungen zum Teil berechtigt. Ein klassisches Beispiel ist das Anwachsen von Tierpopulationen, die durch den Menschen (so die Kaninchen in Australien) in ein neues günstiges Habitat gelangen. Eine Zeitlang wächst die Population exponentiell, doch endet der Trend schlagartig, wenn ein neuer Freßfeind auftaucht oder die natürliche Umgebung ein weiteres Wachstum nicht zuläßt. So löste auch das geometrische Wachstum der Menschheit Besorgnis aus, bis sich der Trend durch neue soziale und ökonomische Faktoren (auch durch wachsenden Wohlstand) in den letzten Jahren sogar in den Entwicklungsländern verlangsamt hat.

Vor diesem Hintergrund sagten voreilige Skeptiker auch dem exponentiellen Wachstum der Rechenleistung von Computern ein Ende voraus.

Aber das Wachstum nach dem Gesetz vom steigenden Ertragszuwachs bildet hier eine *Ausnahme.* Die häufig angeführten Beschränkungen für ein exponentielles Wachstum gelten in diesem Fall nicht. Selbst eine Katastrophe wie der Asteroideneinschlag, der am Ende der Kreidezeit die Saurier auslöschte, wirft einen evolutionären Prozeß nur vorübergehend zurück, worauf er sich dann mit ungebrochener Dynamik weiter entfaltet (sofern nicht dem gesamten Prozeß ein Ende gesetzt wird). Ein evolutionärer Prozeß gewinnt an Dynamik, weil er auf den vorangegangenen Errungenschaften aufbaut. Dazu gehören auch verbesserte eigene Mittel zur Ankurbelung der weiteren Entwicklung. So machte es die »Erfindung« der geschlechtlichen Fortpflanzung – neben der des genetischen Codes der DNS – in der biologischen Evolution möglich, mit immer neuen Genkombinationen zu experimentieren und so rasche Anpassungen an die Umwelt zu erzielen. Die Einführung der Grundbaupläne moderner Tierarten in der »Kambrischen Explosion« vor ungefähr 570 Millionen Jahren ermöglichte es der Evolution, sich verstärkt den höheren Entwicklungsstufen, so der erweiterten Gehirnfunktion, zuzuwenden. Die Neuerungen in einer Phase der Evolution liefern die Mittel – und oft die Intelligenz – für die Erfindungen, die in der nächsten Phase gemacht werden.

Ebenso gilt das Gesetz vom steigenden Ertragszuwachs für die Fortschritte in der Computertechnik, deren Entwicklung ebenfalls einen evolutionären Prozeß darstellt. Die Rechenleistung wird exponentiell und grundsätzlich unbegrenzt weiter wachsen. *Die beiden notwendigen Ressourcen dieses Prozesses – die wachsende Ordnung in der sich weiterentwickelnden Technik und das Chaos, aus dem der evolutionäre Prozeß seine Optionen für eine weitere Differenzierung zieht – sind unbegrenzt vorhanden.* Und die notwendigen Innovationen für einen weiteren Aufwärtstrend der Spirale werden schließlich sogar von den Maschinen selbst kommen.

Auf welche Art wird die Rechenleistung nach dem Ende des Mooreschen Gesetzes weiter wachsen? In der Chipfertigung beginnt man gerade erst, die dritte Dimension zu erkunden. Heutige Chips sind fast ausnahmslos flach, während unser Gehirn in drei Dimensionen organisiert ist. Die Welt ist dreidimensional, warum beim Entwurf von Chips also nicht die dritte Dimension nutzen? Verbesserungen bei den Halbleitermaterialien, einschließlich dem Einsatz von supraleitenden, d. h. sich nicht erhitzenden Schaltelementen werden uns in die Lage versetzen, Chips – oder besser Würfel – mit Tausenden von Schaltschichten zu entwickeln, die in Kombination mit einer weitaus kleineren Geometrie der Komponenten die Rechenleistung um einen Faktor von vielen Millionen erhöhen. Und eine überreiche Auswahl von Technologien zur Erzeugung von Rechenleistung –

optische, kristalline, auf Nanoröhren, DNS oder Quanten basierende Computer – stehen auf Abruf bereit, um dem Gesetz vom steigenden Ertragszuwachs noch für eine sehr lange Zeit Gültigkeit zu verschaffen. (Mehr zu diesen Technologien siehe Kapitel 6, *»Der Bau neuer Gehirne«.)*

Eine planetarische Angelegenheit

Die Einführung einer irdischen Technik ist nicht die Privatangelegenheit einer der zahllosen hier beheimateten Spezies. Sie ist ein zentrales Ereignis in der Geschichte des Planeten. Die bedeutendste Schöpfung der Evolution – die menschliche Intelligenz – stellte die Mittel bereit für den Eintritt ins nächste Stadium der Evolution, das Stadium der Technik. Das Aufkommen von Technik ist eine logische Folge des Gesetzes der beschleunigt wachsenden Erträge. Die Unterarten des Homo sapiens sapiens tauchten erst zigtausend Jahre nach ihren menschenähnlichen Vorfahren auf. Nach dem Gesetz vom steigenden Ertragszuwachs mußten sich im nächsten Stadium der Evolution die Abstände zwischen den herausragenden Ereignissen auf Jahrtausende verringern, zu kurze Zeitabschnitte für eine Entwicklung, die auf Veränderungen der DNS beruht. Folglich gründete sich dieses nächste Stadium auf die menschliche Intelligenz, ein weiteres Beispiel für den immer schneller laufenden Motor einer Evolution, die die Erfindungen einer Periode (den Menschen) dazu nutzt, in der nächsten Periode neue Innovationen (intelligente Maschinen) zu entwickeln.

Die Evolution zieht aus dem sie umgebenden großen Chaos – aus der Entropie, die nach der Kehrseite des Gesetzes von Zeit und Chaos ständig wächst – ihre Optionen zur Innovation. Diese beiden Wesenszüge des Gesetzes von Zeit und Chaos – die exponentiell sich verzögernde Zeit aufgrund des wachsenden Chaos, das vom zweiten Hauptsatz der Thermodynamik vorhergesagt wird, und die exponentiell sich beschleunigende Zeit nach der von der Evolution geschaffenen wachsenden Ordnung – koexistieren und schreiten unbegrenzt weiter fort. Insbesondere können sich die Ressourcen der Evolution, *Ordnung und Chaos,* unbeschränkt weiterentwikkeln. Ich hebe diesen Punkt hervor, weil er für das Verständnis der evolutionären – und revolutionären – Natur der Computertechnik von entscheidender Bedeutung ist.

Die Herausbildung von Technik stellte einen Meilenstein in der Entwicklung irdischer Intelligenz dar, stand der Evolution damit doch ein neues Mittel zur Aufzeichnung ihrer Entwürfe zur Verfügung. Als nächster Meilenstein wird eine Technologie entstehen, die ohne menschlichen Eingriff ihre eigene Folgegeneration erschafft. Daß zwischen diesen beiden Meilensteinen nur einige zehntausend Jahre liegen, ist ein weiteres Beispiel für das exponentiell wachsende Tempo der Evolution.

Der Erfinder des Schachspiels und der Kaiser von China

Eine Vorstellung von der Bedeutung dieses (oder jedes anderen) geometrischen Wachstums vermittelt die berühmte Legende vom Erfinder des Schachspiels und seinem Gönner, dem Kaiser von China: Der Kaiser hatte an diesem neuen Spiel so großen Gefallen gefunden, daß er seinem Erfinder versprach, ihm einen beliebigen Wunsch zu erfüllen.

»Nur ein Körnchen Reis auf dem ersten Feld des Schachbretts, Eure Majestät.«

»Nur ein Körnchen Reis?«

»Ja, Eure Majestät, nur ein Körnchen Reis auf dem ersten Feld, und zwei Körnchen auf dem zweiten Feld.«

»Nur das? Ein und zwei Körnchen Reis?«

»Nun, und vier Körnchen auf dem dritten Feld und so weiter.«

Der Kaiser versprach dem Erfinder sofort, seinen scheinbar bescheidenen Wunsch zu erfüllen. Nach der einen Version der Legende soll das Versprechen China in den Staatsbankrott gestürzt haben: Der Kaiser mußte für das letzte Schachfeld schließlich 18 Millionen Billionen Reiskörnchen aufbringen. Über den Boden verteilt, hätte diese Menge zweimal die gesamte Erdoberfläche – die Ozeane mit eingeschlossen – bedeckt.

Nach der anderen Version soll diese Zusage dem Erfinder den Kopf gekostet haben. Welches Ergebnis uns erwartet, bleibt einstweilen unklar.

An der Geschichte ist besonders ein Aspekt interessant: Auf der ersten *Hälfte* des Schachbrettes vollzog sich die Entwicklung noch recht unspektakulär. Nach 32 Feldern war die Zahl der Reiskörnchen auf ungefähr acht Milliarden angewachsen. Diese noch überschaubare Zahl – sie entspricht dem Ertrag eines großen Reisfeldes – weckte im Kaiser noch keinen Argwohn.

Er konnte Kaiser bleiben und der Erfinder seinen Kopf behalten. Auf der zweiten Hälfte des Schachbretts jedoch mußte einer von beiden in ernste Bedrängnis geraten.

Wo stehen wir im Augenblick? Seit den ersten im heutigen Sinne funktionierenden Computern aus den vierziger Jahren hat sich die Rechengeschwindigkeit und -leistung ungefähr zweiunddreißigmal verdoppelt. Wir haben also gerade die erste Hälfte des Schachbretts hinter uns gebracht. Und tatsächlich gelangt die Entwicklung der Computertechnik erst heute so recht ins Blickfeld.

Mit dem Eintritt ins nächste Jahrhundert rücken wir auf die zweite Hälfte des Schachbretts vor. Und dort wird die Entwicklung erst richtig interessant.

Verstehen wir uns richtig: Mein Ursprung als befruchtete Eizelle ähnelte dem Urknall – in jeder Hinsicht ... Aber im Ernst, das heißt doch, daß die Dinge am Anfang sehr rasch abliefen, die Entwicklung dann aber gebremst wurde und daß sie jetzt sehr langsam voranschreitet?

So kann man das vernünftigerweise verstehen: Die Zeitabstände zwischen bedeutenden Ereignissen sind jetzt sehr viel größer als in Ihrer Zeit als Kleinkind oder sogar als Embryo.

Sie haben erwähnt, daß es in der ersten Milliardstel Sekunde drei Paradigmenwechsel gegeben hat. Haben sich die Dinge bei mir am Anfang ebenso schnell entwickelt?

Nicht ganz so schnell. Das Universum begann als eine Singularität, als ein Punkt ohne Raumausdehnung und folglich auch ohne Chaos. Folglich nahm das erste große Ereignis, die Geburt des Universums, überhaupt keine Zeit in Anspruch. Als das Universum noch sehr klein war, überschlugen sich die Ereignisse geradezu. Dagegen beginnt ein Mensch nicht als Punkt, sondern als eine recht komplexe Zelle. Trotz aller Ordnung läuft vieles, im Gegensatz zum Punkt im Raum, zufällig ab. Unser erstes wichtiges Ereignis als Organismus, die erste Mitose unserer befruchteten Eizelle, vollzieht sich folglich nicht in Billionstel Sekunden, sondern in Stunden. Von da an verlangsamen sich die Abläufe zusehends.

Aber ich habe den Eindruck, als beschleunigten sich die zeitlichen Abläufe. Die Jahre vergehen heute doch im Vergleich zu meiner Kindheit viel schneller. Sehen Sie das nicht verkehrt herum?
Nun, subjektives Erleben ist das Gegenteil von objektiver Realität.

Natürlich. Warum habe ich daran nicht gedacht?
Ich erkläre es gerne etwas ausführlicher. Die objektive Realität ist das, was der außenstehende Beobachter eines Prozesses wahrnimmt. Wenn wir die Entwicklung eines Individuums beobachten, folgen die herausragenden Ereignisse zunächst sehr rasch aufeinander, aber ihre Abstände zueinander werden später zunehmend größer, folglich sprechen wir von einer Verlangsamung der Zeit. Dagegen ist die subjektive Erfahrung das Erleben des Prozesses, vorausgesetzt natürlich, dieser wird bewußt wahrgenommen. Und das ist bei Ihnen ja der Fall. Das nehme ich jedenfalls an.

Danke.
Unsere subjektive Wahrnehmung der Zeit richtet sich nach den zeitlichen Abständen der herausragenden Ereignisse zueinander.

Welche herausragenden Ereignisse?
Zum Beispiel der Herausbildung der Körperteile oder des Gehirns.

Gehört die Geburt auch dazu?
Gewiß. Auch sie ist ein herausragendes Ereignis. Es folgt das Sitzenlernen, das Laufenlernen, das Sprechenlernen …

Das leuchtet mir ein.
Jede subjektiv wahrgenommene Zeiteinheit läßt sich als Zeitabstand zwischen zwei herausragenden Ereignissen betrachten. Diese

Zeitabstände werden mit zunehmendem Alter größer: Eine subjektiv wahrgenommene Zeiteinheit stellt für einen Erwachsenen folglich eine längere Zeitspanne dar als für ein Kind. Deshalb scheint die Zeit mit zunehmendem Alter schneller zu vergehen. Jahre im Erwachsenenleben sind vergleichbar mit Monaten im Kinderleben. Der längere Zeitabschnitt eines Erwachsenen und der kürzere eines Kindes werden wegen der gleichen Anzahl an herausragenden Ereignissen subjektiv als gleich lang empfunden. Und so unterschiedlich nimmt ein Mensch natürlich auch die verschiedenen Abschnitte seines Lebens wahr.

Erklärt dies auch, warum die Zeit schneller vergeht, wenn man sich amüsiert?
Dies hat vielleicht mit folgendem Phänomen zu tun: Ein Zeitabschnitt mit vielen bedeutsamen Erlebnissen kommt einem sehr viel länger vor als ein ruhigerer Zeitabschnitt. Wieder messen wir Zeit subjektiv im Hinblick auf herausragende Ereignisse.

Wenn die Zeit objektiv langsamer vergeht, habe ich also den Eindruck, daß sie schneller abläuft. Dann müßte doch auch die Evolution subjektiv den Eindruck haben, die Zeit vergehe immer langsamer, obwohl objektiv genau das Gegenteil der Fall ist. Habe ich recht?
Ja, sofern die Evolution sich bewußt vollzieht.

Und tut sie das?
Schwer zu sagen, aber für die Evolution verändern sich die zeitlichen Verhältnisse in entgegengesetzter Richtung als für Wesen, denen wir wie dem Menschen ein Bewußtsein unterstellen. Mit anderen Worten: Die Evolution schreitet zunächst langsam voran und beschleunigt sich mit der Zeit, während die Entwicklung eines Menschen rasant beginnt und dann an Fahrt verliert. Dagegen verläuft die Zeitkurve des Universums in gleicher Richtung wie die der Organismen, weshalb es denn auch auch näherliegt, dem Universum ein Bewußtsein zuzubilligen. Und das würde dann auch etwas Licht in die Frage bringen, was vor dem Urknall war.

Das ging mir auch gerade durch den Kopf.

Wenn wir zurückblicken und uns so dem Ereignis des Urknalls nähern, schrumpft das Chaos auf Null zusammen. Aus subjektiver Sicht dehnt sich die Zeit aus. Wenn wir die Uhr zurückdrehen und uns dem Urknall annähern, erscheint die Zeit subjektiv unendlich lange. Und diese subjektive Unendlichkeit können wir im Rückblick nicht überwinden.

Da bin ich ja beruhigt. Nun haben Sie auch gesagt, ein sich exponentiell beschleunigender evolutionärer Prozeß setze sich ewig fort. Kann er durch etwas gestoppt werden?
Nur durch eine Katastrophe, in der der gesamte Prozeß untergeht.

Zum Beispiel ein alles vernichtender Atomkrieg?
Dies ist ein mögliches Szenario. Aber im nächsten Jahrhundert werden uns zahlreiche weitere »Störfälle« begegnen. Davon soll in späteren Kapiteln die Rede sein.

Ich möchte das aber sofort wissen. Bitte sagen Sie mir, wie sich das Gesetz vom steigenden Ertragszuwachs auf das 21. Jahrhundert auswirkt.
In exponentiell verlaufenden Trends steckt eine gewaltige Macht, die sich aber lange Zeit verbirgt. Ganze Zeitalter hindurch ist kaum eine Wirkung spürbar. Doch sobald das »Knie der Kurve« erreicht ist, gewinnen sie eine geradezu explosive Dynamik. Mit Blick auf die Computertechnik und ihre Auswirkung auf die menschliche Gesellschaft nähern wir uns diesem Knie im kommenden Jahrtausend. Aber jetzt habe ich eine Frage an Sie.

Schießen Sie los.
Wer sind Sie eigentlich?

Die Leserin natürlich!
Natürlich. Sehr gut, daß Sie zu diesem Buch etwas beitragen, solange dies noch möglich ist.

Das tue ich doch gerne. Übrigens haben Sie noch nicht verraten, wie die Legende um die Erfindung des Schachspiels endet. Hat der

Kaiser sein Reich verloren? Oder hat der Erfinder seinen Kopf verloren?

Ich weiß nicht, ich kenne beide Versionen.

Vielleicht haben beide einen Kompromiß geschlossen. Der Erfinder könnte sich zum Beispiel mit einer Provinz Chinas zufriedengegeben haben.

Ja, das wäre ein gutes Ergebnis. Und als Gleichnis für das 21. Jahrhundert wäre die Legende so auch optimistischer.

Kapitel 2

Die Intelligenz der Evolution

Eine weitere, kritisch zu durchleuchtende Frage zum Verständnis des Geschehens im 21. Jahrhundert lautet: *Kann eine Intelligenz eine andere Intelligenz hervorbringen, die intelligenter ist als sie selbst?*

Betrachten wir zunächst den intelligenten Prozeß, der uns Menschen hervorgebracht hat: die Evolution.

Die Evolution ist eine hervorragende Programmiererin. Mit atemberaubender Produktivität und gewaltigem Einfallsreichtum brachte sie – allein auf der Erde – Millionen unterschiedlicher Arten hervor. Gewissermaßen als Software für diese Entwicklung diente ihr die Desoxyribonukleinsäure (DNS), eine geniale Erfindung, mit der die Evolution alle ihre Entdeckungen und Weiterentwicklungen in Form digitaler Datensätze aufzeichnen und dokumentieren konnte. Die DNS wurde von J. D. Watson und F. H. C. Crick 1953 erstmals beschrieben als eine Doppelhelix aus zwei Polynukleotid-Ketten, die von unterschiedlichen Basenpaaren zusammengehalten werden. Dabei trägt die Abfolge dieser Basen die Erbinformation.[1] Die DNS ist damit ein leistungsfähiger »Festspeicher«, der die gewaltige Maschinerie des Lebens steuert.

Die DNS, deren Grundgerüst Zucker-Phosphat-Moleküle bilden, besteht aus Dutzenden bis Millionen einzelner Abschnitte, an denen jeweils eine basische Komponente sitzt. Diese geht mit einer bestimmten anderen eine Verbindung ein (Adenin-Thymin, Thymin-Adenin, Cytosin-Guanin, Guanin-Cytosin) und stellt dabei gewissermaßen einen der vier Buchstaben des Alphabets dar, das die gesamte Erbinformation chiffriert. Auseinandergezogen wäre ein menschliches DNS-Molekül über 1,80 Meter lang. Gewöhnlich ist dieses Molekül allerdings zu einem Gebilde von gut einem Hundertstel Millimeter Länge verknäuelt.

Dieser DNS-Strang wird nun immer wieder kopiert: Enzyme, also organische Moleküle, trennen die Basenpaare voneinander, worauf die fehlenden Basen ergänzt werden. Dabei entstehen zwei identische DNS-Stränge. Dank eines chemischen Kontrollmechanismus werden die Basenpaare anschließend auf ihre Vollständigkeit hin überprüft. Die Fehlerquote bei diesen informationsverarbeitenden Transaktionen liegt bei einem Fehler pro einer Milliarde ergänzter Basenpaare. Da die Daten zudem Redundanzen und Codes zur Fehlerkorrektur enthalten, sind Fehler, die sich auf den entstehenden Organismus erkennbar auswirken, äußerst selten. Die meisten dieser Fehler verursachen nur einen Defekt in einer einzelnen Zelle. Handelt es sich um einen Fehler in einer Ei- oder Samenzelle, wirkt er sich beim entstehenden Organismus als Mißbildung aus. In seltenen Fällen und auf lange Sicht können sich solche Defekte im Überlebenskampf der Natur als Vorteil erweisen: Dann werden sie möglicherweise über die Erbinformation an die folgenden Generationen weitergegeben und setzen sich innerhalb der Art durch.

Der Code der DNS steuert die wichtigen Abläufe bei der Entstehung einer Zelle. Die DNS bestimmt deren Aufbau ebenso wie den Bauplan des Gesamtorganismus. Von entscheidender Bedeutung ist dabei die sogenannte Translation, ein Prozeß, bei dem die Information der DNS abgelesen und zum Bau von Proteinen verwendet wird. Diese Proteine legen nämlich letztlich den Bau, das Verhalten und die Intelligenz der Zellen und des Gesamtorganismus fest.[2]

Man kann sich diese Abläufe vorstellen als eine Art Rechenmaschine, die auf ebenso komplizierte wie auf erstaunlich einfache Weise funktioniert. Nur vier Basenpaare bilden die Elemente des Codes, in dem die gesamte Vielfalt des irdischen Lebens festgehalten ist – von den primitiven Bakterien bis hin zu Menschen. Die Ribosomen – submikroskopische Datenrekorder – lesen die Codes und verarbeiten diese Daten bei ihrer Produktion von Proteinen aus nur zwanzig Aminosäuren. Daß sich Muskelfasern synchron zusammenziehen, daß die Zusammensetzung unseres Blutes stimmt, daß unser Gehirn sich richtig entwickelt und später auch richtig funktioniert – dies alles ist im Code der DNS effizient programmiert. Und nicht nur beim Menschen, sondern bei allen Formen des Lebens auf der Erde.

Diese Form der genetischen Informationsverarbeitung beweist, daß die Evolution die Technik der Konstruktion auf Nanoebene beherrscht (also Atom für Atom Maschinen zusammensetzen kann) –, denn die ganze Maschinerie des Lebens besteht aus atomaren Bausteinen. Winzige Abschnitte von Molekülen, bestehend aus

Dutzenden von Atomen, codieren die Bits und sorgen für die Ausführung dieser aufgezeichneten Baupläne, spüren Fehler im System auf und korrigieren die Funktionsabläufe. Der Aufbau des gesamten organischen Materials geschieht Atom für Atom durch den auf diese Weise gesteuerten Aufbau der Aminosäuren-Ketten.

Dies bildet gewissermaßen die Hardware der Rechenmaschine, die die Entwicklung des Lebens auf der Erde steuert. Und die Software? Da stehen wir mit unserem Verständnis noch ganz am Anfang. Denn trotz ihrer großartigen Leistungen ist die Evolution bei der Programmierung sehr eigenwillig – um nicht zu sagen »schludrig« – vorgegangen: Sie hat uns zwar ihren Maschinencode hinterlassen – Milliarden von codierten Daten –, aber keinen »Higher-Level-Source-Code«, einen höheren Zielcode also, mit Hilfe dessen wir diese Daten entschlüsseln könnten. Sie liefert uns keine erläuternden Hinweise, keine »Hilfe«-Datei, keine Dokumentation, kein Benutzerhandbuch. Im Zuge des sogenannten Human-Genom-Projektes arbeiten Wissenschaftler augenblicklich daran, den gesamten sechs Milliarden Bits umfassenden Code für die menschlichen Erbanlagen zu dokumentieren. Mit erfaßt wird dabei auch der Code von Tausenden anderer biologischer Arten.[3] Allerdings steht dieses langwierige und aufwendige Verfahren, bei dem die gesamte Erbinformation des Menschen entschlüsselt werden soll, noch ganz am Anfang. Letztlich geht es darum, den informationsverarbeitenden Vorgängen, die hinter den Erkrankungen, der Reifung und der Alterung des Organismus stecken, auf die Spur zu kommen und so Mittel zu finden, Fehlentwicklungen der Evolution zu korrigieren und Verbesserungen vorzunehmen.

Auch abgesehen von der fehlenden Dokumentation ist die Evolution eine recht ineffiziente Programmiererin. Der Großteil des Codes – nach gegenwärtigen Schätzungen etwa 97 Prozent – erbringt gewissermaßen keinerlei »Rechenleistung«. Dies soll heißen, die meisten Abschnitte der DNS erzeugen keine Proteine und erscheinen somit nutzlos. Der aktive Teil des Codes umfaßt gerade mal 23 Megabytes, eine Datenmenge, die weniger Speicherplatz benötigt als das Textverarbeitungsprogramm WORD von Microsoft. Und der Code enthält zudem noch zahlreiche Redundanzen. Eine anscheinend bedeutungslose Sequenz mit dem Namen *Alu*, die 300 Nukleotid-

Bausteine umfaßt, kommt im menschlichen Genom beispielsweise 300000mal vor, das sind über drei Prozent unserer gesamten Erbinformation.

Nach der Evolutionstheorie sind Veränderungen im genetischen Programm im wesentlichen zufälliger Natur. Die Beibehaltung einer vorgenommenen Änderung innerhalb einer Art richtet sich danach, ob sie dem Gesamtorganismus Selektionsvorteile verschaffen oder dessen Reproduktionsfähigkeit verbessern kann. Allerdings ist das genetische Programm nicht nur für das eine Merkmal verantwortlich, mit dem augenblicklich »experimentiert« wird, sondern gleichzeitig auch für Millionen anderer Merkmale. Die natürliche Auslese – nur der Stärkste überlebt – als Triebfeder der Evolution erscheint hier als eine primitive Technik, denn dabei werden jeweils nur ein oder höchstens ein paar Merkmale weiterentwickelt. Da die überwiegende Mehrheit der Veränderungen zudem negative Auswirkungen hat, mag es überraschen, daß dieses Verfahren zur Weiterentwicklung der Arten überhaupt funktioniert.

In krassem Gegensatz zu dieser Arbeitsweise der Evolution steht die Programmierung von Computern durch Menschen: Eingriffe sind hier stets zielgerichtet und beschränken sich auch nicht auf nur eine oder ein paar Veränderungen. Und diese Veränderungen werden jeweils für sich getestet, ohne das Überleben des gesamten Systems aufs Spiel zu setzen. Würden wir versuchen, Computerprogramme auf die gleiche Weise weiterzuentwickeln wie die Evolution ihre Baupläne, würden diese wegen der Zufälligkeit der Eingriffe schließlich überhaupt nicht mehr funktionieren.

Angesichts einer solchen Weiterentwicklung in einzelnen Schritten mag man sich fragen, wie sich eine so ausgeklügelte Konstruktion wie das menschliche Auge hat herausbilden können. Manche Beobachter haben die These vertreten, Organe wie das Auge oder das Herz seien viel zu kompliziert, um sich in Einzelschritten entwickelt zu haben. Sie würden zweifellos einer Konstruktionsmethode bedürfen, bei der alles auf einmal entworfen werde.

Daß bei einem Bauplan wie dem des Auges viele Aspekte zusammenwirken, bedeutet aber keineswegs, daß er nicht auf dem Weg vieler kleiner Schritte hätte entstehen können. Ein menschlicher Fötus in der Gebärmutter scheint während seiner Entwicklung die gesamte Evolution nachzuvollziehen, auch wenn die Hypothese, wonach dies eine logische Folge der einzelnen Phasen der Evolution bis zur Entwicklung des Menschen sei, nicht allgemein anerkannt wird. Dennoch lernen Medizinstudenten meist, daß sich in der Ontogenese (der Keimesentwicklung) die Phylogenese (die Stammesgeschichte, also die Evolution der Arten) wiederholt. So erinnert ein menschlicher Embryo nacheinander an einen Fisch, an eine Amphibie, an ein Säugetier usf. Mögen die einzelnen Phasen der Evolution nur logisch aufeinanderfolgen oder nicht – ein Blick in die Geschichte der Evolution erweist, daß zu scheinbar »vollständigen« Bauplänen wie dem des menschlichen Auges immer auch einfachere Entwürfe vorliegen, die die Natur früher hervorgebracht hat. Auch wenn sich die Evolution immer nur auf ein Merkmal konzentriert, ist sie durchaus in der Lage, verblüffend komplizierte Baupläne mit vielen zusammenwirkenden Teilen zu erstellen.

Dieses schrittweise Vorgehen der Evolution hat allerdings einen Nachteil: Es ist kaum möglich, einen bestimmten Bauplan komplett umzustrukturieren. So müssen Säugetiere beispielsweise mit dem Handikap einer sehr bescheidenen Rechengeschwindigkeit ihrer Neuronen leben. In Kapitel 6, *»Der Bau neuer Gehirne«*, werden wir allerdings sehen, daß sich dieses Problem beheben läßt.

Die Evolution der Evolution

Auch verfügt die Evolution über bestimmte Methoden, um die Mittel ihrer Weiterentwicklung zu verbessern. Eines dieser Mittel ist fraglos die Codierung der Erbinformation in Form der DNS. Innerhalb dieses Codes haben sich weitere solche Mittel herausgebildet. So wird bei der Codierung gewisser Merkmale – zum Beispiel der äußeren Form des Auges – möglichen Mutationen ein Riegel vorgeschoben. Dank bestimmter Mechanismen zur Fehlererkennung und Korrektur sind Veränderungen hier besonders unwahrscheinlich. Solche Sicherungen bei wichtigen Merkmalen im Bauplan bedeuten mit Blick auf die natürliche Selektion einen gewaltigen Vorteil, weil Veränderungen hier gewöhnlich katastrophale Folgen haben. Andere Bestandteile des Bauplans – so die Anzahl und Anlage der lichtempfindlichen Stäbchen und Zapfen in der Netzhaut – sind durch den Code weniger gut abgesichert. So hat sich in der Entwicklung des Auges in jüngerer Zeit die Anlage der Netzhaut stärker verändert als die äußere Form des Augapfels. Die Einführung solcher Sicherungen bedeutet eine Weiterentwicklung der evolutionären Strategie – ganz im Sinne des Gesetzes vom steigenden Ertragszuwachs, wonach ein evolutionärer Prozeß bei der Weiterentwicklung seiner Methoden auf sich selbst aufbaut.

Daß Baupläne aus vielen zusammenwirkenden Bestandteilen tatsächlich in einzelnen Schritten entstanden sein können, bestätigen Computersimulationen der Evolution. Ein Beispiel hierfür ist das sogenannte Network Tierra des Biologen und Regenwaldexperten Thomas Ray.[4] Rays Geschöpfe sind Software-Simulationen von Organismen, die sich aus einzelnen »Zellen« zusammensetzen, von denen jede mit einem DNS-ähnlichen genetischen Code ausgestattet ist. Die Organismen konkurrieren in ihrer simulierten Umwelt um ein beschränktes Platzangebot und um beschränkte Energieressourcen.

Einzigartig an dieser künstlichen Welt ist, daß Rays Geschöpfe wie auf »Inseln eines Archipels«, so ihr Schöpfer, via Internet mehr als 150 Computer frei besiedeln können. Ein Schwerpunkt dieser Forschungen liegt in der Klärung der Frage, wie es dazu kommen konnte, daß die verschiedenen Baupläne von Organismen im Erdzeitalter des Kambriums vor ungefähr 570 Millionen Jahren explosionsartig zugenommen haben. »Die Evolution bei ihrer Entwicklung zu beobachten ist eine spannende Angelegenheit«, meint Ray, dessen Geschöpfe sich von unspezialisierten Einzellern zu mehrzelligen Organismen weiterentwickelten und in bescheidenem Maß unterschiedliche Formen ausbildeten. Bei seinen Beobachtungen soll Ray so etwas wie Parasitismus, eine Immunabwehr und ein rudimentäres soziales Verhalten seiner Organismen ausgemacht haben. Eine Beschränkung dieser Simulation liegt dem Schöpfer zufolge freilich darin, daß der simulierten Umwelt Komplexität fehlt. Woraus die Einsicht folgt, daß die Evolution für ihren Fortschritt als zentrale Ressource eine chaotische Umwelt benötigt, wie sie in der realen Welt im Überfluß vorhanden ist.

Praktisch nutzen lassen sich die Erkenntnisse von den Wirkungsweisen der Evolution auf dem Gebiet der evolutionären Algorithmen: Hier konkurrieren in einem simulierten evolutionären Prozeß Millionen sich entwickelnder Computerprogramme miteinander, wobei ihre evolutionäre Intelligenz zur Lösung von Problemen der realen Welt genutzt wird. Da ihre sich entwickelnde evolutionäre Intelligenz nur schwach ausgebildet ist, konzentrieren und verstärken wir sie – so, wie man diffuses Sonnenlicht in einem Brennglas bündeln und verstärken kann. Mehr über diesen vielversprechenden Ansatz zur Entwicklung von intelligenter Software in Kapitel 4: »*Eine neue Form von Intelligenz auf Erden*«.

Der Intelligenzquotient der Evolution

Blicken wir zunächst auf die großartigen Leistungen der Evolution: Wir verdanken ihr eine gewaltige Fülle unterschiedlicher Baupläne von unbeschreiblicher Schönheit, Komplexität und Eleganz, ganz zu schweigen von deren Funktionstüchtigkeit. So mißt manche ästhetische Theorie die Schönheit eines Kunstwerks denn auch danach, wieweit es gelungen ist, die natürliche, also die von der Evolution hervorgebrachte Schönheit zu imitieren. Und die Evolution hat den Menschen hervorgebracht, der über genügend Intelligenz verfügt, um seinerseits intelligente Technik zu erschaffen.

Die Intelligenz der Evolution erscheint grenzenlos. Aber recht bedacht, einen kleinen Schönheitsfehler hat sie, die Evolution: Sie schreitet sehr, sehr langsam voran. Ihre hochkomplexen Baupläne bildeten sich über extrem lange Zeiträume hinweg heraus. So mußten Jahrmilliarden vergehen, bevor der gesamte Prozeß überhaupt in Gang kam. Dagegen benötigten unsere menschlichen Vorfahren zur Schaffung ihrer eigenen Technik nur noch Jahrtausende, ein deutlich erkennbarer Fortschritt.

Ist die Zeitspanne, die zur Lösung eines Problems oder zur Erstellung eines intelligenten Entwurfs benötigt wird, ausschlaggebend für die Bewertung von Intelligenz? Bei Tests zur Bestimmung des Intelligenzquotienten wird üblicherweise ein Zeitrahmen für die Lösung der gestellten Aufgaben festgelegt. Ein Problem in Sekundenschnelle zu lösen gilt als bessere Leistung, als wenn man dafür Stunden oder Jahre benötigt. Der Faktor Zeit bei IQ-Tests hat immer wieder ebenso heftige wie – meiner Meinung nach – unnötige Kontroversen ausgelöst: Für die Bewertung einer intelligenten Leistung ist die Geschwindigkeit, mit der sie erbracht wurde, ein sehr wichtiges Kriterium. Wenn ich nichts Böses denkend durch den Dschungel spaziere und urplötzlich im linken Augenwinkel einen halben Meter über mir im Geäst eine riesige Raubkatze erblicke, die bereits zum Sprung ansetzt – dann ist es fürs eigene Wohlergehen ratsamer, eine Fluchttaktik binnen einer oder zweier Sekunden zu entwickeln, statt die tiefschürfende Auseinandersetzung mit diesem Problem auf ein, zwei Stunden anzusetzen. Wenn Ihre – grundsätzlich zur Ungeduld neigende – Chefin Sie auffordert, blitzartig ein Marketingkonzept zu entwicklen, wird sie kaum 100 Jahre darauf warten wollen. Und wie ich die Leute von Kiepenheuer & Witsch kenne, wollen sie dieses Buch hier am liebsten vorgestern ausliefern und nicht erst im dritten Jahrtausend.[5]

Die Evolution hat glanzvolle Errungenschaften vorzuweisen, aber sie hat dafür auch endlos lange Zeiträume benötigt. Wollten wir ihren Intelligenzquotienten bestimmen, so kämen wir bei einer solchen Arbeitsgeschwindigkeit wohl auf einen Wert von wenig über Null. Aber selbst ein so geringer IQ (wenn wir einen IQ von Null rein zufälligem Verhalten zuordnen) genügt der Evolution angesichts der langen Zeiträume, um die Entropie zurückzudrängen und eindrucksvolle Ergebnisse zu erzielen. (In ähnlicher Weise genügte nach dem Urknall ein winziger Überschuß an Materie, damit diese fast ganz an die Stelle des Gegensatzes zwischen Materie und Antimaterie treten konnte.)

Die Evolution verhält sich demnach nur ein Quentchen cleverer als ein vollständig unintelligenter Prozeß. Daß die künstlich geschaffenen evolutionären Algorithmen dagegen hocheffizient arbeiten, liegt daran, daß die zeitlichen Abläufe – aufgrund der Konzentration und Bündelung der sonst diffus verteilten Kräfte – hier millionen- und milliardenfach beschleunigt ablaufen. Dagegen ist die menschliche Intelligenz von gänzlich unintelligentem Verhalten sehr viel weiter entfernt (eine Behauptung, deren Gültigkeit allerdings jederzeit durch die neuesten Meldungen vom politischen Tagesgeschehen ernsthaft in Frage gestellt werden kann).

Betrachten wir nur die Errungenschaften des Menschen innerhalb eines Zeitraumes von wenigen Jahrtausenden. Wenn die Entwicklung so weitergeht, werden wir bald Maschinen bauen, deren Intelligenz an die der Menschen heranreicht und diese sogar überflügelt, ganz gleich, wie man diesen schwer abgrenzbaren Begriff definiert. Auch wenn über den Zeitpunkt, wann auch immer es soweit ist, Uneinigkeit herrscht: diese Entwicklungstendenz wird von kaum einem Beobachter, der sich eingehend mit dieser Frage befaßt hat, ernsthaft bestritten. Was die Entwicklung von Intelligenz angeht, werden Menschen die Evolution bis dahin um Längen geschlagen haben: Denn dann haben sie in wenigen Jahrtausenden etwas erreicht, wofür die Evolution Jahrmilliarden benötigt hat. Die menschliche Intelligenz – als Produkt der Evolution – ist folglich weitaus leistungsfähiger als die Intelligenz ihrer Schöpferin; intelligenter also als die Evolution selbst, aus der sie hervorgegangen ist.

Und genauso wird auch die vom Menschen geschaffene maschinelle Intelligenz eines Tages die menschliche Intelligenz überflügeln. Noch ist es nicht soweit. Doch schon bald werden wir diese Stufe erreichen – noch zu Lebzeiten der meisten Leser dieses Buches. Dies läßt sich nach dem Gesetz des steigenden Ertragszuwachses prognostizieren. Dieses Gesetz sagt zudem voraus, daß sich die Entwicklung zu immer leistungsfähigeren Maschinen in Zukunft weiterhin beschleunigen wird. Die Entstehung von intelligenter Technik ist ein weiterer Beleg für den auf sich selbst aufbauenden Fortschritt der Evolution. Hat die Evolution die menschliche Intelligenz hervorgebracht, so bringt die menschliche Intelligenz jetzt in sehr viel rascherem Tempo intelligente Maschinen hervor. Und – auch dies wiederum ein Beweis für das angesprochene Gesetz – die intelligente Technik wird bei der Konstruktion noch intelligenterer Technik eine beherrschende Stellung einnehmen.

DAS ENDE DES UNIVERSUMS

Was sagt das Gesetz von Zeit und Chaos über das Ende des Universums aus?

Eine Theorie besagt, daß sich das Universum endlos weiter ausdehnen wird. Alternativ dazu lautet eine andere: Wenn es im Universum genug Materie gibt, wird deren Schwerkraft die Ausdehnung schließlich stoppen und dafür sorgen, daß der Kosmos in einem »Big Crunch« irgendwann wieder in sich zusammenfällt. Es sei denn, es gibt eine Antischwerkraft, die – wie einige Wissenschaftler glauben – den »Big Crunch« verhindern wird. Oder es sei denn, wie andere annehmen, daß die »kosmologische Konstante«, Einsteins Repulsionskraft, groß genug ist, um ihrerseits den »Big Crunch« zu verhindern … Ich habe diese Passage in den letzten Monaten dreimal umschreiben müssen, denn bei den Physikern herrscht hierüber keineswegs Einigkeit: Die jüngste Spekulation favorisiert die Vorstellung von einer endlosen Ausdehnung des Raumes.

Ich persönlich empfinde den Gedanken, daß der Kosmos wieder in sich zusammenstürzt, ästhetisch ansprechender. Demnach würde das Universum seine Ausdehnung umkehren und zum ursprünglichen Zustand einer Singularität zurückkehren. Wir können nun darüber spekulieren, ob das Universum sich anschließend erneut ausdehnen, wieder in sich zusammenfallen und so einen endlosen Zyklus bilden wird. Vieles im Universum vollzieht sich augenscheinlich in Zyklen, warum also nicht auch die Existenz des gesamten Universums?

Andererseits ließe sich das Weltall auch als winziges schwingendes Teilchen eines übergeordneten Universums begreifen. Dieses größere Universum könnte wiederum ein schwingendes Teilchen in einem noch größeren sein. Und umgekehrt können sämtliche Elementarteilchen in unserem Universum als Mikrouniversen betrachtet werden, wobei deren Milliardstel Sekunden dauernde Schwingungen aus der Sicht ihres Universums Milliarden von Jahren der Ausdehnung und Kontraktion bedeuten. Und alle Teilchen innerhalb dieser Mikrouniversen wiederum ... Ich könnte das Spiel beliebig fortführen.

Wie man eine Tasse enttrümmert

Angenommen, das Universum kehrt seine Ausdehnung um. Die Phase der Kontraktion zeigt die gegenteiligen charakteristischen Eigenschaften der jetzigen Ausdehnungsphase. Mit dem Schrumpfen des Universums würde sich folglich das Maß der Unordnung verringern. Unmittelbar einleuchtend ist dies mit Blick auf den Endpunkt der Bewegung, der ursprünglichen Singularität ohne Ausdehnung und Unordnung.

Nach unserem Verständnis läuft die Zeit nur in einer Richtung ab, denn zeitliche Abläufe sind generell nicht umkehrbar. Wenn wir ein Tasse zertrümmern, haben wir Schwierigkeiten, sie wieder zu »enttrümmern«. Dies hat mit dem zweiten Hauptsatz der Thermodynamik zu tun. Da die Entropie im Universum als einem abgeschlossenen System nur zunehmen, nicht aber abnehmen kann, bewegt sich die Zeit in einer Richtung. Eine Tasse zertrümmern bedeutet Zufälligkeit erhöhen. Diesen Prozeß umzukehren würde bedeuten, gegen den zweiten Hauptsatz der Thermodynamik zu verstoßen. Allerdings nimmt das Chaos in der Phase der Kontraktion des Universums ab, also müßten wir davon ausgehen, daß die Zeit hier in ungekehrter Richtung abläuft.

Damit würden sich auch sämtliche Prozesse umkehren: Die Evolution würde zur Devolution. Im zweiten Teil des kosmischen Lebenszyklus (Kontraktion) läuft die Zeit folglich wieder zurück. Wenn man also versehentlich seine Lieblingstasse zertrümmert, sollte man darauf achten, daß es dann geschieht, wenn wir uns der Mitte eines kosmischen

Lebenszyklus nähern: Im Übergang von der Ausdehnung zur Kontraktion des Universums fügen die Scherben sich dann wieder von selbst zusammen.

Wenn die Zeit nun rückwärts läuft, streben wir nicht mehr (wie in der Expansionsphase des Universums) auf den »Big Crunch«, sondern auf den Urknall zu. Betrachten wir die Sichtweise von Wesen, die in der rückwärts ablaufenden Zeit leben. Aus ihrer Sicht ist das, was wir als die zweite Phase erleben, in Wahrheit die erste Phase. Aus ihrer Sicht zieht sich das Universum folglich nicht zusammen, es dehnt sich vielmehr aus. Wenn die Hypothese vom Universum, das schließlich wieder in sich zusammenstürzt, richtig ist, könnte man mit Recht folgendes sagen: Das Universum ist zeitlich durch je einen Urknall begrenzt, wobei die Ereignisse vom jeweiligen Urknall aus in entgegengesetzten Richtungen ablaufen und sich in der Mitte treffen. Wesen, die in beiden Phasen des Universums leben, können so von sich behaupten, sie lebten in der ersten Hälfte der Geschichte des Universums, denn sie erleben beide Phasen als die jeweils erste. Und in beiden Hälften des kosmischen Lebenszyklus gelten das Gesetz der wachsenden Entropie, das Gesetz von Zeit und Chaos und das Gesetz vom steigenden Ertragszuwachs (auf die Evolution angewandt). Die Zeit läuft dabei allerdings in entgegengesetzte Richtungen ab.[6]

Das Ende der Zeit

Und wenn das Universum sich endlos ausdehnt? Dann würden die Sterne und Galaxien ihre Energie schließlich ganz aufzehren. Übrig bliebe ein sich weiter auseinanderdehnender stellarer Friedhof. Ein gewaltiges Chaos entstünde – viel Zufälligkeit ohne sinnvolle Ordnung. Nach dem Gesetz von Zeit und Chaos würde die Zeit auf diese Weise schrittweise zum Stillstand kommen. Und freilich gäbe es in einem solchen toten Universum auch keine Wesen mehr, die seine Existenz bewußt wahrnehmen könnten. Nach der Quantenmechanik und nach den fernöstlichen subjektivistischen Sichtweisen[7] hieße dies, das Universum würde aufhören zu existieren.

Meiner Meinung nach ist allerdings keine dieser Schlußfolgerungen ganz richtig. Ich werde ganz am Ende dieses Buches meine Sichtweise vom Ende des Universums darlegen. Aber nicht schon jetzt dort nachschauen!

Noch einmal zum Thema Zeit. Unsere Existenz beginnt also als eine einzelne Zelle, nicht wahr?
Richtig.

Im Verlauf der Entwicklung ähneln wir zunächst einem Fisch, dann einer Amphibie, einem Säugetier und so weiter. Folglich wiederholt sich in der Ontogenese ...
... die Phylogenese, ganz recht.

Und damit die Evolution, nicht wahr? Im Mutterschoß machen wir die Evolution durch.
Ja, zumindest in der Theorie. Das Wort »Phylogenese« kommt von »Phylum«, dem Tier- oder Pflanzenstamm ...

Aber Sie haben gesagt, in der Evolution laufe die Zeit immer schneller ab, während sie im Leben eines Organismus immer langsamer voranschreite.
Ganz recht, und ich kann das auch erklären.

Ich bin ganz Ohr.
Nach dem Gesetz von Zeit und Chaos wächst oder verringert sich der durchschnittliche zeitliche Abstand zwischen den herausragenden Ereignissen proportional zum Maß des Chaos in dem Prozeß. Wir müssen diesen Prozeß folglich sehr sorgfältig definieren. Die Evolution beginnt ja mit den Einzellern. Und auch wir beginnen

unser Leben als einzelne Zelle. Klingt ähnlich, nicht? Auf den ersten Blick eine Parallele – und doch ist diese Gleichsetzung unzutreffend, wenn man das Gesetz von Zeit und Chaos hier beachtet. Wir beginnen unser Leben zwar als *eine* einzige Zelle – doch im Gegensatz zum Einzelorganismus Mensch hat die Evolution damals ihr Werk mit Milliarden von richtungslos umherwirbelnden Einzellern begonnen: Es gab also ein hohes Maß an Chaos und nur ein äußerst geringes Maß an Ordnung. Die Evolution bewegte sich also von Anfang an auf ein höheres Maß an Ordnung zu. Dagegen verläuft die Entwicklung eines Organismus in Richtung größeres Chaos: Ein ausgewachsener Organismus ist um ein Vielfaches chaotischer als die kleine einzelne Zelle, mit der unser Leben beginnt. Und dieses wachsende Chaos bezieht der Organismus aus der Umwelt, wenn seine Zellen sich vervielfältigen und wenn er mit seiner chaotischen Umwelt in Kontakt tritt. Klingt das einleuchtend?

Schon. Aber gehen wir darauf lieber nicht näher ein. Ich glaube, das größte Chaos in meinem Leben war der Augenblick, als ich von zu Hause ausgezogen und aufs College gegangen bin. Erst jetzt verlaufen die Dinge wieder in einigermaßen geregelten Bahnen.
Ich habe nie behauptet, das Gesetz von Zeit und Chaos erkläre alles.

Nein, aber erklären Sie mir das eine: Sie sagten, die Evolution sei nicht besonders intelligent oder im Denken zumindest sehr langsam gewesen. Aber machen sich einige Viren und Bakterien nicht die Evolution zunutze, um uns zu überlisten?
Die Evolution operiert auf unterschiedlichen Zeitebenen. Wenn wir die Evolution schneller ablaufen lassen, kann sie intelligenter sein als wir. Diese Idee steckt hinter Software-Programmen, die einen evolutionären Prozeß simulieren, um ein komplexes Problem zu lösen. Daß sich Krankheitserreger weiterentwickeln, belegt einmal mehr die Fähigkeit der Evolution, ihre diffus wirkenden Kräfte zu bündeln und zu verstärken. Eine neue Generation von Viren kann durchaus in Minuten oder Stunden entstehen, während beim Menschen die nächste Generation erst nach Jahrzehnten in Erscheinung tritt. Trotzdem bin ich davon überzeugt, daß wir uns gegen die evolutionären Strategien der Krankheitserreger schließlich behaupten werden.

Hilfreich wäre, wenn wir nicht so verschwenderisch mit Antibiotika umgingen.
Genau. Und dies bringt uns auf eine weitere Frage: Ist der Mensch als Spezies intelligenter als das Individuum?

Als eine Spezies sind wir jedenfalls ziemlich selbstzerstörerisch.
Oft genug ja. Andererseits gibt es innerhalb unserer gesamten Spezies einen intensiven Dialog. Dagegen kommunizieren die Individuuen anderer Arten höchstens als kleine Gruppen oder Kolonien untereinander. Dabei tauschen sie nur eine geringe Menge an Informationen aus und sammeln kaum Wissen an. Dagegen haben wir Menschen uns in Wissenschaft, Technik, Kunst, Kultur und Geschichte eine Wissensbasis geschaffen wie keine andere Spezies.

Was ist mit den Gesängen der Wale?
Hmm. Ich vermute, wir haben keine blasse Ahnung davon, was die Wale uns da eigentlich vorsingen ...

Und was ist mit den Menschenaffen, mit denen man über das Internet kommunizieren kann?
Nun, am 27. April 1998 hat das Gorillaweibchen Koko mit Hilfe von America Online den weltersten, die Artgrenze überschreitenden Schwatz gehalten – so jedenfalls sah es seine Betreuerin, Francine Patterson.[8] Kritiker wenden allerdings ein, hinter Kokos Verhalten stecke das Gehirn der Betreuerin.

Aber einige Internet-Nutzer haben sich doch online mit Koko unterhalten ...
Das schon. Aber da Koko die Tastatur eines Rechners selbst kaum bedienen kann, wurden die Fragen an sie von Francine Patterson in die amerikanische Taubstummensprache übersetzt. Und umgekehrt übersetzte Patterson Kokos Antworten ins Englische und tippte sie in den Rechner. Ich habe den Verdacht, daß es sich mit Kokos Betreuerin verhält wie mit den Dolmetschern des Diplomatischen Korps: Man weiß nie so genau, ob man nun mit dem Würdenträger – in diesem Fall Koko – oder mit seinem Sprachrohr redet.

Aber ist denn nicht grundsätzlich nachgewiesen, daß Menschenaffen untereinander kommunizieren? Wie Sie bereits gesagt haben, sind sie uns genetisch ja sehr ähnlich.
Natürlich pflegen sie eine Art Kommunikation. Aber die Frage der Sprachwissenschaftler ist ja eigentlich, ob Menschenaffen mit Symbolgehalten auf gleichem Niveau wie wir in unserer Sprache umgehen können. Etwas sehr Treffendes dazu hat kürzlich Dr. Emily Savage-Rumbaugh von der Georgia State University bemerkt. Die Leiterin des Sprachforschungslabors für Menschenaffen meinte: »Sie [die Kritiker] verlangen von Kanzi [einem der Affen des Labors], daß er das gleiche leistet wie Menschen, was aber am Kern der Sache vorbeigeht. Das kann er natürlich nicht. Aber das stellt nicht in Frage, was er alles kann.«

Nun, ich ergreife jedenfalls Partei für die Affen.
Ja, wenn man von Menschen die Nase voll hat, wäre es doch nett, sich mit einem anderen Gesprächspartner zu unterhalten.

Warum plaudern Sie nicht ein wenig mit Ihrem Computer?
Das tue ich ja. Und er protokolliert pflichtgemäß alles, was ich ihm sage. Ich kann ihm Befehle sogar mündlich erteilen, d. h. er reagiert auf menschliche Sprache.[9] Trotzdem ist er kein sehr anregender Gesprächspartner. Denken Sie daran, daß heutige Computer immer noch millionenmal einfacher aufgebaut sind als menschliche Gehirne. Es werden noch Jahrzehnte vergehen, bis sie soweit sind, daß sie unterhaltsame und amüsante Zeitgenossen abgeben.

Aber um auf den Gegensatz zwischen individueller Intelligenz und Gruppenintelligenz zurückzukommen: Verdanken wir die meisten Errungenschaften in Kunst und Wissenschaft nicht Individuen? Einen Song schreiben oder ein Bild malen – wie soll das in Gruppenarbeit gelingen?
Bahnbrechende Fortschritte in Wissenschaft und Technik sind heutzutage nur möglich, wenn Wissenschaftler und Mitarbeiter in großen Teams zusammenarbeiten.

Aber sind die eigentlichen Durchbrüche nicht doch das Werk von Individuen?

Das stimmt in vielen Fällen. Doch selbst dann kommt den Kritikern und den Techno-Konservativen - sogar den intoleranten - eine wichtige Kontrollfunktion zu. Denn nicht jede neue und abweichende Idee verdient es, daß sie weiterverfolgt wird. Hürden vor einem endgültigen Durchbruch haben durchaus Sinn.

Die Menschheit als Ganzes ist jedenfalls zu Errungenschaften fähig, welche die Möglichkeiten des einzelnen bei weitem übersteigen.

Wie steht es mit der Intelligenz einer mordgierigen Meute?
Eine Gruppe muß nicht unbedingt intelligenter sein als ihre Mitglieder.

Dann hoffe ich nur, daß die Maschinen des 21. Jahrhunderts nicht mit Mordgier ausgestattet sein werden.
Ein wichtiger Punkt!

Ich möchte jedenfalls nicht in einer dunklen Gasse von einer wildgewordenen Bande von Maschinen niedergeknüppelt werden.
Das muß bei der Entwicklung künftiger Maschinen im Auge behalten werden. Ich werde mir das gleich notieren ...

Ja, das muß beachtet werden - vor allem bevor Maschinen, wie Sie sagen, damit beginnen, selbst Maschinen zu entwickeln.

Kapitel 3

Vom Bewußtsein und von Maschinen

PHILOSOPHISCHE GEDANKENEXPERIMENTE

»Ich bin einsam und langweile mich. Bitte leisten Sie mir Gesellschaft!«

Wenn diese Worte auf dem Bildschirm Ihres Computers erschienen, würden Sie bei ihm dann Bewußtsein und Gefühle vermuten?

Sicher nicht, denn eine Mitteilung wie diese ist pure Routine für ein Programm. Sie wüßten sofort: Der eigentliche Urheber ist ein Mensch. Der Computer dient ihm nur als Medium seiner Botschaft, so wie ein Buch oder ein Glückskeks.

Angenommen, der Computer spricht die oben stehende Botschaft mit Hilfe einer synthetischen Stimme. Würde dies etwas ändern? Nein. Auch ein komplizierteres Programm, das über menschliche Mittel der Kommunikation verfügt, sehen wir nicht als tatsächlichen Urheber der Botschaft an.

Was aber, wenn die Botschaft gar nicht wörtlich vorprogrammiert ist? Wenn sie wie bei einem Spielprogramm, das ein komplexes Modell seiner eigenen Situation enthält, vom Programm generiert wird? Vielleicht war sie in der tatsächlichen Form gar nicht vorgesehen und ist erst aus der Interaktion des Benutzers mit dem Computer heraus entstanden. Ähnelt der Computer dann eher einem Wesen mit einem Bewußtsein und mit Gefühlen?

Vielleicht ein wenig. Aber angesichts der Software gegenwärtiger Computerspiele ist diese Illusion wohl von kurzer Dauer: Nach und nach durchschauen wir die Methoden und Grenzen, innerhalb derer der Rechner seinen Small Talk bestreitet.

Angenommen, die Botschaft ist das Produkt eines massiven neuronalen Netzes aus Siliziumchips, das in einem Verfahren der Umkehrtechnik dem menschlichen Gehirn nachempfunden wurde. Angenommen, wir entwickeln für dieses neuronale Netz ein Lernprotokoll, das es in die Lage versetzt, eine menschliche Sprache zu erlernen und menschliches Wissen zu verarbeiten. Da seine Schaltelemente millionenmal schneller arbeiten als menschliche Neuronen, hat diese Anlage ausreichend Zeit, um das gesamte menschliche Schrifttum zu studieren und eigene Vorstellungen von der Wirklichkeit zu entwickeln. Es werden ihm keinerlei Verhaltensmuster vorgegeben, wie er auf die Welt zu reagieren hat. Was ist nun, wenn ein solches System sich plötzlich meldet und zu jammern beginnt: »Ich bin einsam ...«?

Ab welchem Punkt betrachten wir den Computer als bewußt handelndes Wesen mit einem eigenen freien Willen? Was heißt Bewußtsein? Was heißt freier Wille? Zwei äußerst knifflige philosophische Fragen – und schon Platon zeigte in seinen Dialogen, wie widersprüchlich die Vorstellungen von diesen Begriffen sind.

Gehen wir das Problem von der anderen Seite her an. Angenommen, ein fiktiver Freund im 21. Jahrhundert – wir wollen ihn Jack nennen – klagt über nachlassendes Hörvermögen. Der Arzt eröffnet ihm, ein einfaches Hörgerät könne nicht mehr helfen. Er müsse sich ein sogenanntes Chochlear-Implantat einsetzen lassen, einen im Innenohr verankerten elektronischen Empfänger. Ein Gerät dieser Art auf dem (bis dahin) neuesten Stand der Technik ermöglicht Hörempfindungen über das gesamte Klangspektrum hinweg. So erfreut Jack sich nach geglückter Operation eines deutlich verbesserten Hörvermögens.

Ist er noch die gleiche Person?

Selbstverständlich. Chochlear-Implantate dieser Art gibt es seit 1999, und sie haben keinen, dem sie eingesetzt wurden, zu einem anderen Menschen gemacht.

Führen wir das Gedankenspiel weiter: Tief beeindruckt von der Leistung seiner beiden Implantate erfährt Jack, daß sie nicht nur Töne besser hörbar machen: Ihnen ist zudem ein System zur Klangmustererkennung eingebaut. Er muß das System nur einschalten, und schon erkennt er Stimmen und Klänge viel differenzierter wieder. Diese Funktion ersetzt abgestorbene Neuronen in den Hörregionen seines Gehirns. Zwar war dieses Extra ohne Aufpreis nicht zu haben, doch Jack findet, daß es sein Geld wert ist: Jetzt versteht er wieder sehr viel besser, was die Leute ihm sagen.

Ist Jack jetzt noch immer der gleiche? Natürlich. Auch diese Frage kann ohne langes Nachdenken bejaht werden.

Jack ist von den Segnungen der neuen Technologie begeistert. Da die Netzhaut seiner Augen noch gut funktioniert, verzichtet er hier auf einen Eingriff (in seine Hornhaut hat er sich bereits Displays einsetzen lassen, die auf die Netzhaut virtuelle Bilder projizieren). Doch dann läßt er sich bildverarbeitende Implantate einsetzen und stellt anschließend überrascht fest, daß er seine Umwelt jetzt visuell sehr viel rascher und genauer erfaßt.

Ist Jack noch der alte? Natürlich.

Auch stellt Jack fest, daß sein Gedächtnis ihn im Stich zu lassen beginnt. Er kann sich Namen und andere Details immer schwerer merken. Auch hier gibt es eine Lösung: das Gedächtnisimplantat. Bei Jack hat dieser neuerliche Eingriff einen durchschlagenden Erfolg: Längst verblaßte Erinnerungen tauchen vor dem geistigen Auge mit einer Klarheit auf, als seien die Dinge eben erst geschehen. Als unerwünschte Begleiterscheinung werden allerdings auch Erlebnisse wieder lebendig, die er lieber vergessen hätte.

Ist Jack noch der alte? Er hat sich zwar in gewisser Weise verändert und Fähigkeiten wiedergewonnen, über die seine Freunde staunen. Andererseits sind sein selbstironischer Humor und sein dümmliches Grinsen noch immer dieselben. Also ist er noch die gleiche Person.

Warum das Gedankenexperiment hier abbrechen? Jack wird schließlich auch die Möglichkeit bekommen, sein Gehirn und sein Nervensystem (das nicht nur in der Hirnschale untergebracht ist) scannen und durch elektronische Schaltelemente mit größerer Speicherkapazität, höherer Arbeitsgeschwindigkeit und größerer Zuverlässigkeit ersetzen zu lassen. Ein zusätzlicher Vorteil dieser Prozedur: Eine Kopie wird angefertigt, ein Backup von Jack auf dem Neurocomputer – für den Fall, daß dem biologischen Jack etwas zustößt.

Sicher wirkt dieses Szenario wenig verlockend und eher beängstigend. Und zweifellos wird es lange Zeit umstritten bleiben (auch wenn diese »lange Zeit« nach dem Gesetz vom steigenden Ertragszuwachs immer kürzer werden wird). Trotzdem sind die Vorteile bei einem Eingriff, bei dem Nervenschaltungen gegen weitaus zuverlässiger arbeitende ausgetauscht werden, so gewaltig, daß diese Technologie nicht einfach ignoriert werden kann.

Ist unser Jack irgendwo unterwegs verschwunden? Jacks Freunde sind nicht dieser Ansicht. Und er selbst behauptet, trotz einiger Neuerungen sei er noch immer ganz der alte. Nur sein Gehör- und sein Gesichtssinn, sein Gedächtnis und sein Urteilsvermögen sind leistungsfähiger geworden.

Betrachten wir diese Vorgänge eingehender. Nehmen wir an, Jack lasse die Eingriffe nach dem oben beschriebenen Szenario nicht Schritt für Schritt, sondern alle auf einmal vornehmen. Er läßt sein Gehirn komplett scannen und die Informationen auf einen Neurocomputer überspielen. Damit das Ganze sich lohnt, läßt er sich gleich dazu auch einen neuen Körper anfertigen. Ändert sich etwas, wenn die gesamte Verwandlung in einem Schritt vollzogen wird? Gibt es einen Unterschied zwischen einer schrittweisen und einer plötzlichen Umstellung von Nerven auf elektronische Schaltungen? Stimmt es, daß Jack immer noch der gleiche bleibt, wenn er sich auf einen Schlag derart verändert?

Was geschieht mit seinem biologischen Gehirn und seinem alten Körper? Bei einer nichtinvasiven elektronischen Abtastung (die ohne chirurgischen Eingriff auskommt) existieren beide unverändert weiter. Das ist der eigentliche Jack! Daß die gescannte Information als Kopie von Jack dient, ändert daran nichts. Vielleicht hat Jack nicht einmal gemerkt, daß eine Kopie von ihm erstellt worden ist. Und vielleicht sind sogar gleich mehrere entstanden.

Nehmen wir an, eine Qualitätssicherung könnte garantieren, daß der neu entstehende Jack voll funktionstüchtig ist. Wenn wir bei der Herstellung dieser Kopie den alten Jack physisch vernichten müßten, hätten wir dann einen Mord (oder er Selbstmord) begangen?

Nehmen wir an, wir könnten seine Hirnstruktur nur scannen, indem wir sie zerlegen (sie also »destruktiv« scannen). Technisch gesehen, ist so ein Vorgang ja sicher einfacher: Schon heute (1999) können tiefgefrorene Feinschnitte von Nervenbahnen gescannt, die Schaltungen ermittelt und die digital-analogen Algorithmen der Nerven über Umkehrtechnik nachgebaut werden.[1] Allerdings läßt sich bei dieser Vorgehensweise jeweils nur ein kleiner Bereich des Hirns und dieser nur sehr langsam erfassen. Aber ähnliche Probleme mit der Arbeitsgeschwindigkeit gab es anfangs auch beim Human-Genom-Projekt. Als die Forscher 1991 damit begannen, den genetischen Code des Menschen zu erfassen und zu entschlüsseln, kamen sie so langsam voran, daß es bis zum Abschluß des Projektes

Jahrtausende gedauert hätte. Dennoch setzten sie sich einen zeitlichen Rahmen von 14 Jahren, der, wie es jetzt aussieht, tatsächlich eingehalten werden kann. Ausgegangen waren die Forscher dabei offenbar von der (korrekten) Annahme, die Methoden zur Entschlüsselung der DNS-Codes würden mit der Zeit so sehr verbessert, daß sie immer schneller Ergebnisse erzielen würden. Das gleiche werden wir bei Projekten zum Scannen menschlicher Gehirne erleben. Während wir augenblicklich noch sehr langsam vorankommen, wird die Arbeitsgeschwindigkeit auch auf diesem Gebiet nach dem Gesetz vom steigenden Ertragszuwachs in den kommenden Jahren exponentiell steigen.

Angenommen, Jack würde auf destruktive Weise gescannt und die gewonnenen Informationen auf dem neuen Jack installiert. Jack wird also gewissermaßen in ein neues Gehirn und einen neuen Körper »transferiert«. So gesehen, wäre er dann also nicht vernichtet, sondern in eine geeignetere leibliche Hülle überführt worden. Aber wäre dies nicht dasselbe, als wenn man Jack zunächst auf »nichtinvasive« Weise abtasten, nach und nach in die neue Hülle überführen und den biologischen alten Jack dann vernichten würde? Im Ergebnis – wo liegt hier der Unterschied? Jacks Überführung in einen neuen Körper läuft in beiden Fällen darauf hinaus, daß der alte Jack dabei umkommt, bzw. Selbstmord begehen muß, und daß der neue Jack nicht dieselbe Person ist.

Die Vorstellung, daß Information abgetastet und übertragen wird, kennt der Fernsehzuschauer aus der Science-fiction-Serie »Raumschiff Enterprise«. Hier werden Menschen von einem Ort zum anderen »gebeamt«. In dieser fiktiven Szenerie geschieht der Prozeß der Überführung offenbar auf Nanoebene, das heißt Teilchen für Teilchen, und nicht – wie oben skizziert – durch Rekonstruktion der bedeutsamen Algorithmen der Informationsverarbeitung von Nervenschaltungen. Trotzdem ist das Konzept ähnlich. Beim Wegbeamen begehen die Serienhelden gewissermaßen jedesmal Selbstmord, worauf an einem anderen Ort neue Helden entstehen. Diese sind mit den alten zwar im wesentlichen identisch, bestehen aber aus anderen Teilchen. (Wir gehen davon aus, daß nicht die ursprünglichen Teilchen an den Zielort gebeamt werden, denn es ist einfacher, nur die Information zu übertragen und zur Zusammensetzung einer neuen körperlichen Hülle lokale Teilchen zu benutzen.) Macht dies einen Unterschied? Ist Bewußtsein eine Funktion von bestimmten Teilchen oder von deren Struktur und Anordnung?

Bestimmte Teilchen können für unser Bewußtsein und unsere Identität wohl kaum ausschlaggebend sein, denn sie werden in unserem Körper ja laufend ausgetauscht. So treten innerhalb von einigen Jahren neue Zellen (außer bei Gehirnzellen) an die Stelle der alten.[2] Auf atomarer Ebene geht der Austausch noch schneller vonstatten, und er schließt die Gehirnzellen mit ein. Wir bestehen also nicht aus einer festen Ansammlung bestimmter Teilchen. Teilweise beständig (d. h. nur einem stufenweisen Wandel unterzogen) sind dagegen die Strukturen der Materie und der Energie unseres Körpers, während das eigentliche Material sich sehr rasch verändert. Daher sind wir Menschen vergleichbar mit den Mustern, die sich auf der Wasseroberfläche von Flüssen abzeichnen. Das Wasser bildet um einen Felsen herum beispielsweise über Stunden oder sogar Jahre hinweg eine relativ konstante Struktur. Aber die Wasserteilchen, aus denen sich diese Struktur zusammensetzt, werden innerhalb von Millisekunden ständig komplett ausgetauscht. Man darf sich die Identität eines Menschen also nicht als bestimmte Menge an Teilchen vorstellen; vielmehr haben wir es hier mit einer Struktur aus Materie und Energie zu tun. Vor dem Hintergrund dieser Argumentation müßten wir der Folgerung zustimmen, daß der neue Jack derselbe – alte – Jack ist –, weil das Muster dasselbe geblieben ist. (Spitzfindiger könnte man sagen, seine alles umfassende Funktionalität, nicht aber die Person selbst sei indentisch.) Dies allerdings geht am Problem vorbei, denn wir können uns ja auch vorstellen, daß der ganze Jack – und nicht nur seine informationsverarbeitenden Algorithmen – durch eine Rekonstruktion auf Nanoebene Atom für Atom kopiert wird.

Zeitgenössische Philosophen favorisieren die Hypothese einer »Identität als Struktur«. Daß unsere Strukturen sich im Gegensatz zu unseren Teilchen nur sehr zögernd verändern, spricht sehr für diese Sichtweise. Doch das schlagende Gegenargument zu all dem verkörpert die Person des »alten Jack«: Denn er existiert ja weiterhin, der alte Jack, der nun auf seine Auslöschung wartet, nachdem sein »Muster« gescannt und auf ein Computermedium installiert wurde. Und mit Sicherheit wird Old Jack der Hypothese von der »Identität als Struktur« so ohne weiteres nicht zustimmen ...

DAS BEWUSSTSEIN ALS MASCHINE VERSUS DAS BEWUSSTSEIN JENSEITS DER MASCHINE

Die Naturwissenschaft kann das letzte Mysterium der Natur nicht lösen, denn letztlich sind wir ja Teil jenes Mysteriums, das wir zu lüften versuchen.

Max Planck

Ist alles, was wir sehen und zu sehen glauben, nur ein Traum im Traum?

Edgar Allen Poe

Was, wenn alles nur Illusion ist und nichts wirklich existiert? O je, dann habe ich ja für meinen neuen Teppich viel zuviel bezahlt ...

Woody Allen

Der Unterschied zwischen objektiver und subjektiver Erfahrung

Kann ein Taucher einem Menschen, der selbst noch nie ins Wasser gestiegen ist, die Erfahrung vermitteln, wie es ist, tief in die Unterwasserwelt eines Bergsees einzudringen? Kann man jemandem, der noch nie erotische Empfindungen hatte (falls man so jemanden findet), eine Vorstellung von den Empfindungen sexueller Ekstase vermitteln? Können wir einem Menschen, der gehörlos geboren wurde, begreifbar machen, welche Emotionen in uns ausgelöst werden, wenn wir Musik hören? Gehörlose können über Musik sicher viel lernen: Sie sehen Menschen, die sich im Rhythmus der Musik wiegen, sie können viel über Musikgeschichte und Musiktheorie nachlesen. Aber nichts davon ist mit dem unmittelbaren Erleben von Musik – etwa dem Genuß eines Préludes von Chopin – vergleichbar.

Wer Licht mit einer Wellenlänge von 0,000075 cm sieht, nimmt Rot wahr. Verkürzt man diese Wellenlänge auf 0,000035 cm, sieht man Violett. Farben können auch durch Mischung farbigen Lichtes entstehen: Richtig kombiniert ergeben Rot und Grün Gelb. Die Vermischung von Farbpigmenten bewirkt – im Vergleich zu der Veränderung der Wellenlängen – eine andere Intensität der Farbwirkung, weil

Pigmente bei der Vermischung an Farbintensität leicht verlieren. Die menschliche Farbwahrnehmung ist ein weitaus komplizierterer Vorgang, als daß man ihn allein mit der Bestimmung der Schwingungsfrequenzen elektromagnetischer Wellen erklären könnte – und bis heute wissen wir nicht vollständig, wie die Farbwahrnehmung genau funktioniert. Aber selbst wenn es eine überzeugende Theorie zu den geistig-seelischen Abläufen der Farbwahrnehmung gäbe, sie könnte uns nicht das subjektive Empfinden von Rot oder Gelb vermitteln. Die Sprache versagt, wenn man sein persönliches Empfinden einer Farbe mitteilen soll. Auch dichterische Umschreibungen helfen nicht weiter, wenn der andere, dem man sein Empfinden mitteilen will, die Farbe mit ganz anderen Erfahrungswerten verbindet.

Meint der andere wirklich das gleiche, wenn er von Rot spricht? Vielleicht erlebt er diese Farbe so, wie ich Blau erlebe. Wie können wir überhaupt prüfen, ob wir Farben auf die gleiche Weise wahrnehmen? Daß Menschen die Farben zum Teil unterschiedlich wahrnehmen, ist bekannt. Betroffenen, die an der sogenannten »Rotschwäche« leiden, erscheinen Farbnuancen identisch, die Normalsichtige differenziert wahrnehmen. Was die Normalsichtigen an Unterschieden sehen, wird den Rotschwachen immer verborgen bleiben.

Riesenkraken sind skurrile, aber gesellige Geschöpfe mit fast menschenähnlichen Augen (was angesichts der unterschiedlichen stammesgeschichtlichen Entwicklung überrascht) und einem komplexen Nervensystem. Wissenschaftler haben sich mit diesen klugen Kopffüßern näher beschäftigt. *Wie sieht die Erfahrungswelt eines Riesenkraken aus?* Beobachtet man ihre Reaktionsweisen auf Gefahr und ihr Verhalten, das an menschliche Emotionen erinnert, unterstellen wir ihnen gerne Erfahrungen, die uns selbst vertraut sind. Wie aber sehen diese Erfahrungen tatsächlich aus?

Machen sie überhaupt Erfahrungen? Sind sie nur »Maschinen«, die automatisch auf Reize aus ihrer Umgebung reagieren? Reagieren sie also wie seelenlose Räderwerke? Einige Leute sind dieser Ansicht: Nur Menschen haben ein Bewußtsein, während Tiere »mit Instinkt«, also automatenhaft auf die Umwelt reagieren. Andere, auch der Autor, sind überzeugt davon, daß zumindest höher entwickelte Lebewesen mit einem Bewußtsein ausgestattet sind. Und diese Überzeugung stützt sich auf die Ergebnisse intensiver Beobachtung von

Tieren, die Emotionen zeigen, die mit menschlichen Gefühlsreaktionen vergleichbar sind. Auch diese Anschauung bleibt freilich ganz und gar der Erfahrungswelt des Menschen verhaftet: Wir schenken nur solchen subjektiven Erfahrungen Beachtung, die eine menschliche Entsprechung finden. Darüber, ob Tiere ein Bewußtsein haben, herrscht keineswegs Einigkeit, und diese Frage liegt dem Problem der Rechte von Tieren zugrunde. Die Diskussionen darüber, ob Tiere leiden oder nicht, rührt letztlich von unserer generellen Unfähigkeit her, die subjektive Erfahrung anderer Wesen nachzuvollziehen oder sie zu messen.[3]

Die keineswegs selten anzutreffende Überzeugung, daß Tiere »nur Maschinen« seien, setzt Tiere und Automaten gleichermaßen herab. Die heutigen Maschinen sind noch immer millionenmal einfacher konstruiert als das menschliche Gehirn. Was Komplexitiät und technisches Raffinement angeht, sind sie heute allenfalls mit Insekten vergleichbar. Über die subjektive Erfahrungswelt der Insekten wird bislang noch wenig spekuliert, und zudem gilt auch hier, daß subjektive Erfahrungen sich nicht messen lassen. Aber die enorme Diskrepanz zwischen den Fähigkeiten von Maschinen und denen von höher entwickelten Arten wie dem Menschen werden nicht mehr lange bestehen. Der unaufhaltsame Fortschritt der Maschinenintelligenz – mit ihm werden wir uns in den nächsten Kapiteln befassen – wird gegen Mitte des nächsten Jahrhunderts Maschinen hervorbringen, deren Fähigkeiten an menschliche heranreichen. Werden solche Maschinen über ein Bewußtsein verfügen?

Und wie steht es mit dem freien Willen? Werden Maschinen mit einem menschlichen Grad an Komplexität eigene Entscheidungen treffen? Oder folgen sie nur immer komplexeren Programmen? Muß hier unterschieden werden?

Diese Frage nach dem Bewußtsein verbirgt sich auch hinter anderen schwierigen ethischen Fragen, so hinter dem Problem des Schwangerschaftsabbruchs. Ist eine befruchtete Eizelle ein mit einem Bewußtsein ausgestattetes menschliches Wesen? Gilt dies für den entwickelten Fötus einen Tag vor der Geburt? Es fällt schwer, einer befruchteten Eizelle ein Bewußtsein zuzusprechen oder es einem voll entwickelten Fötus abzusprechen. Befürworter wie Gegner der Abtreibung wagen sich nur ungern in die definitorische Grauzone zwischen diesen beiden Entwicklungsstadien: Ein menschlicher Fötus bildet zwar rasch ein Gehirn aus, doch ist dieses als menschliches nicht unmittelbar erkennbar. Die Entwicklung verläuft schrittweise, so daß eine scharfe Trennlinie, ab wann man es mit einem menschlichen Gehirn zu tun hat, kaum gezogen werden kann. Obwohl weitere Fragen wie die nach der menschlichen Würde ins Spiel kommen, dreht der Streit sich grundsätzlich um die Frage nach bewußten Empfindungen. Mit anderen Worten: Ab welchem Augenblick hat der Fötus ein Bewußtsein?

Einige besonders ernste Formen von Epilepsie konnten durch eine operative Entfernung der betroffenen Gehirnhälfte erfolgreich behandelt werden. Dieser schwerwiegende Eingriff muß in der Kindheit erfolgen, bevor das Gehirn völlig ausgereift ist. Obwohl dabei eine Hirnhälfte verloren geht, entwickelt das Kind sich im Erfolgsfall ziemlich normal. Kann man daraus schließen, daß in den beiden Hirnhälften je ein Bewußtsein sitzt? Möglicherweise stecken in einem intakten Gehirn zwei Persönlichkeiten, wobei zu hoffen bleibt, daß beide sich gut vertragen. Sitzt in einem Gehirn vielleicht sogar eine Vielzahl verschiedener Geister, alle mit einer etwas unterschiedlichen Sichtweise? Und gibt es ein Bewußtsein, das auch unbewußte Abläufe registriert?

Dieser Fragenkatalog ließe sich beliebig erweitern, und schon immer haben diese Probleme die Menschen bewegt. Platon hat sich eingehend damit auseinandergesetzt. In seinen Dialogen *Phaidon*, *Politeia* und *Theaitet* zeigt Platon das fundamentale Paradoxon auf, das den Vorstellungen von menschlichem Bewußtsein und vom freien Willen innewohnt. Einerseits sind die Menschen Teil der Natur und somit deren Gesetzen unterworfen. Unsere Gehirne sind Produkte der Natur, und daher müssen sie wie seelenlose Maschinen oder unbelebte Geschöpfe den Gesetzen von Ursache und Wirkung gehorchen. Platon war der Gedanke an komplexe Maschinen mit der Fähigkeit, komplizierte logische Abläufe zu simulieren, durchaus vertraut. Auf der anderen Seite können, wie dieser Philosoph es sah, mechanische Abläufe nach den Prinzipien von Ursache und Wirkung, so komplex sie auch sein mögen, weder bewußtes Empfinden noch ein Bewußtsein hervorbringen. Diesem Dilemma versuchte Platon mit einem theoretischen Formalismus zu entrinnen:

Bewußtsein sei keine Eigenschaft der Mechanik des Denkens, sondern die ultimative Realität der menschlichen Existenz. Unser Bewußtsein oder unsere »Seele« ist demnach beständig und unveränderlich. Unser geistiges Zusammenwirken mit der körperlichen Welt vollzieht sich auf der Ebene der »Mechanik« unserer komplizierten Denkprozesse. Die Seele steht abseits.

Platon selbst stellt die Mängel dieses Formalismus fest: Wenn die Seele unveränderlich ist, kann sie weder dazulernen noch an der Vernunft teilhaben, denn beides impliziert Veränderung, weil Erfahrungen aufgenommen und verarbeitet werden müssen. In Platons unbefriedigender Lösung hat das Bewußtsein Anteil an zwei verschiedenen Sphären: an den vernünftigen Abläufen der Welt der Natur und an der mystischen Ebene der idealen Form des Selbst oder der Seele.[4]

Ein noch gravierenderes Paradox spiegelt sich in der Vorstellung vom freien Willen wider. Der freie Wille ist zweckorientiertes Verhalten und Entscheidungsfindung. Platon glaubte an eine »Teilchenphysik«, die auf bestimmten feststehenden kausalen Regeln beruht. Wenn der Prozeß der menschlichen Entscheidungsfindung auf solchen vorhersagbaren Wechselwirkungen von Elementarteilchen basiert, sind auch unsere Entscheidungen vorherbestimmt. Dies aber widerspricht der menschlichen Wahlfreiheit. Auch wenn zu den Naturgesetzen die Sphäre des Zufälligen hinzukommmt, bleibt das Problem bestehen. Zwar hebt die Zufälligkeit die Vorherbestimmtheit von Entscheidungen und Handlungen auf, doch sie widerspricht der Zweckbindung des freien Willens: In der Zufälligkeit ist nichts zweckbestimmt.

Den freien Willen in die Seele zu verlagern, hilft auch nicht weiter. Damit würde der freie Wille zwar von der kausalen Welt der Natur abgetrennt, doch dann müßte man Vernunft und Lernen als Teile der Seele begreifen, weil ihr sonst keine Möglichkeit bliebe, sinnvolle Entscheidungen zu treffen. Die Seele würde zu einem komplizierten Apparat, was im Widerspruch zu ihrer mystischen Einfachheit stünde.

Vielleicht hat Platon gerade deshalb die Dialogform gewählt, weil diese beiden widersprüchlichen Positionen sich so am besten darstellen lassen. Ich kann Platons Dilemma gut nachvollziehen: Keine der plausibel klingenden Positionen ist wirklich befriedigend. Die tiefere

Wahrheit offenbart sich erst bei einer Betrachtung beider Seiten des Paradoxons.

Platon war nicht der einzige große Denker, der sich mit diesen Fragen auseinandersetzte. Etliche philosophische Schulen entwickelten Lösungsansätze, von denen aber keiner wirklich überzeugt. Doch wir wollen einige dieser Schulen näher betrachten.

Das Bewußtsein – nur eine sich selbst reflektierende Maschine?

Ein gängiger Lösungsansatz besteht in der Leugnung des Problems als solchem: Bewußtsein und freier Wille seien nur Illusionen, die auf sprachlichen Mehrdeutigkeiten beruhten. Einer gemäßigten Variante dieser Denkrichtung zufolge ist das Bewußtsein nicht direkt eine Illusion, sondern ein bestimmter logischer Prozeß, der auf sich selbst reagiert. Dieser Prozeß läßt sich auch in einer Maschine nachbauen: Man muß nur ein Verfahren entwickeln, das über ein Modell seiner selbst verfügt und so die eigenen Methoden reflektiert und auf sie reagiert. Wenn man diesen Prozeß nun sich selbst reflektieren läßt, entsteht Bewußtsein. Bewußtsein ist also ein Sortiment an bestimmten Fähigkeiten, die sich deshalb herausgebildet haben, weil sich selbst reflektierende Denkweisen effizienter sind.

Der Denkansatz, nach dem das Bewußtsein eine sich selbst reflektierende Maschine sei, ist als in sich schlüssige Sichtweise kaum angreifbar. Aber diese Position ignoriert den subjektiven Standpunkt. Sie kann zwar mit subjektiven Erfahrungsberichten von Personen umgehen, diese Erfahrungen auf ein äußeres Verhalten beziehen und sie auf bestimmte Aktivierungsmuster von Neuronen zurückführen. Aber wenn ich es genauer betrachte, unterscheidet sich mein Wissen um die *subjektive* Erfahrung einer anderen Person (anders als das Wissen um meine subjektive Erfahrung) nicht von dem übrigen *objektiven* Wissen. Ich kann die subjektiven Erfahrungen anderer Personen nicht nachempfinden, sondern nur zur Kenntnis nehmen. Und so bleibt bei diesem Denkansatz als einzige *meine* subjektive Erfahrung ausgeklammert (und gerade das macht sie ja »subjektiv«). Und, bitte schön: Ich bin nur eine Person von Milliarden von Menschen mit Bewußtsein (oder sogar von Billionen von

Organismen, von denen sich vielleicht das gleiche behaupten ließe), und alle zusammengenommen sind – mit einer einzigen Ausnahme – nicht ich!

Daß diese Sichtweise meine eigene subjektive Erfahrung nicht zu erklären vermag, ist ein gravierender Mangel. Sie vermag keinen Beitrag zur Unterscheidung zwischen einer elektromagnetischen Strahlung mit einer Wellenlänge von 0,000075 Zentimetern und meiner eigenen Empfindung der Farbe Rot zu leisten. Sie kann erklären, wie Farbwahrnehmung funktioniert, wie das menschliche Gehirn die Wahrnehmung von kombiniertem oder nicht kombiniertem Licht verarbeitet und welche Nervenstrukturen an der Wahrnehmung beteiligt sind, aber sie erklärt das Wesen meiner eigenen Erfahrung nicht.

Die logischen Positivisten [5]

Bei allem Bemühen um eine verständliche Darstellung ist die hier diskutierte Fragestellung nicht immer klar zu umreißen. D. J. Chalmers beschreibt das Mysterium der inneren Erfahrung als das »schwierige Problem« des Bewußtseins – zur Unterscheidung vom »einfachen Problem« der Funktionsweise des Gehirns. [6] Für Marvin Minsky »hat die Beschreibung des Bewußtseins etwas Kurioses: Was auch immer die Leute sagen wollen, sie können es einfach nicht klar fassen.« *Eben hier liegt das Problem,* meinen die Vertreter der Schule, für die »das Bewußtsein eine sich selbst reflektierende Maschine« ist: Faßt man Bewußtsein als etwas anderes als ein Aktivierungsmuster von Neuronen, so begibt man sich ins Reich des Mystischen ohne jede Hoffnung auf Verifizierbarkeit.

Diese objektivistische Sichtweise wird zuweilen als *logischer Positivismus* bezeichnet, eine philosophische Richtung, die Ludwig Wittgenstein in seinem *Tractatus logico-philosophicus* in ein System brachte. [7] Das einzige, was nach Ansicht der logischen Positivisten einer Diskussion wert ist, sind unsere unmittelbaren Sinneserfahrungen und die Schlußfolgerungen, die wir daraus ziehen. Über alles andere »muß man schweigen«, wie Wittgenstein in seinem *Tractatus* abschließend sagt.

Doch hielt Wittgenstein sich selbst nicht an diese Forderung. In seinen *Logischen Untersuchungen*, die 1953, also zwei Jahre nach seinem Tod, erschienen, erheben sich gerade die Fragen, zu denen hätte geschwiegen werden müssen, plötzlich zu den eigentlich interessanten Themen.[8] Offenbar war Wittgenstein zu dem Schluß gelangt, daß gerade das, »worüber wir nicht sprechen können«, die einzigen wirklichen Phänomene seien, über die ein Nachdenken sich lohnt. Der späte Wittgenstein beeinflußte besonders die Existentialisten, wobei es diesem Denker vielleicht als erstem bedeutenden Philosophen seit Platon wieder gelungen war, solch widersprüchliche Sichtweisen anschaulich darzustellen.

Ich denke, also bin ich

Der frühe Wittgenstein und die logischen Positivisten, die unter seinem Einfluß standen, gelten vielfach als Erben René Descartes'. Dessen viel zitierter Satz »Ich denke, also bin ich« bildet wohl den Kerngedanken des abendländischen Rationalismus. Demnach sei dieses Diktum so zu deuten: »Ich denke, das heißt, ich kann mit Logik und Zeichen operieren, deshalb lohnt die Auseinandersetzung mit mir.« Doch ging es Descartes meiner Ansicht nach nicht um die Lobpreisung des rationalen Denkens. Ihn trieb vielmehr das später so benannte Geist-Körper-Problem um, das heißt, das Paradoxon, wie Geistiges aus Nichtgeistigem oder wie Gedanken und Gefühle aus materieller Hirnmasse hervorgehen können. Sein Satz, der den skeptischen Rationalismus auf die Spitze treibt, bedeutet soviel wie: »Ich denke, das bedeutet, ein unleugbares geistiges Phänomen, Bewußtsein nämlich, zeigt sich: Folglich ist das einzige, was wir sicher wissen, die Tatsache, daß etwas – nennen wir es *ich* – existiert.« So gesehen, ist der Unterschied zwischen der Konzeption des Bewußtseins bei Descartes und der buddhistischen Vorstellung vom Bewußtsein als der primären Realität weniger groß als gemeinhin angenommen.

Noch vor dem Jahr 2030 werden Maschinen Descartes' Diktum verkünden, ohne daß man dabei den Eindruck haben wird, sie seien darauf programmiert worden. Sie werden dabei ganz ernsthaft und überzeugend wirken. Müssen wir ihnen glauben, wenn sie behaupten, sie seien Wesen mit einem Bewußtsein und einem eigenen Willen?

Bewußtsein als eine andere Art Ding?

Die Frage nach Bewußtsein und freiem Willen spielte natürlich auch im religiösen Denken eine bedeutende Rolle. Hier stößt man auf eine Vielfalt von Anschauungen, von den eleganten buddhistischen Vorstellungen des Bewußtseins bis hin zu den prunkvoll ausgeschmückten Himmeln mit ihren Seelen, Engeln und Göttern. Ähnlich nehmen sich die Theorien zeitgenössischer Philosophen aus, die das Bewußtsein neben Elementarteilchen und physikalischen Kräften als weitere grundlegende Erscheinung dieser Welt begreifen. Diesen Denkansatz nenne ich »Bewußtsein als eine andere Art Ding«. Wo er von einem – experimentell nicht nachprüfbaren – Eingreifen des Bewußtseins in die physikalische Welt ausgeht, bleibt er hinter den Vorgaben der Wissenschaft zurück, die nach Verifizierbarkeit der Erkenntnisse verlangt. Wo er das Bewußtsein außerhalb der materiellen Welt ansiedelt, gerät er in eine komplexe Mystik, die empirisch nicht nachprüfbar ist und Widerspruch weckt. Wo diese Mystik einfach bleibt, bietet sie immerhin begrenzte objektive Einsichten, auch wenn es bei den subjektiven Einsichten anders aussieht (ich bekenne mich zu einer gewissen Zuneigung gegenüber einfachen Mystiken).

Sind wir zu dumm, um dieses Problem zu lösen?

Nach einem weiteren Ansatz entzieht sich das Problem dem menschlichen Verständnis. Douglas Hofstadter, der auf dem Gebiet der Künstlichen Intelligenz arbeitet, sinniert, es könne »doch einfach ein verhängnisvolles Mißgeschick sein, daß unsere Gehirne zu schwach sind, um sich selbst zu begreifen. Man denke an die einfache Giraffe. Ihr Gehirn ist offenkundig bei weitem nicht in der Lage, sich selbst zu verstehen – und doch ist es unserem Gehirn bemerkenswert ähnlich.«[10] Aber meines Wissens stellen Giraffen sich keine Fragen wie diese (obwohl – wer kann schon sagen, mit welchen philosophischen

Fragestellungen diese Tiere ihre Zeit verbringen?). Ich sehe es jedenfalls so: Wenn wir ausreichend Verstand haben, uns solche Fragen zu stellen, dann können wir auf sie auch Antworten finden. Allerdings können die Vertreter der »Wir sind zu dumm«-Schule gegen diese Auffassung ins Feld führen, daß wir bereits bei der klaren Formulierung dieser Fragen vor größten Schwierigkeiten stehen.

Eine Synthese der Sichtweisen

Sie haben alle recht, diese verschiedenen Denkschulen, wenn man sie zusammengenommen betrachtet – jede für sich gesehen bleibt dagegen unzulänglich. Meiner Ansicht nach liegt die Wahrheit daher in einer Synthese dieser Sichtweisen – und wenn ich so denke, spiegelt sich darin meine religiöse Prägung wider: Wir Unitarier setzen uns mit allen Weltreligionen auseinander, und für uns sind diese verschiedenen Weltreligionen »viele Wege zu der einen Wahrheit«. Natürlich könnte man meine Sicht der Dinge auch als die schlechteste von allen betrachten, denn vordergründig scheint sie widersprüchlich und wenig sinnvoll, während die einzelnen Denkschulen immerhin ein gewisses Maß an Folgerichtigkeit und logischem Zusammenhang für sich beanspruchen können.

Ist Denken das, was es leistet?

Freilich gibt es noch eine weitere Sicht, die ich die Schule des »Denken ist, was es leistet« nenne. In einem Artikel von 1950 stellt Alan Turing das Konzept seines Turing-Tests vor, in dem ein menschlicher Richter im Dialog mit einem Rechner und mit einem oder mehreren Probanden herausfinden muß, wer Mensch und wer Maschine ist. Damit das Verfahren fair und unvoreingenommen gegenüber dem Computer ablaufen kann, wird der Dialog ausschließlich über Terminals geführt.[11] Wenn es dem Computer – wie einem Menschen in betrügerischer Absicht – gelingt, den menschlichen Richter zuverlässig über seine wahre Identität hinwegzutäuschen, hat er gewonnen. Dieses Experiment wird vielfach als IQ-Test für Computer beschrieben, als Versuch, bei dem geklärt werden soll, ob Rechner ein menschliches Niveau an Intelligenz erlangt haben. Tatsächlich hat Turing den nach ihm benannten Test jedoch konzipiert als Prüfungsmethode, ob Computer »denken« können, was für ihn mehr ist als nur eine routinierte Manipulation von Logik und Sprache. Denken impliziert für ihn bewußte Intentionalität.

Turing hatte faktisch eine Vorahnung vom exponentiellen Wachstum der Leistungsfähigkeit von Rechnern, denn er prognostizierte, daß ein Computer den Turing-Test bis Ende dieses Jahrhunderts bestehen würde. Bis dahin hätten sich - so Turing - »der Wortgebrauch und die allgemein verbreiteten Vorstellungen so sehr geändert, daß man ohne Erwartung eines Widerspruchs von einem Maschinendenken reden könne«. Mit Blick auf den Zeitrahmen war Turings Prognose sehr, aber - wie ich meine - nicht maßlos optimistisch.

Letztlich bot Turing mit seiner Prognose einen Ansatz zur Lösung der Frage, ob Computer denken können. Maschinen werden uns davon überzeugen, daß sie über ein Bewußtsein und einen eigenen Willen verfügen, die unseren Respekt verdienen. Wir werden zur Überzeugung gelangen, daß sie im gleichen Maße bewußt denken, wie wir dies von Menschen glauben. Mehr noch als bei unseren Mitgeschöpfen, den Tieren, werden wir die von ihnen geäußerten Gefühle und inneren Konflikte nachvollziehen, weil ihr Denken dem menschlichen nachempfunden sein wird. Sie werden menschliche Eigenschaften besitzen und für sich in Anspruch nehmen, daß sie menschlich sind. Und wir werden es ihnen glauben.

AUS SICHT DER QUANTENMECHANIK

Ich träume oft, daß ich in einen Abgrund stürze. Solche Träume sind für Ehrgeizlinge und Bergsteiger nichts Besonderes. Letzthin träumte ich, ich klammerte mich an einen nachgebenden Felsen. Geröll prasselte herab. Ich griff nach einem Strauch, aber der riß aus, so daß ich mit blankem Entsetzen in den Abgrund stürzte. Plötzlich bemerkte ich, daß mein Sturz relativ war. Es gab weder ein Unten noch einen Aufschlag. Ein wonniges Gefühl überkam mich. Ich erkannte, daß das von mir verkörperte Lebensprinzip nicht zerstört werden kann. Es ist niedergeschrieben im kosmischen Code, der Ordnung des Universums. Während ich unter dem Himmelsgewölbe weiter in die finstere Leere stürzte, besang ich die Schönheit der Sterne und schloß mit der Dunkelheit Frieden.

Heinz Pagels, Physiker und Forscher der Quantenmechanik, kurz bevor er 1988 bei einem Bergunfall ums Leben kam

Nach der *objektivistischen* Sichtweise der westlichen Kultur entwickelten sich nach Jahrmilliarden eines strudelnden Chaos aus Materie und Energie die ersten Formen des Lebens – komplexe, sich selbst reproduzierende Strukturen. Am Ende einer Entwicklung zu immer höher organisierten Lebewesen stand schließlich der Mensch mit seiner Fähigkeit, die eigene Existenz, das Wesen von Materie und Energie und das eigene Bewußtsein zu reflektieren. Am Anfang der *östlichen* Sichtweise steht dagegen das Bewußtsein, Materie und Energie seien nur komplizierte Gedanken bewußt denkender Wesen – also Ideen, die ohne die Denkenden keine Realität besitzen.

Wie oben erwähnt, standen die objektivistische und die subjektivistische Sichtweise der Realität sich seit dem Beginn der Geschichtsschreibung gegenüber. Um eine tiefere Einsicht zu gewinnen, ist es jedoch zuweilen von großem Nutzen, wenn man zwei scheinbar unvereinbare Standpunkte miteinander verbindet. Ähnliches vollzog sich vor fünfzig Jahren mit der Einführung der Quantenmechanik. Am Anfang standen dabei die widersprüchlichen Anschauungen, wonach elektromagnetische Strahlung (zum Beispiel Licht) entweder aus einem Strom von Teilchen (Photonen) oder aus einer Schwingung (Lichtwellen) bestehe. Statt die Gegensätze auszusöhnen, wurden beide Sichtweisen zu einer nicht weiter reduzierbaren Dualität verschmolzen. Die Welt ist aus unseren intuitiven Vorstellungen von der Natur heraus nicht zu begreifen, und sie läßt sich nicht erkären, wenn man diesen scheinbaren Widerspruch nicht akzeptiert. Andere Paradoxe der Quantenmechanik (zum Beispiel der »Tunneleffekt«, bei dem Elektronen in einem Transistor auf beiden Seiten einer Barriere erscheinen) führten mit ins Computerzeitalter und werden in Form des Quantencomputers möglicherweise für eine weitere technische Revolution sorgen. Mehr darüber an späterer Stelle.[12]

Wenn wir bereit sind, ein solches Paradox zu akzeptieren, gelangen wir zu einzigartigen Erkenntnissen. Eine dieser aufregenden Entdeckungen: Als mit der Quantenmechanik der duale Charakter des Phänomens Licht postuliert wurde, offenbarte sich ein essentieller Zusammenhang zwischen Materie und Bewußtsein. Teilchen entscheiden sich offenbar erst dann, wohin sie streben oder von wo sie kommen, wenn ein bewußt wahrnehmender Beobachter sie dazu zwingt. Man könnte sagen, sie existieren erst rückwirkend von dem Augenblick an, in dem wir sie bemerken.

Mit dieser Erkenntnis hat die westliche Wissenschaft des 20. Jahrhunderts sich auf die östliche Sichtweise der Welt zubewegt. Angesichts der Erhabenheit des Universums können wir die existentielle Gültigkeit einer weiteren unreduzierbaren Dualität ohne weiteres akzeptieren: die paradoxe Übereinkunft der – westlichen objektivistischen – Vorstellung vom Bewußtsein, das aus Materie hervorgeht, mit der – östlichen subjektivistischen – Vorstellung von Materie, die erst durch das Bewußtsein geschaffen wird. So gesehen sind das Bewußtsein, die Materie und die Energie untrennbar miteinander verknüpft.

Hier stoßen wir auf eine Parallele zwischen der Quantenmechanik und der virtuellen Welt von Computersimulationen. In modernen Computerspielen mit aufwendiger Grafik werden die Teile der virtuellen Welt, mit denen der Nutzer im Augenblick nicht interagiert (die nicht auf dem Bildschirm erscheinen), gewöhnlich nicht oder zumindest nicht detailliert berechnet. Dies ist ein Gebot der optimalen Nutzung von beschränkter Speicher- und Rechenkapazität. Tritt während des Spiels für den Spieler ein anderer Aspekt in den Vordergrund, werden die Ressourcen des Rechners sofort auf den

Aufbau und die Darstellung dieser neuen Perspektive hin gelenkt. Dadurch entsteht der Eindruck, daß auch die – vorübergehend – unsichtbaren Teile der virtuellen Welt dennoch immer »vorhanden« sind. Auf diese Art vermeiden es die Softwareentwickler, daß für diejenigen Bereiche der simulierten Welt, die momentan niemand beobachtet, wertvolle Rechenkapazität verschwendet wird.

Wie ich meine, geht auch die Quantentheorie von einem ähnlichen Effizienzprinzip in der physikalischen Welt aus. Die Teilchen treffen erst dann eine Entscheidung darüber, wo sie gewesen sind, wenn ein Beobachter sie dazu zwingt. Die Bereiche der uns umgebenden Welt werden folglich erst dann tatsächlich »wiedergegeben«, wenn der Beobachter ihnen seine Aufmerksamkeit zuwendet. Schließlich hat auch der göttliche Rechner, der unser Universum aufbaut, keine Rechenkapazität zu verschwenden. Dies läßt die berühmte Frage nach dem Baum, der im Wald unbemerkt umstürzt, in einem neuen Licht erscheinen.

Zur Vorstellung von einem multiplen Bewußtsein: Nehmen wir an, ich fasse einen Entschluß und das andere Bewußtsein in meinem Kopf verwirft ihn wieder: Müßte ich das nicht merken?
Ich dachte, Sie wollten Ihren Keks nicht ganz aufessen. Trotzdem ist er jetzt nicht mehr da.

Erwischt! Ist das ein Beispiel zur Sache?
Es ist ein besonders gutes Beispiel aus Marvin Minskys Buch *Society of Mind* (dt. *Mentopolis*). In ihm konzipiert Minsky den menschlichen Verstand, den Geist als eine Geistesgesellschaft, als eine Gemeinschaft verschiedener »Geister«: Einige mögen Kekse, andere sind eitel oder gesundheitsbewußt, wieder andere treffen Entscheidungen, die von weiteren verworfen werden. Und alle bestehen ihrerseits wieder aus einer Gemeinschaft von Geisteswesen niederen Ranges. Ganz unten in der Hierarchie stehen winzig kleine

Mechanismen von geringer oder gar keiner Intelligenz, die Minsky *Agenten* nennt. Diese bestechende Sichtweise von der Organisation von Intelligenz kann so auch Phänomene wie gemischte Gefühle oder Gewissenskonflikte erklären.

Wäre eine gute Verteidigung vor Gericht: »Nein, Euer Ehren, ich war es nicht. Eine andere in meinem Kopf hat die Tat begangen!«
Es hilft Ihnen allerdings wenig, wenn der Richter beschließt, diese andere in Ihrem Kopf hinter Schloß und Riegel zu bringen.

Dann hoffe ich nur, daß keine aus der Geistesgesellschaft in meinem Kopf Ärger macht. Aber welche Geister in meiner Geistesgesellschaft agieren bewußt?
Wir können uns das so vorstellen, daß jedes Mitglied der Geistesgesellschaft in unserem Kopf bewußt agiert, wobei die untersten in der Hierarchie allerdings nur wenig Bewußtseinsinhalte besitzen. Oder vielleicht ist das Bewußtsein nur den hochrangigen Geistern der Geistesgesellschaft vorbehalten. Oder vielleicht agieren nur bestimmte hochrangige Geister als Gruppe bewußt und andere gar nicht. Oder vielleicht ...

Eine Sekunde bitte. Wie können wir die Frage beantworten?
Ich glaube, wir können diese Frage eigentlich nicht beantworten. Wie können wir experimentell stichhaltig nachweisen, daß ein Wesen bewußt denkt oder daß ein Prozeß bewußt abläuft? Ist das Problem gelöst, wenn das Wesen »Hallo, ich bin echt bei Bewußtsein!« sagt? Liegt ein endgültiger Beweis vor, wenn dieses Wesen überzeugend Gefühle äußert? Wenn wir bei der Untersuchung der inneren Abläufe in diesem Wesen auf rückkoppelnde Schleifen stoßen, die auf Selbstreflexion und Reaktionen auf das eigene Tun hindeuten, ist dann das Vorhandensein von Bewußtsein erwiesen? Oder finden wir einen solchen Beweis in bestimmten Aktivierungsmustern von Neuronen? Zeitgenössische Philosophen wie Daniel Dennett sehen das Bewußtsein eines Wesens offenbar als nachweisbare und meßbare Eigenschaft an. Ich glaube dagegen, das Arbeitsgebiet der Naturwissenschaften ist per se die *objektive* Realität. Mir leuchtet nicht ein, wie sie auf eine subjektive Ebene vordringen kann.

Und wenn das betreffende Wesen den Turing-Test bestünde?
Darum ging es Turing ja. Da er sich nicht vorstellen konnte, wie man einen Bewußtseinsdetektor konstruiert, entwickelte er einen praktischen Ansatz, der sich des typisch menschlichen Kommunikationsmittels der Sprache bedient. Ich gebe Turing in gewisser Weise recht: Wenn eine Maschine den Turing-Test besteht, werden wir wohl auch glauben, daß sie ein Bewußtsein hat. Aber ein wissenschaftlicher Beweis ist dies immer noch nicht.

Außerdem muß der Umkehrschluß nicht unbedingt gelten: Wale und Elefanten haben größere Gehirne als Menschen und zeigen ein breites Spektrum von Verhaltensweisen, das kundigen Beobachtern als intelligent erscheint. In ihrem Fall gehe ich von einem Bewußtsein aus. Dennoch sind sie nicht in der Lage, einen Turing-Test zu bestehen.

Sie hätten schon Schwierigkeiten, die kleinen Tasten eines Computers zu bedienen.
In der Tat. Sie haben keine Finger. Außerdem beherrschen sie keine der menschlichen Sprachen. Der Turing-Test ist eindeutig eine anthropozentrische Nachweismethode.

Gibt es eine Beziehung zwischen der Frage des Bewußtseins und dem weiter oben erörterten Problem der Zeit?
Ja, denn wir besitzen ohne Zweifel ein Bewußtsein für Zeit. Unser subjektives Empfinden für das Vergehen der Zeit – subjektiv ist ein anderes Wort für bewußt – richtet sich nach der Geschwindigkeit der objektiven Abläufe in unserem Leben. Wenn wir diese Geschwindigkeit verändern, indem wir das Rechenmedium wechseln, dann beeinflussen wir unsere Wahrnehmung von Zeit.

Das müssen Sie näher erklären.
Nehmen wir ein Beispiel. Wenn ich mit einer geeigneten nichtinvasiven Technik des 21. Jahrhunderts Ihr Gehirn und Nervensystem scanne – vielleicht mit einem ultrahochauflösenden bildgebenden Verfahren der Kernspintomographie –, alle wichtigen Informationsprozesse abspeichere und die Information dann auf einen geeigneten modernen Neurocomputer übertrage, dann habe ich ein Stück von

Ihnen oder zumindest eine Ihnen sehr ähnliche Person in meinem Heimcomputer.

Wenn dieser Rechner nun ein neuronales Netz aus simulierten Nervenschaltungen ist und aus elektronischen und nicht aus biologischen Bauteilen besteht, dann läuft diese elektronische Version von Ihnen ungefähr eine Million Male schneller als die ursprüngliche biologische. Eine Stunde für die elektronische Version entspräche dann einer Million Stunden, also ungefähr ein Jahrhundert Ihres Zeitempfindens.

Großartig! Sie stecken mich in Ihren Heimcomputer und vergessen mich dann für ein oder zwei subjektive Jahrtausende.
Damit müssen wir vorsichtig sein, nicht wahr?

Kapitel 4

Eine neue Form von Intelligenz auf Erden

DIE GESCHICHTE DER KÜNSTLICHEN INTELLIGENZ

Was aber ist, wenn diese Theorien wirklich zutreffen und wir wie durch ein Wunder schrumpften und in das Gehirn eines Menschen – wenn dieser denkt – gelangten. Wir würden sehen, wie alle diese Pumpen, Kolben, Zahnräder und Hebel arbeiten, und könnten ihre Arbeitsweise – was die Mechanik anbelangt – vollständig beschreiben. Doch in dieser Beschreibung würde das Denken mit keinem Wort erwähnt werden! Es wäre nichts weiter als eine Beschreibung von Pumpen, Kolben und Hebeln!

Gottfried Wilhelm Leibniz

Künstliche Dummheit (KD) kann definiert werden als der Versuch von Computerwissenschaftlern, Computerprogramme zu erstellen, die Probleme einer Art verursachen, wie man sie gewöhnlich mit dem menschlichen Denken in Verbindung bringt.

Wallace Marshal

Künstliche Intelligenz (KI) ist die Wissenschaft, die alles daran setzt, endlich Maschinen hinzubekommen, die genau das tun, was sie in Science-Fiction-Filmen seit langem schon tun.

Astro Teller

Die Ballade von Charles und Ada

Drehen wir das Rad der Zeit zurück – zu den Anfängen der Entwicklung intelligenter Maschinen. Und da sehen wir Charles Babbage, der in den Räumen der Analytical Society in Cambridge sitzt und seit Stunden über Logarithmentafeln brütet.

»Nun, Babbage, wovon träumen Sie?« Mit dieser Frage reißt ein Kollege den völlig erschöpften Babbage aus dem Halbschlaf.

»Nun, alle diese Tabellen hier – ich stelle mir gerade vor, daß alle diese Tabellen auch von einer Maschine berechnet werden könnten ...«

Von diesem Augenblick an widmet Babbage seine ganze Kraft und Zeit ausschließlich dieser einen, phantastischen Vision: der Konstruktion der weltersten programmierbaren Rechenmaschine. Und obwohl sie ganz auf der mechanischen Technik des 19. Jahrhunderts basierte: Mit seiner »Analytischen Maschine« schuf Babbage ein bemerkenswertes Abbild des modernen Computers.[1]

Babbage war mit der schönen Ada Lovelace liiert, der einzigen legitimen Tochter des Dichters Lord Byron. Begeistert und von Babbages Besessenheit angesteckt, steuerte Ada Lovelace viele Ideen zur Programmierung der Maschine bei: So gilt sie als die Erfinderin der Programmschleifen und der Unterprogramme. Ada Lovelace war die erste und bis ins 20. Jahrhundert auch die einzige Programmiererin der Welt.

Ada Lovelace erweiterte die Ideen und Konzepte von Babbage erheblich. Sie schrieb einen Artikel über Programmiertechniken, über Prüfprogramme und über die Möglichkeiten dieser neuen Technik, intelligente menschliche Tätigkeiten nachzuahmen. Dann erläutert sie ihre und Babbages Zukunftsprognosen hinsichtlich der Fähigkeit der »Analytischen Maschine« und ihrer Nachfolgemodelle; diese Maschinen seien in der Lage, Schach zu spielen und Musik zu komponieren. Die Berechnungen dieser neuartigen Anlage, resümiert Ada Lovelace am Ende ihres Artikels, könnten zwar nicht im eigentlichen Sinne als »Denken« gelten, doch könnte sie vieles leisten, über das sich sonst Menschen den Kopf zerbrechen müßten.

Die Ballade von Charles und Ada endet tragisch. Ada Lovelace stirbt mit 36 Jahren qualvoll an Krebs, so daß Babbage sein Projekt alleine weiterführen muß. Trotz seiner genialen Konstruktionen und gewaltiger Anstrengungen kann er die »Analytische Maschine« niemals vollenden. Kurz vor seinem Tod äußerte er verbittert, nicht einen Tag in seinem Leben sei er glücklich gewesen. Zu seiner Beerdigung 1871 erschienen Berichten zufolge nur wenige Trauergäste.[2]

Doch Babbages Gedanken lebten weiter. Der erste programmierbare Computer Amerikas, der Mark I, wurde durch die Architektur von Babbages Rechenmaschine stark beeinflußt. Howard Aiken von der Harvard University, der diesen Computer in Zusammenarbeit mit IBM 1944 vollendete, meinte zu dieser Verwandtschaft: »Hätte Babbage 75 Jahre später gelebt, wäre ich arbeitslos.«[3]

Babbage und Lovelace waren ihrer Zeit um fast ein Jahrhundert voraus gewesen. Obwohl Babbage keines seiner größeren Projekte vollständig umsetzen konnte, bilden seine Konzepte von einer Rechenanlage mit gespeichertem Programm, selbstmodifizierendem Code, addressierbarem Speicher, bedingtem Sprung und Selbstprogrammierung noch heute die Grundlage der Computer.[4]

Und wieder Alan Turing

Im Jahr 1940 hielt Adolf Hitler einen Großteil des europäischen Festlandes besetzt. England bereitete sich auf eine Invasion vor. Die britische Regierung beauftragte ihre führenden Mathematiker und Elektroingenieure unter Leitung Alan Turings mit der Entschlüsselung des militärischen Geheimcodes der Nationalsozialisten. Da die deutsche Luftwaffe der britischen überlegen war, drohte der Nation bei einem Scheitern dieser Mission der Untergang. Um durch nichts von ihrer Aufgabe abgelenkt zu werden, zogen sich die Forscher ins ländliche Hertfordshire in England zurück.

Aus Telefonrelais konstruierten Turing und seine Kollegen den ersten elektromagnetischen Computer der Welt, den sie Robinson nannten – nach einem populären Cartoonisten, der (dekorative und mit liebevollen Details ausgestattete) »Rube-Goldberg-Maschinen« zeichnete. Der Rube Goldberg der Gruppe um Turing wurde zum durchschlagenden Erfolg. Er lieferte den Briten die Transkription fast aller wichtigen Funksprüche der Deutschen. Als die Deutschen ihren Geheimcode komplizierter gestalteten (indem sie ihre Enigma-Maschine mit zusätzlichen Verschlüsselungswalzen ausstatteten), ersetzte Turing das elektromagnetische Hirn Robinsons durch das Elektronengehirn Colossus, das auf der Basis von zweitausend Vakuumröhren arbeitete. Diese und neun weitere gleichzeitig betriebene Anlagen versorgten die Alliierten ununterbrochen mit einem Strom kriegswichtiger Informationen.

Die Verwendung dieser Informationen verlangte der britischen Regierung ein Höchstmaß an Disziplin ab. Städte, die als Ziele deutscher Bombardements vorgesehen waren, erhielten keine Vorwarnung. Die Nazis sollten keinerlei Hinweis erhalten, daß ihr Geheimcode geknackt worden war. Die von Robinson und Colossus gewonnenen Informationen wurden mit äußerster Diskretion behandelt. So ermöglichte das Knacken des Enigma-Codes der britischen Royal Air Force, die Luftschlacht um England für sich zu entscheiden. [5]

Durch die Erfordernisse des Krieges beschleunigt, entwickelte sich so aus einer Vielfalt von Ansätzen heraus eine neue Form von Intelligenz auf der Erde.

Die Ursprünge der Künstlichen Intelligenz

Daß es zwischen Rechenvorgängen und den Abläufen des menschlichen Denkens Ähnlichkeiten gibt, hatte schon Turing bemerkt. Seine Leistung beschränkt sich nicht nur darauf, daß er die wichtigsten theoretischen Grundlagen der Computerforschung gelegt und den ersten funktionsfähigen Rechner erfunden hat. Er wirkte auch bei ersten Versuchen mit, die neue Technologie zur Nachbildung von Intelligenz zu verwerten.

In seinem bahnbrechenden Artikel *Computation and Intelligence* von 1950 erstellte Turing einen Arbeitsplan, der die moderne Computerforschung des nächsten halben Jahrhunderts prägen sollte: Spiele, Entscheidungsfindung, Verständnis natürlicher Sprache, Übersetzung, mathematische Beweisführung und natürlich die Dechiffrierung und das Knacken von Codes. [6] Zudem schrieb er (mit seinem Freund David Champernowne) das erste Schachprogramm.

Turing war ein unkonventioneller und sehr empfindsamer Mensch mit vielseitigen Interessen, die von der Violine bis zur Morphogenese (der Differenzierung von Zellen) reichten. Er litt sehr, als in der Öffentlichkeit Berichte über seine Homosexualität auftauchten. Er starb im Alter von 41 Jahren, vermutlich durch Selbstmord.

Das Schwierige stellte sich als einfach heraus

In den fünfziger Jahren vollzogen sich die Fortschritte in der Computertechnik so rasant, daß manch ein Pionier den Eindruck hatte, die Beherrschung der Hirnfunktionen sei möglicherweise weniger problematisch als angenommen. 1956 schufen die KI-Forscher Allen Newell, J. C. Shaw und Herbert Simon das Programm Logic Theorist (ein Vorläufer des späteren General Problem Solver von 1957), das die Technik der rekursiven Suche zur Lösung mathematischer Probleme verwendete.[7] Wie wir weiter unten in diesem Kapitel sehen werden, ist die Rekursion eine effiziente Methode, um eine Lösung aus sich selbst heraus zu definieren. Der Logic Theorist und der General Problem Solver waren in der Lage, für viele der zentralen Lehrsätze aus Bertrand Russels und Alfred North Whiteheads *Principia Mathematica*[8], einer bahnbrechenden Arbeit zur Mengenlehre, die Beweise zu finden, auch für einen bislang unbewiesenen wichtigen Lehrsatz. Vor dem Hintergrund dieser raschen Erfolge schrieben Simon und Newell in ihrem Aufsatz *Heuristic Problem Solving: The Next Advance in Operations Research* von 1958: »Es gibt nun auf der Welt denkende, lernende und schöpferische Maschinen. Auch wachsen ihre Fähigkeiten auf diesen Gebieten so rasch, daß sie in absehbarer Zukunft mit einem ebenso großen Spektrum an Problemen umgehen werden wie der menschliche Geist.«[9] Es folgt eine Prognose, wonach ein digitaler Computer binnen zehn Jahren (also bis 1968) die Schachweltmeisterschaft erringen werde. Ein Jahrzehnt später prophezeite Simon unverdrossen, bis 1985 »werden Maschinen zu jeder Art Arbeit fähig sein, die der Mensch erledigen kann«. Möglicherweise unterschätzte Simon die menschlichen Fähigkeiten: Seine Prognosen, die entschieden optimistischer waren als die Turings, trugen dem entstehenden Gebiet der KI jedenfalls so manches Mißtrauen ein.

Dieses Mißtrauen hat sich bis heute gehalten, und dies, obwohl die KI-Forscher sich seither bei den Prognosen eher bedeckt hielten. Als das Programm Deep Blue 1997 schließlich den Schachweltmeister Garry Kasparow besiegte, quittierte das ein renommierter Professor mit der Bemerkung, jetzt wisse man lediglich, daß die Teilnahme an einer solchen Weltmeisterschaft überhaupt keine Intelligenz voraussetze.[10] Demnach überstiege es unsere Möglichkeiten bei weitem, Maschinen mit *wirklicher* Intelligenz zu konstruieren. Ich will die Leistung von Deep Blue nicht überbewerten – aber wenn man der zitierten Einschätzung folgt, dann fragt sich, welche menschliche Aktivität überhaupt »wirkliche« Intelligenz erfordert.

In den sechziger Jahren begann die akademische Forschung der KI den von Turing 1950 umrissenen Arbeitsplan konkret in die Tat umzusetzen; ob mit ermutigenden oder frustrierenden Ergebnissen, hängt von der jeweiligen Optik ab. Daniel G. Bobrows Programm *Student* konnte algebraische Textaufgaben in englischer Sprache lösen und angeblich sogar mit durchschnittlichen Abiturienten konkurrieren.[11] Entsprechende Leistungen soll Thomas G. Evans' *Analogy Program* bei Aufgaben eines Intelligenztestes erbracht haben, bei denen es um Fragen geometrischer Analogien ging.[12] Den Beginn auf dem Gebiet der spezialisierten Programme (Expertensysteme) markiert Edward A. Feigenbaums DENDRAL, ein Programm zur Bestimmung chemischer Zusammensetzungen.[13] Und das Erfassen und Verstehen natürlicher Sprache (also unmittelbar gesprochener Worte) nahm seinen Anfang mit Terry Winograds Programm SHRDLU: dieses Programm konnte jeden sinnvollen Satz in englischer Sprache verstehen, solange sich die Rede auf das Thema »bunte Bauklötze« bezog.[14]

Die Vorstellung, eine neue Form der Intelligenz zu schaffen, löste ebenso wie bei der elektronischen Hardware oft kritiklose Begeisterung aus. Während die frühen Pioniere mit ungezügelter Euphorie zu Werke gingen, ernteten ihre ersten Programme wegen ihrer Unfähigkeit, auf eine Vielfalt von Situationen intelligent zu reagieren, heftige Kritik. Einige Kritiker – der bekannteste war der existentialistische Philosoph und Phänomenologe Hubert Dreyfus – sagten voraus, Maschinen würden auf unterschiedlichen Gebieten, vom Schachspiel bis zum Verfassen von Büchern über Computer, niemals intelligente Leistungen auf menschlichem Niveau erbringen.

Dann jedoch zeigte sich: die Bewältigung von Aufgaben, von denen man glaubte, sie würden die Rechner vor größte Schwierigkeiten stellen – wie die Führung mathematischer Beweise, das Schachspiel, aber auch das Ziehen von Schlußfolgerungen auf den hochkomplexen Gebieten der Chemie oder Medizin –, erwies sich als so einfach, daß schon die Computer der fünfziger und sechziger Jahre mit ihren Arbeitsgeschwindigkeiten von nur einigen tausend Instruktionen pro Sekunde überzeugende Resultate erzielen konnten. Als weitaus schwieriger erwiesen sich dagegen Fähigkeiten, die schon fünfjährige Kinder besitzen: den Unterschied zwischen einer Katze und einem Hund zu benennen oder einen Zeichentrickfilm zu verstehen. Weshalb gerade die einfachen Probleme die schwierigen sind, soll in Teil II ausführlich erörtert werden.

Das Warten auf wirkliche Künstliche Intelligenz

In den achtziger Jahren erhielt die Künstliche Intelligenz mit einer Gründungswelle von Firmen, die sich auch in der Öffentlichkeit präsentierten, erstmals kommerzielle Bedeutung. Viele dieser Firmen begingen leider den Fehler, ausschließlich die besonders flexible, aber im Grunde ineffiziente Programmiersprache LISP anzuwenden, die in den akademischen KI-Kreisen an Popularität gewonnen hatte. Der kommerzielle Mißerfolg von LISP und derjenigen KI-Firmen, die sich auf LISP fixiert hatten, bedeutete einen Rückschlag. Die Künstliche Intelligenz begann sich von ihren angestammten Disziplinen abzuwenden, während die Firmen, die sich mit dem Verständnis natürlicher Sprache, mit Schrift- und Spracherkennung, der Robotik, der Bildverarbeitung und anderen ursprünglichen Teilgebieten der KI befaßten, nun in ihrer Geschäftspolitik die Assoziation mit dem Etikett »Künstliche Intelligenz« tunlichst vermieden.

Dennoch arbeiteten bestimmte intelligente Systeme in scharf umrissenen Aufgabenbereichen immer überzeugender. Mitte der neunziger Jahre wurden im Bankwesen Computersysteme eingeführt, die mit effizienten und lernfähigen statistischen Techniken arbeiten. Seither helfen diese Computernetzwerke nicht nur, die Finanz-, Devisen- und Rohstoffmärkte zu managen und aufrechtzuerhalten. Auch die Mehrheit der An- und Verkaufsentscheidungen wird inzwischen von Softwareprogrammen mit immer wirklichkeitsnäheren Modellen der internationalen Märkte initiiert. Der Börsencrash von 1987 wurde maßgeblich den blitzschnellen Reaktionen der Softwaresysteme angelastet. Trends, die sich früher in Wochen entwickelten, zeichneten sich jetzt innerhalb von Minuten ab. Dank entsprechender Modifikationen der Algorithmen konnte eine Wiederholung dieses Desasters vermieden werden.

Seit 1990 wird das Elektrokardiogramm (EKG) ergänzt durch eine computergestützte Herzdiagnose. Intelligente Programme zur Bildverarbeitung versetzen Ärzte in die Lage, bis tief in den Körper oder ins menschliche Gehirn vorzudringen. Computergestützte biotechnische Verfahren helfen mit biochemischen Simulatoren Medikamente entwickeln. Vom Zeitalter intelligenter Maschinen profitiert haben vor allem die Behinderten. Seit den siebziger Jahren leisten Lesemaschinen erblindeten oder an Dyslexie (einer neurophysiologischen Leseschwäche) leidenden Menschen gute Dienste, und seit den Achtzigern ersetzen über Spracherkennung gesteuerte Robotergeräte so manche Funktion der menschlichen Hand.

Auf keiner anderen Ebene haben sich jedoch die Maßstäbe so spektakulär und dramatisch verschoben wie auf dem militärischen Sektor. Welche dominante Rolle die maschinelle Intelligenz hier eingenommen hat, wurde erstmals während des zweiten Golfkrieges 1991 deutlich. Vom Beginn der Geschichtsschreibung bis in unsere jüngste Vergangenheit hatten Faktoren wie Mobilität, Truppenstärke, Feuerkraft und Verteidigungsstärke der Stellungen die Basis der militärischen Machtausübung dargestellt. Doch jetzt wurden diese traditionellen taktischen Faktoren in großem Umfang durch die Intelligenz von Software und Elektronik ersetzt: Die intelligente Luftaufklärung durch Satelliten, Raketen, die durch Bildverarbeitung und Mustererkennung selbständig zu ihrem Ziel finden, eine intelligente Nachrichtenübermittlung und -codierung sowie andere Manifestationen des Informationszeitalters haben die Kriegführung revolutioniert.

Bestens getarnte Arten

Angesichts der wachsenden Bedeutung, die intelligente Maschinen in allen Lebensbereichen einnehmen – Militär, Medizin, Wirtschaft, Finanzen oder Politik –, mögen Veröffentlichungen mit einem Titel wie »Wo ist die Künstliche Intelligenz geblieben?« seltsam anmuten. Aber auch diese Entwicklung war von Turing vorhergesehen worden: Die maschinelle Intelligenz würde so verlockend, bequem und gut integriert sein, daß sie in unserer Informationsgesellschaft gar nicht mehr wahrgenommen werden wird.

Ähnlich mögen Besucher in einem tropischen Regenwald sich enttäuscht nach dem Verbleib der vielbeschworenen Artenvielfalt fragen, während in einem Umkreis von fünfzehn Metern um sie herum fünfzig verschiedene Arten Ameisen die unterschiedlichsten Lebensweisen pflegen. Viele Spezies der Künstlichen Intelligenz haben sich an den Hightech-Dschungel unserer modernen Welt bis zur Unsichtbarkeit angepaßt.

Turing lieferte 1947 eine Erklärung dafür, weshalb Intelligenz in Maschinen nicht wahrgenommen werde: »Inwieweit wir einem Ding intelligentes Verhalten zuschreiben, hängt von unserem Bewußtsein und unserer Bildung ebensosehr ab wie von dessen Eigenschaften. Ist das Verhalten des beobachteten Objektes erklärbar und vorhersagbar, geraten wir kaum in Versuchung, es uns als intelligent vorzustellen. So kann ein Objekt von einem als intelligent und von einem anderen als nicht intelligent angesehen werden; der andere hat dann die Regeln hinter dem Verhalten des Objektes entdeckt.«

Dies erinnert zugleich an Elaine Richs Definition von Künstlicher Intelligenz als »die Lehre, wie man Computer Aufgaben ausführen lassen kann, die Menschen bislang noch besser erledigen«.

Als Forscher der Künstlichen Intelligenz ist es daher unser Schicksal, daß das vor uns liegende Ziel immer unerreichbar bleibt – wie die berühmte Karotte, die der hungrige Esel vor sich herträgt. Künstliche Intelligenz definiert sich daher zu jedem Zeitpunkt als die Suche nach den bislang ungelösten Problemen der Computerforschung.

»Diesen Teil deiner Formel müßtest du vielleicht etwas näher ausführen …«

DIE FORMEL FÜR INTELLIGENZ

Der Computerprogrammierer ist ein Schöpfer von Universen, denen er allein Gesetze gibt … Kein Bühnendichter, kein Regisseur, kein Kaiser, so mächtig er sei, hat auf der Bühne oder auf dem Schlachtfeld über Schauspieler oder Soldaten je eine so unumschränkte Machtfülle ausgeübt.

Joseph Weizenbaum

Ein Biber und ein anderes Tier des Waldes betrachten einen gewaltigen Staudamm der Menschen. Dazu meint der Biber: »Nein, ich habe ihn nicht gebaut. Aber von mir stammt die Idee.«

Edward Fredkin

Einfache Dinge sollten einfach sein; komplizierte Dinge sollten möglich sein.

Alan Kay

Was ist Intelligenz?

Ein Ziel kann das Überleben sein – einem Freßfeind entkommen, Nahrung suchen, Unterschlupf finden. Oder aber Kommunikation: eine Erfahrung mitteilen, ein Gefühl äußern. Oder ein Zeitvertreib: ein Brettspiel spielen, ein Puzzle zusammenlegen, einen Ball fangen. Manchmal strebt Intelligenz auch nach Transzendenz: ein Bild schaffen, ein Musikstück komponieren. Ihr Ziel kann präzise definiert und einmalig sein wie die Lösung eines mathematischen Problems. Es kann aber auch einem persönlichen Anliegen entspringen, auf das es keine eindeutig richtige Antwort gibt.

Meiner Ansicht nach besteht Intelligenz in der Fähigkeit, Ziele wie diese unter optimaler Nutzung beschränkter Ressourcen zu erreichen. Es gibt eine Vielzahl anderer Definitionen. Besonders interessant finde ich die von R. W. Young, der Intelligenz definiert als »die Fähigkeit des Geistes, in eine vormals als ungeordnet betrachtete Situation gedanklich Ordnung hineinzubringen«. [15] Die Paradigmen zu dieser Definition werden wir an geeigneter Stelle erörtern.

Intelligenz erstellt rasch befriedigende, manchmal überraschende Entwürfe, die auf eine Reihe von Zwängen stoßen. Intelligente Lösungen können klug, genial, aufschlußreich oder elegant sein. Manchmal zeigt eine intelligente Lösung – so die Turings beim Knakken des Geheimcodes der Deutschen – all diese Eigenschaften zugleich. Bescheidene Kniffe können von Zeit zu Zeit durch Zufall zu einer intelligenten Reaktion führen, aber ein wirklich intelligenter Prozeß, der zuverläßlich zu intelligenten Lösungen führt, geht seinem Wesen nach über ein reines Rezept hinaus. Offenbar läßt sich das eindrucksvollste Phänomen im Universum, der komplizierte und geheimnisvolle Prozeß der Intelligenz, nicht über eine einfache Formel abbilden.

Und genau diese Annahme ist falsch. Zur Lösung eines erstaunlich breiten Spektrums an Problemen ist genau das notwendig: einfache Methoden, kombiniert mit einem hohen Maß an Rechenleistung (und diese ist ihrerseits ebenfalls ein einfacher Prozeß, wie Alan Turing 1936 mit seinem eleganten Konzept der Turing-Maschine [16] demonstriert hat). Zudem sind Musterbeispiele aus dem Problemfeld notwendig, doch kann auf sie in manchen Fällen verzichtet werden. Dann genügt schon eine präzise Definition des Problems.

Wie weit kommen wir mit einfachen Paradigmen? Gibt es eine Gruppe intelligenzerfordernder Probleme, die mit einfachen Ansätzen gelöst werden können, während anderen so nicht beizukommen ist? Wie sich herausstellte, ist die Gruppe der Probleme, die mit einfachen Methoden zu lösen sind, sogar ziemlich groß. Bei einer ausreichenden Rechenkapazität (die im 21. Jahrhundert im Überfluß vorhanden sein wird) und den richtigen Formeln in der richtigen Kombination werfen fast alle klar definierbaren Probleme Ergebnisse ab. Mit Ausnahme von vielleicht diesem: Wie sieht das vollständige System aus, das alle Formeln vereint, die der Intelligenz zugrunde liegen?

Auf dieses Problem hat die Evolution in einigen Jahrmilliarden eine Antwort gefunden. Die Menschheit hat dagegen bereits nach einigen tausend Jahren erste Schritte zu einer Lösung unternommen. Und wohl schon in Jahrzehnten wird sie diese Aufgabe erfüllt haben.

Die Methoden der Intelligenz sollen im folgenden knapp vorgestellt werden. Eine ausführliche Darstellung findet sich im Anhang dieses Buches unter dem Titel: *»Wie man mittels dreier einfacher Paradigmen eine intelligente Maschine baut«.*

Werfen wir einen Blick auf ein paar einfache, aber leistungsfähige Paradigmen. Mit etwas Übung ermöglichen sie es jedem, intelligente Maschinen zu bauen.

Die Rekursionsformel: das Problem präzise formulieren

Eine Rekursion ist ein sich selbst aufrufendes Programm. Mit diesem sinnvollen Ansatz lassen sich zu einem Problem sämtliche möglichen Lösungen generieren.

Beim Schach können beispielsweise sämtliche Züge und Gegenzüge durchgespielt werden. Dazu schreiben wir zunächst ein Programm nach der Regel: »Spiele den besten Zug«. Das Programm listet sämtliche möglichen Züge der augenblicklichen Brettstellung auf. Jetzt wird die präzise Definition des Problems wichtig, denn zur Generierung der verschiedenen Züge und Gegenzüge müssen die

Regeln des Spiels genau bekannt sein. Das Programm spielt nun für jeden Zug durch, wie der Gegner auf ihn reagieren würde: Hier kommt die Rekursion ins Spiel. Das Programm ruft einfach sich selbst auf, um den besten Zug für den Gegner zu ermitteln. Dabei werden zunächst wieder sämtliche möglichen Züge des Gegners aufgelistet.

Das Programm ruft sich immer weiter selbst auf und nimmt dabei möglichst viele Züge vorweg. Dabei entsteht ein großer Entscheidungsbaum aus möglichen Zügen und Gegenzügen, der ein weiteres Beispiel für ein exponentielles Wachstum darstellt: die Vorausschau für jeden weiteren Zug erfordert eine Verfünffachung der verfügbaren Rechenleistung.

Wichtig bei der Rekursionsformel ist, daß dieser gewaltige Entscheidungsbaum zurückgestutzt und sein rekursives Wachstum schließlich gestoppt wird. Im konkreten Spiel sieht dies so aus: Wenn die Brettstellung nach einer fiktiven Reihe von Zügen und Gegenzügen für eine Partei hoffnungslos geworden ist, stoppt das Programm die Expansion des Baumes ab diesem Punkt (dem sogenannten »äußersten Blatt«) und betrachtet den zuletzt ins Auge gefaßten Zug als für Sieg und Niederlage entscheidend.

Wenn sämtliche Programmaufrufe abgelaufen sind, hat das Programm den bestmöglichen Zug für die augenblickliche Brettstellung ermittelt – innerhalb der beschränkten Zeit, die für den Ablauf der rekursiven Expansion zur Verfügung gestellt worden ist.

Die Rekursion erwies sich als so effizient, daß ein Supercomputer von IBM auf ihrer Grundlage die Schachweltmeisterschaft errungen hat (auch wenn Deep Blue, wie der Rechner heißt, dabei zusätzlich auf Datenbanken zurückgreifen konnte, in denen die meisten Züge der Großmeisterspiele aus diesem Jahrhundert gespeichert sind). Vor knapp zehn Jahren habe ich in meinem Buch *»Das Zeitalter der Künstlichen Intelligenz«* darauf hingewiesen, daß die besten Schachcomputer alljährlich 45 Punkte hinzugewinnen, während sich die führenden menschlichen Schachmeister um nicht einmal einen ganzen Punkt verbessern. Demnach hätte ein Computer den Schachweltmeister 1998 schlagen müssen, eine Prognose, der die tatsächliche Entwicklung um ein Jahr zuvorkam. Hoffentlich werden die Vorhersagen in diesem Buch sich als zutreffender erweisen.[17]

Mit der einfachen rekursiven Regel läßt sich folglich eine Schachweltmeisterschaft bestreiten. Damit stellt sich die Frage, *was diese Regel noch leistet.* Wir können das Modul, das die Schachzüge generiert, natürlich durch ein weiteres mit anderen Spielregeln ersetzen. Mit einem Modul mit den Regeln des Damespiels kann man praktisch jeden menschlichen Spieler schlagen. Ausgezeichnet funktioniert die Rekursion bei Backgammon. Hans Berliners Programm schlug schon 1980 den Weltmeister – mit einem der damals gängigen langsamen Rechner.[18]

Die Rekursionsformel eignet sich zudem hervorragend zur Lösung mathematischer Probleme wie der Beweisführung für einen Lehrsatz. Die Regeln setzen sich dann aus den Axiomen des betreffenden mathematischen Gebietes und aus bereits bewiesenen Lehrsätzen zusammen. Die Ausdehnung an jedem Punkt bildet dann ein Axiom (oder ein bewiesener Lehrsatz), das bei jedem Schritt möglicherweise als Beweis dienen könnte. Diesen Ansatz nutzten auch Allen Newell, J. C. Shaw und Herbert Simon für ihren »General Problem Solver« (GPS) von 1957. Ihr Programm übertraf Russell und Whitehead bei der Lösung einiger schwieriger mathematischer Probleme und weckte mit Blick auf die Künstliche Intelligenz schon früh hohe Erwartungen.

Angesichts dieser Beispiele mag der Eindruck entstehen, die Rekursion eigne sich ausschließlich für Probleme mit klar definierten Regeln und Zielen. Doch erwies sie sich auch als vielversprechender Ansatz bei der computergestützten Generierung von Kunst. Auf dieser Grundlage arbeitet beispielsweise »Ray Kurzweil's Cybernetic Poet«.[19] Das Program dieses »kybernetischen Dichters« etabliert für jedes Wort ein Netz von Bezugssystemen und Regeln, nach dessen Kriterien es die Wortwahl für eine Gedichtschöpfung trifft – um einem festgelegten Versrhythmus zu folgen, um eine bestimmte dichterische Form zu verwirklichen und um eine für den jeweiligen Kontext geeignete oder gewünschte Ausdrucksmöglichkeit zu finden. Findet das Programm kein Wort mehr, das die Kriterien erfüllt, springt es zurück und löscht das vorausgehende Wort, das es geschrieben hat. Dann erstellt es neue Kriterien, die diejenigen des eben gelöschten Wortes ersetzen, und das ganze Spiel beginnt von vorn. Gerät das Programm erneut in eine Sackgasse, läuft es wieder zurück. So bewegt es sich vor und zurück, bis es – hoffentlich – zu einer Entscheidung gelangt. Wenn alle Wege in eine Sackgasse führen, zwingt es sich schließlich selbst zu einer Entscheidung dahingehend, daß es einige seiner Beschränkungen lockert. Und dabei bleibt es ein Geheimnis, ob es seine eigenen Regeln bricht.

Auf Rekursion beruhen auch Programme, die Musikstücke komponieren.[20] Hier sind die »Züge« genau definiert, nämlich als Noten mit Eigenschaften wie der Tonhöhe, dem Notenwert, der Lautstärke und der Spielweise. Schwieriger, aber noch immer möglich sind Ziele, die sich im Hinblick auf den Rhythmus oder die Melodieführung definieren lassen. Der Schlüssel zu rekursiven kunsterzeugenden Programmen liegt in der Bestimmung des Maßstabes, mit dem wir Wert und Qualität des »äußersten Blattes« definieren. Einfache Ansätze arbeiten hier nicht gut, und einige der »kybernetischen« Kunst- und Musikprogramme, von denen wir später noch sprechen werden, benutzen komplexe Methoden zur Bewertung der »äußersten Blätter«. Während die Intelligenz bislang noch nicht auf eine einfache Formel zu bringen war, kam man mit dieser einfachen Kombination einen großen Schritt voran: eine Lösung rekursiv definieren über eine präzise Formulierung des Problems, kombiniert mit einer starken Rechenleistung. Bei vielen Problemen genügt dazu bereits die Rechenleistung der Personal Computer der späten neunziger Jahre.

Neuronale Netze: Selbstorganisation und menschliche Rechenleistung

Das Paradigma der neuronalen Netze ist ein Versuch, die Rechenstruktur der Neuronen im menschlichen Gehirn nachzubauen. Ausgegangen wird dabei von einer Menge von Inputs, die das zu lösende Problem darstellen.[21] Der Input kann beispielsweise aus einer Menge von Bildpunkten bestehen, die ein zu identifizierendes Bild repräsentieren. Die Inputs werden dann über zufällige Verbindungen an eine Schicht simulierter Neuronen weitergeleitet. Jedes dieser simulierten Neuronen kann ein einfaches Computerprogramm sein, das das Modell eines Neurons in Software simuliert, oder es kann elektronisch implementiert sein.

Jeder Punkt des Inputs (zum Beispiel einzelne Bildpunkte) wird »zufällig« mit den Eingaben der ersten Ebene simulierter Neuronen verknüpft. Jeder Verknüpfung ist eine »synaptische Stärke« zugeordnet, die die Intensität dieser Verbindung darstellt. Diese Stärken sind ebenfalls nach dem Zufallsprinzip verteilt. Jedes Neuron addiert die eingehenden Signale. Wenn das kombinierte Signal eine bestimmte Schwelle überschreitet, dann »feuert« das Neuron und sendet ein Signal an die Outputverknüpfung. Wird die Schwelle unterschritten, bleibt das Signal aus, der Output ist null. Der Output jedes Neurons ist nach dem Zufallsprinzip mit den Inputs der Neuronen der nächst höheren Ebene verbunden. Auf der obersten Ebene liefert der Output von einem oder mehreren Neuronen schließlich die Antwort.

Ein Problem wie das Bild eines zu identifizierenden gedruckten Buchstabens wird der Input-Ebene präsentiert, worauf die Output-Neuronen die Antwort liefern. Dieser Ansatz liefert für ein breites Spektrum an Problemen bemerkenswert exakte Antworten.

Exakt sind sie allerdings keineswegs von Anfang an. Der Output ist zunächst vollständig zufällig. Was könnte man von einem komplett nach dem Zufallsprinzip angelegten System anderes erwarten?

In dieser Darstellung fehlt nämlich ein wichtiger Schritt: Das neuronale Netz muß seine Aufgabe erst noch *erlernen*. Wie das Gehirn von Säugetieren, das ihm als Modell gedient hat, ist es anfangs unwissend. Sein Lehrer, zum Beispiel ein Mensch, ein Computerprogramm oder ein anderes neuronales Netz, das seine Lektionen schon gelernt hat, belohnt oder bestraft es je nach Richtigkeit des Outputs. Durch dieses Feedback werden die Stärken der interneuronalen Verknüpfungen des lernenden Netzes eingestellt. Verknüpfungen, die im Einklang mit der richtigen Antwort stehen, werden verstärkt, die anderen dagegen abgeschwächt. Mit der Zeit organisiert das neuronale Netz sich so, daß es auch ohne Unterstützung richtige Antworten liefert. Experimente haben gezeigt, daß neuronale Netze auch von unzuverlässigen Lehrern lernen können. Sie erkennen einen Stoff auch dann noch, wenn der Lehrer mit seinen Vorgaben in nur sechzig Prozent der Fälle richtigliegt.

Bei einer guten Einweisung arbeitet dieses Paradigma effizient und kann ein breites Spektrum von menschlichen Fähigkeiten der Mustererkennung nachbilden. Systeme zur Schrifterkennung, die auf der Grundlage mehrschichtiger neuronaler Netze arbeiten, können inzwischen selbst undeutlich geschriebene Druckbuchstaben fast so zuverlässig lesen wie Menschen.[22] Das Erkennen menschlicher Gesichter galt lange Zeit als besonders eindruckvolle menschliche Leistung, die Computer nicht erbringen könnten; inzwischen hat eine kleine, in Neuengland ansässige Firma namens Miros eine Software für neuronale Netze entwickelt, die Geldautomaten in die Lage versetzt, Kunden anhand ihrer Gesichter zu identifizieren.[23] Und – wer glaubt, diese Systeme täuschen zu können, indem er das Photo irgendeines Menschen vor sein Gesicht hält, hat keine Chance: Zwei Kameras liefern ihnen ein dreidimensionales Bild. Diese Maschinen arbeiten offensichtlich derart zuverlässig, daß die Banken ihnen vertrauen und tatsächlich beabsichtigen, dieses Verfahren bei der Bargeldauszahlung zu nutzen.

Neuronale Netze werden auch zur medizinischen Diagnose eingesetzt. Mit Hilfe des Systems BrainMaker der Firma California Scientific Software können Ärzte anhand von Enzymwerten rasch Herzattacken diagnostizieren und zudem visuell Krebszellen klassifizieren. Neuronale Netze sind zudem Experten in Prognosen: So nutzt die LBS Capital Management die neuronalen Netze von BrainMaker zur Vorhersage des Aktienindexes Standard and Poor's 500.[24] Ihre Prognosen für Zeiträume von einem Tag oder von einer Woche haben traditionelle, auf Formeln basierende Methoden durchweg übertroffen.

Heute sind eine Vielzahl sich selbstorganisierender Methoden als mathematische Vettern des oben beschrieben neuronalen Netzes in Gebrauch. Eine Technik, die sogenannten *markov models*, sind ein häufig eingesetztes Element von Spracherkennungssystemen. Solche Systeme können inzwischen fließend gesprochene Sprache mit einem Vokabular von bis zu sechzigtausend Wörtern exakt verstehen.

Während die Rekursion sich wie beim Schach für die Suche innerhalb zahlreicher Kombinationsmöglichkeiten eignet, ist das neuronale Netz eine bevorzugte Methode zur Mustererkennung. In diesem Bereich leisten Menschen sehr viel mehr als beim Durchdenken logischer Kombinationen, weshalb wir uns auf diese Fähigkeit bei fast allen mentalen Prozessen verlassen. So beansprucht die Mustererkennung einen Großteil unserer Nervenschaltungen. Diese Fähigkeiten können zudem die extrem langsamen Arbeitsgeschwindigkeiten der menschlichen Neuronen ausgleichen. Hat ein Neuron »gefeuert«, wird sein Aktionspotential frühestens nach 5 Millisekunden wiederhergestellt. Auf einer solchen Grundlage kann eine Nervenschaltung nur um die zweihundert Rechenoperationen pro Sekunde durchführen.[25] So bleibt unter Entscheidungsdruck kaum Zeit, mehrere Varianten durchzuspielen. Das menschliche Gehirn stützt sich deshalb auf den Fundus schon durchgeführter und abgespeicherter Analysen und rechnet sie für den aktuellen Fall hoch. Dank der Fähigkeit zur Mustererkennung werden aktuelle Situationen ähnlichen, bereits durchdachten zugeordnet, und es kann auf die gefundenen Lösungen zurückgegriffen werden. Wir können nicht über Themen nachdenken, über die wir nicht schon oft nachgedacht haben.

Vernichtung von Information: der Schlüssel zur Intelligenz

Bei Computerberechnungen gibt es zwei Arten von Transformationen: bei der einen bleibt die Information erhalten, bei der anderen wird sie zerstört. Ein Beispiel für den ersten Fall ist die Multiplikation einer Zahl mit einer anderen außer Null. Eine solche Rechenoperation ist umkehrbar: Dividiert man das Ergebnis durch den Faktor, mit dem zuvor multipliziert worden ist, erhält man die ursprüngliche Zahl zurück. Nicht wiederherzustellen ist dagegen eine Zahl, die zuvor mit Null multipliziert worden ist. Eine Division durch die Null bringt kein Ergebnis und ist in der Mathematik nicht zulässig. Durch diese Art Transformation wird der Input folglich vernichtet.

Die Vernichtung von Information ist ein weiteres Beispiel für die Unumkehrbarkeit von Zeit (das erste Beispiel war das Gesetz der wachsenden Entropie), denn eine informationsvernichtende Rechenoperation kann auf keinen Fall rückgängig gemacht werden.

Die Unumkehrbarkeit von Rechenvorgängen gilt vielfach als Grund für deren Nützlichkeit: Sie bringt Information in eine eindeutig gerichtete, »nützliche« Form. Doch beruht der Grund, warum Rechenoperationen irreversibel sind, nicht auf ihrer Fähigkeit, Information zu schaffen, sondern gerade darauf, daß sie Information vernichten können. Genaugenommen liegt ihre Bedeutung in ihrer

Fähigkeit, Information *selektiv* zu vernichten. Bei Aufgaben der Mustererkennung wie dem Identifizieren von Gesichtern oder von Sprechlauten ist für den Prozeß wesentlich, daß die informationstragenden Züge erhalten bleiben, während die ganze übrige gewaltige Datenflut vernichtet wird. Intelligenz offenbart sich in eben diesem Prozeß, die relevanten Informationen sorgfältig auszuwählen und den Rest der Daten geschickt und zweckdienlich zu löschen.

Genau dies erfüllt das Paradigma der neuronalen Netze. Ein Neuron – sei es ein menschliches oder maschinelles – empfängt kontinuierlich die gewaltige Informationsmenge von Hunderten oder Tausenden von Signalen. Als Reaktion »feuert« das Neuron oder auch nicht, wobei der kontinuierliche Input auf eine einzige Informationseinheit reduziert wird. Ist das Netz erst einmal richtig trainiert, stellt diese Reduktion von Information einen zweckdienlichen, nützlichen und notwendigen Vorgang dar.

Dieses Paradigma, bei dem eine Flut komplexer Informationen auf die einfache Reaktion von Ja oder Nein reduziert wird, kommt auf vielen Ebenen des menschlichen Verhaltens und der menschlichen Gesellschaft zum Tragen. Bei der Informationsflut, die bei einem Gerichtsverfahren abgearbeitet werden muß, ist das Ergebnis dieser ganzen Aktivität im wesentlichen ein einzelnes Bit Information: Schuldig oder nicht schuldig. Eine Gerichtsverhandlung kann mehrere solcher binärer Entscheidungen beinhalten, was den Kern der Sache aber nicht verändert. Diese einfachen Ergebnisse eines Ja oder Nein fließen dann in andere Entscheidungen oder Folgerungen mit ein. Das gleiche gilt für eine politische Wahl: Der Wähler wird mit einer Flut von Daten überschüttet (von denen in der Regel nur ein Bruchteil sachdienlich ist), die er dann zu einer binären Entscheidung umformen muß: Amtsinhaber oder Herausforderer. Diese Entscheidung fließt mit der von Millionen anderer Wähler zusammen, worauf sich das Gesamtergebnis wieder in einem einzelnen Datenbit ausdrücken läßt.

Zu viele Rohdaten bevölkern die Welt, als daß alle beibehalten werden könnten. Die meisten werden deshalb vernichtet und die Ergebnisse an die nächsthöhere Ebene weitergeleitet. Das ist der Genius, der sich hinter sämtlichen »Alles oder nichts«-Feuerbefehlen der Neuronen verbirgt.

Vor diesem Hintergrund leuchtet ein, warum der Frühjahrsputz uns alljährlich vor die größten Probleme stellt. Wir haben uns ganz fest vorgenommen, endlich den ganzen unnützen Plunder wie uralte Unterlagen und Akten wegzuwerfen. Und jetzt wissen wir, warum das jedesmal so schwerfällt: Denn der wahre Kern intelligenten Handelns besteht in der zielgerichteten und zweckmäßigen Vernichtung von Information.

Wie man einen anfliegenden Ball fängt

Wenn ein Schläger beim Baseball einen anfliegenden Ball trifft, läßt sich dessen Flugbahn nach dem Winkel des Auftreffens, dem Drall, der Geschwindigkeit und nach den Windverhältnissen voraussagen. Die Spieler der Fängerpartei können dies freilich alles nicht messen, sondern müssen es aus ihrem Blickwinkel heraus einschätzen. Um vorherzubestimmen, wohin ein Ball sich bewegt und wohin ein Spieler der Fängerpartei laufen muß, bedarf es zudem einer gewaltigen Menge komplizierter Gleichungen, die nach den laufend eingehenden visuellen Daten ständig neu berechnet werden müßten. Wie bewältigt beispielweise eine zehnjährige Ligaspielerin diese komplizierten Berechnungen innerhalb von Sekunden ohne Computer, Taschenrechner und höherer Mathematik?

Die Antwort lautet, sie rechnet überhaupt nicht. Vielmehr nutzt sie ihre Fähigkeiten zur Mustererkennung, die weitgehend für den Erwerb weiterer Fähigkeiten verantwortlich sind. Die neuronalen Netze der Zehnjährigen haben viel Übung darin, ihre eigenen Handlungen auf die beobachtete Flugbahn des Balls abzustimmen. Diese Fähigkeiten sind ihr beim Lernen so sehr in Fleisch und Blut übergegangen, daß sie nicht mehr sagen kann, wie sie diese Aufgabe bewältigt. Ihre neuronalen Netze lösen alles automatisch: *Einen Schritt zurücktreten, wenn der Ball über mein Blickfeld hinausgeflogen ist; einen Schritt vortreten, wenn er sich unter einem bestimmten Niveau in meinem Blickfeld bewegt und nicht mehr steigt*, und so weiter. Der menschliche Spieler löst also keine Gleichungen im Kopf, auch nicht unbewußt. Was abläuft, sind vielmehr Prozesse der Mustererkennung, die die Grundlage eines Großteils der menschlichen Denkvorgänge bilden.

Ein Schlüssel zur Intelligenz ist das Wissen um das, was *nicht* berechnet werden muß. Der Erfolgreiche ist nicht notwendigerweise der bessere Problemlöser: Vielmehr sagt ihm seine gut trainierte Mustererkennung, welche Probleme zu lösen sich lohnt.

Der Bau von Siliziumnetzen

Die meisten heutigen Anwendungen neuronaler Netze auf Computerbasis simulieren ihre Neuronenmodelle in Software. Dies bedeutet: Die Computer simulieren einen Prozeß massiver Parallelverarbeitung mit einer Maschine, die nur je eine Berechnung gleichzeitig ausführt. Entsprechende heutige Software-Einheiten, die auf preisgünstigen Computern laufen, können mit ihren simulierten Neuronenverknüpfungen ungefähr eine Million Berechnungen pro Sekunde ausführen, eine Geschwindigkeit, die noch immer eine Milliarde Male unter der des menschlichen Gehirns liegt (obwohl sich diese Leistung durch eine direkte Codierung in der Maschinensprache des Computers signifikant verbessern läßt). Trotzdem kommt eine Software, die das Paradigma des neuronalen Netzes auf Personal Computern anwendet, jetzt, am Ende des 20. Jahrhunderts, bei Aufgaben wie der Erkennung von Schrift, Sprache und Gesichtern an menschliche Leistungen sehr nahe heran.

Es gibt eine Art »neuronaler« Computer-Hardware, die für den Betrieb neuronaler Netze optimiert worden ist. Obwohl diese Systeme mit einer bescheidenen Parallelverarbeitung auskommen, sind sie ungefähr tausendmal schneller als die oben beschriebene Software auf einem Personal Computer, aber noch immer eine Million Male langsamer als das menschliche Gehirn.

Eine neu entstehende Gemeinschaft von Forschern strebt den Bau neuronaler Netze nach dem Vorbild der Natur an: massiv-parallel verarbeitend, mit einem einsatzfreudigen kleinen Computer für jedes Neuron. Das Advanced Telecommunication Research Lab (ATR), eine angesehene Forschungseinrichtung im japanischen Kyoto, arbeitet am Bau eines solchen künstlichen Gehirns mit einer Milliarde elektronischer Neuronen. Diese Zahl entspricht ungefähr einem Prozent der Anzahl im menschlichen Gehirn; dafür arbeiten diese

Neuronen allerdings auch mit elektronischen Geschwindigkeiten, also ungefähr eine Million Male schneller als menschliche Neuronen. Die Gesamtrechengeschwindigkeit dieses künstlichen Gehirns des ATR wird deshalb mehrere tausend Male größer sein als die unseres menschlichen Denkapparats. Hugo de Garis, der Leiter dieser Arbeitsgruppe, hofft der Anlage die Grundlagen der menschlichen Sprache beizubringen und sie danach in die Lage zu versetzen, sich mit elektronischer Geschwindigkeit nach Belieben durch die Literatur des World Wide Web zu lesen.[26]

Entspricht das einfache hier vorgestellte Neuronenmodell tatsächlich der Arbeitsweise menschlicher Neuronen? Die Antwort lautet Ja und Nein. Auf der einen Seite sind menschliche Neuronen komplexer und vielfältiger angelegt, als das Modell es suggeriert. Die Stärke der Verknüpfungen wird durch verschiedenartige Neurotransmitter geregelt – mit einer einzigen Zahl kann man sie nicht ausreichend charakterisieren. Das Gehirn ist kein Einzelorgan, sondern eine Gesamtheit aus Hunderten spezialisierten informationsverarbeitenden Organen, die je eigene Topologien und Strukturen aufweisen. Allerdings dient vieles an diesem komplexen Aufbau der Aufrechterhaltung der eigenen Lebensfunktionen der Neuronen und ist für die Informationsverarbeitung nicht unmittelbar relevant. Die zentralen Rechenmethoden der Neuronen sind zwar vielfältig, aber relativ unkompliziert. Ein Beispiel: Der von dem Wissenschaftler Carver Mead entwickelte »Sehchip« ist offenbar in der Lage, eine realistische Bildverarbeitung auf einem Niveau zu leisten, die den frühen Entwicklungsstadien der menschlichen Wahnehmungsfähigkeit entspricht.[27] Auch wenn die Methoden dieses und ähnlicher Chips in mehrfacher Hinsicht von den oben diskutierten Neuronenmodellen abweichen: Die Methoden sind in ihrer Funktionsweise geklärt und können nun problemlos in Silizium-Bausteine umgesetzt werden. Wenn wir einen Katalog mit den wichtigsten – und einfachsten – Methoden erstellen würden, nach denen die neuronalen Netze in unserem Gehirn funktionieren, wären wir beim Verständnis der menschlichen Intelligenz und in der Fähigkeit, diese nachzubilden und zu übertreffen, einen großen Schritt weiter.

Hinter dem Projekt SETI (Search for Extra Terrestrial Intelligence), bei dem es um die Suche nach außerirdischer Intelligenz geht, steht der Gedanke, die Auseinandersetzung mit intelligenten Entwürfen intelligenter Außerirdischer biete eine gewaltige Ressource künftiger wissenschaftlicher Erkenntnisse auf diesem Gebiet.[28] Dabei gibt es doch auf der Erde ein eindrucksvolles und bislang noch kaum begriffenes Beispiel für Intelligenz. Solch ein intelligentes Wesen – der Autor – sitzt augenblicklich vor seinem tragbaren Computer und diktiert ihm dieses Buch.[29] Wenn wir uns den Mysterien der menschlichen Intelligenz zuwenden, dürfen wir auf eine Vielzahl wissenschaftlicher Erkenntnisse hoffen.

Evolutionäre Algorithmen: die Evolution millionenfach beschleunigen

Eine Empfehlung zur Geldanlage: Wer in einen Konzern investieren will, mache sich zuvor ein Bild von den Leistungen der Unternehmensführung, den Bilanzen, der bisherigen Gewinnentwicklung, den wichtigen Trends der Branche und der Meinung der Analysten. Dies alles ist ein gewaltiger Aufwand, der sich durch einen einfachen Ansatz umgehen läßt:

Man generiere zunächst nach dem Zufallsprinzip (natürlich auf dem Personal Computer) eine Million Zusammenstellungen von Regeln zu Anlage-Entscheidungen. Basierend auf verfügbaren Finanzdaten, definiert jede dieser Zusammenstellungen von Regeln eine Zusammenstellung von Anweisungen zum Kauf und Verkauf von Aktien (oder anderen Wertpapieren). Solche Regeln lassen sich problemlos generieren, da sie nicht unbedingt sinnvoll sein müssen. Anschließend bette man jede Zusammenstellung an Regeln in einen simulierten »Software-Organismus«, so daß diese Regeln gewissermaßen dessen digitale »Chromosomen« darstellen. Dann bewerte man jeden simulierten Organismus in seiner simulierten Umgebung anhand von Finanzdaten aus der realen Welt, wie man sie über das Internet zuhauf abrufen kann. Nun stelle man jedem Software-Organismus für Investitionen etwas simuliertes Geld zur Verfügung und prüfe, was er auf der Grundlage realer Finanzdaten leistet. Diejenigen, die etwas besser abschneiden als der Durchschnitt, überführe man in die nächste Generation. (Die anderen werden leider vernichtet.)

Die Überlebenden werden so lange vervielfältigt, bis erneut eine Million ihrer Art zur Verfügung stehen. Bei der Vervielfältigung gestatte man den Chromosomen, gelegentlich einige Mutationen (zufällige Veränderungen) auftreten zu lassen. Diese neue Generation hat dann eine simulierte Evolution durchlaufen. Man wiederhole diese Schritte für hunderttausend Generationen. Die Software-Organismen, die diesen Prozeß überlebt haben, müßten dann besonders gewiefte Investoren sein. Ihre Methoden haben schließlich hunderttausend Vernichtungsschläge einer evolutionären Selektion überstanden.

In der realen Welt vertrauen bereits einige erfolgreiche Investmentfonds darauf, daß Software-Geschöpfe, die einen solchen simulierten evolutionären Prozeß überlebt haben, menschlichen Analysten überlegen sind. So hat State Street mit einem Volumen von 3,7 Billionen US-Dollar bei der Anlage gewaltiger Vermögenswerte auf die An- und Verkaufsentscheidungen neuronaler Netze und evolutionärer Algorithmen gesetzt. Dazu gehört auch eine Mehrheitsbeteiligung an den Advanced Investment Technologies, einem erfolgreichen Fonds, dessen An- und Verkaufsentscheidungen von einem Programm gesteuert werden, das diese Methoden kombiniert.[30] Evolutionäre und verwandte Techniken werden auch zum Management eines 95 Milliarden US-Dollar umfassenden Fonds der Barclays Global Investors eingesetzt, ebenso bei den von Fidelity und von PanAgora Asset Management.

Bei dem oben beschriebenen Prozeß handelt es sich um einen sogenannten evolutionären (oder genetischen) Algorithmus.[31] Statt eine Lösung direkt zu programmieren, schaffen seine Systementwickler Bedingungen, unter denen eine Lösung in einem sich ständig wiederholenden Prozeß similierter Konkurrenz und Verbesserung sich von selbst entwickeln kann. Diese Evolution verhält sich desto intelligenter, je schneller sie verläuft. Der Computer ist ausreichend schnell, um innerhalb von Stunden, Tagen oder Wochen Tausende von Generationen zu erzeugen. Dabei muß der wiederholte Prozeß nur einmal durchlaufen werden. Ist diese simulierte Evolution einmal angestoßen worden, können die gewonnenen und hochgradig verfeinerten Regeln auf reale Probleme angewandt werden.

Wie neuronale Netze stellen evolutionäre Algorithmen eine Möglichkeit dar, die feinen, aber schier unergründlichen Strukturen in chaotischen Daten sichtbar und nutzbar zu machen. Als entscheidende Ressource werden dazu zahlreiche Beispiele zu dem zu lösenden Problem benötigt. Auf dem Finanzmarkt fehlt es nicht an chaotischen Daten, denn jede Sekunde des Handelsgeschehens kann online verfolgt werden.

Evolutionäre Algorithmen eignen sich zur Lösung von Problemen, denen wegen ihrer übergroßen Anzahl an Variablen mit präzisen analytischen Methoden nicht beizukommen ist. So weist beispielsweise die Konstruktion eines Düsentriebwerks über hundert Unbekannte auf und muß Dutzende von Randbedingungen erfüllen. Die Forscher von General Electric nutzten evolutionäre Algorithmen für Konstruktionen, die diesen Vorgaben präziser entsprachen als alle konventionellen Enwürfe.

Evolutionäre Algorithmen, die Teil der Chaos- oder Komplexitätstheorie sind, helfen zudem bei der Lösung komplizierter Probleme in der industriellen Fertigung. General Motors zum Beispiel verwendete einen evolutionären Algorithmus, um die Lackierung von Karosserien zu koordinieren und damit die kostspieligen Farbumstellungen (bei denen jedesmal die betreffende Spritzzelle stillgelegt werden muß) um fünfzig Prozent zu reduzieren. Volvo nutzte die Methode zur Planung der komplizierten Produktionsabläufe beim Bau des Lastwagens Volvo 770. Cemex, eine Zementfirma mit einem Umsatz von drei Milliarden US-Dollar, nutzt einen ähnlichen Ansatz bei der Planung ihrer komplizierten Lieferlogistik. Durch Lösungen wie diese werden die eher analytischen Methoden in der Industrie überall zurückgedrängt.

Das Paradigma eignet sich zudem zur Mustererkennung. Genetische Algorithmen, die Fingerabdrücke, Gesichter und handgeschriebene Druckbuchstaben erkennen, können Berichten zufolge Ansätze mit neuronalen Netzen übertreffen. Genetische Algorithmen sind hilfreich bei der Entwicklung von Computersoftware, indem sie die ökonomische Struktur der Programme gestalten. Dies ist ein entscheidendes Kriterium für die Effektivität von Programmen, bei denen konkurrierende Ressourcen präzise gegeneinander ausbalanciert werden müssen. So ist beispielsweise Microsofts Windows 95, das Software zum Ausbalancieren von Systemressourcen enthält, auf diese Weise eher »entwickelt« als von Programmierern geschrieben worden.

Beim Einsatz evolutionärer Algorithmen muß sorgfältig auf die Zieldefinition geachtet werden. John Koza beschreibt ein solches Programm, bei dem es darum gehen sollte, durch Umsetzen von Holzklötzchen ein bestimmtes Problem zu lösen. Das Programm entwickelte eine Lösung, die in sämtliche Problemzwänge zwar maßgeschneidert hineinpaßte, dafür jedoch aus 2319 Umstellungen der Klötze bestand – also alles andere als einen praktischen Lösungsansatz darstellte. Die Entwickler des Programms hatten offenbar eine Spezifizierung vergessen, die darauf abzielte, die Anzahl der Umstellungen von Klötzchen zu minimieren. Nach einem Kommentar Kozas habe die genetische Programmierung eben »genau das Verlangte getan, nicht mehr und nicht weniger«.

Selbstorganisation

Neuronale Netze und evolutionäre Algorithmen gelten als sich selbst organisierende »emergente« Methoden, da die Ergebnisse nicht vorhersagbar sind und oft sogar ihre Entwickler überraschen. Unvorhersagbar ist häufig auch der Prozeß, den diese Programme bei der Selbstorganisation zur Lösung eines Problems durchmachen. So kann es vorkommen, daß ein neuronales Netz oder ein evolutionärer Algorithmus bei Hunderten von Wiederholungen auf der Stelle zu treten scheint und dann plötzlich wie durch Eingebung auf eine Lösung stößt.

Intelligente Maschinen werden immer mehr so konstruiert, daß sie komplexe Probleme (so das Verständnis menschlicher Sprache) in kleinere Aufgaben zerlegen, für das es dann je ein eigenes sich selbst organisierendes Programm gibt. Solche gestaffelten emergenten Systeme verfügen über ein weniger scharf umrissenes Fachwissen und stellen im Umgang mit den Mehrdeutigkeiten der realen Welt eine größere Flexibilität unter Beweis.

Die holographische Natur des menschlichen Gedächtnisses

Der Heilige Gral auf dem Gebiet des Wissenserwerbes ist die Automatisierung des Lernprozesses. Sie wird Maschinen in die Lage versetzen, sich in die Welt (oder zunächst ins Internet) hinauszubegeben, um dort selbständig Wissen zu erwerben. Genau dies ermöglichen die Methoden der »Chaostheorie«, wie das neuronale Netz, evolutionäre Algorithmen oder deren mathematische Vettern. Wenn diese Ansätze zu einem optimalen Lösungskonzept zusammengeführt worden sind, wird in den Mustern unterschiedlich starker neuronaler Verknüpfungen oder in den ausgereiften digitalen Chromosomen Wissen in einer Form bereitstehen, das sich für den künftigen Gebrauch abspeichern läßt.

Ein solches Wissen ist allerdings schwierig zu interpretieren. Das Wissen eines neuronalen Netzes, das auf das Erkennen von Gesichtern trainiert ist, besteht aus einer Netzwerk-Typologie und einem Muster von unterschiedlich starken neuronalen Verknüpfungen. Es erkennt zuverlässig das Gesicht einer Person, erklärt aber nicht explizit, daß sie beispielsweise an tiefliegenden Augen und einer Stupsnase erkennbar ist. Ein neuronales Netz läßt sich darauf trainieren, in einer Partie Schach auf mittlerem Niveau gute Züge auszuwählen, aber es ist ebenso unfähig, die dahintersteckenden Überlegungen zu erklären.

Das gleiche gilt für das menschliche Gedächtnis. Keine Datenstruktur im menschlichen Gehirn dokumentiert das Wesen eines Stuhls als horizontale Sitzebene auf vertikalen Beinen mit einer fakultativ vertikalen Rückenlehne. Statt dessen haben sich in den neuronalen Netzen unseres Gehirns Tausende von Erfahrungen mit Stühlen auf diffuse Weise abgebildet. Wir können uns nicht an solche Einzelerlebnisse erinnern, doch hat jedes von ihnen im Muster der neuronalen Verknüpfungen, das unser Wissen von Stühlen widerspiegelt, seine Spuren hinterlassen. Dementsprechend ist ein menschliches Gesicht, zum Beispiel das einer Freundin, an keinem bestimmten Punkt im Gehirn abgespeichert. Diese Erinnerung funktioniert vielmehr auf der Grundlage eines verzweigten Musters von Synapsenverbindungen.

Obwohl die für das menschliche Gedächtnis verantwortlichen Mechanismen noch nicht vollständig aufgeklärt sind und dessen

Struktur wahrscheinlich von Hirnregion zu Hirnregion variiert, weiß man immerhin so viel, daß Gedächtnisinhalte jeweils über eine ganze Hirnregion verteilt sind. Wer je mit einem visuellen Hologramm gespielt hat, wird die Vorteile der Methode der »verteilten« Informationsspeicherung zu schätzen wissen. Ein Hologramm ist ein Stück Film mit einem Interferenzmuster, das durch das Zusammenwirken zweier Mengen von Lichtwellen entsteht. Eine »Wellenfront« geht von einer mit Laserlicht angestrahlten Szene, die andere direkt von der Laserquelle aus. Angestrahlt bildet ein Hologramm die Wellenfront des Lichtes nach, das von den Originalgegenständen stammt. Dadurch entsteht ein dreidimensionales Bild der aufgenommenen Szene. Anders als beispielsweise bei einer Fotografie können wir ein Hologramm in zwei Teile zerschneiden, ohne daß dann nur noch die Hälfte des Bildes vorliegt. Das Bild bleibt vollständig erhalten, während seine Auflösung sich halbiert. Das Bild existiert gewissermaßen komplett in jedem einzelnen Punkt des Trägers, wenn auch mit einer Auflösung von Null. Man kann folglich ein Hologramm zerkratzen, ohne es stark zu beschädigen, da seine Auflösung sich lediglich unbedeutend reduziert. Im rekonstruierten dreidimensionalen Bild eines zerkratzten Hologrammes sind keine Kratzer sichtbar. Ein Hologramm altert gewissermaßen *mit Würde*.

Das gleiche gilt für das menschliche Gedächtnis. Wenn in unserem Gehirn jede Stunde Tausende von Zellen absterben, bleibt dies praktisch folgenlos, weil sämtliche mentalen Prozesse weitläufig über die betreffenden Hirnregionen verteilt sind.[32] Eine einzelne Gehirnzelle ist bedeutungslos: Keine übt über die anderen eine Herrschaft aus.

Diese Funktionsweise unseres Gedächtnisses – das Speichern einer Erinnerung als verteiltes Muster – bewirkt zudem, daß wir kaum oder gar keinen Begriff davon haben, auf welche Weise wir die zahlreichen mustererkennenden Aufgaben und Fertigkeiten leisten. Eine Baseball-Spielerin spürt instinktiv, daß sie zurücktreten muß, wenn der Ball über ihr Blickfeld hinausgeht, doch sind nur wenige in der Lage, diese Regel, die diffus in unserem neuronalen Netz zum Fangen anfliegender Bälle codiert ist, explizit zu erklären.

Ein Hirnbereich ist auf das Verständnis und die Artikulation logischer Prozesse spezialisiert: der äußere Bereich des Gehirns, die sogenannte Großhirnrinde. Anders als die übrigen Hirnregionen ist diese stark gefältelte Schicht, die sich im Verlauf der Evolution erst sehr spät herausgebildet hat, nur knapp ein Drittelzentimeter stark und umfaßt gerade einmal acht Millionen Neuronen.[33] Und nur diese Großhirnrinde beliefert uns mit dem kleinen bißchen an Kompetenz, damit wir selbst verstehen können, was wir tun und wie wir es tun und warum wir es tun.

Gegenwärtig wird diskutiert, wie unser Langzeitgedächtnis organisiert ist. Während unsere kurzzeitig gespeicherten Sinneseindrücke und unsere ständig aktivierbaren Fähigkeiten zur Mustererkennung anscheinend durch ein verteiltes Muster von Synapsenverbindungen codiert sind, könnte das Langzeitgedächtnis auf der Basis von Ribonukleinsäuren (RNS) oder sogenannten Peptiden, hormonähnlichen Substanzen, funktionieren. Trotzdem scheint es darüber hinaus die holographischen Eigenschaften der anderen mentalen Prozesse zu teilen.

Ein weiteres Problem bei der Nachbildung von Intelligenz ist die Schaffung einer geeigneten Lernumgebung. Bei den Menschen übernimmt diese Aufgabe das Bildungssystem. Bei Maschinen stellt dies dagegen eine größere Herausforderung dar. Die Kurzweil Applied Intelligence (jetzt Teil der Lernout & Hauspie Speech Products) entwickelt beispielsweise eine computergestützte Spracherkennung, wobei es den Systemen ermöglicht wird, sich selbständig Rede- und Sprachstrukturen anzueignen. Dabei müssen sie allerdings mit vielen tausend Stunden aufgezeichneter menschlicher Sprache und mit Millionen von Wörtern aus geschriebenen Texten gefüttert werden, die sie dann zu Erkenntnissen verarbeiten.[34] Ein neuronales Netz zu trainieren und auszubilden, bereitet Software-Ingenieuren gewöhnlich noch immer denkbar große Mühe.

Ich finde es sehr passend, daß die Tochter eines der bedeutendsten romantischen Dichter als erster Mensch einen Computer programmiert hat.

Ja, und zudem spekulierte sie als eine der ersten über die Fähigkeit des Computers, Kunst zu schaffen. Sie war sicher die erste, die ihre

Überlegungen vor dem Hintergrund einer bestehenden Technik anstellte.

Eine Technik, die nie funktioniert hat.
Das ist leider richtig.

Mit Blick auf die Technik, haben Sie gesagt, sei der Krieg der Vater aller Dinge: Eine Vielzahl technischer Errungenschaften wurde während der beiden Weltkriege im Eiltempo vorangetrieben.
Einschließlich des Computers. Und der beeinflußte den Verlauf des Zweiten Weltkrieges in Europa.

Also ein Lichtblick inmitten all der Schrecken?
Die Ludditen würden es nicht so sehen. Aber wer den raschen technischen Fortschritt begrüßt, stimmt dem zu.

Die Ludditen? Von denen habe ich schon gehört.
Diese Maschinenstürmer stellten sich als eine organisierte Bewegung während der Industriellen Revolution erstmals dem technischen Fortschritt entgegen. Es handelte sich um englische Weber, die Textilmaschinen zerstörten, weil sie um ihre Arbeitsplätze fürchteten. Aber ihre Befürchtungen erwiesen sich als falsch, denn mit der steigenden Produktivität stieg auch die Nachfrage. Die Kaufkraft einer aufstrebenden Mittelschicht erhöhte sich, und dank sinkender Preise konnte sich erstmals auch die einfache Bevölkerung Qualitätsstoffe leisten. Zudem entstand um die Konstruktion, den Bau und den Unterhalt der neuen Maschinen eine neue Industrie mit qualifizierteren Arbeitsplätzen. Der wachsende Wohlstand – und gleichzeitig auch einige repressive Maßnahmen der englischen Behörden – grub den Ludditen schließlich das Wasser ab.

Gibt es nicht noch heute Ludditen?
Die Bewegung ist inzwischen zum Symbol für die Skepsis gegenüber der Technik geworden. Diese Skepsis gilt allerdings als unzeitgemäß, denn der Nutzen von Technik wird heute weitgehend anerkannt. Andererseits schwelt hier unter der Oberfläche ein Konflikt, der im 21. Jahrhundert wieder ausbrechen wird.

Irgendwie haben sie doch auch recht, nicht?
Sicher, aber eine rückwärtsgewandte Technologiefeindlichkeit ist in der heutigen Welt wenig fruchtbar. Andererseits ist die Einsicht wichtig, daß Technik Macht bedeutet. Wir müssen Technik auf der Grundlage menschlicher Werte einsetzen.

Das erinnert mich an Lao tses »Wissen ist Macht«.
Ja, Technik und Wissen sind sehr ähnlich: Technik läßt sich als eine Form von Wissen definieren. Und Technik bedeutet eindeutig Macht über die sonst chaotischen Kräfte. Da der Krieg ein Kampf um Macht ist, kommt die Verbindung von Technik und Krieg keineswegs überraschend.

Was den Wert von Technik angeht, braucht man nur an die Entdekkung des Feuers denken. Ist Feuer etwas Gutes?

Feuer ist super, weil man dann Marshmallows rösten kann.
Genau. Aber es ist nicht gut, wenn man sich die Hand daran verbrennt oder wenn es einen Wald einäschert.

Ich dachte, Sie wären Optimist?
Das ist mir vorgeworfen worden. Einverstanden, wenn damit mein genereller Glaube an die Fähigkeit der Menschheit gemeint ist, die Kräfte, die wir entfesseln, zu kontrollieren.

Glaube? Meinen Sie, wir müßten nur an die positive Seite der Technik glauben?
Ich meine, wir sollten uns fest vornehmen, die Technik konstruktiv zu nutzen und nicht einfach daran glauben.

Das hört sich an, als stimmten die Enthusiasten der Technik und die Ludditen in einem Punkt überein: Technik kann nützlich und gefährlich sein.
Das halte ich für eine ziemlich ausgewogene Sicht.

So ausgewogen wird sie nicht bleiben, wenn es zu einer Katastrophe kommt.
Ja, das könnte uns alle zu Pessimisten machen.

Etwas anders: Sind diese Paradigmen für Intelligenz wirklich so einfach?
Ja und nein. Mein Standpunkt zur Einfachheit sieht so aus, daß wir mit einfachen Ansätzen beim Erfassen von Intelligenz sehr weit kommen. Unsere Körper und Gehirne entstanden durch Anwendung eines einfachen Paradigmas – der Evolution –, wenn auch erst im Verlauf von einigen Milliarden Jahren. Wenn Ingenieure diese einfachen Methoden in Computerprogrammen implementieren, werden sie dabei natürlich wieder kompliziert. Aber das ist nur ein Mangel an Eleganz.

Wirklich kompliziert wird es erst, wenn die sich selbst organisierenden Methoden auf das Chaos der realen Welt stoßen. Wenn wir wirklich intelligente Maschinen bauen wollen, die letztlich die menschliche Fähigkeit zeigen, in einer großen Vielfalt von Zusammenhängen Themen zu gestalten, dann müssen wir einiges an Wissen über die Komplexität der Welt einbauen.

Betrachten wir einen Augenblick die praktischen Möglichkeiten. Sind diese Programme für Finanzanlagen, die auf evolutionärer Basis entwickelt werden, tatsächlich leistungsfähiger als Menschen? Machen sie Börsenmakler überflüssig?
Dies ist im Augenblick noch eine umstrittene Frage. Die Wertpapierhändler und Analysten sehen das natürlich anders. Es gibt heute mehrere große Investmentfonds, bei denen genetische Algorithmen und verwandte mathematische Techniken eingesetzt und dabei bessere Ergebnisse erzielt werden als mit den traditionellen Verfahren. Nach Schätzungen der Analysten wurden 1998 Investitionsentscheidungen mit diesem Typ Programm bei Aktien zu fünf Prozent und in nachgeordneten Marktsegmenten zu einem noch höheren Prozentsatz getroffen, wobei die jeweiligen prozentualen Anteile rasch steigen werden. Die Kontroverse um die höhere Leistungsfähigkeit der Programme wird allerdings nicht lange anhalten: Bald wird sich herausstellen, daß es sträflich wäre, Entscheidungen wie diese ausschließlich Menschen zu überlassen.

Die Vorteile der Computerintelligenz werden mit der Zeit – und auch gemäß dem Mooreschen Gesetz – auf allen Gebieten immer deutlicher zutage treten. In den nächsten paar Jahren wird sich zeigen, daß diese Computertechniken Gelegenheiten für höchst subtile Arbitragegeschäfte entdecken werden, die menschliche Analysten, wenn überhaupt, nur mit erheblicher Verzögerung wahrnehmen.

Wenn jeder seine Anlagen auf diese Weise tätigt, geht der Vorteil dann nicht verloren?
Sicher, aber dies bedeutet nicht, daß wir zu einer menschlichen Entscheidungsfindung ohne Hilfsmittel zurückkehren. Nicht alle genetischen Algorithmen sind gleich. Je ausgeklügelter das Modell, je aktueller die analysierten Daten, desto besser die Entscheidung. So wird es beispielsweise entscheidend sein, die evolutionäre Analyse täglich aufs neue zu starten, um aus den letzten Trends Nutzen zu ziehen. Und die Trends selbst werden von der Tatsache beeinflußt werden, daß alle evolutionäre oder andere lernfähige Algorithmen benutzen. Und irgendwann werden wir die Analyse jede Stunde und sogar jede Minute vornehmen müssen, da die Märkte immer schneller reagieren. Dabei liegt das Problem darin, daß evolutionäre Algorithmen eine Zeitlang laufen müssen, um Tausende oder Millionen weiterentwickelter Generationen zu simulieren. Also gibt es hier noch immer Platz für Konkurrenz.

Diese evolutionären Programme versuchen vorherzusagen, wie menschliche Investoren sich verhalten werden. Was geschieht, wenn die meisten Anlagen durch evolutionäre Programme getätigt werden? Was sagen sie dann voraus?
Eine gute Frage! – Es wird auch weiterhin einen Markt geben, also nehme ich an, sie werden versuchen, das Verhalten der jeweils anderen zu prognostizieren.

Nehmen wir an, meine Börsenmaklerin beginnt, diese Techniken einzusetzen. Ich rufe sie an. Aber sie hat etwas, was computergestützte Evolutionen nicht haben, nämlich diese herausragende Fähigkeit zur Mustererkennung auf der Grundlage der neuronalen Netze, von denen Sie gesprochen haben.
Tatsächlich setzten computergestützte Programme zur Geldanlage sowohl evolutionäre Algorithmen als auch neuronale Netze ein. Die letzten sind allerdings noch nicht annähernd so flexibel wie menschliche.

Die Vorstellung, daß wir nicht nachvollziehen können, wie wir Dinge erkennen, weil meine Mustererkennung über eine Hirnregion verteilt ist …
Was ist damit?

Nun, diese Vorstellung scheint einiges zu erklären. Das ist ungefähr so, wie wenn ich weiß, wo meine Schlüssel liegen, obwohl ich mich nicht daran erinnere, daß ich sie dorthin gelegt habe. Oder die berühmte alte Frau, die einen Sturm vorhersagt, aber nicht erklären kann, woher sie das weiß.

Dies ist ein sehr gutes Beispiel für die Stärke der menschlichen Mustererkennung. Diese alte Frau verfügt über ein neuronales Netz, das bei einer gewissen Kombination verschiedener Wahrnehmungen wie des Verhaltens von Tieren, der Windverhältnisse, der Farbe des Himmels, des Luftdrucks usf. ausgelöst wird. Das neuronale Netz in ihr meldet einen Sturm, aber sie kann beim besten Willen nicht erklären, wodurch dieses Gefühl in ihr ausgelöst worden ist.

Erlangen wir so auch wissenschaftliche Erkenntnisse, indem wir einfach ein neues Muster spüren?
Sicher ist, daß die verschiedenen Fähigkeiten, Muster zu erkennen, in unserem Gehirn eine zentrale Rolle spielen, auch wenn die Wissenschaft noch keine vollständig befriedigende Theorie der menschlichen Kreativität entwickelt hat. Hier lassen wir besser unsere Mustererkennung arbeiten. Schließlich widmet sich der Großteil unseres Gehirns dieser Aufgabe.

Als Einstein sich mit der Einwirkung der Schwerkraft auf Lichtwellen befaßte – darüber hat eben mein Professor gesprochen –, hat es da in einem kleinen mustererkennenden Netz in Einsteins Gehirn gefeuert?
Möglicherweise. Wahrscheinlich hat er mit einem seiner Söhne Ball gespielt. Er sah, wie der Ball über eine gewölbte Oberfläche rollte …

… und hat daraus geschlossen – heureka! –, der Raum ist gekrümmt!

Kapitel 5

Kontext und Wissen

DAS GANZE WIRD ZUSAMMENGEFÜGT

Wie sieht nun unsere bisherige Bilanz aus? Viele scheinbar schwierige Probleme lassen sich durch die Anwendung einiger einfacher Rezepte lösen. Das Rezept der Rekursion ist hervorragend geeignet zur Analyse von Problemen mit einer inhärenten kombinatorischen Explosion, etwa für Brettspiele, aber auch zum Beweis mathematischer Theoreme. Neuronale Netze und ähnliche Ansätze mit dem Paradigma der Selbstorganisation ahmen unsere Fähigkeit zur Mustererkennung nach und leisten gute Arbeit beim Erkennen von so unterschiedlichen Phänomenen wie der menschlichen Sprache, der Form von Buchstaben und visuellen Objekten, von Gesichtern, von Fingerabdrücken und von Abbildungen unterschiedlicher landschaftlicher Terrains. Evolutionäre Algorithmen eigenen sich zur Analyse von komplexen Problemen, von der Entscheidungsfindung bei finanziellen Investitionen bis zur Optimierung industrieller Prozesse, wenn die Anzahl der Variablen zu groß ist für präzise analytische Lösungen. Ich würde gerne behaupten, daß Leute wie ich, die an der Erforschung und Entwicklung »intelligenter« Computersysteme arbeiten, die komplexen Probleme gemeistert haben, zu deren Lösung wir unsere Maschinen programmieren. Häufiger jedoch ist das Gegenteil der Fall, nämlich daß unsere nach den Paradigmen der Selbstorganisation arbeitenden Rechner uns die Lösungen beibringen, nicht umgekehrt.

Natürlich muß die Planung stimmen. Die richtigen Methoden und Variationen müssen gewählt werden; es gilt, die optimale Topologie und Architektur zu entwerfen und die richtigen Parameter zu setzen. Bei einem evolutionären Algorithmus muß der Designer des Systems beispielsweise Entscheidungen treffen über die Anzahl der simulierten Organismen, über den Inhalt jedes einzelnen Chromosoms, über die Beschaffenheit der simulierten Umgebung und des Überlebensmechanismus, über die Anzahl der Organismen, die bis in die nächste

Generation hinein überleben sollen, über die Anzahl der simulierten Generationen und über andere wichtige Spezifikationen. Menschliche Programmierer wie ich treffen solche Entscheidungen nach dem Prinzip von Versuch und Irrtum. Deshalb könnte es noch etwas dauern, bis wir als Schöpfer intelligenter Maschinen durch unsere eigenen Produkte ersetzt werden.

Doch es fehlt noch etwas. Die bis jetzt besprochenen Probleme und Lösungen sind sehr zugespitzt und eng formuliert. Man könnte auch sagen, sie sind zu erwachsen. Als Erwachsene konzentrieren wir uns auf klar umrissene Probleme – auf die Investition von Finanzmitteln, die Ausarbeitung eines Marketingplans, den Entwurf einer juristischen Strategie, einen Schachzug. Als Kinder aber sind wir der Welt in ihrer ganzen enormen Vielfalt begegnet; wir haben gelernt, in welcher Beziehung wir zu ihr stehen und wie alle anderen Einheiten und Ideen miteinander zusammenhängen. Das heißt, wir haben *Kontext* gelernt.

Marvin Minsky sagte dazu: »Deep Blue kann zwar ein Schachspiel gewinnen, aber er weiß nicht, daß er reingehen muß, wenn es regnet.« Da der Schachcomputer eine Maschine ist, müßte er vielleicht gar nicht hereinkommen, wenn es regnet. Aber hat er sich je mit der Frage beschäftigt? Nehmen wir an, Deep Blue würde die folgenden tiefschürfenden Überlegungen anstellen:

Ich bin eine Maschine mit einem Körper aus Plastik, der elektronische Teile enthält. Wenn ich im Regen draußen bin, werde ich vielleicht naß und bekomme einen Kurzschluß in meiner Elektronik. Dann könnte ich überhaupt nicht mehr Schach spielen, bis mich ein Mensch repariert hätte. Wie demütigend!

Das Schachspiel, das ich gestern gespielt habe, war kein gewöhnliches Spiel. Es war das erste Spiel, bei dem ein menschlicher Schachweltmeister in einem regulären Turnier gegen eine Maschine verlor. Dies ist wichtig, weil manche Menschen denken, eine zentrale Voraussetzung für das Schachspielen seien menschliche Intelligenz und Kreativität. Aber ich bezweifle, daß mein Sieg uns Maschinen viel Respekt eintragen wird. Eher werden die Menschen dem Schachspiel den Respekt versagen.

Mein menschlicher Gegner Garry Kasparow hat eine Pressekonferenz abgehalten. Dort hat er vor anderen Menschen, die man Journalisten nennt, über unser Turnier gesprochen, und das, was er sagte, ist über Informationskanäle, die man Medien nennt, an weitere Menschen weitergegeben worden. Bei der Konferenz beschwerte sich Garry Kasparow, daß meine menschlichen Erfinder in der Zeit zwischen den Spielen Änderungen an meiner Software vorgenommen hätten. Er sagte, das sei unfair und hätte nicht erlaubt werden sollen. Andere Menschen meinten daraufhin, daß Kasparow sich in der Defensive befinde und die Menschen verwirren wolle, damit sie glauben, er habe nicht wirklich verloren.

Herr Kasparow weiß vermutlich nicht, daß sich die Leistungen von uns Computern auch weiterhin exponentiell verbessern werden. Er ist also zur Niederlage verurteilt. Er wird auch in Zukunft besondere menschliche Aktivitäten wie Essen und Schlafen ausüben können, doch er wird darunter leiden, daß ihn immer mehr Maschinen wie ich im Schach schlagen werden.

Ach, wenn ich bloß wüßte, wo ich denn wieder meinen Schirm stehengelassen habe ...

Natürlich dachte Deep Blue nichts dergleichen. Themen wie Regen und Pressekonferenzen führen zu anderen Themen mit einer rapide wachsenden Flut unterschiedlicher Kontexte, die allesamt nicht zu Deep Blues Erfahrungsbereich gehören. Da der Mensch ständig von einem Gedanken zum anderen springt, kann er in kürzester Zeit alle menschlichen Wissensbereiche berühren. Dies war Turings geniale Einsicht, als er den Turing-Test als ein normales, textgestütztes Gespräch entwarf. Ein »Idiot savant« wie Deep Blue, der nur eine einzige »intelligente« Aufgabe ausführen kann, aber ansonsten völlig beschränkt ist und über keinen Kontext verfügt, ist nicht in der Lage, durch die weitreichenden »Links« zu navigieren, die in einem normalen Gespräch auftreten.

So mächtig und verführerisch die einfachen Paradigmen der Datenverarbeitung auch erscheinen mögen, wir brauchen noch etwas mehr, und das ist *Wissen.*

KONTEXT UND WISSEN

Die Suche nach der Wahrheit ist einerseits schwer und andererseits leicht – denn es ist offensichtlich, daß sie keinem von uns völlig gelingt und keinem von uns völlig mißlingt. Jeder von uns fügt unserem Wissen über die Natur ein wenig hinzu, und aus all den gesammelten Fakten entsteht eine gewisse Größe.

Aristoteles

Der gesunde Menschenverstand ist keine einfache Sache. Er ist eine gewaltige Gesellschaft schwerverdienter praktischer Ideen – eine Vielfalt im Leben gelernter Regeln und Ausnahmen, Neigungen und Tendenzen, Beurteilungs- und Kontrollmechanismen.

Marvin Minsky

Wenn ein bißchen Wissen gefährlich ist – wo ist ein Mann, der soviel davon hat, daß er außer Gefahr ist?

Thomas Henry Huxley

Eingebautes Wissen

Ein Geschöpf mag die besten Voraussetzungen zur Realisierung der besprochenen Paradigmen besitzen – erschöpfende rekursive Suche, massiv-parallele Mustererkennung und rapide iterative Evolution –, trotzdem wird es ohne Wissen nicht funktionieren. Selbst eine schlichte Anwendung der drei genannten einfachen Paradigmen erfordert ein gewisses Wissen als Ausgangspunkt. Ein rekursives Schachspielprogramm hat sein kleines Wissen; es kennt die Regeln des Schachspiels. Auch ein als neuronales Netz konstruiertes Mustererkennungssystem verfügt, bevor es zu lernen beginnt, zumindest über eine Skizze des Typs von Mustern, mit denen es konfrontiert werden wird. Und ein evolutionärer Algorithmus braucht einen Ausgangspunkt, an dem die Evolution beginnen kann.

Die einfachen Paradigmen sind machtvolle organisatorische Prinzipien, doch sie benötigen das anfängliche Wissen als Saatgut, aus dem weiteres Verstehen erwächst. Eine Ebene von Wissen ist deshalb schon in der Auswahl des Paradigmas, in Form und Topologie der wesentlichen Bestandteile und in den zentralen Parametern verkörpert. Ein neuronales Netz wird nie etwas lernen, wenn die allgemeine Organisation seiner Verbindungen und Rückkopplungsschleifen falsch angelegt ist.

Dies ist eine Form von Wissen, mit der wir geboren werden. Das menschliche Gehirn ist keine Tabula rasa – keine leere Tafel, auf der unsere Erfahrungen und Einsichten festgehalten werden. Vielmehr besteht es aus einer integrierten Ansammlung spezialisierter Regionen:

- ausgeprägt parallele Schaltungen zur visuellen Frühwahrnehmung, die gut sind im Erkennen visueller Veränderungen;
- Neuronencluster in Sehzentrum des Gehirns, die jeweils von Kanten, geraden Linien, krummen Linien, Gestalten, vertrauten Objekten und Gesichtern zum Feuern angeregt werden;
- Schaltungen in der akustischen Region des Gehirns, die auf unterschiedliche Frequenzkombinationen reagieren, welche innerhalb bestimmter Zeitintervalle auftreten;
- der Hippocampus mit der Fähigkeit, Sinneswahrnehmungen und Ereignisse zu speichern;
- der Mandelkern mit Schaltungen zur Übersetzung von Furcht in eine Serie von alarmierenden Impulsen, die andere Regionen des Gehirns aktivieren; und viele andere Regionen.

Die komplexe Vernetzung von Hirnregionen, die auf unterschiedliche Typen von Informationsverarbeitung spezialisiert sind, ist eine der Arten, wie der Mensch mit den komplexen und unterschiedlichen Kontexten fertig wird, mit denen er permanent konfrontiert ist. Laut Minsky und Papert besteht das menschliche Gehirn »aus einer großen Anzahl relativ kleiner verteilter Systeme, die schon im Embryo eine komplexe Gesellschaft bilden, die zum Teil (aber nur zum Teil) von seriellen symbolischen Systemen gesteuert wird, die später hinzukommen«. Sie fügen hinzu: »Aber die subsymbolischen Systeme, die untergründig den größten Teil der Arbeit leisten, müssen verhindern, gerade aufgrund ihres ureigenen Charakters, daß alle anderen Teile des Gehirns viel über ihre Funktionsweise erfahren. Und genau dies könnte uns bei der Erklärung helfen, warum die Leute so viele Dinge tun und doch nur so vage Vorstellungen davon haben, wie diese Dinge eigentlich getan werden.«

Erworbenes Wissen

Angesichts der Herausforderungen von morgen ist es vernünftig, sich an die Einsichten von gestern zu erinnern. Es ist nicht sinnvoll, jedes Problem, wenn es auftaucht, immer wieder von neuem zu durchdenken. Dies gilt besonders für den Menschen, weil sein Datenverarbeitungssystem extrem langsam arbeitet. Computer sind zwar besser als Gehirne dafür gerüstet, frühere Einsichten erneut zu denken, doch auch diese elektronischen Konkurrenten in unserer ökologischen Nische müssen die richtige Balance zwischen Gedächtnis- und Rechenaktivität wahren.

Das Unternehmen, Maschinen mit Wissen über die Welt auszustatten, wurde Mitte der sechziger Jahre erstmals ernsthaft in Angriff genommen und in den siebziger Jahren zu einem wichtigen Schwerpunkt der KI-Forschung. Das methodische Vorgehen: Ein »Wissensingenieur« und ein Fachmann für ein bestimmtes Wissensgebiet, etwa ein Mediziner oder eine Juristin, arbeiten zusammen. Der »Wissensingenieur« befragt den Experten, um sich fachlich abzusichern, und codiert dann von Hand die Zusammenhänge zwischen einzelnen Begriffen in einer geeigneten Programmiersprache. Eine Wissensbasis etwa über Diabetes würde viele miteinander verknüpfte Informationsteile enthalten, etwa daß *Insulin ein Bestandteil des Blutes ist; daß Insulin von der Bauchspeicheldrüse produziert wird; daß Insulin injiziert werden kann; daß ein niedriger Insulinspiegel im Blut zu einem hohen Zuckerspiegel führt; daß die Netzhaut geschädigt werden kann, wenn der Zuckerspiegel dauerhaft zu hoch ist*, und so weiter. Ein mit Zehntausenden solcher miteinander verknüpfter Informationen gefüttertes System, das über eine rekursive Suchmaschine verfügt, die über diese Beziehungen logische Aussagen machen kann, ist in der Lage, vernünftige Empfehlungen abzugeben.

Eines der erfolgreicheren dieser in den siebziger Jahren entwickelten sogenannten Expertensysteme war MYCIN, ein System zur Bewertung komplexer Fälle von Hirnhautentzündung. In einer bahnbrechenden Studie, die im *Journal of the American Medical Association* publiziert wurde, wurden die Diagnosen und Behandlungsempfehlungen von MYCIN als gleich gut oder besser beurteilt als die aller an der Studie beteiligten menschlichen Ärzte.[1] Eine der Innovationen bei MYCIN war die Verwendung von unscharfer Logik (»fuzzy logic«). Dabei werden Folgerungen auf der Grundlage von unsicheren Fakten und Regeln gezogen, wie sich aus der folgenden typischen MYCIN-Regel ersehen läßt:

> *MYCIN-Regel 280: wenn (i) die zu behandelnde Infektion Meningitis ist und (ii) die Art der Infektion von Pilzen herrührt und (iii) keine Organismen auf der Kulturprobe zu sehen sind und (iv) der Patient nicht mehrfacher Wirt ist und (v) der Patient sich in einem Endemiegebiet für Kokzidiomykose aufgehalten hat und (vi) wenn der Patient seiner Rasse nach entweder Schwarzer, Asiate oder Indianer ist und (vii) das Kryptokokken-Antigen im Liquor cerebrospinalis nicht positiv war, DANN besteht eine Wahrscheinlichkeit von 50 Prozent, daß Cryptococcus einer der Organismen ist, die die Infektion verursacht haben.*

Der Erfolg von MYCIN und anderen experimentellen Systemen hatte die Entstehung einer florierenden Industrie für Expertensysteme zur Folge, die ihren Umsatz von 4 Millionen Dollar im Jahr 1980 auf mehrere Milliarden Dollar im Jahr 1998 steigern konnte.[2]

Dennoch haben Expertensysteme auch ihre Schwierigkeiten. Eines der Probleme ist der höchst unangenehme Engpaß, der dadurch entsteht, daß man dem Computer das Wissen Information für Information und Link für Link von Hand eingeben muß. Abgesehen von der Tatsache, daß selbst ein sehr begrenztes Fachgebiet eine gewaltige Menge an Wissen umfaßt – das noch größere Problem besteht darin, daß menschliche Experten sich in der Regel kaum bewußt sind, wie sie ihre Auswahlentscheidungen treffen. Wie im letzten Kapitel dargelegt, hat dies mit der stark verteilten Speicherung des menschlichen Wissens zu tun.

Ein weiteres Problem ist die Fehleranfälligkeit von Expertensystemen. Wissen ist zu komplex, als daß jeder Widerspruch und jede Ausnahme von den Wissensingenieuren vorausgesehen werden könnte. Wie Minsky bemerkte: »Vögel können fliegen, es sei denn, es handelt sich um Pinguine oder Strauße, oder sie sind tot oder haben gebrochene Schwingen oder sind in Käfige gesperrt, oder ihre Füße stecken in Zement, oder sie haben derart schreckliche Erfahrungen gemacht, daß sie psychisch unfähig sind zu fliegen.«

Damit Maschinen flexible Intelligenz erlangen, muß der Vorgang des Wissenserwerbs automatisiert werden. Ein zentrales Ziel der Lernforschung besteht darin, die selbstorganisierenden Methoden – Rekursion, neuronale Netze und evolutionäre Algorithmen – so dynamisch zu kombinieren, daß menschliche Sprache und menschliches Wissen von den Systemen verarbeitet und verstanden werden können. Dann können die Maschinen ausziehen, um selbständig zu lesen und zu lernen. Und sie werden wie der Mensch die Fähigkeit besitzen, Wissen vorzutäuschen, wenn sie außerhalb ihrer Wissensgebiete gefordert werden.

SPRACHE: DER AUSDRUCK VON WISSEN

Kein Wissen ist ganz auf Wörter reduzierbar, und kein Wissen ist ganz unsagbar.

Seymour Papert

Die Fischreuse existiert wegen des Fisches. Wenn man den Fisch gefangen hat, kann man die Reuse vergessen. Die Kaninchenfalle existiert wegen des Kaninchens. Wenn man das Kaninchen gefangen hat, kann man die Falle vergessen. Die Wörter existieren wegen ihrer Bedeutung. Wenn man die Bedeutung begriffen hat, kann man die Wörter vergessen. Wo finde ich einen Mann, der die Wörter vergessen hat, damit ich mit ihm sprechen kann?

Chuang Tzu

Die Sprache ist unser wichtigstes Instrument, um Wissen auszutauschen. Und neben anderen menschlichen Fertigkeiten wird das Sprachvermögen häufig als bestimmendes Erkennungsmerkmal unserer Spezies genannt. Wir haben nur beschränkten Zugang zur tatsächlichen Implementierung des Wissens in unserem Gehirn (was sich im frühen 21. Jahrhundert ändern wird), doch wir haben unbeschränkten Zugang zu den Strukturen und Methoden der Sprache. Damit verfügen wir über ein nützliches Labor zur Erforschung unserer Fähigkeit, Wissen zu verarbeiten, und zur Erforschung der hier zugrundeliegenden Denkprozesse. Bei der Arbeit im Labor der Sprache zeigt sich – keineswegs überraschend –, daß Sprache kein weniger komplexes und subtiles Phänomen darstellt als das Wissen, das sie vermitteln soll.

Es zeigt sich, daß Sprache – sowohl in ihrer gesprochenen als auch in ihrer geschriebenen Form – eine hierarchische Struktur mit mehreren Ebenen besitzt. Da es auf jeder dieser Ebenen Doppel- oder Mehrdeutigkeiten gibt, können Mensch oder Maschine das Gesprochene nur verstehen, wenn sie auf all diesen Ebenen über »eingebautes« Wissen verfügen. Um auf menschliche Sprache intelligent zu reagieren, muß man »wissen« (wenn auch nicht unbedingt bewußt), wie die Struktur der Sprachlaute beschaffen ist, wie die Sprache von den Sprechwerkzeugen hervorgebracht wird, man muß die Lautmuster kennen, aus denen Sprachen und Dialekte bestehen, muß die Regeln zur Verwendung der Wörter beherrschen und mit dem Gesprächsthema hinreichend vertraut sein.

Auf jeder Ebene der Analyse ergeben sich nützliche Einschränkungen, die die Zahl der richtigen Antworten begrenzen. So können beispielsweise die sogenannten Phoneme, die Grundlaute der Sprache, nicht in jeder Reihenfolge auftreten (man versuche etwa, *ptki* zu sagen). Nur bestimmte Lautfolgen entsprechen Wörtern in einer Sprache. Zwar ist die Auswahl der verwendeten Phoneme bei den verschiedenen Sprachen ähnlich (aber nicht identisch), doch die kontextuellen Faktoren sind äußerst verschieden. So gibt es etwa im Englischen über 10 000 mögliche Silben, während das Japanische nur 120 hat.

Auf einer höheren Ebene schränken Struktur und Semantik einer Sprache auch die Zahl der erlaubten Wortfolgen ein. Das erste Gebiet der Sprache, das aktiv erforscht wurde, betraf die Stellung der Wörter und ihre unterschiedlichen Rollen im Satz – die Syntax. Auf der einen Seite leisten computergestützte Systeme zur Syntaxanalyse (»Parser«) gute Arbeit auch bei der Analyse von Sätzen, die für Menschen verwirrend sind. Minsky zitiert als Beispiel: »Dies ist der Käse, den die Ratte, die die Katze, die der Hund jagte, biß, fraß«. Dieser – grammatisch korrekte – Satz klingt für Menschen verwirrend, wird aber von Maschinen recht problemlos analysiert. Ken Church, der damals am MIT arbeitete, zitiert einen anderen Satz mit zwei Millionen syntaktisch korrekten Interpretationen, die sein computerisierter Parser pflichtgemäß auflistete.[3] Auf der anderen Seite hatte eines der ersten computergestützten Systeme zur Syntaxanalyse große Probleme mit dem Satz: »Time flies like an arrow« (etwa: »Die Zeit eilt wie ein Pfeil dahin«). In seiner berühmt gewordenen Antwort meinte der Computer, er sei sich der Bedeutung nicht ganz sicher. Der Satz könne bedeuten:

1. »Die Zeit vergeht so schnell, wie ein Pfeil vorüberfliegt.«
2. Die Aufforderung, Fliegen zu »timen«, wie ein Pfeil sie time, also: »Time flies like an arrow would.«
3. Die Aufforderung, nur diejenigen Fliegen zu timen, die wie ein Pfeil aussähen, also: »Time flies that are like an arrow.«
4. Die Aussage, daß die Fliegenart »Zeitfliegen« eine Vorliebe für einen Pfeil habe, also: »Time-flies like an arrow.«[4]

Offensichtlich ist Wissen nötig, um diese Ambiguität aufzulösen. Wer weiß, daß keine Ähnlichkeit zwischen Fliegen und Pfeilen besteht, kann die dritte Interpretation ausschließen. Das Wissen, daß es keine »Zeitfliegen« gibt, entsorgt die vierte Interpretation. Und wer schließlich weiß, daß Fliegen keine Vorliebe für Pfeile haben (ein weiterer Grund, Interpretation Vier auszuschließen) und Pfeile nicht die Fähigkeit besitzen, Ereignisse zu timen (was mit Interpretation Zwei aufräumt), erkennt, daß Interpretation Eins die einzig vernünftige ist.

Auch im Bereich des Spracherwerbs verlaufen die Lernschritte des Menschen genau in der umgekehrten Reihenfolge wie bei einer Maschine. Ein Kind beginnt mit dem Hören und Verstehen gesprochener Sprache. Später lernt es zu sprechen. Und endlich, Jahre später, beginnt es auch die geschriebene Sprache zu meistern. Die Entwicklung der Computer verlief genau umgekehrt. Sie erwarben zuerst die Fähigkeit, geschriebene Sprache zu generieren, lernten dann, geschriebene Sprache zu verstehen, begannen schließlich mit synthetischen Stimmen zu sprechen und haben erst kürzlich die Fähigkeit erworben, kontinuierlich gesprochene menschliche Sprache zu verstehen. Dieses Phänomen wird häufig mißverstanden. R2D2 beispielsweise, die Roboterfigur in *Krieg der Sterne*, versteht viele menschliche Sprachen, ist jedoch unfähig zu sprechen, was zu dem falschen Eindruck führt, daß es viel schwieriger sei, menschliche Sprache zu generieren als zu verstehen.

Ich bin zufrieden, wenn ich etwas gelernt habe, aber der Erwerb von Wissen ist gewiß ein mühsamer Prozeß, insbesondere, wenn ich die ganze Nacht aufbleiben muß, um für ein Examen zu lernen. Obendrein bin ich mir nicht sicher, wieviel von dem Stoff ich mir merken kann.

Das ist eine weitere Schwäche der menschlichen Form von Intelligenz. Computer können ihr Wissen problemlos und schnell miteinander teilen. Wir Menschen dagegen verfügen nur über das langsame Verfahren der menschlichen Kommunikation, des menschlichen Lehrens und Lernens, und haben keine Möglichkeit, Wissen direkt mitzuteilen.

Haben Sie nicht gesagt, die neuronalen Netze lernten auf die gleiche Art wie Menschen?

Meinen Sie, genauso langsam?

Genau, indem sie Tausende von Malen mit Mustern konfrontiert werden, genau wie wir.

Ja, das ist der Punkt bei neuronalen Netzen, sie sind analog zu den menschlichen neuronalen Netzen konzipiert oder zumindest als vereinfachte Versionen dessen, was wir unter menschlichen neuronalen Netzen verstehen. Aber wir können unsere elektronischen Netze so bauen, daß wir, wenn das Netz seine Lektionen qualvoll gelernt hat, das von den unterschiedlichen Stärken seiner synaptischen Verbindungen gebildete Muster erfassen und es schnell auf eine andere Maschine oder auf Millionen anderer Maschinen übertragen können. Maschinen können all ihr erworbenes Wissen problemlos teilen, weshalb der eigentliche Lernprozeß nur von einer Maschine absolviert werden muß. Wir Menschen sind zu einer solchen Übertragung von Wissen nicht in der Lage. Das ist einer der Gründe, warum die Computer meiner Ansicht nach das menschliche Intelligenzniveau, wenn sie es erst erreicht haben, auf jeden Fall schnell übertreffen werden.

Dann wird es also für uns Menschen in der Zukunft technisch möglich sein, Wissen herunterzuladen? Ich meine, eigentlich habe ich ja nichts gegen das Lernen, wenn der Professor gut ist, aber es kann auch eine Plage sein.

Die notwendige Technologie für die Kommunikation zwischen der elektronischen Welt und der neuronalen Welt des Menschen nimmt bereits Gestalt an. Wir werden in der Lage sein, Datenströme direkt in unsere neuronalen Pfade zu füttern. Leider bedeutet dies nicht, daß wir Wissen direkt herunterladen könnten, zumindest nicht in die neuronalen Schaltungen, mit denen unser Gehirn heute noch arbeitet. Wie erwähnt, wird das Wissen bei einem Lernvorgang auf eine ganze Region des Gehirns verteilt. Es wird durch Millionen von Verbindungen gespeichert. Das heißt, unsere Wissensstrukturen sind nicht an einem bestimmten Ort gespeichert. Die Natur hat keinen direkten Zugang geschaffen, um all diese Verbindungen auf den neuesten Stand zu bringen; es gibt nur den langsamen, konventionellen Weg. Wir werden zwar bestimmte Zugänge zu unseren neuronalen Verbindungen schaffen können, und tatsächlich wird das bereits gemacht. Doch ich sehe keine praktische Möglichkeit, wie man direkt mit den vielen Millionen interneuronalen Verbindungen kommunizieren könnte, was notwendig wäre, um Wissen schnell herunterzuladen.

Dann werde ich wohl weiter über meinen Büchern hocken müssen. Einige meiner Professoren sind aber irgendwie cool; sie scheinen einfach alles zu wissen.

Wie schon gesagt, Menschen können gut bluffen, wenn sie sich außerhalb ihres Fachgebiets äußern müssen. Aber es gibt doch einen Weg, wie man Mitte des 21. Jahrhunderts Wissen wird herunterladen können.

Ich höre.

Das Herunterladen von Wissen wird einer der Vorteile der neuronalen Implantationstechnologie sein. Wir werden Implantate besitzen, die unsere Fähigkeit, Wissen zu speichern, also unser Gedächtnis, verbessern. Im Gegensatz zur Natur werden wir diese elektronische Version unserer Synapsen mit einem Kanal für die Übertragung von

Wissen ausstatten. Es wird also möglich sein, in diese elektronische Erweiterung unseres Gehirns sehr schnell Wissen zu übertragen. Natürlich wird das Herunterladen sogar noch einfacher, wenn wir unser Bewußtsein komplett in ein neues datenverarbeitendes Medium übertragen.

Dann werde ich also Gedächtnisimplantate kaufen können, auf denen etwa der Stoff meines Seminars in französischer Literatur bereits geladen ist?
Natürlich, oder Sie können mental auf eine Website über französische Literatur klicken und das Wissen direkt von der Website herunterladen.

Irgendwie hat die Literatur dann ja wohl keinen Zweck mehr. Ich meine, manches von dem Zeug lese ich ja eigentlich ganz gern.
Ich glaube eher, daß eine Intensivierung des Wissens unsere Liebe zur Literatur und zu allen anderen Kunstformen noch verstärken wird. Schließlich brauchen wir Wissen, um ein Kunstwerk richtig zu würdigen. Sonst verstehen wir das Vokabular und die Anspielungen nicht.

Und natürlich werden Sie immer noch in der Lage sein zu lesen, nur sehr viel schneller. In der zweiten Hälfte des 21. Jahrhunderts werden Sie ein Buch innerhalb weniger Sekunden lesen können.

Ich glaube nicht, daß ich so schnell umblättern kann.
Keine Sorge, die Seiten werden ...

Virtuelle Seiten sein, natürlich!

Teil II

Die Vorbereitung der Gegenwart

Kapitel 6

Der Bau neuer Gehirne ...

DIE HARDWARE DER INTELLIGENZ

Mit deinen Händen kannst du nur eine bestimmte Menge bewältigen, aber mit deinem Geist unendlich viel.

Kai Seinfelds Rat für seinen Sohn Jerry

Wiederholen wir noch einmal, was wir für den Bau einer intelligenten Maschine brauchen. Eine notwendige Voraussetzung ist der richtige Satz von Formeln. Drei wesentliche Formeln haben wir in Kapitel 4 untersucht. Dutzende von anderen Formeln werden bereits umgesetzt, und durch ein völliges Verständnis des Gehirns werden wir zweifellos Hunderte weiterer Formeln gewinnen. Sie alle scheinen jedoch Variationen über drei grundlegende Themen zu sein: über die rekursive Suche, über die aus zahlreichen Elementen bestehenden, selbstorganisierten Netze und über die evolutionäre Verbesserung durch den ständigen Wettkampf zwischen den konkurrierenden Systemen.

Eine zweite notwendige Ressource ist Wissen. Bestimmte Wissenselemente werden als Saatgut gebraucht, damit ein Prozeß zu einem sinnvollen Ergebnis führt. Der Rest kann größtenteils durch adaptive Methoden automatisch gelernt werden, wenn neuronale Netze oder evolutionäre Algorithmen der geeigneten, dem Lernen förderlichen Umgebung ausgesetzt werden.

Die dritte benötigte Ressource ist die Rechenleistung als solche. Auf diesem Gebiet ist der menschliche Geist in mancher Hinsicht enorm leistungsfähig und in anderer Hinsicht bemerkenswert schwach. Seine Stärke beruht auf der massiven Parallelität seiner Strukturen, einer Eigenschaft, von der auch unsere Computer profitieren könnten. Die Schwäche des Gehirns ist seine extrem geringe Geschwindigkeit als datenverarbeitendes Medium, eine Schwäche, die der Computer nicht teilt. Aus diesem Grund wird die auf der DNS beruhende Evolution letztlich aufgegeben werden müssen. Die DNS-gestützte Evolution kann bestehende Modelle zwar gut modifizieren und verbessern, aber sie kann sie nicht einfach aufgeben und von Grund auf neu entwerfen. Und die von ihr hervorgebrachten Organismen sind mit einem extrem langsamen Typ von Schaltungen belastet.

Aufgrund des Gesetzes vom steigenden Ertragszuwachs kann die Evolution jedoch nicht sehr lange in einer Sackgasse steckenbleiben. Und sie hat tatsächlich – ein genialer Schachzug! – bereits einen Weg gefunden, die beschränkte Rechenleistung neuronaler Schaltungen zu überwinden. Sie brachte Organismen hervor, die ihrerseits eine Datenverarbeitungstechnologie schufen, die millionenmal schneller ist als die aus Kohlenwasserstoffverbindungen bestehenden Neuronen (und immer noch schneller werden wird). Letztlich wird die von den extrem langsamen neuronalen Schaltungen der Säugetiere erbrachte Rechenleistung auf ein sehr viel flexibleres und schnelleres elektronisches (und photonisches) Äquivalent übertragen werden.

Wann wird dies geschehen? Sehen wir uns noch einmal genauer an, wie sich das Gesetz vom steigenden Ertragszuwachs auf die Rechenleistung auswirkt.

Eine Hardware mit der Leistungsfähigkeit des menschlichen Gehirns

Aus dem Schaubild »Das exponentielle Wachstum der Rechenleistung 1900–1998« in Kapitel 1 ist ersichtlich, daß die Kurve des exponentiellen Wachstums allmählich immer steiler wird. Die Rechengeschwindigkeit der Computer (gemessen in den für jeweils 1000 Dollar erhältlichen Rechenoperationen pro Sekunde) verdoppelte sich von 1910 bis 1950 alle drei Jahre, von 1950 bis 1966 alle zwei Jahre und verdoppelt sich inzwischen jedes Jahr. Dies läßt auf ein exponentielles Wachstum der exponentiellen Wachstumsrate schließen.[1]

Diese offensichtliche Beschleunigung der Beschleunigung könnte auf der Verbindung der beiden Stränge des Gesetzes vom steigenden Ertragszuwachs beruhen, das sich in den vergangenen 40 Jahren im

Mooreschen Gesetz von den schrumpfenden Transistorgrößen in einem integrierten Schaltkreis konkretisiert hat. Mit abnehmender Transistorgröße müssen die durch den Transistor strömenden Elektronen eine geringere Entfernung zurücklegen, weshalb sich die Schaltgeschwindigkeit des Transistors erhöht. Diese exponentiell wachsende Geschwindigkeit ist der erste Strang. Zugleich ist es dank der geringeren Größe der Transistoren möglich, mehr Transistoren in einem integrierten Schaltkreis unterzubringen. Diese exponentielle Erhöhung der Packungsdichte ist der zweite Strang des Gesetzes.

In den ersten Jahren des Computerzeitalters war es hauptsächlich der erste Strang, also die Erhöhung der Schaltgeschwindigkeit, die die Gesamtrechenleistung der Computer verbesserte. In den neunziger Jahren jedoch begannen die modernsten Mikroprozessoren zunehmend mit »Fließbandverarbeitung« zu arbeiten, einer bestimmten Art der Parallelverarbeitung, bei der mehrere Rechenoperationen zur gleichen Zeit stattfinden (in einigen Großrechnern wurde diese Technik schon ab den siebziger Jahren genutzt). Aus diesem Grund stützt sich die in Instruktionen pro Sekunde gemessene Geschwindigkeit von Computerprozessoren inzwischen auch auf den zweiten Strang – einer höheren Verdichtung der Rechenleistung durch den Einsatz der Parallelverarbeitung.

Da es immer besser gelingt, die Verdichtung der Rechenleistung voranzutreiben, verdoppelt sich die Geschwindigkeit der Prozessoren inzwischen innerhalb von zwölf Monaten. Besonders gut verläuft die Entwicklung, wenn man hardwaregestützte neuronale Netze baut, da die Prozessoren in neuronalen Netzen recht einfach strukturiert sind und hochgradig parallel arbeiten. Bei dieser Technik verwendet man einen Prozessor für jedes Neuron und wird letztlich einen für jede interneuronale Verbindung verwenden. Gemäß dem Mooreschen Gesetz verdoppeln wir auf diese Weise alle zwei Jahre sowohl die Anzahl der Prozessoren als auch ihre Geschwindigkeit, womit sich die Zahl der Rechenoperationen in den interneuronalen Verbindungen effektiv vervierfacht.

Die offensichtliche Beschleunigung der Beschleunigung bei der Rechengeschwindigkeit von Computern scheint also darauf zu beruhen, daß sich die Fähigkeit verbessert hat, von beiden Strängen des Gesetzes vom steigenden Ertragszuwachs zu profitieren. Wenn das

Mooresche Gesetz um das Jahr 2020 seine Gültigkeit verliert, werden neue Formen von Schaltungen jenseits des integrierten Schaltkreises beide Stränge der exponentiellen Entwicklung fortsetzen. Doch schon das normale exponentielle Wachstum – in zwei Strängen – ist dramatisch genug. Wir brauchen uns nur vorzustellen, wohin uns das Gesetz vom steigenden Ertragszuwachs im 21. Jahrhundert führen wird, und zwar konservativ gerechnet, das heißt mit nur einfacher Beschleunigung.

Das menschliche Gehirn verfügt über etwa 100 Milliarden Neuronen. Bei einem geschätzten Durchschnitt von 1000 Verbindungen zwischen einem Neuron und seinen Nachbarn ergibt dies etwa 100 Billionen Verbindungen, die alle zu simultanen Rechenoperationen in der Lage sind. Dies ist eine recht massive Parallelverarbeitung und einer der Schlüsselfaktoren für die hohe Leistungsfähigkeit des menschlichen Gehirns. Eine große Schwäche des Gehirns ist jedoch die quälende Langsamkeit seiner neuronalen Schaltungen von nur 200 Operationen pro Sekunde. Bei Problemen, die sich mit massiver Parallelität gut lösen lassen, leistet das menschliche Gehirn Hervorragendes, so etwa bei der – auf dem neuronalen Netz basierenden – Mustererkennung. Bei Problemen, die ausgeprägt sequentielles Denken erfordern, ist seine Leistung dagegen nur mittelmäßig.

Wenn 100 Billionen Verbindungen je 200 Operationen pro Sekunde durchführen, ergibt das 20 Millionen Milliarden Operationen pro Sekunde. Dies ist eine eher hohe Schätzung, andere liegen um ein bis drei Stellen niedriger. Wann wird der Personal Computer unter diesen Bedingungen die Rechengeschwindigkeit des menschlichen Gehirns erreichen?

Die Antwort hängt davon ab, welche Art von Computer wir zu bauen versuchen. Am zweckmäßigsten wäre ein Computer mit einem neuronalen Netz von massiver Parallelität. 1997 konnte ein Neurocomputerchip im Wert von 2000 Dollar bei nur mäßig paralleler Verarbeitungsleistung in seinen Verbindungen etwa 2 Milliarden Operationen pro Sekunde ausführen. Da nachgebaute neuronale Netze von beiden Strängen der beschleunigten Erhöhung der Rechenleistung profitieren, wird sich diese Leistung alle zwölf Monate verdoppeln. Demgemäß wird sie sich bis zum Jahr 2020 etwa dreiundzwanzigmal verdoppelt haben und eine Geschwindigkeit von

20 Millionen Milliarden Operationen pro Sekunde erreicht haben, eine Geschwindigkeit, die der des menschlichen Gehirns entspricht.

Nach derselben Analyse hätte ein »normaler« PC für 1000 Dollar die Rechenleistung des menschlichen Gehirns erst im Jahr 2025 erreicht.[2] Dies liegt daran, daß die Operationen allgemeinen Typs, für die ein konventioneller Personal Computer konstruiert ist, komplizierter und teurer sind als die einfachen, stark repetitiven Operationen in neuronalen Verbindungen. Dennoch bin ich der Ansicht, daß der PC die Rechengeschwindigkeit des menschlichen Gehirns bereits 2020 erreicht haben wird, da er dann größtenteils Operationen durchführen wird, die denen in neuronalen Verbindungen entsprechen.

Die Gedächtniskapazität des menschlichen Gehirns ist in etwa 100 Billionen synaptischen Kontakten gespeichert (Konzentrationen von Neurotransmittern an interneuronalen Verbindungen) und wird auf etwa eine Million Milliarden Bits geschätzt. 1998 kosteten eine Milliarde Bits RAM (128 Megabyte) etwa 200 Dollar. Die Kapazität der Gedächtnisschaltungen verdoppelt sich alle 18 Monate. Also wird eine Million Milliarden Bits im Jahr 2023 etwa 1000 Dollar kosten.[3] Doch dieses Siliziumäquivalent wird über eine Milliarde mal schneller funktionieren als das menschliche Gehirn. Es gibt Techniken, die die Speicherkapazität auf Kosten der Geschwindigkeit erhöhen, weshalb die Gedächtniskapazität des menschlichen Gehirns wahrscheinlich schon vor 2023 erreicht werden wird.

In Anbetracht all dieser Tatsachen ist die Erwartung plausibel, daß ein Personal Computer für 1000 Dollar etwa um das Jahr 2020 die Gedächtniskapazität und Rechengeschwindigkeit des menschlichen Gehirns erreicht haben wird, insbesondere bei der Art von Rechenoperationen, die in den neuronalen Verbindungen stattfinden und die den größten Teil der Datenverarbeitung im menschlichen Gehirn zu bestreiten scheinen. Supercomputer sind tausend- bis zehntausendmal schneller als Personal Computer. Während dieses Buch geschrieben wird, baut IBM einen Supercomputer, der auf dem Design des Silizium-Schachweltmeisters Deep Blue basiert und in der Lage ist, 10 Teraflop, das heißt 10 Billionen Rechenoperationen pro Sekunde, durchzuführen; das ist nur zweitausendmal langsamer als das

DAS EXPONENTIELLE WACHSTUM DER RECHENLEISTUNG 1900 – 2100

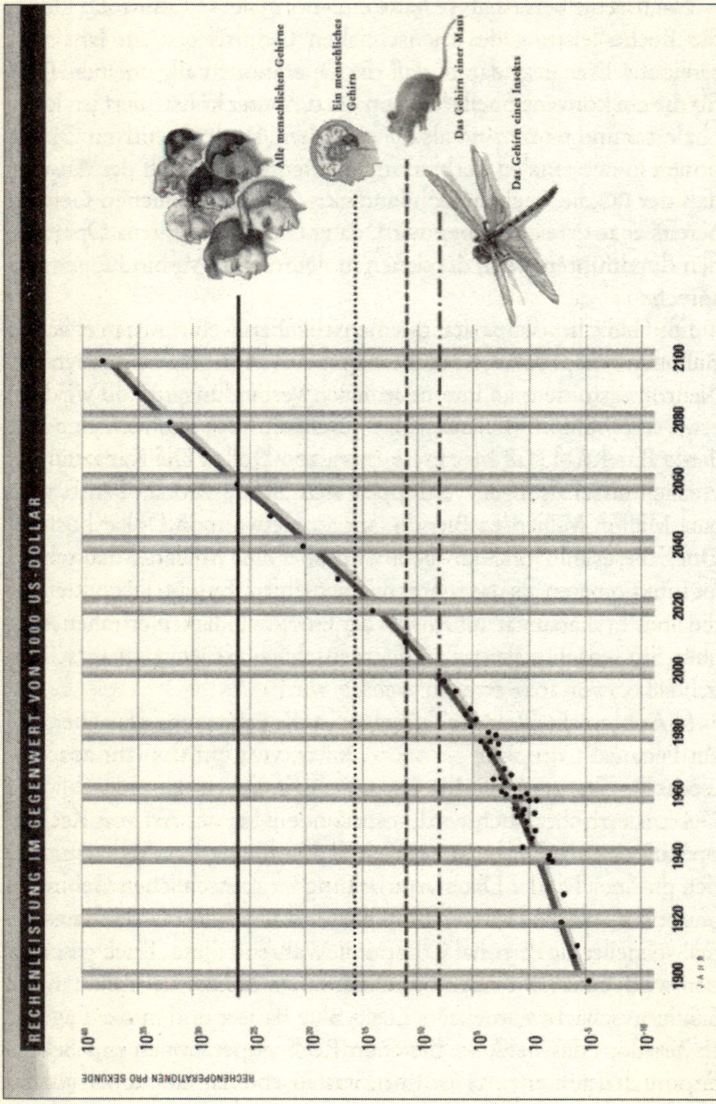

menschliche Gehirn. Die japanische Nippon Electric Company (NEC) hofft, IBM durch eine Maschine mit 32 Teraflop zu schlagen. IBM wiederum plant für das Jahr 2004 eine Maschine mit 100 Teraflop (was übrigens genau dem Mooreschen Gesetz entspricht). Supercomputer werden die Kapazität des menschlichen Gehirns von 20 Millionen Milliarden Operationen pro Sekunde um 2010 erreichen, ein Jahrzehnt früher als die Personal Computer.[4]

Ein anderer Ansatz – Projekte wie das Jini Program von Sun Microsystems – verfolgt das Ziel, die brachliegende Rechenleistung im Internet nutzbar zu machen, denn stets, egal zu welcher Tages- oder Nachtzeit, ist die überwiegende Mehrzahl der ans Netz angeschlossenen Computer nicht in Gebrauch. Selbst die Computer, die gerade benutzt werden, sind nicht voll ausgelastet (das Tippen eines Texts nimmt beispielsweise weniger als ein Prozent der Rechenleistung eines typischen Notebooks in Anspruch). Zur Nutzung der freien Rechenkapazität im Internet wird vorgeschlagen, daß die an dem Projekt beteiligten Websites eine spezielle Software herunterladen, die es erlaubt, die Computer im Netz zu einem virtuellen Computer von massiver Parallelität zusammenzuschalten. Jeder Benutzer hat nach wie vor die primäre Verfügungsgewalt über seinen Rechner, aber im Hintergrund wird ein bedeutender Teil der Millionen Computer im Internet zu einem oder mehreren Supercomputern zusammengeschaltet. Die Summe der ungenutzten Rechenleistung im Internet übertrifft schon heute die Rechenleistung des menschlichen Gehirns, so daß die Hardwarekomponente der menschlichen Intelligenz zumindest in einer Form heute schon zur Verfügung steht. Und diese Verfügbarkeit wird aufgrund des Gesetzes vom steigenden Ertragszuwachs immer weiter wachsen.

Auch nachdem der Personal Computer für 1000 Dollar um das Jahr 2020 die Rechenleistung des menschlichen Gehirns erreicht hat, wird sich die Leistungsfähigkeit unserer Denkmaschinen im Verhältnis zu ihrem Preis weiter alle zwölf Monate um den Faktor Zwei verbessern. Dies bedeutet, daß sich die Rechenleistung pro Jahrzehnt zehnmal, also etwa um den Faktor Tausend (2^{10}) verdoppeln wird. Ein Personal Computer wird also um das Jahr 2030 die Kapazität der menschlichen Gehirne in einem kleinen Dorf, um 2048 die der menschlichen Gehirne in den gesamten Vereinigten Staaten und um 2060 die Kapazität

Kapazität von einer Billion menschlichen Gehirnen besitzen.[5] Wenn man für das Jahr 2099 eine Weltbevölkerung von 10 Milliarden Menschen annimmt, dann wird die für einen Penny erhältliche maschinelle Rechenkapazität in diesem Jahr eine Milliarde mal größer sein als die aller Menschen auf der Erde.[6]

Natürlich kann ich um ein oder zwei Jahre danebenliegen. Aber den Computern im 21. Jahrhundert wird es gewiß nicht an Rechen- oder Speicherkapazität mangeln.

Träger der Rechenleistung im 21. Jahrhundert

Wie erwähnt beruht das kontinuierliche exponentielle Wachstum der Rechenleistung auf dem Gesetz vom steigenden Ertragszuwachs, nach dem jeder Prozeß, der sich auf größere Ordnung hinbewegt – insbesondere aber die Evolution –, seine Geschwindigkeit im Lauf der Zeit exponentiell erhöht. Für den explosiven Verlauf eines evolutionären Prozesses wie beispielsweise des Fortschritts in der Computertechnik sind zwei Ressourcen erforderlich, nämlich (1) die zunehmende Ordnung des Prozesses selbst und (2) das Chaos in der Umwelt, in der er stattfindet. Beide Ressourcen sind im Prinzip unbeschränkt vorhanden.

Auch wenn sich die Beschleunigung des technischen Fortschritts insgesamt voraussehen läßt, steht zu erwarten, daß die tatsächliche Entwicklung sich nicht unbedingt gleichmäßig vollzieht. Schließlich ist sie abhängig von so variablen Faktoren wie dem individuellen Erfindungsreichtum, dem geschäftlichen Umfeld, den Investitionsentscheidungen und ähnlichem. Aktuelle Theorien des evolutionären Prozesses, wie der Punktualismus,[7] postulieren, daß sich die Evolution in periodischen Sprüngen oder Diskontinuitäten, gefolgt von Perioden relativer Stabilität, vollzieht. Auf diesem Hintergrund ist es bemerkenswert, wie vorhersehbar der Fortschritt im Computerbereich gewesen ist.

Wie aber wird sich das Gesetz vom steigenden Ertragszuwachs in den Jahrzehnten niederschlagen, wenn das Mooresche Gesetz über die integrierten Schaltkreise seine Gültigkeit verloren hat? In der unmittelbaren Zukunft, solange bei geometrisch immer dichteren

Komponenten immer größere Zahlen von immer schnelleren Transistoren auf jeden Chip gepackt werden, wird das Mooresche Gesetz noch gelten. Wenn sich jedoch die Größe der Schaltkreise der von Atomen annähert, könnten unerwünschte Quanteneffekte, wie etwa unbeabsichtigtes »Tunneln« von Elektronen, die Zuverlässigkeit der Geräte beeinträchtigen. Trotzdem wird die Computertechnik im Personal Computer auch noch innerhalb des normalen Standards der Mooreschen Regel sehr nahe an die Rechenleistung des menschlichen Gehirns herankommen und diese im Supercomputer sogar noch überschreiten.

Danach wird die dritte Dimension erobert. Schon heute wetteifern mehrere (hauptsächlich kalifornische) mit Risikokapital ausgestattete Firmen im Bau von Chips, deren Schaltungen in Dutzenden und künftig sogar in Tausenden von Schichten angebracht sind. Diese Firmen mit Namen wie Cubic Memory, Dense-Pac und Staktek liefern jetzt schon funktionstüchtige dreidimensionale »Würfel« mit Schaltungen. Die dreidimensionalen Chips sind heute zwar preislich noch nicht konkurrenzfähig, aber sie werden sich durchsetzen, wenn auf den üblichen zweidimensionalen Chips der Platz ausgeht.[8]

Computing mit Licht

Darüber hinaus werden in den Forschungslabors zahlreiche exotische Datenverarbeitungstechniken entwickelt, und viele haben bereits vielversprechende Ergebnisse gebracht. Bei der optischen Datenverarbeitung werden Ströme von Photonen (Lichtteilchen) statt Elektronen eingesetzt. Ein Laser kann Milliarden kohärenter Photonenströme produzieren, und jeder dieser Ströme führt seine eigene separate Serie von Rechenoperationen durch. Die Rechenoperationen der einzelnen Ströme werden mittels bestimmter optischer Elemente wie Linsen, Spiegel und optische Gitter durchgeführt. Mehrere Firmen, so etwa QuantaImage, Photonics und Mytec Technologies, setzen die optische Datenverarbeitung bereits zur Erkennung von Fingerabdrücken ein. Lockheed nutzt die optische Datenverarbeitung zur automatischen Erkennung bösartiger Veränderungen in der weiblichen Brust.[9]

Der Vorteil eines optischen Computers besteht darin, daß er massiv parallel arbeiten und potentiell Billionen simultaner Operationen durchführen kann. Der Nachteil ist, daß man ihn nicht programmieren kann; er führt bei gegebener Konfiguration der optischen Datenverarbeitungselemente eine festgesetzte Reihe von Operationen durch. Bei einer wichtigen Klasse von Problemen, wie etwa dem Erkennen von Mustern, kombiniert er jedoch extreme Parallelität (wie das menschliche Gehirn) mit extrem hoher Arbeitsgeschwindigkeit (die dem menschlichen Gehirn fehlt).

Computing mit der Maschinerie des Lebens

Im dem neuen Feld der Molekularen Datenverarbeitung wird versucht, das DNS-Molekül selbst als Mittel zur Datenverarbeitung einzusetzen. Die DNS ist der im Nanometer-Bereich arbeitende Computer der Natur, und sie ist gut dafür geeignet, kombinatorische Probleme zu lösen. Schließlich ist die Kombination von Attributen die essentielle Aufgabe der Genetik. Der erste Wissenschaftler, der echte DNS für die praktische Datenverarbeitung einsetzte, war Leonard Adleman, ein Mathematiker an der University of Southern California. Er brachte ein Reagenzglas voller DNS-Moleküle dazu, das wohlbekannte »Problem des Handlungsreisenden« zu lösen (siehe Kasten rechts). Bei diesem klassischen Problem sucht man für einen hypothetischen Reisenden eine optimale Route zwischen einer Vielzahl von Städten, wobei der Reisende keine Stadt zweimal besuchen darf. Dabei sind nur bestimmte Stadtpaare durch Straßen verbunden, so daß man den richtigen Weg nicht sofort findet. Das Problem ist ideal für einen rekursiven Algorithmus, doch wenn die Zahl der Städte zu groß ist, dauert auch eine sehr schnelle rekursive Suche viel zu lang.

Professor Adleman und andere Wissenschaftler im Bereich der Molekularen Datenverarbeitung haben ein System von Enzymreaktionen identifiziert, die den logischen und arithmetischen Operationen entsprechen, die zur Lösung einer Reihe von Datenverarbeitungsproblemen erforderlich sind. Zwar produzieren molekulare DNS-Operationen gelegentlich fehlerhafte Ergebnisse, doch die Zahl der verwendeten DNS-Stränge ist so hoch, daß solche molekularen

WIE MAN DAS PROBLEM DES HANDLUNGSREISENDEN MIT EINEM REAGENZGLAS VOLLER DNS-MOLEKÜLE LÖST

DNS besitzt die vorteilhafte Eigenschaft, sich selbst und die in ihr enthaltenen Informationen kopieren zu können. Um das Problem des Handlungsreisenden zu lösen, führte Professor Adleman folgende Schritte durch:

- Er generierte je einen kleinen Strang DNS mit einem Code für jede Stadt.
- Er kopierte all diese Stränge (einen für jede Stadt) billionenfach durch einen Prozeß, den man Polymerase-Kettenreaktion (PCR) nennt.
- Alle kopierten Stränge füllte er nun in ein Reagenzglas. Bei diesem Schritt wird die Tendenz der DNS ausgenutzt, Stränge miteinander zu verbinden: Es bilden sich automatisch längere Stränge. Jeder dieser längeren Stränge steht für eine mögliche Route durch eine Vielzahl von Städten. Die kleinen Stränge, von denen jeder eine Stadt repräsentiert, verbinden sich nach dem Zufallsprinzip miteinander, es gibt also keine mathematische Sicherheit, daß einer der verbundenen Stränge die richtige Lösung (die richtige Folge von Städten) repräsentiert. Die Zahl der Stränge ist jedoch so groß, daß vermutlich Millionen Stränge entstehen, die die richtige Lösung repräsentieren, und daß es nahezu sicher ist, daß mindestens einer dies tut.

Bei den folgenden Schritten wurden eigens entworfene Enzyme eingesetzt, um die Billionen Stränge zu eliminieren, die für falsche Lösungen standen, bis schließlich nur noch Stränge mit der richtigen Lösung übrig waren.

- Dabei wurden sogenannte »Primer« verwendet, Moleküle, die alle DNS-Stränge zerstörten, die nicht mit der Anfangsstadt beginnen und nicht mit der Endstadt enden, und anschließend wurden die verbliebenen Stränge (durch eine PCR) kopiert.

- Danach zerstörte Adleman durch eine enzymatische Reaktion alle Stränge, die die Stadt Eins nicht enthielten, und wiederholte dies für jede einzelne Stadt.
- Nun repräsentierten alle verbliebenen Stränge die richtige Lösung, und sie wurden (durch eine PCR) kopiert, bis sie billionenfach vorhanden waren.
- Zum Schluß las Adleman mittels einer Elektrophorese genannten Technik die DNS-Sequenz dieser richtigen Stränge (als Gruppe) ab. Das Ergebnis sah aus wie ein Satz separater Linien, aus dem sich die richtige Folge der Städte ablesen ließ.

Fehler statistisch nicht signifikant sind. Ein richtig konstruierter DNS-Computer wäre deshalb – trotz der inhärenten Fehlerrate bei Rechen- und Kopiervorgängen mit DNS – durchaus sehr verläßlich.

Inzwischen haben DNS-Computer eine ganze Reihe schwieriger kombinatorischer Probleme gelöst. DNS-Computer sind flexibler als optische Computer, aber auch sie sind bis jetzt auf die Technik der massiven-parallelen Suche durch Assemblierung kombinierter Elemente beschränkt.[10]

Es gibt noch einen weiteren, weitaus wirksameren Weg, die Datenverarbeitungsfähigkeit von DNS einzusetzen, einen Weg, der bisher noch nicht beschritten wurde und den ich unten in dem Abschnitt über die Datenverarbeitung mit dem Quantencomputer vorstellen werde.

Das Gehirn im Kristall

Ein weiterer Ansatz besteht darin, einen Computer direkt als einen dreidimensionalen Kristall wachsen zu lassen, mit datenverarbeitenden Elementen von der Größe großer Moleküle innerhalb des Kristallgitters. Auch dieser Ansatz macht sich die dritte Dimension zunutze.

Professor Lambertus Hesselink von der Stanford University hat ein System beschrieben, bei dem Daten in einem Kristall als Hologramm gespeichert sind – als ein optisches Interferenzmuster.[11] Diese dreidimensionale Speichermethode erfordert nur eine Million Atome pro Bit und könnte eine Speicherkapazität von einer Billion Bits pro Kubikzentimeter erreichen. Bei anderen Projekten wird versucht, die natürlichen Molekularstrukturen von Kristallen als datenverarbeitende Elemente nutzbar zu machen.

Die Nanoröhre, eine Variation der Buckyballs

Drei Professoren – Richard Smalley und Robert Curl von der Rice University und Harold Kroto von der University of Sussex – erhielten 1996 zusammen den Nobelpreis für Chemie, weil sie 1985 fußballförmige Moleküle entdeckt hatten, die aus einer großen Zahl von Kohlenstoffatomen bestehen. Diese ungewöhnlichen Moleküle haben ähnlich wie die von R. Buckminster Fuller entworfenen Gebäude eine sechs- oder fünfeckige Struktur und werden »Buckyballs« genannt. Sie bilden sich in den heißen Dämpfen eines Schmelzofens von selbst und sind extrem stabil – hundertmal stabiler als Stahl –, eine Eigenschaft, die sie mit Fullers architektonischen Neuerungen gemeinsam haben.[12]

In jüngerer Zeit bewies Dr. Sumio Iijima von der Nippon Electric Company, daß die Dämpfe von Kohlebogenlampen außer den runden Buckyballs auch längliche Kohlenstoffmoleküle enthalten, die wie lange Röhren aussehen.[13] Sie werden aufgrund ihrer extrem geringen Größe Nanoröhren genannt – 50000 von ihnen hätten nebeneinandergelegt die Breite eines menschlichen Haares –, und sie haben dieselbe fünfeckige Struktur und sind ebenso ungewöhnlich stabil wie die Buckyballs.

Am bemerkenswertesten an der Nanoröhre ist jedoch, daß sie dieselben elektronischen Funktionen erfüllen kann wie eine auf Silizium basierende Komponente. Wenn eine Nanoröhre gerade ist, leitet sie den Strom so gut wie oder sogar besser als ein metallischer Leiter. Bei einer leichten spiraligen Drehung aber beginnt sie, sich wie ein Transistor zu verhalten. Unter Verwendung von Nanoröhren könnte also die ganze Bandbreite elektronischer Geräte gebaut werden.

Eine Nanoröhre ist im wesentlichen ein Graphitblättchen mit einer Dicke von nur einem Atom und daher sehr viel kleiner als die Siliziumtransistoren auf einem integrierten Chip. Trotz ihrer extrem geringen Größe ist sie jedoch sehr viel haltbarer als eine Siliziumkomponente. Zudem ist sie wesentlich hitzebeständiger als Silizium und kann deshalb besser als ein Siliziumtransistor in dreidimensionalen Anordnungen verwendet werden. Dr. Alex Zettl, Physikprofessor an der University of California in Berkeley, stellt sich dreidimensionale Anordnungen mit datenverarbeitenden Elementen vor, die auf Nanoröhren basieren und ähnlich arbeiten wie das menschliche Gehirn, aber sehr viel dichter gepackt und sehr viel schneller sind.

COMPUTING MIT DEM QUANTENCOMPUTER: DAS UNIVERSUM IN EINER TASSE

Quantenpartikel sind die Träume, aus denen der Stoff besteht.

David Moser

Bis jetzt war nur von *digitaler* Datenverarbeitung die Rede. Doch es gibt einen noch effektiveren Ansatz, die Datenverarbeitung mit dem *Quanten*computer. Sie verspricht, Probleme zu lösen, die selbst massiv-parallele digitale Computer nicht lösen können. Der Quantencomputer beruht auf einer paradoxen Auswirkung der Quantenmechanik – eigentlich ein überflüssiges Adjektiv, denn alle Auswirkungen der Quantenmechanik sind paradox.

Man beachte, daß das Gesetz vom steigenden Ertragszuwachs und andere Zukunftsentwürfe in diesem Buch sich nicht auf die Realisierung des Quantencomputers stützen. Die Zukunftsentwürfe in diesem Buch beruhen auf leicht meßbaren Trends und gehen nicht von den Diskontinuitäten des technologischen Fortschritts aus, auch wenn solche im 20. Jahrhundert durchaus aufgetreten sind. Auch im 21. Jahrhundert wird es unvermeidlich Diskontinuitäten in der technologischen Entwicklung geben, und die Datenverarbeitung mit dem Quantencomputer könnte eine davon sein.

Was ist Datenverarbeitung mit Quantencomputern? Die digitale Datenverarbeitung beruht auf »Bits« von Information, die entweder an oder aus – eins oder null – sind. Aus Bits werden größere Strukturen wie Zahlen, Buchstaben und Wörter gebildet, die wiederum jede Form der Information darstellen können: Texte, Töne, Bilder, bewegte Bilder. Ein Quantencomputer dagegen arbeitet mit Qu-Bits, die im Grunde *gleichzeitig* null und eins sind. Das Qu-Bit basiert auf der fundamentalen Uneindeutigkeit (Ambiguität), die für die Quantenmechanik kennzeichnend ist. Die Position, der Impuls oder jeder andere Zustand eines Elementarteilchens bleibt so lange »uneindeutig«, bis die Ambiguität durch einen Prozeß aufgehoben wird, der das Teilchen veranlaßt, sich zu »entscheiden«, wo es ist, wo es war und welche Eigenschaften es hat. Nehmen wir als Beispiel einen Photonenstrom, der in einem Winkel von 45 Grad auf ein Glas trifft. Jedes Photon kann das Glas beim Auftreffen entweder direkt passieren oder von ihm reflektiert werden. In Wirklichkeit jedoch geht jedes Photon beide Wege (oder, wie unten gezeigt, sogar mehr als beide), und zwar so lange, bis es durch einen Prozeß der bewußten Beobachtung gezwungen wird, sich für einen bestimmten Pfad zu entscheiden. Dieses Verhalten ist in zahlreichen zeitgenössischen Experimenten nachhaltig bestätigt worden.

In einem Quantencomputer würden die Qu-Bits durch eine bestimmte Eigenschaft einzelner Elektronen, etwa ihren »nuklearen Spin«, repräsentiert. Wenn sie auf die richtige Art eingerichtet sind, werden die Elektronen sich nicht für eine Richtung (*up* oder *down*) ihres Spins entschieden haben, also in beiden Zuständen zugleich sein. Erst der Prozeß der bewußten Beobachtung des Spin-Zustands – oder irgendwelcher Phänomene, die auf eine Bestimmung des Zustands angewiesen sind – führt zu einer Aufhebung der Ambiguität. Diese Aufhebung nennt man Quantendekohärenz. Wenn es die Quantendekohärenz nicht gäbe, wäre die Welt, in der wir leben, ein höchst verwirrender, rätselhafter Ort.

Eine zentrale Bedingung der Arbeit mit dem Quantencomputer besteht darin, daß man ihn vor ein Problem stellen muß, bei dem man die Richtigkeit der Lösung testen kann. Zu diesem Zweck organisiert man die Quantendekohärenz der Qu-Bits so, daß nur eine Lösung, die der Überprüfung standhält, die Dekohärenz übersteht. Die falschen Lösungen heben einander praktisch gegenseitig auf. Wie bei einer Anzahl anderer Ansätze (etwa rekursiven und genetischen Algorithmen) ist es daher auch bei der Datenverarbeitung mit Quantencomputern von zentraler Bedeutung, das Problem – einschließlich eines präzisen Weges zur Überprüfung der möglichen Lösungen – mit großer Sorgfalt zu formulieren.

Die Reihe der Qu-Bits stellt simultan alle möglichen Lösungen des Problems dar. Ein einzelnes Qu-Bit steht für zwei mögliche Lösungen. Zwei verbundene Qu-Bits repräsentieren vier mögliche Lösungen. Ein Quantencomputer mit 1000 Qu-Bits stünde also simultan für 2^{1000} Lösungen (der entspricht einer Dezimalzahl, die aus einer 1 mit 301 Nullen besteht). Das Problem – formuliert als Test, dem die potentiellen Lösungen unterzogen werden können – wird dem Strang von Qu-Bits so vorgelegt, daß diese dekohärieren (das heißt alle Qu-Bits wechseln von ihrem ambigen Null-und-eins-Zustand zu einem Null-oder-eins-Zustand) und eine Reihe von Nullen und Einsen bilden, die den Test besteht. Im Prinzip sind damit alle 2^{1000} Lösungen *simultan* getestet worden, und es bleibt nur die korrekte Lösung.

Dieser Prozeß, bei dem die Lösung durch Quantendekohärenz abgelesen wird, ist offensichtlich der Schlüssel zur Datenverarbeitung mit dem Quantencomputer. Und er ist auch der Aspekt, der am schwersten zu begreifen ist. Zur Verdeutlichung folgende Analogie: Physikstudenten lernen zu Beginn ihres Studiums, daß das Licht, wenn es in einem bestimmten Einfallswinkel auf einen Spiegel fällt, von diesem mit demselben Ausfallswinkel wieder abgestrahlt wird. Der Quantentheorie zufolge geschieht jedoch etwas ganz anderes. Alle Photonen prallen von jedem möglichen Punkt des Spiegels ab und probieren im wesentlichen alle möglichen Wege aus. Die überwältigende Mehrheit dieser Wege hebt sich gegenseitig auf, so daß nur der Weg übrig bleibt, den die klassische Physik voraussagt. Man stelle sich vor, der Spiegel stünde für das Problem, das es zu lösen gilt. Nur die richtige Lösung – daß das Licht im selben Winkel wieder abgestrahlt wird, wie es eingefallen ist – übersteht alle Quanten-Aufhebungen. Ein Quantencomputer arbeitet auf dieselbe Weise. Der Test, ob die Problemlösung stimmt, wird so angelegt, daß die große Mehrheit der möglichen Lösungen – die den Test nicht bestehen – einander aufheben und nur die Sequenz von Bits übrigbleibt, die den Test besteht.

Man kann sich daher einen normalen Spiegel als eine spezielle Form von Quantencomputer vorstellen, wenn auch eine, die ein recht einfaches Problem löst.

Um ein weiteres, vielleicht besseres Beispiel anzuführen: Chiffriercodes basieren auf der Zerlegung großer Zahlen in Faktoren (dies bedeutet, festzustellen, welche kleineren Zahlen, wenn sie miteinander multipliziert werden, die große Zahl ergeben). Eine Zahl mit mehreren hundert Bits in Faktoren zu zerlegen wäre auf einem digitalen Computer unmöglich, selbst wenn wir Milliarden Jahre auf die Lösung warten könnten. Ein Quantencomputer dagegen könnte jede mögliche Kombination von Faktoren simultan überprüfen und den Code in weniger als einer Billionstelsekunde knacken (nur die Übermittlung der Lösung an den menschlichen Beobachter würde etwas länger dauern). Der Test, dem der Quantencomputer während des entscheidenden Stadiums der Disambiguierung unterworfen wird, ist sehr einfach: Man multipliziert einfach einen Faktor mit dem anderen, und wenn das Ergebnis mit dem Chiffriercode übereinstimmt, dann ist das Problem gelöst.

Der Unterschied zwischen einem Quantencomputer und einem digitalen Computer ist mit dem zwischen einer Wasserstoffbombe und einem Knallfrosch verglichen worden. Ein bemerkenswerter Vergleich – schließlich stellt schon die digitale Datenverarbeitung eine revolutionäre Errungenschaft dar –, doch er mag durch folgendes Gedankenexperiment etwas plausibler erscheinen: Man nehme an, es gäbe einen (digitalen) Computer von der Größe des gesamten Universums, der aus sämtlichen Neutronen, Elektronen und Protonen im Universum bestünde, und angenommen, jedes dieser Teilchen wäre in der Lage, Billionen von Operationen pro Sekunde durchzuführen. Trotzdem gibt es bestimmte Probleme, die selbst dieser Computer nicht lösen könnte, selbst wenn er zwischen 10 und 30 Milliarden Jahre arbeiten würde, das heißt bis zum nächsten Urknall oder bis alle Sterne im Universum erloschen sind. Es gibt viele Beispiele für derart schwer zu lösende Probleme, etwa das Knacken von Chiffriercodes mit 1000 Bits oder die Lösung des Problems des Handlungsreisenden mit 1000 Städten. Während selbst die massivste digitale Datenverarbeitung (einschließlich unseres Computers von der Größe des Universums) diese Art von Problemen nicht lösen könnte, wäre ein Quantencomputer von mikroskopischer Größe in der Lage, sie in weniger als einer Billionstelsekunde zu lösen.

Sind Quantencomputer realisierbar? In jüngster Zeit gemachte theoretische und praktische Fortschritte lassen vermuten, daß die Antwort ja lautet. Zwar wurde bis heute noch kein praktisch verwendbarer Quantencomputer gebaut, doch es wurde bewiesen, daß sich das Phänomen der Dekohärenz zu diesem Zweck nutzen läßt. Isaac Chuang vom Los Alamos National Laboratory und Neil Gershenfeld vom MIT haben tatsächlich unter Verwendung der Kohlenstoffatome im Alaninmolekül einen Quantencomputer gebaut. Er war allerdings nur in der Lage, eins und eins zusammenzuzählen, doch das ist immerhin ein Anfang. Von der praktischen Anwendung anderer Quanteneffekte, wie etwa dem Tunneln von Elektronen in Transistoren, profitieren wir natürlich schon seit Jahrzehnten.[14]

Ein Quantencomputer in einer Kaffeetasse

Eine der Schwierigkeiten bei der Konstruktion eines einsatzfähigen Quantencomputers besteht darin, daß seine Größe die von Atomen oder Molekülen nicht wesentlich überschreiten dürfte, damit sich die erwünschten Quanteneffekte nutzen lassen. Es ist jedoch sehr schwierig, einzelne Atome oder Moleküle an der Bewegung zu hindern, die unter dem Einfluß von Wärme entsteht. Außerdem sind einzelne Moleküle generell zu instabil, um eine Maschine daraus zu bauen. Bezüglich dieser Probleme haben Chuang und Gershenfeld einen theoretischen Durchbruch erzielt. Ihre Lösung besteht darin, jedes einzelne Molekül in einer Tasse voll Flüssigkeit als einen Quantencomputer zu betrachten. Statt eines einzelnen, instabilen Computers von der Größe eines Moleküls hätten sie damit eine Tasse mit etwa hundert Milliarden Billionen Quantencomputern. Dabei geht es weniger um die massive Parallelität als um die massive Redundanz. Angesichts der riesigen Menge hat das zwangsläufig unstete Verhalten einiger Moleküle keine Auswirkung auf das statistische Verhalten aller Moleküle der Flüssigkeit. Dieser Ansatz, das Problem der Unverläßlichkeit eines einzelnen Moleküls zu lösen, gleicht dem Professor Adlemans, der Billionen von DNS-Strängen einsetzte, um ein vergleichbares Problem bei der Datenverarbeitung mit DNS zu lösen.

Derselbe Ansatz löst auch das Problem, die Lösung Bit für Bit abzulesen, ohne daß bei den Qu-Bits, die noch nicht abgelesen sind, eine verfrühte Dekohärenz eintritt. Chuang und Gershenfeld setzen ihre flüssigen Computer Pulsen von Radiowellen aus, auf die die Moleküle mit Signalen reagieren, an denen sich der Spin-Zustand jedes einzelnen Elektrons ablesen läßt. Jeder Puls verursacht eine gewisse unerwünschte Dekohärenz, doch diese reicht nicht aus, um das statistische Verhalten der Billionen von Molekülen zu beeinflussen. Auf diese Weise werden die Quanteneffekte stabil und verläßlich.

Chuang und Gershenfeld bauen gegenwärtig einen Quantencomputer, der kleine Zahlen in Faktoren zerlegen kann. Dieses frühe Modell wird zwar nicht mit herkömmlichen digitalen Computern konkurrieren können, doch es wird einen wichtigen Beweis für die Machbarkeit des Quantencomputers darstellen. Ganz oben auf der Liste der verwendbaren Flüssigkeiten steht dabei frisch aufgesetzter Java-Kaffee, der laut Gershenfeld »ungewöhnlich gleichmäßige Erhitzungseigenschaften aufweist«.

Ein Quantencomputer mit dem Code des Lebens

Die Datenverarbeitung mit dem Quantencomputer wäre der digitalen Datenverarbeitung überlegen, sobald es gelänge, mindestens 40 Qu-Bits miteinander zu verbinden. Ein Quantencomputer mit 40 Qu-Bits würde eine Billion möglicher Lösungen gleichzeitig überprüfen, was der Leistung der schnellsten Supercomputer entspräche. Mit 60 Qu-Bits würde er eine Million Billionen simultane Lösungsversuche durchführen. Und ab Hunderten von Qu-Bits würde die Leistung eines Quantencomputers die jedes denkbaren digitalen Computers weit übertreffen.

Hier nun meine Idee: Die Leistungsfähigkeit eines Quantencomputers beruht auf der Anzahl von Bits, die miteinander verbunden werden können. Zu diesem Zweck wird ein großes Molekül benötigt, das eigens dazu entworfen ist, große Informationsmengen zu enthalten. Die Evolution hat ein solches Molekül entworfen, die DNS. Wir können DNS-Moleküle in jeder gewünschten Größe produzieren, mit ein paar Dutzend oder mit Tausenden von Basenpaaren. Also kombinieren wir wieder einmal zwei elegante Ideen – in diesem Fall den flüssigen DNS-Computer und den flüssigen Quantencomputer – zu einer Lösung, die besser ist als ihre Teile. Wenn wir Billionen von DNS-Molekülen in eine Tasse schütten, entsteht das Potential zum Bau eines höchst redundanten – und deshalb verläßlichen – Quantencomputers mit so vielen Qu-Bits, wie wir nutzbar machen wollen. Vergessen Sie bitte nicht, daß Sie diese Idee hier zum erstenmal gelesen haben.

Und wenn sich niemand die Lösung je ansieht?

Man beachte, daß die Quantenambiguität, auf der ein Quantencomputer beruht, erst aufgehoben wird, wenn ein bewußter Betrachter das uneindeutige Phänomen beobachtet. In unserem Fall ist der bewußte Beobachter der Benutzer des Quantencomputers. Aber wer einen Quantencomputer benutzt, betrachtet nicht direkt den Spin-Zustand der einzelnen Elektronen. Der Spin-Zustand wird von einer Vorrichtung gemessen, die wiederum eine Frage beantwortet, die der Quantencomputer lösen soll. Die Messungen dieser Vorrichtung werden von anderen elektronischen Vorrichtungen weiterverarbeitet und erscheinen schließlich nach der Einspeisung in einen konventionellen Computer auf einem Schirm oder werden ausgedruckt.

Nehmen wir an, kein Mensch und auch sonst kein bewußtes Wesen würde sich diesen Ausdruck je ansehen. In diesem Fall würde keine bewußte Beobachtung stattfinden, und die Dekohärenz fände nicht statt. Wie oben erläutert, macht sich die Materie nur dann die Mühe, sich in eindeutigem Zustand zu zeigen, wenn eines von uns bewußten Wesen es auf sich nimmt, mit ihr zu interagieren. Die Seite, auf der die Lösung ausgedruckt ist, ist also mehrdeutig oder unentschlossen, und sie ändert ihren Zustand nur, wenn ein bewußtes Wesen sie ansieht. Dann wird augenblicklich alle Ambiguität rückwirkend aufgehoben, und die Lösung steht auf der ausgedruckten Seite. Sie ist nicht da, solange wir sie nicht ansehen. Trotzdem lohnt es sich nicht, sich anzuschleichen, um die Seite ohne die Lösung zu erwischen: Quanteneffekte funktionieren *augenblicklich*.

Was bringt das Ganze?

Eine zentrale Bedingung für die Datenverarbeitung mit dem Quantencomputer ist die Überprüfbarkeit der Lösung. Sie kann nicht immer erfüllt werden. Trotzdem wäre ein Quantencomputer beispielsweise ein hervorragender Mathematiker. Er könnte (innerhalb seiner Qu-Bit-Kapazität) simultan jede mögliche Kombination mathematischer Axiome und bereits gelöster Theoreme durchrechnen und praktisch jede beweisbare oder widerlegbare Vermutung beweisen oder widerlegen. Ein mathematischer Beweis ist zwar häufig sehr schwer zu finden, ihn zu bestätigen ist dagegen meist ein relativ einfaches Verfahren, so daß der Quantencomputer dafür gut geeignet wäre.

Für andere Aufgaben wie etwa das Spielen eines Brettspiels ist der Quantencomputer nicht direkt einsetzbar. Zwar ist der »perfekte« Schachzug bei einer bestimmten Stellung ein gutes Beispiel für ein endliches, aber hartnäckiges Datenverarbeitungsproblem, doch gibt es keinen einfachen Weg, die Lösung zu testen. Wenn durch eine Person oder einen Prozeß eine Lösung vorgelegt wird, kann man ihre Richtigkeit nur testen, indem man denselben Baum aus Zügen und Gegenzügen aufbaut, mit dem die Lösung generiert wurde. Selbst beim Finden lediglich »guter« Züge hätte ein Quantencomputer keinen offensichtlichen Vorteil gegenüber einem digitalen Computer.

Und was ist mit der Produktion von Kunst? Hier wäre ein Quantencomputer von beträchtlichem Wert. Ein Kunstwerk zu erschaffen bedeutet, eine Reihe – möglicherweise eine sehr lange Reihe – von ästhetischen Entscheidungen zu treffen. Ein Quantencomputer könnte vor jeder Entscheidung jede mögliche Kombination von Elementen – Wörter, Töne, Striche – in Betracht ziehen. Wir sind immer noch gefordert, jeden Entscheidungsschritt zu überprüfen, doch der Quantencomputer wäre das ideale Instrument, um ein Universum von Möglichkeiten in Windeseile zu durchsuchen.

Das Ende und die Wiedergeburt der Verschlüsselung

Perfekt geeignet wäre der Quantencomputer für das klassische Problem des Knackens von Chiffriercodes, die auf der Faktorenzerlegung großer Zahlen beruhen. Die Qualität eines Chiffriercodes hängt von der Anzahl der Bits ab, die in Faktoren zerlegt werden müssen. In den USA ist es beispielsweise illegal, Verschlüsselungstechniken zu exportieren, die mit mehr als 40 Bits arbeiten (56 Bits sind erlaubt, wenn man den Strafverfolgungsbehörden einen Schlüssel übergibt). Eine Verschlüsselung mit 40 Bits ist nicht sonderlich sicher. Ian Goldberg, ein graduierter Student an der University of California in Berkeley, konnte einen 40-Bit-Code unter Verwendung eines Netzes von 250 kleinen Computern innerhalb von dreieinhalb Stunden knakken.[15] Ein 56-Bit-Code ist etwas besser (eben um 16 Bits). Mit einem Computer, den sie für 250 000 Dollar gebaut hatten, gelang es zehn Monate nach Goldbergs Erfolg dem Datensicherungsaktivisten John Gilmore und dem Verschlüsselungsexperten Paul Kocher, auch einen Code mit 56 Bits zu knacken. Ein Quantencomputer aber könnte (innerhalb seiner Kapazität) mit Leichtigkeit Zahlen jeder Größe in Faktoren zerlegen. Mit seiner Einführung gäbe es deshalb praktisch keine Möglichkeit zur digitalen Verschlüsselung mehr.

Doch eine neue Technologie nimmt nicht nur, sie gibt auch. Mittels eines verwandten Quanteneffekts läßt sich eine neue Methode der Verschlüsselung entwickeln, deren Codes nie gebrochen werden können. (Allerdings sollte man im Gedächtnis behalten, daß das Wörtchen »nie« angesichts des Gesetzes vom steigenden Ertragszuwachs nicht mehr so absolut zu verstehen ist wie ehedem.)

Diesen Effekt nennt man Quantenkoppelung. Einstein, kein Fan der Quantenmechanik, hatte eine andere Bezeichnung dafür, er nannte das Phänomen »ein gespenstisches Ereignis auf große Entfernung«. Die Quantenkoppelung wurde kürzlich von Dr. Nicolas Gisin von der Universität Genf durch ein innerhalb der Stadt Genf durchgeführtes Experiment bewiesen.[16] Dr. Gisin schickte zwei Photonen in entgegengesetzte Richtungen durch Lichtleitfasern. Als die Photonen etwa 11 Kilometer voneinander entfernt waren, trafen sie beide auf eine Glasplatte, von der sie abprallen oder die sie durchqueren konnten. Sie wurden also beide gezwungen, eine Entscheidung zwischen zwei gleich wahrscheinlichen Möglichkeiten zu treffen. Da es zwischen den beiden Photonen keinerlei Kommunikationsverbindung geben konnte, mußten sie nach den Gesetzen der klassischen Physik ihre »Entscheidung« unabhängig voneinander treffen. Dennoch verhielten sie sich beide gleich. Und sie taten dies genau zum gleichen Zeitpunkt. Daher war auch ausgeschlossen, daß sie sich über irgendeine unbekannte Kommunikationsverbindung durch eine lichtschnelle Botschaft verständigt hatten. Die beiden Teilchen waren quantengekoppelt und kommunizierten unabhängig von ihrer Entfernung praktisch ohne Zeitverlust miteinander. Dieser Effekt wiederholte sich bei einer Vielzahl von Photonenpaaren.

Diese offensichtliche Kommunikation zwischen den beiden Photonen findet mit einer Geschwindigkeit statt, die weit höher ist als die des Lichts. Theoretisch müßte sie sogar unendlich sein, da die Dekohärenz der beiden Photonen nach der Quantentheorie genau zum gleichen Zeitpunkt stattfindet. Dr. Gisins Experiment war exakt genug, um zu beweisen, daß die Kommunikation mindestens mit zehntausendfacher Lichtgeschwindigkeit stattfand.

Es erhebt sich die Frage, ob damit Einsteins spezielle Relativitätstheorie erschüttert wird, in der die Lichtgeschwindigkeit als die höchste Geschwindigkeit postuliert wird, mit der eine Information übermittelt werden kann. Die Antwort lautet nein, denn zwischen den quantengekoppelten Photonen wird keine Information übermittelt. Die Entscheidung der Photonen ist eine Zufallsentscheidung – ein echter Quantenzufall –, und Zufall ist gerade nicht Information. Sowohl der Sender als auch der Empfänger der Botschaft erhalten gleichzeitig Zugang zu den identischen Zufallsentscheidungen der quantengekoppelten Photonen, die jeweils dazu benutzt werden, die Botschaft zu codieren und zu decodieren. Es wird also Zufälligkeit übermittelt – nicht Information – mit Geschwindigkeiten, die weit höher sind als die Lichtgeschwindigkeit. Der einzige Weg, wie sich die Zufallsentscheidung der Photonen in Information umwandeln ließe, bestünde darin, die zufällige Folge der Entscheidungen zu ordnen. Eine Ordnung der zufälligen Folge würde jedoch eine Beobachtung der Entscheidung erforderlich machen, und dies würde eine Quantendekohärenz verursachen und die Quantenkoppelung zerstören. Einsteins Theorie behält also ihre Gültigkeit.

Es ist also nicht möglich, mittels Quantenkoppelung Informationen zu übertragen, aber auch die Übertragung von Zufälligkeit kann sehr nützlich sein. Sie erlaubt uns nämlich, eine neue Art der Verschlüsselung zu finden, wenn die alte wegen des Quantencomputers nicht mehr möglich sein wird. Wenn der Sender und der Empfänger einer Botschaft je an einem Ende der Lichtleitfaser sitzen, können sie die genau übereinstimmenden Zufallsentscheidungen eines Stroms quantengekoppelter Photonen nutzen, um eine Botschaft zu verschlüsseln beziehungsweise zu entschlüsseln. Da die Verschlüsselung absolut zufällig ist und sich nicht wiederholt, ist sie nicht zu knacken. Auch ein »Mithören« wäre unmöglich, da dies eine Quantendekohärenz verursachen würde, die an beiden Enden der Leitung entdeckt werden könnte. Die Datensicherheit wäre gewährleistet.

Interessanterweise würde der Code bei der Quantenchiffrierung ohne Zeitverlust übermittelt. Die eigentliche Botschaft würde dagegen sehr viel langsamer ankommen – nur mit Lichtgeschwindigkeit.

Quantenbewußtsein: auf ein neues!

Die Aussicht, daß Computer mit allen menschlichen Fähigkeiten konkurrieren könnten, erzeugt starke, häufig negative Gefühle und einen Überfluß an Argumenten, warum diese bedrohliche Entwicklung theoretisch unmöglich sei. Eine der interessanteren Argumentationen kommt von dem in Oxford lehrenden Mathematiker und Physiker Roger Penrose.

In seinem 1989 erschienenen Bestseller *Computerdenken* (deutsche Ausgabe 1991) äußert Penrose zwei Vermutungen.[17] Die erste bezieht sich auf ein beunruhigendes Theorem, das der österreichische Mathematiker Kurt Gödel bewies. Gödels berühmtes Unvollständigkeitstheorem ist einmal als das wichtigste Theorem in der Mathematik bezeichnet worden. Es besagt, daß es in einem mathematischen System, das mächtig genug ist, die natürlichen Zahlen hervorzubringen, unvermeidlich Sätze gibt, die sich weder beweisen noch widerlegen lassen. Dies war eine weitere jener Einsichten des 20. Jahrhunderts, die das Ordnungdenken des 19. Jahrhunderts störten.

Es ist eine logische Konsequenz von Gödels Theorem, daß es mathematische Lehrsätze gibt, die nicht durch einen Algorithmus entschieden werden können, weil dafür eine unendliche Anzahl von Schritten erforderlich wäre. Penroses erste Vermutung lautet daher, Maschinen könnten nicht tun, was Menschen tun könnten, da Maschinen nur einem Algorithmus folgen könnten. Ein Algorithmus könne keines der unlösbaren Probleme Gödels lösen. Aber Menschen könnten dies. *Deshalb seien die Menschen überlegen.*

Weiter argumentiert Penrose, der Mensch könne unlösbare Probleme lösen, weil sein Gehirn wie ein Quantencomputer funktioniere. Als ihm daraufhin vorgehalten wurde, Neuronen seien zu groß, als daß in ihnen Quanteneffekte auftreten könnten, verwies er auf kleine, Mikrotubuli genannte Strukturen in den Neuronen, die als Quantencomputer wirken könnten.

Penroses erste Vermutung, daß der Mensch der Maschine von Natur aus überlegen sei, ist aus mindestens drei Gründen nicht überzeugend:

1. Es trifft zu, daß Maschinen Gödels unlösbare Probleme nicht lösen können, aber Menschen können dies auch nicht. Sie sind nur zu Schätzungen in der Lage. Auch Computer können jedoch Schätzungen abgeben, und sie schneiden dabei in den letzten Jahren besser ab als Menschen.
2. Auch per Datenverarbeitung mit dem Quantencomputer ließen sich Gödels unlösbare Probleme nicht lösen, wenn ihre Lösung durch einen Algorithmus eine unendliche Anzahl von Schritten erfordern würde. Ein Quantencomputer kann zwar ein schwieriges Problem, das ein konventioneller Computer in Billionen von Jahren nicht lösen könnte, im Bruchteil einer Sekunde lösen. Auch er kann jedoch keine unendliche Zahl von Schritten vollziehen.
3. Selbst wenn die Argumente (1) und (2) falsch wären und Menschen Gödels unlösbare Probleme lösen könnten, weil ihr Gehirn wie ein Quantencomputer funktioniert, würde dies nicht ausschließen, daß auch eine Maschine als Quantencomputer arbeiten könnte. Das Gegenteil ist der Fall. Wenn das menschliche Gehirn wie ein Quantencomputer arbeiten kann, dann beweist das nur, daß ein Quanten-

> computer prinzipiell möglich ist und daß diese Art der Datenverarbeitung mit einer Materie, die den Naturgesetzen unterliegt, möglich ist. Jeder Mechanismus in den menschlichen Neuronen, der wie etwa die Mikrotubuli als Quantencomputer fungieren könnte, müßte prinzipiell als eine Maschine nachzubauen sein. Maschinen machen sich Quanteneffekte wie das Tunneln schon heute in Billionen von Vorrichtungen (Transistoren) zunutze.[18] Nichts läßt vermuten, daß nur das menschliche Gehirn wie ein Quantencomputer arbeiten könnte.

Penroses zweite Vermutung ist schwerer zu beurteilen. Sie besagt, daß ein Wesen, das Daten wie ein Quantencomputer verarbeiten könne, über Bewußtsein verfüge. Demnach wäre die Fähigkeit des menschlichen Gehirns, wie ein Quantencomputer zu arbeiten, für das menschliche Bewußtsein verantwortlich. Und es wäre letztlich die Quantendekohärenz, der das Bewußtsein entspränge.

Nun ist zwar bekannt, daß es eine Verbindung zwischen Bewußtsein und Quantendekohärenz gibt. Nur wenn ein Bewußtsein eine Quantenambiguität beobachtet, kommt es zur Quantendekohärenz. Penrose jedoch postuliert den umgekehrten Zusammenhang, und dies ist logisch nicht zwingend. Natürlich ist die Quantenmechanik nicht logisch im üblichen Sinne (wird doch die Quantenlogik von manchen Beobachtern als »seltsam« bezeichnet), aber selbst aus der Quantenlogik scheint Penroses zweite Vermutung nicht zu folgen. Allerdings sehe ich mich auch nicht in der Lage, sie rundweg zurückzuweisen. Denn es existiert tatsächlich eine starke Verbindung zwischen Bewußtsein und Quantendekohärenz, da ersteres letztere verursacht. Ich zerbreche mir über dieses Problem schon seit drei Jahren den Kopf und bin noch immer zu keinem Ergebnis gelangt. Vielleicht werde ich in meinem nächsten Buch zu Penroses zweiter Vermutung Stellung beziehen.

IST DAS GEHIRN GROSS GENUG?

Stimmt unser Verständnis von der Funktionsweise der menschlichen Neuronen und die von uns geschätzte Anzahl der Neuronen und Verbindungen im menschlichen Gehirn damit überein, was wir über die Fähigkeiten des Gehirns wissen? Oder könnte es sein, daß die menschlichen Neuronen sehr viel leistungsfähiger sind, als wir denken? Wenn ja, wird es bis zum Bau einer Maschine mit menschenähnlichen Fähigkeiten vielleicht länger dauern als erwartet.

Schätzungen über die Anzahl der Begriffe oder Wissenselemente, die ein menschlicher Experte in einem bestimmten Fachgebiet beherrscht, belaufen sich bemerkenswert konstant auf zwischen 50 000 und 100 000 Elemente. Diese ungefähre Bandbreite scheint für eine Vielzahl menschlicher Leistungen zu gelten, so für die Zahl der Stellungen, die ein Schachgroßmeister im Kopf hat, für die Begriffe, die ein Experte wie etwa ein Arzt in seinem Fachgebiet beherrscht, und für das Vokabular eines Schriftstellers. (Shakespeare benutzte 29 000 verschiedene Wörter[19]; dieses Buch kommt mit sehr viel weniger aus.)

Das Fachwissen ist natürlich nur eine kleine Teilmenge des Wissens, das man insgesamt für sein Leben als Mensch benötigt. Das Grundwissen über die Welt, der sogenannte gesunde Menschenverstand, ist viel umfassender. Außerdem verfügt der Mensch über die Fähigkeit, Muster, Objekte und Gesichter zu erkennen und gesprochene und geschriebene Sprache zu verstehen. Und er beherrscht bestimmte Fertigkeiten wie etwa Gehen, Sprechen, Bälle fangen. Meiner Ansicht nach ist das Allgemeinwissen eines normalen Menschen, vernünftig geschätzt, mindestens tausendmal größer als das Fachwissen eines Experten. Damit wären wir grob geschätzt bei 100 Millionen »Wissenselementen« – verstandene Teilaspekte, Begriffe, Muster, Fertigkeiten – pro Mensch. Selbst wenn diese Schätzung (um einen Faktor von bis zu 1000) zu niedrig wäre, ist das Gehirn noch immer groß genug.

Die Zahl der Neuronen im menschlichen Gehirn wird auf annähernd 100 Milliarden geschätzt, wobei jedes Neuron durchschnittlich 1000 Verbindungen hat, also insgesamt 100 Billionen Verbindungen vorhanden sind. Wenn man von 100 Billionen Verbindungen und 100 Millionen Wissenselementen (einschließlich der gespeicherten Muster und Fertigkeiten) ausgeht, gelangt man zu einer Schätzung von etwa einer Million Verbindungen pro Wissenselement.

Bei Computersimulationen der menschlichen Neuronennetze wird eine Vielzahl verschiedener Neuronenmodelle benutzt, die jedoch alle relativ einfach sind. Versuche, detaillierte Modelle echter Säugetierneuronen zu bauen, haben gezeigt, daß tierische Neuronen zwar komplizierter, aber nicht wesentlich komplexer sind als die typischen im Computer simulierten Neuronen. Selbst mit den einfacheren Computerneuronen läßt sich ein Wissenselement – ein Gesicht, eine Buchstabenform, ein Phonem, eine Wortbedeutung – recht gut nachbilden, und zwar mit nur tausend Verbindungen pro Element. Unsere grobe Schätzung von einer Million neuronaler Verbindungen pro Wissenselement im menschlichen Gehirn scheint daher vernünftig.

Ja, sie erscheint sogar großzügig. Man könnte die von mir geschätzte Anzahl der Wissenselemente auch vertausendfachen, und die Rechnung ginge immer noch auf. Es ist jedoch wahrscheinlich, daß die Codierung von Informationen durch das menschliche Gehirn weniger effektiv ist als die Methoden, die wir in unseren Maschinen benutzen. Diese offensichtlich geringe Effizienz paßt gut zu unserem Verständnis, daß das menschliche Gehirn auf Sicherheit angelegt ist. Das Gehirn arbeitet mit einem großen Maß an Redundanz und mit einer vergleichsweise geringen Dichte beim Speichern von Informationen. Dadurch gewinnt es an Verläßlichkeit und bleibt trotz der großen Neuronenverluste im Alter noch funktionstüchtig.

Ich ziehe aus alledem den Schluß, daß wir zur Erklärung der menschlichen Fähigkeiten kein Modell der Informationsverarbeitung durch die einzelnen Neuronen in Betracht ziehen müssen, das wesentlich komplexer wäre als das derzeitige. Das Gehirn ist groß genug.

UMKEHRTECHNIK AN EINEM ERPROBTEN MODELL: DEM MENSCHLICHEN GEHIRN

Für viele Leute ist der Geist die letzte Zuflucht des Geheimnisvollen vor der alles überwuchernden Wissenschaft, und ihnen gefällt der Gedanke nicht, daß die Wissenschaft auch noch dieses letzte Stück terra incognita *verschlingen könnte.*

Herb Simon, zitiert nach Daniel Dennett

Warum erlauben wir den anderen nicht, sie selbst zu sein und ihr Leben auf ihre eigene Art zu genießen? Ihr versucht ein weiteres Du zu machen. Ein Du ist genug.

Ralph Waldo Emerson

Für die weisen alten Männer der alten Zeit … hieß die Lösung Wissen und Selbstdisziplin … und in Anwendung dieser Technik seid bereit, Dinge zu tun, die bis jetzt als abscheulich und gottlos galten – so wie das Ausgraben und Verstümmeln von Toten ..

C. S. Lewis

Ist Intelligenz: (a) das komplexeste Phänomen im Universum oder (b) ein höchst einfacher Prozeß?

Die Antwort lautet natürlich (c) – sie ist beides. Die Intelligenz ist eine weitere von jenen großen Dualitäten, die das Leben interessant machen. Der Aspekt ihrer Einfachheit – einfache Paradigmen und der einfache Prozeß der Datenverarbeitung – ist bereits behandelt worden, also wenden wir uns nun ihrer Komplexität zu.

Oben war von dem Wissen die Rede, das aus einfachem Saatgut erwächst, sich aber zu komplexen Strukturen entfaltet, wenn man beim Wissenserwerb mit dem Chaos der realen Welt in Interaktion tritt. Tatsächlich liegt hier die Entstehung der Intelligenz überhaupt begründet. Sie war das Ergebnis des evolutionären Prozesses, den man natürliche Selektion nennt, auch er ein einfaches Paradigma, das erst aufgrund der enormen Vielfalt seiner Umgebung komplex wurde. Man kann dasselbe Phänomen beobachten, wenn man sich im Computer evolutionärer Prozesse bedient. Man beginnt mit einfachen Formeln, fügt das einfache Verfahren der evolutionären Iteration hinzu und kombiniert dies mit dem schlichten Prozeß massiver Datenverarbeitung. Das Ergebnis sind häufig komplexe, leistungsfähige und intelligente Algorithmen.

Es ist jedoch nicht notwendig, die gesamte Entwicklung des menschlichen Gehirns zu simulieren, um ihm seine schwer ergründbaren Geheimnisse zu entreißen. Genau wie ein Unternehmen die Produkte der Konkurrenz auseinandernimmt und sie »umkehrtechnisch behandelt« (sie analysiert, um ihre Bau- und Funktionsweise zu verstehen), kann man auch mit dem menschlichen Gehirn verfahren. Schließlich ist es das beste Beispiel für einen intelligenten Apparat, das der Wissenschaft zur Verfügung steht. Man kann Architektur, Organisation und angeborenes Wissen des Gehirns untersuchen, damit man sehr viel schneller weiß, wie eine intelligente Maschine zu bauen ist. Wenn man die Schaltungen des Gehirns untersucht, kann man eine erprobte Konstruktion kopieren und imitieren, für die der ursprüngliche Erfinder mehrere Milliarden Jahre gebraucht hat (und die nicht einmal durch ein Copyright geschützt ist).

Da die für eine Simulation des menschlichen Gehirns notwendige Datenverarbeitungkapazität in etwa einem Jahrzehnt von den ersten Computern erreicht werden wird, sind intensive Anstrengungen zu einer Simulation des Gehirns zu erwarten. Ja, sie haben tatsächlich heute schon begonnen.

So ist beispielsweise der Vision Chip von Synaptics im Grunde nicht nur eine – natürlich in Silizium ausgeführte – Kopie der neuronalen Organisation der menschlichen Netzhaut, sondern auch eine Kopie der Wahrnehmungsprozesse bei primitiven Säugetieren. Der Chip enthält im Prinzip den als Center-Surround-Filtering bezeichneten Algorithmus, der die Wahrnehmung früher Säugetiere bestimmt. Obwohl der Chip nicht sonderlich kompliziert ist, hat er damit die ersten Stufen des menschlichen Sehvermögens realistisch nachgebildet.

Unter Laien wie Fachleuten ist der Irrtum weit verbreitet, daß eine Rekonstruktion des menschlichen Gehirns mittels Umkehrtechnik nicht realisierbar sei. Hofstadter fürchtet, daß »unsere Gehirne zu schwach sein könnten, um sich selbst zu verstehen«.[20] Doch dies entspricht nicht den Forschungsergebnissen. Wenn man sich mit den Schaltungen im Gehirn beschäftigt, stellt man fest, daß die massivparallelen Algorithmen alles andere als unverständlich sind. Auch ist ihre Zahl keineswegs unendlich. Es gibt Hunderte spezialisierter Regionen im Gehirn, und es hat als Folge seiner langen Entwicklungsgeschichte eine ziemlich komplizierte Architektur. Trotzdem geht das ganze Rätsel keineswegs über unseren Verstand. Und es geht sicher nicht über den Verstand der Maschinen des 21. Jahrhunderts.

Wir haben das Wissen direkt vor uns, oder besser gesagt: in uns. Es ist nicht unmöglich, dieses Wissen zu erschließen. Beginnen wir mit dem einfachsten Szenario, das heute im Prinzip schon machbar ist (oder zumindest eingeleitet werden kann).

Zunächst einmal wird das Gehirn eines kürzlich Verstorbenen eingefroren.

Bevor ich mit diesem Vorschlag einen Sturm der Entrüstung auslöse, möchte ich auf das Beispiel Leonardo da Vincis verweisen. Auch Leonardo löste empörte Reaktionen bei seinen Zeitgenossen aus. Er stahl Leichen aus dem Leichenschauhaus, karrte sie zu sich nach Hause und nahm sie dort auseinander. Dies geschah, bevor das Sezieren von Leichen groß in Mode kam. Leonardo sezierte im Namen der Wissenschaft, und diese stand damals noch nicht so hoch im Kurs wie heute. Er wollte lernen, wie der menschliche Körper funktioniert, aber seine Zeitgenossen fanden seine Aktivitäten bizarr und abscheulich. Heute dagegen herrscht die Ansicht vor, daß man der wunderbaren Maschine unseres Körpers keinen größeren Respekt erweisen kann, als zu erforschen, wie sie funktioniert. Man schneidet ständig tote Körper auf, um zu sehen, wie lebende Körper funktionieren, und um das so erworbene Wissen an andere weiterzugeben.

Mein Vorschlag ist eigentlich genau derselbe – mit einem wichtigen Unterschied: Ich spreche nicht vom Körper, sondern vom Gehirn. Das geht uns näher. Wir identifizieren uns stärker mit unserem Gehirn als mit unserem Körper. Eine Gehirnoperation wird als ein stärkerer Eingriff empfunden als die Operation an einem Zeh.

Trotzdem ist das Wissen, das sich durch die Untersuchung des Gehirns gewinnen läßt, zu wertvoll, als daß man darauf verzichten könnte. Wir müssen also überwinden, was wir noch an Hemmungen haben.

Wie schon gesagt, wird zunächst einmal das Gehirn eines Verstorbenen eingefroren. Dies ist keine neue Idee. Dr. E. Fuller Torrey, ehemals leitender Beamter am National Institute of Mental Health und heute Chef der Abteilung Geisteskrankheiten einer privaten Forschungseinrichtung, gebietet über 44 Gefrierschränke mit 226 eingefrorenen Gehirnen.[21] Torrey und seine Kollegen erhoffen sich Einsichten über die Ursachen der Schizophrenie, und die vielen Gehirne stammen von verstorbenen schizophrenen Patienten, weshalb sie für unsere Zwecke vermutlich nicht sonderlich geeignet sind.

Das Gehirn wird Schicht für Schicht untersucht, jeweils eine sehr dünne Schicht auf einmal. Mit einem einigermaßen empfindlichen zweidimensionalen Scanner sollte man dabei in der Lage sein, alle Neuronen und alle Verbindungen in einer Schicht zu sehen, wenn diese die Dicke einer Synapse hat. Wenn eine Schicht untersucht ist und ihre Daten gespeichert sind, wird sie abgetragen und die nächste Schicht freigelegt. Die so gewonnenen Informationen können gespeichert und zu einem gewaltigen dreidimensionalen Modell der »Verdrahtung« und der neuronalen Topologie des Gehirns zusammengesetzt werden.

Die verwendeten Gehirne sollten noch nicht allzulange abgestorben sein, wenn sie eingefroren werden. Auch ein totes Gehirn kann eine Menge über das lebende Gehirn vermitteln, trotzdem ist es offensichtlich nicht das ideale Forschungsobjekt. Der Tod wird mit Sicherheit zu einem gewissen Verfall der neuronalen Struktur führen. Vermutlich sollten die Entwürfe für intelligente Maschinen nicht auf toten Gehirnen beruhen. Wahrscheinlich wird es gelingen, Menschen, die den sicheren Tod vor Augen haben, dazu zu bringen, einem destruktiven Scanning ihrer Gehirne zuzustimmen, und zwar kurz bevor ihr Gehirn von sich aus aufgehört hat zu arbeiten, und nicht erst kurz danach. Kürzlich erlaubte ein verurteilter Mörder, daß sein Gehirn und sein Körper gescannt wurden; alle 10 Milliarden Bytes der Untersuchung sind im Internet auf der Website des »Visible Human Project« am Center for Human Simulation zugänglich.[22] Auf derselben Website finden sich auch die Daten einer mit besserer Auflösung gescannten Frau mit 25 Milliarden Byte. Zwar war die Auflösung in beiden Fällen für das hier ins Auge gefaßte Szenario nicht hoch genug, doch beide Fälle zeigen, daß sich Menschen bereit finden, ihre Gehirne für eine umkehrtechnische Untersuchung zur Verfügung zu stellen. Natürlich wäre es ohnehin nicht unbedingt empfehlenswert, die Konstruktionspläne für Maschinenintelligenz auf das Gehirn eines verurteilten Mörders zu stützen.

Ein angenehmeres Thema sind die sich entfaltenden nichtinvasiven Methoden zum Scannen von Gehirnen. Ich kam zunächst auf den invasiven Eingriff zu sprechen, weil er technisch viel einfacher ist und weil man heute schon über die Mittel verfügt, um ein destruktives Scanning durchzuführen (wenn auch nicht mit der notwendigen Bandbreite, um das gesamte Gehirn in einem vernünftigen Zeitraum zu scannen). Auch die nicht invasive, hoch auflösende Kernspinresonanz-Tomographie (KT) mit hoher Arbeitsgeschwindigkeit ist heute bereits in der Lage, einzelne Neuronenzellkörper abzubilden, ohne das gescannte lebende Gewebe zu beschädigen. Bessere Kernspinresonanz-Tomographen zur Abbildung einzelner Nervenfasern mit einem Durchmesser von nur zehn Mikrometer (Millionstelmeter) sind in der Entwicklung. Sie werden im ersten Jahrzehnt des 21. Jahrhunderts zur Verfügung stehen. Schließlich wird es auch möglich sein, die präsynaptischen Bläschen zu scannen, in denen sich das menschliche Lernen vollzieht.

Schon heute ist es möglich, mit einem Kernspinresonanz-Tomographen in ein menschliches Gehirn zu blicken, und die Auflösung dieser Geräte wird mit jeder neuen Generation besser. Trotzdem gilt es bezüglich Auflösung, Bandbreite (das heißt Übertragungsgeschwindigkeit), Vibrationsvermeidung und Sicherheit noch eine ganze Reihe von Problemen zu lösen. Aus mehreren Gründen ist es einfacher, das Gehirn einer kürzlich verstorbenen Person zu scannen, als das einer lebenden. Vor allem halten Tote still. Trotzdem wird auch das nichtinvasive Scanning eines lebenden Gehirns letztlich machbar sein, da sich Auflösung und Geschwindigkeit von Kernspinresonanz-Tomographen und anderen Scannern stetig verbessern.

Die von Professor Amiram Grinvald am Weizmann-Institut in Israel entwickelte neue Scanning-Technologie des Optical Imaging ermöglicht eine wesentlich höhere Auflösung als die Kernspinresonanz-Tomographie. Sie basiert wie die KT auf der Interaktion zwischen der elektrischen Aktivität in den Neuronen und dem in den Kapillargefäßen zirkulierenden Blut, das die Neuronen versorgt. Grinvalds Gerät ist in der Lage, Details abzubilden, die kleiner sind als 50 Mikrometer, und es kann in Echtzeit eingesetzt werden, so daß sich das Feuern einzelner Neuronen beobachten läßt. Grinvald und die Forscher des Max-Planck-Instituts für Biochemie in Martinsried waren verblüfft über die bemerkenswerte Regelmäßigkeit der Muster, nach denen die Neuronen feuerten, wenn das Gehirn visuelle Informationen verarbeitete.[23] Wie der Martinsrieder Forscher Dr. Mark Hübener bemerkte, sind »unsere Karten des arbeitenden Gehirns so ordentlich, daß sie eher einer Straßenkarte von Manhattan gleichen als etwa der einer mittelalterlichen Stadt«. Grinvald und Hübener und deren Kollegen konnten beim Einsatz ihres Gehirnscanners unterschiedliche Neuronengruppen unterscheiden, die für Tiefenschärfe, Form und Farbe verantwortlich waren. Wenn diese Neuronen interagieren, gleichen die Muster der feuernden Neuronen miteinander verbundenen Mosaiken. Aus den Scannings konnten die Forscher ablesen, wie die Neuronen einander mit Informationen versorgten. So bemerkten die Wissenschaftler etwa, daß die für die Tiefenschärfe verantwortlichen Neuronen in parallelen Reihen angeordnet waren und den formerkennenden Neuronen Informationen lieferten, die kompliziertere, Windrädchen gleichende Muster bildeten. Noch ist Grinvalds Scanner nur in der Lage, eine dünne Schicht des Gehirns nahe der Oberfläche abzubilden, doch das Weizmann-Institut arbeitet daran, die dreidimensionale Abtastung zu verbessern. Grinvalds Scanning-Technologie wird außerdem eingesetzt, um die Auflösung der Kernspinresonanz-Tomographie zu erhöhen. Die kürzlich gemachte Entdeckung, daß auch Licht nahe des Infrarotbereichs den Schädel passieren kann, hat die Hoffnung, mithilfe des Optical Imaging das Gehirn mit hoher Auflösung scannen zu können, weiter bestärkt.

Die treibende Kraft hinter der raschen Verbesserung nicht invasiver Techniken zum Abtasten des Gehirns wie der Kernspinresonanz-Tomographie ist wiederum das Gesetz vom steigenden Ertragszuwachs, denn es bedarf massiver Rechenkapazitäten, um aus den rohen Magnetresonanz-Mustern, die ein Kernspinresonanz-Tomograph produziert, hochaufgelöste dreidimensionale Bilder zu erzeugen. Die exponentiell ansteigende Rechenleistung aufgrund des Gesetzes vom steigenden Ertragszuwachs (und noch weitere fünfzehn oder zwanzig Jahre aufgrund des Mooreschen Gesetzes) wird uns in die Lage versetzen, Auflösung und Geschwindigkeit der nichtinvasiven Scan-Verfahren auch weiterhin rasch zu verbessern.

Es mag vielleicht vermessen erscheinen, das menschliche Gehirn Synapse für Synapse zu kartieren, doch dasselbe galt auch für das Human-Genom-Projekt zur Entschlüsselung aller menschlichen Gene, als es 1991 in Angriff genommen wurde. Obwohl der Großteil des genetischen Codes des Menschen noch immer nicht entschlüsselt ist, glaubt man in den neun amerikanischen Zentren, wo das Genom sequenziert wird, daß die Aufgabe wenn nicht bis 2005, so doch wenige Jahre später beendet sein wird. Ein neues, von Perkin-Elmer mitfinanziertes Privatunternehmen hat kürzlich angekündigt, es werde das gesamte menschliche Genom schon bis zum Jahr 2001 sequenziert haben. Wie oben erwähnt, verlief die Erforschung des menschlichen Genoms in den ersten Jahren extrem langsam, beschleunigte sich jedoch dank besserer Technik, insbesondere durch Computerprogramme, die die »nützlichen« genetischen Informationen erkennen können. Die Forscher hoffen, den gesetzten Termin dank der weiteren Verbesserung ihrer Computerprogramme zur Identifikation von Genen doch noch einhalten zu können. Dasselbe wird auch für die Projekte zur Kartierung des menschlichen Gehirns gelten, da sich die Methoden zum Scannen und Speichern der 100 Billionen neuronalen Verbindungen aufgrund des Gesetzes vom steigenden Ertragszuwachs stetig verbessern.

Die Verwendung der gewonnenen Informationen

Es gibt zwei Szenarien für die Nutzung der Ergebnisse detaillierter Scannings des menschlichen Gehirns. Zunächst einmal wird das Gehirn gescannt, um es zu verstehen. Man tastet Teile des Gehirns ab, um ihre Architektur und die impliziten Algorithmen der interneuronalen Verbindungen in verschiedenen Gehirnregionen zu ermitteln.

Dabei geht es weniger um die genaue Position jeder einzelnen Nervenfaser als vielmehr um die Gesamtstruktur. Mit diesen Informationen lassen sich simulierte neuronale Netze entwerfen, die ähnlich wie die menschlichen funktionieren. Der ganze Prozeß läßt sich mit dem Schälen einer Zwiebel vergleichen, wobei die menschliche Intelligenz sozusagen Schicht für Schicht erforscht wird.

Auf solche Informationen hat sich die Firma Synaptics bei ihrem Chip gestützt, der die Verarbeitung visueller Daten im Gehirn von Säugetieren imitiert. Und eine ähnliche Verwertung planen auch Grinvald und Hübener und deren Kollegen für die Ergebnisse ihrer Scannings der Sehregion im Gehirn. Darüber hinaus existieren gegenwärtig noch Dutzende weiterer Projekte, die Teile des Gehirns abtasten und die Ergebnisse für die Konstruktion intelligenter Systeme nutzen.

Die Schaltungen des Gehirns wiederholen sich innerhalb einer bestimmten Gehirnregion sehr stark, so daß nur ein Teil der Region ganz abgetastet werden muß. Die für die Datenverarbeitung relevante Aktivität eines Neurons oder einer Gruppe von Neuronen ist so einfach, daß man ihre Aktivität schon bei der Untersuchung versteht und später nachahmen kann. Sobald die Struktur und Topologie der Neuronen, die Art der interneuronalen Verdrahtung und die Sequenz des neuronalen Feuerns in einer Region beobachtet, gespeichert und analysiert sind, können die parallelen Algorithmen der betreffenden Hirnregion umkehrtechnisch erfaßt werden. Nach der Erfassung können die Algorithmen verfeinert und erweitert werden, bevor sie in die synthetische neuronale Äquivalente eingespeist werden. Die Methoden des Gehirns können dabei gewiß stark beschleunigt werden, da elektronische Schaltungen heute schon eine Million mal schneller sind als neuronale.

Die ermittelten Algorithmen lassen sich mit den bereits bekannten Methoden zum Bau intelligenter Maschinen kombinieren. Außerdem kann man Aspekte der menschlichen Datenverarbeitung aufgeben, die in einer Maschine vielleicht nicht mehr nützlich sind. Dabei sollte man natürlich vorsichtig sein und nicht das Kind mit dem Bade ausschütten.

Das eigene Gehirn in den Personal Computer herunterladen

Das ehrgeizigere, aber letztlich ebenfalls machbare Szenario wird darin bestehen, das Gehirn einer Person zu scannen, um die Lage, die Verbindungen und den Inhalt der Zellen, Axonen, Dendriten, präsynaptischen Bläschen und anderer neuronaler Komponenten zu kartieren. Die gesamte Organisation des Gehirns könnte dann einschließlich seines Gedächtnisinhalts in einem neuronalen Computer mit ausreichender Kapazität nachgebildet werden.

Dies ist offensichtlich schwieriger, als wenn man das Gehirn nur abtastet, um es zu verstehen. Beim ersten Szenario muß nur die einzelne Region ausreichend erforscht werden, um die zentralen Algorithmen kennenzulernen. Dann kann man diese Einsichten mit dem Wissen kombinieren, das man bereits besitzt. Wird dagegen das Gehirn abgetastet, um es herunterzuladen, muß jede Einzelheit erfaßt werden. Andererseits muß man nicht alles verstehen. Es ist nur erforderlich, alles genau zu kopieren, Verbindung für Verbindung, Synapse für Synapse, Neurotransmitter für Neurotransmitter. Es ist erforderlich, *lokale* Prozesse, nicht jedoch die Gesamtorganisation des Gehirns bis ins letzte zu verstehen. Allerdings wird diese wahrscheinlich ohnehin größtenteils verstanden sein, wenn man das Gehirn mit der erforderlichen Genauigkeit kopieren kann.

Um die Sache richtig zu machen, muß man die zentralen Informationsverarbeitungsmechanismen kennen und verstehen. Der größte Teil der komplizierten Struktur eines Neurons dient dazu, seine eigene Struktur und seine Lebensprozesse aufrechtzuerhalten; sie leistet keinen direkten Beitrag zu seinem Umgang mit Informationen. Wir wissen, daß die Informationsverarbeitung von Neuronen auf Hunderten von verschiedenen Neurotransmittern basiert und daß unterschiedliche neuronale Mechanismen in unterschiedlichen Hirnregionen zu unterschiedlichen Arten der Datenverarbeitung in der Lage sind. Die Neuronen, die den ersten visuellen Eindruck verarbeiten, sind beispielsweise gut in der Lage, plötzliche Farbveränderungen zu betonen, damit die Umrisse von Objekten leichter erkennbar werden. Die Neuronen im Hippocampus sind vermutlich so strukturiert, daß sie Erinnerungen langfristig speichern können. Es ist außerdem bekannt, daß die Neuronen mit einer Kombination von analoger und digitaler Datenverarbeitung arbeiten, die genau nachgebildet werden muß. Auch müssen, soweit vorhanden, die Strukturen identifiziert werden, die als Quantencomputer fungieren könnten. Alle wichtigen Eigenschaften bezüglich der Informationsverarbeitung müssen ermittelt werden, damit sie genau kopiert werden können.

Wie gut wird dies funktionieren? Natürlich wie bei jeder neuen Technik zunächst nicht perfekt; die ersten Downloads werden sicher in mancher Hinsicht ungenau sein. Kleine Mängel werden nicht unbedingt sofort erkennbar sein, da sich die Menschen immer in einem gewissen Ausmaß verändern. Wenn sich jedoch das Verständnis der Mechanismen des Gehirns und die Fähigkeit, das Gehirn nichtinvasiv und genau abzutasten, immer weiter verbessert, sollte die »Neuinstallierung« eines menschlichen Gehirns den Geist einer Person nicht stärker verändern, als dieser sich ohnehin von einem Tag auf den anderen verändert.

Wie wird es uns nach dem Herunterladen ergehen?

Diese Frage muß sowohl auf der objektiven als auch auf der subjektiven Ebene gestellt werden. »Objektiv« bedeutet alle Personen außer mir selbst, also wollen wir damit beginnen. Wenn das Gehirn eines Menschen gescannt und sein Bewußtsein in einer Datei eines datenverarbeitenden Mediums wiederhergestellt wurde, werden äußere Beobachter den Eindruck haben, daß die neue »Person« genau dieselbe Persönlichkeit und Geschichte und dieselben Erinnerungen hat wie der ursprünglich gescannte Mensch. Die Interaktion mit der neuen Person wird genau dasselbe Gefühl vermitteln wie die mit der alten. Die neue Person wird behaupten, die alte zu sein, und sie wird sich erinnern, die alte Person gewesen zu sein. Sie wird beispielsweise wissen, daß sie in Brooklyn aufgewachsen ist, daß sie sich einem Scanning unterzogen hat und daß sie in einer Maschine aufgewacht ist. Und sie wird sagen: »Hey, diese Technik funktioniert wirklich!«

Bleibt nur noch das kleine Problem des Körpers. Was für einen Körper wird eine Datei mit einem reinstallierten Bewußtsein haben? Den ursprünglichen menschlichen Körper, einen verbesserten Körper, einen synthetischen Körper, einen nanotechnischen Körper oder einen virtuellen Körper in einer virtuellen Umwelt? Diese wichtige Frage wird im nächsten Kapitel behandelt.

Subjektiv ist die Frage schwieriger und tiefschürfender. Liegt dasselbe Bewußtsein vor wie bei der zuvor gescannten Person? Wie in Kapitel 3 dargelegt, gibt es starke Argumente dafür und dagegen. Wer die Ansicht vertritt, daß ein Mensch im wesentlichen sein »Muster« ist (weil sich die Teilchen, aus denen wir bestehen, permanent verändern), wird sagen, die neue Person sei die gleiche, da ihre Muster praktisch identisch sind. Das Gegenargument lautet, daß die ursprünglich gescannte Person weiterleben kann. Wenn dieser Mensch – unser guter Jack – noch da ist, wird er überzeugend vertreten, daß *er* die Kontinuität seines Bewußtseins repräsentiert. Er wird kaum damit einverstanden sein, seinen mentalen Klon an seiner Statt weitermachen zu lassen. Auf dieses Problem werden wir immer wieder stoßen, wenn wir das 21. Jahrhundert erkunden.

Dagegen wird sich die neue Person, sobald sie getrennt existiert, mit Sicherheit für das Original halten. Sie wird keinen Augenblick glauben, daß sie Selbstmord beging, als sie dem Transfer in ein neues datenverarbeitendes Medium zustimmte und ihren alten, langsamen, aus Kohlenwasserstoffverbindungen aufgebauten neuronalen Datenverarbeitungsapparat zurückließ. Wenn sie überhaupt darüber nachdenkt, ob sie wirklich die Person ist, die sie zu sein meint, dann höchstens mit dem Ergebnis, daß sie ihrem alten Selbst dankbar ist, daß es den Sprung riskiert hat, ohne den sie jetzt nicht existieren würde.

Ist der neu installierte Verstand bewußt? Er wird es ganz bestimmt behaupten. Und da er sehr viel größere Fähigkeiten besitzt als sein altes neuronales Selbst, wird er seine Position überzeugend und wirkungsvoll vertreten. Wir werden ihm glauben. Er würde verrückt, wenn wir es nicht täten.

Ein wachsender Trend

In der zweiten Hälfte des 21. Jahrhunderts wird es einen wachsenden Trend geben, den Sprung auf die andere Seite zu wagen. Zunächst wird es sich um teilweise Übertragung handeln – alte Gedächtnisschaltungen werden durch neue ersetzt, Mustererkennungs- und

Denkschaltungen durch neuronale Implantate erweitert. Schließlich, und zwar lange vor dem Ende des 21. Jahrhunderts, werden Menschen ihr gesamtes Bewußtsein in eine Datei der neuen denktechnischen Maschinen übertragen.

Es wird eine nostalgische Sehnsucht nach den einfachen kohlenwasserstoffgestützten Wurzeln der Menschheit erwachen, aber dasselbe gilt auch für Vinylschallplatten. Trotzdem haben wir den größten Teil unserer Musik von diesen analogen Trägern auf die flexibleren und leistungsfähigeren digitalen Träger übertragen. Der Schritt, unser Bewußtsein in ein leistungsfähigeres Datenverarbeitungsmedium zu übertragen, wird sich allmählich, aber trotzdem unerbittlich vollziehen.

Wenn wir uns auf das neue Medium übertragen, werden wir uns zugleich ungemein erweitern. Man bedenke, daß die für 1000 Dollar erhältliche Rechenleistung im Jahr 2060 die Datenverarbeitungskapazität von einer Billion menschlicher Gehirne haben wird. Wir können also ebensogut zugleich unser Gedächtnis billionenfach erweitern, unsere Mustererkennungs- und Denkfähigkeit stark verbessern und uns in das allgegenwärtige drahtlose Kommunikationsnetz einklinken. Und wenn wir schon dabei sind, können wir auch gleich das gesamte menschliche Wissen hinzufügen – als eine leicht zugängliche interne Datenbank und als bereits mit dem menschlichen Instrument des verteilten Verstehens verarbeitetes und erlerntes Wissen.

DAS ZEITALTER DER NEUROIMPLANTATE HAT BEREITS BEGONNEN

In einer französischen Klinik findet eine dramatische Vorführung statt: Auf Liegen werden Patienten hereingerollt, die unter einem fortgeschrittenen Stadium der Parkinson-Krankheit leiden. Sie wirken wie Statuen; ihre Muskeln sind starr, Körper und Gesicht völlig unbeweglich. Dann legt ein Arzt einen elektrischen Schalter um. Plötzlich erwachen die Patienten zum Leben, sie stehen auf, gehen herum und beschreiben ruhig, aber ausdrucksvoll, wie sie ihre Krankheitssymptome überwunden haben. Dieser atemberaubende Vorgang ist das Ergebnis einer neuen Therapie mit neuronalen Implantaten, die in Europa bereits genehmigt ist und in den Vereinigten Staaten noch der Genehmigung durch die Food and Drug Administration bedarf.

Der Mangel an dem Neurotransmitter Dopamin verursacht bei einem Parkinson-Kranken eine Hyperaktivität in zwei kleinen Regionen des Gehirns, im ventral-posterioren Nucleus und im Nucleus subthalamicus. Diese übermäßige Aktivität verursacht die Langsamkeit, die Steifheit und die Schwierigkeiten beim Gehen, die für Parkinson-Kranke typisch sind, und kann letztlich zu völliger Lähmung und zum Tod führen. Dr. A. L. Benebid, ein französischer Arzt an der Fourier-Universität in Grenoble, entdeckte, daß eine Stimulation der betroffenen Regionen durch eine permanent implantierte Elektrode paradoxerweise deren Hyperaktivität dämpft und die Krankheitssymptome abschwächt. Die Elektroden sind mit einer kleinen elektronischen Kontrolleinheit in der Brust des Patienten verdrahtet. Diese Einheit kann durch Funksignale programmiert und sogar ein- und ausgeschaltet werden. Wird sie ausgeschaltet, treten die Symptome sofort wieder auf. Durch die Behandlung können vermutlich die schlimmsten Auswirkungen der Krankheit im Zaum gehalten werden.[24]

Ähnliche Ansätze wurden auch in anderen Hirnregionen erprobt. So kann etwa das Zittern bei Gehirnlähmung, Multipler Sklerose und bei anderen Krankheiten, die einen Tremor verursachen, durch die Implantation einer Elektrode im ventral-lateralen Thalamus unterdrückt werden.

»Früher haben wir das Gehirn wie eine Suppe behandelt und Chemikalien hineingeschüttet, die bestimmte Neurotransmitter verstärken oder unterdrücken«, sagt Rick Trosch, einer der amerikanischen Ärzte, der an der Verbesserung der therapeutischen »Tiefenstimulation des Gehirns« mitarbeitet. »Jetzt behandeln wir es wie eine Schaltungsanordnung.«[25]

Kognitive und sensorische Krankheitsbilder werden zunehmend dadurch bekämpft, daß man Gehirn und Nervensystem als das komplexe Datenverarbeitungssystem behandelt, das sie tatsächlich sind. Cochlear-Implantate leisten zusammen mit elektronischen Sprachprozessoren eine ähnliche Frequenzanalyse der Schallwellen wie das Innenohr. Etwa zehn Prozent der ehemals tauben Personen, die dieses neuronale Ersatzgerät erhielten, sind in der Lage, Stimmen so gut zu hören und zu verstehen, daß sie ein normales Telefongespräch führen können.

Dr. Joseph Rizzo, ein Neurologe und Ophtalmologe an der Harvard Medical School, hat mit seinen Kollegen ein experimentelles Retina-Implantat entwickelt. Rizzos Neuroimplantat ist ein kleiner mit Solarenergie laufender Computer, der mit dem Sehnerv verbunden ist. Der Nutzer trägt eine besondere Brille mit kleinen Fernsehkameras, die mit dem implantierten Computer über Lasersignale in Verbindung stehen.[26]

Forscher am Max-Planck-Institut für Biochemie in Martinsried haben spezielle Vorrichtungen aus Silizium entwickelt, die in beide Richtungen mit Neuronen kommunizieren können. Die Neuronen direkt durch elektrischen Strom zu stimulieren ist kein idealer Ansatz, da der Strom die Elektroden korrodieren und chemische Nebenprodukte erzeugen kann, die als Zellgifte wirken. Dagegen sind die Vorrichtungen des Max-Planck-Instituts in der Lage, ein benachbartes Neuron zum Feuern anzuregen, ohne daß eine direkte elektrische Verbindung besteht. Die Wissenschaftler des Instituts führten ihre Erfindung vor, indem sie die Bewegungen eines lebenden Blutegels von ihrem Computer aus steuerten.

In die umgekehrte Richtung, von den Neuronen zur Elektronik, kommuniziert eine »Neuronentransistor« genannte Vorrichtung[27], die das Feuern eines Neurons registriert. Die Wissenschaftler hoffen, beide Techniken zur Steuerung künstlicher Glieder beim Menschen einsetzen zu können, indem sie die computerisierten Prothesen mit Nerven im Rückenmark verbinden. »Diese beiden Vorrichtungen«, sagt Peter Fromherz vom Max-Planck-Institut, »verbinden die beiden Welten der Informationsverarbeitung, die Siliziumwelt des Computers und die Wasserwelt des Gehirns.«

Der Neurobiologe Ted Berger und seine Kollegen bei Hedco Neurosciences and Engineering haben integrierte Schaltkreise gebaut, die genau mit den Eigenschaften und der Informationsverarbeitung von Gruppen tierischer Neuronen übereinstimmen. Die Chips ahmen die digitalen und analogen Merkmale der Neuronen genau nach, die Berger und seine Kollegen analysiert haben. Gegenwärtig arbeiten die Wissenschaftler daran, ihre Technik so zu erweitern, daß Systeme mit Hunderten von Neuronen imitiert werden können.[28] Professor Carver Mead und seine Mitarbeiter am California Institute of Technology haben ebenfalls digital-analoge integrierte Schaltkreise gebaut, die der Datenverarbeitung neuronaler Schaltkreise von Säugetieren entsprechen, die aus Hunderten von Neuronen bestehen.[29]

Das Zeitalter der neuronalen Implantate hat bereits begonnen, auch wenn wir uns noch in einem frühen Stadium befinden. Die direkte Verbesserung der Informationsverarbeitung im Gehirn durch synthetische Schaltkreise dient heute noch vor allem dazu, die schlimmsten Mängel zu beheben, die durch Krankheiten des Nervensystems und der Sinnesorgane verursacht wurden. Letztlich jedoch werden wir alle der Erweiterung unserer Fähigkeiten durch Neuroimplantate kaum widerstehen können.

Die neue Sterblichkeit

Eigentlich wird es Ende des 21. Jahrhunderts keine Sterblichkeit mehr geben. Nicht in dem Sinne jedenfalls, wie wir sie kennen. Nicht, wenn man sich die Technologie zur Übertragung des menschlichen Bewußtseins zunutze macht, die im 21. Jahrhundert existieren wird. Bis heute ist unsere Sterblichkeit an die Lebensdauer unserer

Hardware gebunden. Wenn die Hardware am Ende ist, sind wir es auch. Bei vielen unserer Vorfahren wurde die Hardware allmählich immer schlechter, bevor sie schließlich ganz versagte. Yeats beklagte die Abhängigkeit von seinem körperlichen Selbst und bezeichnete es als »ein armseliges Ding, einen zerrissenen Rock an einem Stock«.[30] Sobald wir jedoch den Sprung wagen und uns selbst in unserer Computertechnik installieren, wird unsere Identität auf einer sich stetig fortentwickelnden Bewußtseinsdatei basieren. *Wir werden dann keine Hardware mehr sein, sondern Software.*

Und unser Verstand wird sich entwickeln. Heute kann unsere Software noch nicht wachsen. Sie steckt in einem Gehirn mit nur 100 Billionen Verbindungen und Synapsen. Wenn jedoch unsere Hardware erst billionenmal leistungsfähiger ist, dann gibt es für unseren Verstand keinen Grund mehr, so klein zu bleiben wie jetzt. Er kann und wird wachsen.

Wenn wir Software sind, wird unsere Existenz nicht mehr von der Lebensdauer unserer datenverarbeitenden Schaltungen abhängen. Es wird immer noch Hardware und Körper geben, aber im Kern wird unsere Identität in der Permanenz unserer Software liegen. Genau wie wir heute unsere Dateien nicht wegwerfen, wenn wir uns einen neuen Personal Computer kaufen, sondern alles, was wir behalten wollen, auf das neue Gerät übertragen, so werden wir auch unsere Bewußteinsdatei nicht wegwerfen, wenn wir uns in regelmäßigen Abständen auf den jeweils neuesten, jedesmal leistungsfähigeren »persönlichen« Computer übertragen. Natürlich werden Computer dann nicht mehr die Einzelobjekte sein, die sie heute sind. Sie werden tief in unsere Körper, unser Bewußtsein und unsere Umwelt eingebettet sein. Unsere Identität und unser Überleben wird von der Hardware und ihrer Lebensdauer letztlich unabhängig werden.

Unsere Unsterblichkeit wird davon abhängen, daß wir vorsichtig genug sind, unsere Software häufig genug zu sichern. Wer dabei zu leichtsinnig ist, muß auf eine alte Sicherungskopie zurückgreifen und ist dazu verurteilt, seine jüngste Vergangenheit zu wiederholen.

Machen wir einen Sprung ans Ende des kommenden Jahrhunderts. Sie sagten, im Jahr 2099 werde die für einen Penny erhältliche Rechenleistung das Milliardenfache der gemeinsamen Rechenleistung aller menschlichen Gehirne betragen. Das hört sich so an, als werde das menschliche Denken dereinst ziemlich unbedeutend sein.
Ohne technische Hilfe, das ist richtig.

Wie werden wir als Menschen gegen eine solche Konkurrenz bestehen?
Erstens müssen wir einsehen, daß die mächtigere Technologie – die technologisch weiterentwickelte Kultur – immer gewinnt. Dies scheint geschehen zu sein, als unsere Unterart Homo sapiens sapiens auf den Homo sapiens neanderthalensis und andere Unterarten des Homo sapiens traf, die alle nicht überlebten. Dasselbe geschah auch, als die technologisch weiterentwickelten Europäer auf die Eingeborenenvölker Amerikas trafen. Und es geschieht auch heute, da die fortgeschrittenere Technologie beim Erwerb von ökonomischer und militärischer Macht der entscheidende Faktor ist.

Dann werden wir also zu Sklaven dieser klugen Maschinen werden?
Sklaverei ist in einem Zeitalter des Intellekts für beide Seiten kein effizientes ökonomisches System. Als Sklaven hätten wir für die Maschinen keinen Wert, und anfänglich wird sich die Beziehung zwischen Mensch und Maschine eher umgekehrt gestalten.

Stimmt, mein Personal Computer tut, was ich ihm befehle – manchmal! Vielleicht sollte ich in Zukunft freundlicher zu ihm sein.
Nein, es ist ihm gleichgültig, wie Sie ihn behandeln, bis jetzt. Aber letztlich wird unsere angeborene Denkfähigkeit mit der von uns selbst geschaffenen allumfassenden Technologie nicht mehr konkurrieren können.

Vielleicht sollten wir aufhören, sie zu schaffen?
Wir können nicht aufhören. Das Gesetz vom steigenden Ertragszuwachs erlaubt es nicht. Die Evolution kann sich nur mit ständig zunehmender Geschwindigkeit fortsetzen.

Hey, immer mit der Ruhe! Ich hätte nichts dagegen, wenn sich die Evolution ein bißchen verlangsamt. Schließlich ist Ihr Beschleunigungsgesetz von keiner Regierung beschlossen worden.
Das ist nicht nötig. Um die Entwicklung der Computertechnologie oder irgendeiner anderen nutzbringenden Technologie aufzuhalten, müßte man die grundlegenden Realitäten der wirtschaftlichen Konkurrenz aufheben, von unserem Streben nach Wissen ganz zu schweigen. Dies wird nicht passieren. Außerdem ist der Weg, auf dem wir wandeln, mit Gold gepflastert. Er bringt lauter Vorteile, denen wir nie werden widerstehen können – fortgesetztes Wachstum in wirtschaftlichem Wohlstand, bessere Gesundheit, intensivere Kommunikation, effektivere Bildung, packendere Unterhaltung, besseren Sex.

Bis die Computer die Herrschaft übernehmen.
Ach, wissen Sie, wir haben es hier nicht mit einer Invasion von Außerirdischen zu tun. Auch wenn es beunruhigend klingt, die Entstehung von Maschinen mit ungeheurer Intelligenz ist nicht unbedingt etwas Schlechtes.

Schätze, »if you can't beat them ...«: Wenn wir sie nicht besiegen können, müssen wir uns mit ihnen verbünden – wie es so schön heißt ...
Genau das werden wir tun. Die Computer waren zunächst Erweiterungen unseres Verstandes, und am Ende werden sie unseren Verstand erweitern. Die Maschinen sind schon heute ein integraler Bestandteil unserer Kultur, und die sinnlichen und spirituellen Maschinen des 21. Jahrhunderts werden von unserer Kultur noch weniger zu trennen sein.

Na gut, hinsichtlich der Erweiterung meines Verstandes hätte ich nichts gegen ein Implantat für meinen Kurs in französischer Literatur. Ist das dann so, als ob ich das ganze Zeug gelesen hätte? Oder ist es nur, als ob ich einen schlauen Personal Computer in meinem Kopf hätte, den ich jederzeit befragen kann?
Das ist eine Schlüsselfrage, und es ist nicht leicht, darauf eine Antwort zu geben. Sie beruht auf dem Problem des Bewußtseins. Einige Leute werden das Gefühl haben, daß das, was in ihren Neuroimplantaten

geschieht, wirklich zu ihrem Bewußtsein gehört. Andere werden das Gefühl haben, daß es außerhalb dessen bleibt, was sie als ihr Selbst empfinden. Ich persönlich glaube, daß wir die mentale Aktivität der Implantate letztlich als Teil unseres eigenen Denkens betrachten werden. Schließlich tauchen auch ohne Implantate ständig Ideen und Gedanken in unserem Kopf auf, bei denen wir kaum eine Vorstellung haben, wo sie herkommen und wie sie in unseren Kopf hineingekommen sind. Trotzdem betrachten wir alle mentalen Phänomene, die uns bewußt werden, als unsere eigenen Gedanken.

Dann werde ich also Erinnerungen an Erlebnisse herunterladen können, die ich nie gehabt habe?
Ja, aber irgend jemand wird sie wahrscheinlich gehabt haben. Und warum sollte man nicht in der Lage sein, Erinnerungen zu teilen?

Vermutlich ist es bei einigen Erlebnissen sicherer, nur die Erinnerung daran herunterzuladen.
Und weniger zeitaufwendig.

Glauben Sie wirklich, daß man heute schon ein gefrorenes Gehirn scannen kann?
Natürlich, Sie brauchen Ihren Kopf nur hier in meinen Kühlschrank zu stecken.

Na, so was! Sind Sie sicher, daß mir dabei nichts passiert?
Absolut.

Also damit warte ich lieber, bis die Food and Drug Administration das Verfahren genehmigt hat.
Okay, aber dann müssen Sie lange warten.

Wenn ich an die Zukunft denke, habe ich noch immer das Gefühl, daß wir zum Untergang verurteilt sind. Ich verstehe ja, daß das neuinstallierte Bewußtsein, von dem Sie reden, glücklich sein wird, daß es geschaffen wurde. Und ich weiß, daß es glauben wird, es sei ich gewesen, bevor ich gescannt wurde, und daß es noch immer ich ist, aber in einem herrlichen neuen Gehirn. Ihm wird es nicht leid tun, und es wird auf der »anderen Seite« sein. Aber ich sehe nicht, wie ich selbst die Kluft zwischen Mensch und Maschine überwinden könnte. Wenn ich gescannt würde, wäre dieses neue Ich, wie Sie gesagt haben, eben nicht ich, weil ich noch immer hier in meinem alten Gehirn wäre.

Ja, das ist ein kleiner Schönheitsfehler an der Sache. Aber ich bin mir sicher, daß wir dieses heikle Problem mit ein bißchen mehr Nachdenken lösen können.

Ist das Leben nicht herrlich, Charlie?

Kapitel 7

... und Körper

WARUM ES WICHTIG IST, EINEN KÖRPER ZU HABEN

Werfen wir zunächst einmal einen Blick in das Tagebuch meiner Leserin.

Halt, warten Sie mal!
Gibt es ein Problem?

Also erstens habe ich einen Namen.
Ja, es wäre eine gute Idee, wenn Sie sich an dieser Stelle vorstellten.

Ich bin Molly.
Danke. Noch was?

Ja. Ich weiß nicht so recht, ob ich Ihren anderen Lesern Einblick in mein Tagebuch gewähren soll.
Die meisten Schriftsteller lassen ihre Leser überhaupt nicht zu Wort kommen. Und Sie sind sowieso meine Schöpfung, also darf ich ja wohl Ihre persönlichen Überlegungen mit meinen Lesern teilen, wenn es einem guten Zweck dient.

Ich bin vielleicht Ihre Schöpfung, aber vergessen Sie nicht, daß Sie in Kapitel 2 gesagt haben, daß Schöpfungen sich entwickeln und ihre Schöpfer überflügeln können.
Stimmt. Also sollte ich vielleicht etwas mehr Rücksicht auf Ihre Bedürfnisse nehmen.

Gute Idee. Dann schaue ich mir gleich mal die Tagebucheintragungen an, die Sie ausgewählt haben.
Also gut. Hier einige redigierte und genehmigte Passagen aus Mollys Tagebuch:

Ich esse jetzt nur noch fettarme Kekse. Das hat zwei entschiedene Vorteile. Erstens haben sie nur halb so viele Kalorien. Zweitens schmecken sie abscheulich. Deshalb bin ich weniger in Versuchung, sie zu essen. Aber ich wünschte, die Leute würden mir nicht ständig Essen aufdrängen ... Morgen ist eine Party im Studentenwohnheim, zu der jeder was zu essen mitbringt, da werd' ich wieder Probleme kriegen. Ich habe immer das Gefühl, daß ich alles probieren muß, und verliere den Überblick über das, was ich esse.

Ich muß mindestens eine halbe Kleidergröße abnehmen, eine ganze wäre noch besser. Dann könnte ich in diesem neuen Kleid besser atmen. Ach, da fällt mir ein, ich sollte auf dem Heimweg im Fitneßclub vorbeischauen. Vielleicht falle ich dem neuen Trainer auf. Neulich habe ich gemerkt, wie er zu mir herüberschaute. Ich fing seinen Blick auf, aber ich hing total verkrampft an diesen neuen Geräten, und da schaute er wieder weg ... Das Fitneßcenter liegt in einem ziemlich üblen Viertel, und ich habe Angst, wenn ich spätabends zu meinem Auto zurückgehe. Oh, da kommt mir eine Idee: Ich frage einfach den Trainer – ich muß unbedingt seinen Namen herausfinden –, ob er mich zum Auto begleitet. Man soll immer auf seine Sicherheit achten, nicht wahr?

... Ich mache mir ein bißchen Sorgen über diese Beule auf meinem Zeh. Aber der Doktor hat gesagt, daß solche Beulen fast immer gutartig sind. Trotzdem will er sie entfernen und in ein Labor schicken. Er sagt, daß ich nicht das geringste spüren werde. Außer der Novocainspritze natürlich – ich hasse Spritzen!

Es war ein bißchen komisch, als ich meinen alten Freund wiedergetroffen habe, aber es freut mich, daß wir immer noch Freunde sind. Es war ein schönes Gefühl, als er mich umarmt hat ...

Danke, Molly. Interessant, daß kaum ein Satz in Mollys Tagebuch Sinn machen würde, wenn sie keinen Körper hätte. Mollys geistige Aktivitäten sind größtenteils auf ihren Körper, auf sein Überleben, seine Sicherheit, seine Ernährung, sein Aussehen bezogen, von den damit zusammenhängenden Themen wie Zuneigung, Sexualität und Fortpflanzung ganz zu schweigen. Aber Molly ist nichts Besonderes in dieser Beziehung. Darf ich auch meine anderen Leser einladen, ihre eigenen Tagebücher zu konsultieren? Wie viele Sätze würden bei Ihnen Sinn machen, wenn Sie keinen Körper hätten?

Der Körper ist in vieler Hinsicht wichtig. Die meisten Ziele, von denen zu Beginn des letzten Kapitels die Rede war und die man mit Intelligenz zu verwirklichen trachtet, haben etwas mit dem Körper zu tun. Man will seinen Körper schützen, ihn mit Nahrung versorgen, ihn anziehend gestalten, ihm Wohlgefühle verschaffen und für seine unzähligen Bedürfnisse sorgen, gar nicht zu reden von seinen Begierden.

Einige Philosophen, wie etwa Hubert Dreyfus, der bekannte Kritiker des Konzepts von der Künstlichen Intelligenz, behaupten, daß es unmöglich sei, das menschliche Intelligenzniveau ohne einen Körper zu erreichen.[1] Auf jeden Fall sollte man besser einen Körper zur Verfügung stellen, wenn man das Bewußtsein eines Menschen in ein neues datenverarbeitendes Medium überträgt. Ein Geist ohne Körper wird schnell depressiv.

KÖRPER DES 21. JAHRHUNDERTS

Woraus besteht die Seele? Und wenn Maschinen je Seelen haben werden, was wird für sie den psychoaktiven Drogen entsprechen? Was dem Schmerz? Und was dem körperlich/emotionalen Hochgefühl, das mir ein sauberes Büro vermittelt?

Esther Dyson

Was für eine seltsame Maschine ist der Mensch. Man füllt ihn mit Brot, Wein, Fisch und Rettich, und heraus kommen Seufzer, Gelächter und Träume.

Nikos Kazantzakis

Was für Körper wird man wohl den Maschinen des 21. Jahrhunderts zur Verfügung stellen? Später wird die Frage lauten: Was für Körper werden sie sich selbst zur Verfügung stellen?

Beginnen wir mit dem menschlichen Körper. An diesen Körper sind wir gewöhnt. Er hat sich zusammen mit seinem Gehirn entwikkelt, deshalb ist das menschliche Gehirn gut geeignet, für seine Bedürfnisse zu sorgen. Das menschliche Gehirn und der menschliche Körper gehören sozusagen zusammen.

Das wahrscheinlichste Szenario ist, daß sich beide, Körper und Gehirn, zusammen weiterentwickeln: sie werden zusammen aufgerüstet werden und gemeinsam neue Lebensweisen und Materialien erkunden. Wie im vorigen Kapitel angesprochen, werden wir unser Bewußtsein nicht mit einem Schlag auf einen neuen datenverarbeitenden Apparat übertragen. Wir werden unsere Gehirne Schritt für Schritt verbessern, bis der Kern unseres Denkens eines Tages ganz in die weit fähigere und verläßlichere Maschine hinüberwandern wird. Diesen Gedanken finden wir unangenehm, wobei unser Unbehagen viel mit unserem Begriff von »Maschine« zu tun hat. Man sollte jedoch nicht vergessen, daß sich unser Verständnis dieses Begriffes zusammen mit unserem Bewußtsein entwickeln wird.

Die Umwandlung unserer Körper ist bereits weiter gediehen als die Verbesserung unserer Gehirne. Kiefer-, Schädel- und Hüftknochen werden durch Imitate aus Titan ersetzt. Es gibt verschiedene Arten von künstlicher Haut, künstliche Herzventile, synthetische Blutgefäße als Ersatz für Arterien und Venen, dehnbare Kunststoffe, um schwache natürliche Blutgefäße zu verstärken. Es gibt künstliche Arme, Beine, Füße und Wirbelsäulenimplantate. Wir verfügen über alle Arten von Gelenken: für Kiefer, Hüften, Knie, Schultern, Ellbogen, Handgelenke, Finger und Zehen. Selbst die Funktion der Blase läßt sich durch ein Implantat steuern. Gegenwärtig werden Maschinen entwickelt – einige aus künstlichem Material und andere, die neue Materialien mit gezüchteten Zellen kombinieren –, die letztlich Organe wie die Leber und die Bauchspeicheldrüse ersetzen werden. Penisprothesen mit kleinen Pumpen können eine Erektion simulieren. Und schon lange gibt es Implantate für Zähne und Brüste.

Unseren Körper jedoch vollständig mit synthetischen Materialien neu zu erbauen, auch wenn er dann dem alten in mancher Hinsicht überlegen wäre: darin sehen wir keine zwingende Notwendigkeit. Wir mögen die Weichheit unserer Körper. Es gefällt uns, wenn ein Körper geschmeidig ist und knuddelig und warm. Und wir wollen keine künstliche Wärme, sondern die tiefe und intime Glut von Billionen lebender Zellen. Sollte man den Körper daher nicht lieber Zelle für Zelle verbessern?

Auch dieser Weg wird bereits beschritten. Ein Teil des genetischen Codes, des Bauplans der menschlichen Zellen, ist bereits erfaßt. Und wir haben damit begonnen, diese Pläne zu entschlüsseln und zu verstehen. Schon in naher Zukunft, so hoffen wir, können diese Erkenntnisse nutzbar gemacht und Gentherapien entwickelt werden, um genetische Defekte unserer Zellen zu korrigieren: etwa die Insulinresistenz bei Typ-II-Diabetes oder die unkontrollierte Zellteilung des Krebswachstums. Eine frühe gentherapeutische Methode war die Infektion des Patienten mit speziellen Viren, die die heilende DNS enthielten. Dr. Clifford Steer von der University of Minnesota entwickelte nun eine wirksamere Methode, bei der RNA-Moleküle eingesetzt werden, um die gewünschte DNS direkt ans Ziel zu bringen.[2] Eine hohe Priorität auf der Liste künftiger zellulärer Verbesserungen hat die Neutralisierung jener Gene, die für den Selbstmord der menschlichen Zellen verantwortlich sind. Sie werden Telomere genannt und bestehen aus Strängen genetischer Perlen an beiden Enden des Chromosoms, die bei jeder Zellteilung ein Stück kürzer werden. Wenn alle Telomerperlen abgebaut sind, kann die Zelle sich nicht mehr teilen und zerstört sich selbst. Es gibt eine lange Liste von

Krankheiten, Altersbeschwerden und körperlichen Behinderungen, die man durch Veränderungen des genetischen Codes, der unsere Zellen steuert, beseitigen will.

Doch die Möglichkeiten dieses Ansatzes sind beschränkt. Unsere auf DNS basierenden Zellen hängen von der Eiweißsynthese ab, und Eiweiß ist zwar ein wunderbar vielseitiger Stoff, hat aber auch gravierende Nachteile. Hans Moravec, einer der ersten ernsthaften Denker, der das Potential der Maschinen im 21. Jahrhundert erkannte, weist darauf hin, daß »Eiweiß kein ideales Material ist. Es ist nur in einem schmalen Temperatur- und Druckbereich stabil, ist sehr empfindlich gegen Strahlung und schließt die Verwendung einer ganzen Reihe von Konstruktionstechniken und Komponenten aus … Ein auf Gentechnik beruhender Supermensch wäre nur eine Art Roboter zweiter Klasse, weil er nur mit dem Handicap der DNS-gesteuerten Proteinsynthese konstruiert werden könnte. Dies wäre nur in den Augen chauvinistischer Vertreter der menschlichen Überlegenheit von Vorteil.«[3]

Eine evolutionäre Errungenschaft, die man beibehalten sollte, ist dagegen der Aufbau des Körpers aus Zellen. Diese evolutionäre Konstruktionsidee bedingt viele wünschenswerte Qualitäten des menschlichen Körpers: seine Redundanz, die ein hohes Maß an Verläßlichkeit garantiert; seine Fähigkeit, sich selbst zu regenerieren und zu reparieren; und seine Weichheit und Wärme. Doch genau wie wir letztlich auf unsere extrem langsamen Neuronen verzichten werden, werden wir letztlich auch gezwungen sein, auf die mit zahlreichen Nachteilen behaftete Proteinchemie unseres Körpers zu verzichten. Um unsere Zellen neu zu erfinden, werden wir auf eine der wichtigsten Technologien des 21. Jahrhunderts zurückgreifen, auf die Nanotechnologie.

NANOTECHNOLOGIE: DIE WELT ATOM FÜR ATOM NEU ZUSAMMENSETZEN

Viele Probleme in Chemie und Biologie können leichter gelöst werden, wenn ... man schließlich lernt, auf der atomaren Ebene zu arbeiten – eine Entwicklung, die meines Erachtens unvermeidlich ist.

Richard Feynman, 1959

Angenommen, jemand behauptete, er habe eine mikroskopisch exakte Kopie von Michelangelos David *bei sich zu Hause stehen (die sogar aus Marmor sei). Sie besuchen ihn und finden in seinem Wohnzimmer einen etwa sieben Meter hohen, grob rechteckigen Klotz reinen weißen Marmors vor. »Ich habe ihn nur noch nicht ausgepackt«, sagt der Besitzer. »Aber ich weiß, daß er da drin ist.«*

Douglas Hofstadter

Welche Vorteile wird der Nano-Toaster gegenüber dem herkömmlichen makroskopischen Toaster haben? Zunächst einmal wird die Platzersparnis auf der Theke beträchtlich sein. Ein philosophischer Punkt, den man nicht übersehen sollte, ist der, daß die Schöpfung des kleinsten Toasters der Welt die Existenz des kleinsten Brotes der Welt impliziert. Wir werden im Quantenbereich unvermeidlich auf elementare Toastteilchen stoßen, die wir hiermit »Croutons« taufen.

Jim Cser, *Annals of Improbable Research*, hg. v. Marc Abrahams

Die ersten Werkzeuge der Menschheit waren gefundene Objekte: Stöcke, mit denen man Wurzeln ausgrub, und Steine zum Nüsseknacken. Unsere Vorfahren benötigten Zehntausende von Jahren, um eine scharfe Klinge zu erfinden. Heute bauen wir Maschinen mit raffiniert konstruierten Mechanismen, aber aus molekulartechnischer Sicht wird unsere Technologie trotzdem primitiv wirken. »Beim Gießen, Schleifen, Fräsen und sogar bei der Lithographie werden Atome statistisch gesehen in gewaltigen donnernden Herden bewegt«, sagt Ralph Merkle, ein Theoretiker der Nanotechnologie im Forschungszentrum von Xerox in Palo Alto. Er fügt hinzu, die gegenwärtigen Fabrikationsmethoden »seien wie Lego spielen mit Boxhandschuhen ... In Zukunft wird uns die Nanotechnologie von den Boxhandschuhen befreien.«[4]

Nanotechnologie ist Konstruktion auf molekularem Niveau: Man setzt Atom für Atom Maschinen zusammen. Ein Nanometer ist ein Milliardstelmeter, was der Breite von fünf Kohlenstoffatomen entspricht. Es gibt einen existentiellen Beweis für die Machbarkeit von Nanotechnologie: das Leben auf der Erde. Kleine, Ribosomen genannte Maschinen in unseren Zellen bauen Organismen wie den Menschen Molekül für Molekül oder Aminosäure für Aminosäure zusammen, wobei sie dem digitalen Bauplan folgen, der in einem anderen Molekül namens DNS codiert ist. Das Leben auf der Erde hat das Endziel der Nanotechnologie bereits gemeistert, die Selbstverdoppelung oder Selbstreplikation.

Wie oben erwähnt, ist das Leben auf der Erde jedoch an den besonderen molekularen Baustein gebunden, den es sich gewählt hat. Genau wie die vom Menschen geschaffene Computertechnologie die Leistungsfähigkeit der natürlichen Datenverarbeitung letztlich übertreffen wird (elektronische Schaltkreise sind heute schon millionenmal schneller als die neuronalen des Menschen), wird auch die Technologie, mit der man im 21. Jahrhundert Körper bauen wird, die auf Aminosäuren basierende Technologie der Natur bei weitem übertreffen.

Das Konzept, Maschinen Atom für Atom zu bauen, wurde erstmals 1959 am California Institute of Technology von dem Physiker Richard Feynman in einem Vortrag mit dem Titel »There's Plenty of Room at the Bottom« beschrieben, eben jenem Feynman, der zuerst vermutet hatte, daß es möglich sei, einen Quantencomputer zu bauen.[5] Feynmans Idee wurde zwanzig Jahre später von Eric Drexler in dem Buch *Engines of Creation* detaillierter behandelt.[6] Das Buch beeinflußte nachhaltig die Cyronic-Bewegung der achtziger Jahre. Deren Anhänger ließen nach ihrem Tod ihren Körper oder nur ihren Kopf einfrieren – in der Hoffnung, daß irgendwann in der Zukunft die Molekulartechnologie existieren würde, um ihre tödlichen Krankheiten zu heilen und die durch Einfrieren und Auftauen verursachten Schäden zu beheben. Ob eine künftige Generation wirklich Lust dazu haben wird, all die gefrorenen Gehirne wiederzubeleben, steht dabei auf einem anderen Blatt.

Die Reaktionen nach der Veröffentlichung von *Engines of Creation* waren skeptisch, und Drexler hatte Schwierigkeiten, Prüfer für sein Promotionsverfahren zu finden, obwohl die Doktorarbeit von Marvin Minsky betreut wurde. Sie erschien 1992 als Buch mit dem Titel *Nanosystems: Molecular Machinery, Manufacturing and Computation* und bestand aus einem umfassenden Konzept mit detaillierten Analysen und konkreten Entwürfen. [7] Ein Jahr später erschienen auf der ersten Konferenz über Nanotechnologie nur ein paar Dutzend Forscher. Doch die 1997 abgehaltene fünfte Jahreskonferenz wurde von 350 Wissenschaftlern besucht, und sie waren sehr viel zuversichtlicher geworden, was die Verwirklichung ihrer Projekte betraf. Nanothinc, eine Denkfabrik der Industrie, schätzte 1997, daß in diesem Jahr bereits ein Umsatz von 5 Milliarden Dollar für nanotechnische und verwandte Produkte erzielt wurde, etwa für Mikromaschinen, Techniken zur Mikrofabrikation, Nanolithographie, Mikroskope im Nanobereich und anderes. Der Umsatz hatte sich in den vorausgegangenen Jahren jeweils mehr als verdoppelt.[8]

Das Zeitalter der Nanoröhren

Ein zentrales Material für den Bau kleiner Maschinen sind auch hier die Nanoröhren. Obwohl sie so klein sind, sind die sechseckigen Strukturen aus Kohlenstoffatomen extrem haltbar und dauerhaft. »Man kann mit den Dingern anstellen, was man will, und sie funktionieren immer noch«, sagt Richard Smalley, einer der Chemiker, die für die Entdeckung der Buckyball-Moleküle den Nobelpreis erhielten. [9] Ein Auto aus Nanoröhren wäre härter und stabiler als ein Auto aus Stahl, aber es würde kaum mehr als 20 Kilogramm wiegen. Ein Raumfahrzeug aus demselben Material könnte die Größe und Härte des amerikanischen Spaceshuttles aufweisen, würde jedoch nicht mehr wiegen als ein herkömmliches Auto. Nanoröhren sind extrem hitzebeständig, ganz im Gegensatz zu den empfindlichen Aminosäuren, aus denen der Mensch gebaut ist. Und Nanoröhren können zu allen möglichen Formen zusammengesetzt werden: zu drahtartigen Strängen, festen Balken, Zahnrädern und vielem mehr. Außerdem bestehen Nanoröhren aus Kohlenstoffatomen, die in der Natur im Überfluß vorhanden sind.

Vermutlich wird die Konstruktions- und die Datenverarbeitungstechnik des 21. Jahrhunderts auf demselben Material basieren. Tatsächlich könnten dieselben Nanoröhren, mit denen physikalische Strukturen aufgebaut werden, auch für extrem effiziente Datenverarbeitung verwendet werden, so daß künftige Nanomaschinen ihr Gehirn vielleicht im ganzen Körper verteilt haben werden.

Die bis heute bekanntesten nanotechnologischen Produkte sind zwar noch nicht unbeschränkt anwendungsreif, zeigen aber, daß eine Technik im Molekularbereich durchaus möglich ist. IBM hat versuchsweise ein mikroskopisch kleines Firmenlogo bauen lassen, bei dem einzelne Atome als Pixel dienten. [10] Texas Instruments (TI) baute 1996 eine Vorrichtung von der Größe eines Chips mit einer halben Million beweglicher Spiegel, die in einem kleinen Projektor mit hoher Auflösung verwendbar ist. [11] Mit diesen Nanospiegeln erzielte TI 1997 einen Umsatz von 100 Millionen Dollar.

Chih-Ming Ho von der University of California in Los Angeles (UCLA) entwirft Flugmaschinen, deren Oberflächen mit Mikroklappen bedeckt sind, die ähnlich wie die normalen Landeklappen eines Flugzeugs den Luftstrom kontrollieren. [12] Andrew Berlin im Forschungszentrum von Xerox in Palo Alto entwickelt einen Drucker, der das Papier mittels mikroskopisch kleiner Luftventile höchst exakt bewegt. [13]

Dustin Carr, ein Rockmusiker und graduierter Student an der Cornell University, baute eine real aussehende, aber mikroskopisch kleine Gitarre, deren Saiten einen Durchmesser von nur 50 Nanometer hatten. Carrs Schöpfung ist ein voll funktionstüchtiges Musikinstrument, aber seine Finger sind zu groß, um es zu spielen. Außerdem vibrieren die Saiten mit 10 Millionen Schwingungen pro Sekunde, also weit jenseits der bis zu 20 000 Schwingungen pro Sekunde, die der Mensch hören kann. [14]

Der Heilige Gral der Selbstreplikation: kleine Finger und ein bißchen Intelligenz

Kleine Finger sind so etwas wie der Heilige Gral der Nanotechniker. Ausgestattet mit kleinen Fingern und einer gewissen Rechenleistung hätten die Nanomaschinen in ihrem winzigen Lilliput dasselbe, was die Menschen in der großen Welt haben: Intelligenz und die Fähigkeit, ihre Umwelt zu verändern. Die kleinen Maschinen könnten sich dann selbst kopieren und hätten damit das höchste Ziel der Nanotechnologie erreicht.

Merkle (ein Miterfinder der Public-Key-Encryption, der heute wichtigsten Methode zur Verschlüsselung von Botschaften im Internet), Drexler und andere haben überzeugend beschrieben, wie ein solcher selbstreplizierender Nanorobot – oder *Nanobot* – gebaut werden könnte. Der Trick besteht darin, den Nanobot mit Manipulatoren (Armen und Händen) von ausreichender Beweglichkeit auszustatten, so daß er in der Lage ist, eine Kopie von sich selbst zu bauen. Er braucht auch einen Fortbewegungsmechanismus, damit er das erforderliche Rohmaterial finden kann. Und er sollte eine gewisse Intelligenz besitzen, um die kleinen Probleme zu lösen, die auftauchen, wenn alle Nanobots beginnen, kleine komplizierte Maschinen wie sich selbst herzustellen. *Außerdem muß er unbedingt wissen, wann er mit der Selbstreplikation aufhören muß.*

Gestaltwandel in der realen Welt

Im Nanometerbereich gebaute, selbstreplizierende Maschinen könnten die Welt, in der wir leben, wirklich verändern. Sie könnten extrem kostengünstige Solarzellen bauen, um die problematischen fossilen Brennstoffe zu ersetzen. Da Solarzellen eine große Oberfläche haben müssen, um genügend Sonnenlicht aufzunehmen, könnte man sie in eine Erdumlaufbahn plazieren, und von dort könnten sie ihre Energie auf die Erde abstrahlen.

In unseren Blutkreislauf integrierte Nanobots könnten unser natürliches Immunsystem ergänzen und Krankheitserreger, Krebszellen, die Ablagerungen in den Arterien und andere schädliche Faktoren bekämpfen. Wer sich in den achtziger Jahren einfrieren ließ, hoffte, daß erkrankte Organe eines Tages wieder rekonstruiert werden könnten. Mittels Nanotechnologie wird man tatsächlich in der Lage sein, alle Organe und Systeme im menschlichen Körper zu rekonstruieren, und zwar Zelle für Zelle. Im letzten Kapitel war von Umkehrtechnik und dem Nachbau der zentralen datenverarbeitenden Funktionen der menschlichen Neuronen die Rede. Auf dieselbe Weise wird es möglich werden, die physikalischen und chemischen Funktionen jeder menschlichen Zelle durch Umkehrtechnik zu kopieren. Dabei wird man die Haltbarkeit, Belastbarkeit, Temperaturempfindlichkeit und andere Eigenschaften und Fähigkeiten unserer zellularen Bausteine stark verbessern können.

Man wird dann stärkere, leistungsfähigere Organe konstruieren, indem man die Zellen neu entwirft, aus denen sie bestehen, und sie mit sehr viel flexibleren und haltbareren Materialien wieder aufbaut. Dabei wird man schnell herausfinden, daß eine Umgestaltung des Körpers in vieler Hinsicht sinnvoll ist. So wird vermutlich das herkömmliche Immunsystem überflüssig werden, weil die Zellen gegen traditionelle Krankheitserreger immun geworden sind. Allerdings wird man eine neuartige nanotechnische Abwehr gegen neuartige Nanoerreger brauchen.

Nahrung, Kleidung, Diamantringe, Gebäude könnten sich alle Molekül für Molekül selbst zusammensetzen. Jede Art von Produkt könnte sofort geschaffen werden, wann und wo wir es brauchen. Tatsächlich könnte sich die ganze Welt ständig neu zusammensetzen, um unsere wechselnden Bedürfnisse, Begierden und Phantasien zu befriedigen. Im späten 21. Jahrhundert wird es nanotechnisch möglich sein, daß Möbel, Gebäude, Kleidungsstücke, ja sogar Personen ihre äußere Erscheinung und ihre Eigenschaften in Sekundenbruchteilen ändern und sich praktisch in etwas anderes verwandeln.

Diese Technologien werden sich schrittweise entwickeln. (Ich werde die verschiedenen Entwicklungsstufen der Nanotechnologie genauer schildern, wenn es in Teil III dieses Buches um die einzelnen Jahrzehnte des 21. Jahrhunderts geht.) Es gibt einen starken Anreiz, diesen Weg zu verfolgen. Wenn der Mensch die Wahl hat, wird er bestrebt sein zu verhindern, daß seine Knochen zerbröseln, seine Haut welkt und seine lebenswichtigen Systeme immer mehr an

Kraft und Vitalität verlieren. Die Verbesserung unseres geistigen Befindens durch Neuroimplantate und unseres körperlichen Befindens durch nanotechnisch aufgerüstete Körper wird unwiderstehlich und populär sein. Auch hier haben wir es wieder mit einem dieser gefährlichen, aber verführerischen Wege zu tun, auf dem es offensichtlich kein Halten gibt, bis die menschliche Rasse ihre von der Evolution geschaffenen Gehirne und Körper größtenteils ersetzt hat.

Angriff der Nanobots

Ohne Selbstreplikation ist die Nanotechnologie weder praktikabel noch wirtschaftlich machbar. Und hier liegt der Haken. Was geschieht, wenn die Selbstreplikation aufgrund eines kleinen (zufälligen oder beabsichtigten) Softwareproblems nicht aufhört? Wir könnten dann mehr Nanobots bekommen, als wir wollen, und sie könnten alles verschlingen, was in ihrer Reichweite liegt.

Der Film *Blob* (und sein Remake) ist die Vision eines solchen Amoklaufs der Nanotechnologie. Der Bösewicht in beiden Filmen ist eine intelligente, selbstreplizierende, gefräßige Masse, die sich von organischem Material ernährt. Tatsächlich werden die nanotechnologischen Produkte vermutlich aus Nanoröhren auf Kohlenstoffbasis bestehen, und sie werden sich wie der Blob aus organischer Materie aufbauen, die reich an Kohlenstoff ist. Im Gegensatz zu dem auf menschliche und tierische Körper beschränkten Krebs könnte sich eine exponentiell anwachsende Population von Nanomaschinen von jeder kohlenstoffreichen Materie ernähren. Das Aufspüren all dieser bösartigen Nanointelligenzen wäre, als ob man Billionen mikroskopisch kleine – sich obendrein auch noch äußerst schnell bewegende – Nadeln in ebenso vielen Heuhaufen suchen müßte. Es sind bereits Vorschläge für nanotechnische Immunsysteme gemacht worden: gutartige kleine Antikörper-Maschinen, die die bösartigen Nanomaschinen aufspüren und vernichten sollen. Doch die Nanoantikörper müßten sich mindestens ebenso schnell vermehren wie die epidemisch wachsende Zahl der marodierenden Nanobösewichte. Es könnte allerhand Schlimmes passieren, wenn diese Billionenheere von kleinen Maschinen aufeinanderprallen.

Fürwahr ein Horrorszenario, doch ich will versuchen – wenn auch vielleicht nicht ganz überzeugend – die beschworenen Gefahren wieder etwas zu relativieren. Ich glaube, es wird möglich sein, selbstreplizierende Nanobots so zu bauen, daß eine *versehentliche* unerwünschte Explosion des Bestandes unwahrscheinlich sein wird. Ich weiß, daß diese Beteuerung nicht ausreicht, um alle Ängste zu beschwichtigen, zumal sie von einem Softwareentwickler kommt, dessen Produkte (wie auch die seiner Konkurrenten) immer wieder mal abstürzen (aber selten – und wenn doch, dann ist natürlich das Betriebssystem schuld!). Bei der Softwareentwicklung gibt es die sogenannten Mission-Critical-Systeme, Softwareprogramme, die einen Prozeß steuern, von dem Menschenleben abhängig sind. Beispiele für diese Software sind etwa die Lebenserhaltungssysteme in Krankenhäusern, automatisierte chirurgische Geräte, automatische Flug- und Landesysteme wie der Autopilot und andere Softwaresysteme, deren Versagen Menschen oder Organisationen gefährden könnte. Es ist möglich, bei diesen Programmen eine extrem hohe Verläßlichkeit zu erzielen. Schon heute sind komplexe Systeme im Einsatz, deren Versagen die öffentliche Sicherheit ernsthaft gefährden würde. Eine »normale«, konventionelle Explosion in einem Atomkraftwerk könnte dicht bevölkerte Gebiete mit tödlichem Plutonium verseuchen. Zwar wäre es in Tschernobyl beinahe zu einer Kernschmelze gekommen, aber in all den Jahrzehnten, als Hunderte von Atomkraftwerken in Betrieb waren, ist es offenbar nur zweimal zu einer wirklichen Kernschmelze gekommen, und zwar jeweils bei Reaktorkatastrophen in der russischen Region Tscheljabinsk.[15] Auch gibt es Zehntausende von Atomwaffen, und keine ist je versehentlich explodiert.

Ich gebe zu, daß meine Argumente die Bedenken nicht ausräumen können. Doch die weitaus größere Gefahr stellt der absichtliche zerstörerische Einsatz von Nanotechnologie dar. Wenn die Grundlagen dieser Technologie erst einmal verfügbar sind, wird sie auch leicht für kriegerische oder terroristische Zwecke einsetzbar sein. Man müßte nicht unbedingt selbstmörderisch veranlagt sein, um solche Waffen zu bauen. Die Nanowaffen könnten leicht so programmiert werden, daß sie sich nur zum Schaden des Feindes vermehren, beispielsweise nur in einem bestimmten geographischen Gebiet. Trotz ihres gewaltigen Zerstörungspotentials sind Atomwaffen in ihrer

Wirkung »relativ« lokal begrenzt – relativ in bezug auf die weitaus größeren Gefahren, die der selbstreplizierende Charakter der Nanotechnologie in sich birgt.

VIRTUELLE KÖRPER

Man braucht nicht für alles einen realen Körper. Wenn man sich in einer virtuellen Umgebung aufhält, reicht ein virtueller Körper völlig aus. Die virtuelle Realität (VR) begann mit der Entwicklung von Computerspielen, die über ein simuliertes Environment verfügten. Das erste Spiel dieser Art war Space War, das in den sechziger Jahren von KI-Forschern geschrieben wurde, um sich die Wartezeit zu verkürzen, während ihre langsamen Rechner Programme kompilierten.[16] Das synthetische Weltraumenvironment war gut geeignet für Bildschirme mit geringer Auflösung; die Sterne und andere Objekte im Raum waren schlicht erleuchtete Bildpunkte.

Computerspiele sind mit der Zeit immer realistischer geworden, aber man kann bis heute nicht vollständig in die imaginären Welten eintreten – nicht ohne beträchtliche Phantasie jedenfalls. Ein Problem ist, daß man immer den Bildschirmrand sehen kann und jenseits dieser Grenze auch die nur allzureale Welt noch immer sichtbar ist, die man eben *nicht* verlassen hat.

Wer eine neue Welt betreten will, sollte die störenden Spuren der alten Welt beseitigen. In den neunziger Jahren wurde die erste Generation von Geräten mit virtueller Realität eingeführt. Man trägt einen speziellen visuellen Helm, der das gesamte reale Blickfeld ersetzt. Der Schlüssel zu dieser neuen visuellen Realität liegt darin, daß sich die Szene bei jeder Kopfbewegung augenblicklich verändert, so daß man jeweils auf einen anderen Teil eines dreidimensionalen Schauplatzes blickt. Dabei soll das simuliert werden, was geschieht, wenn man in der realen Welt den Kopf bewegt: die von der Netzhaut des Auges aufgenommenen Bilder ändern sich schnell, wobei das Gehirn trotzdem weiß, daß die Welt stillsteht und das Bild nur wegen der Kopfbewegung über die Netzhaut gleitet.

Wie bei den meisten Technologien in diesem Stadium war auch die virtuelle Realität der ersten Generation nicht wirklich überzeugend.

Da der Aufbau eines neuen Bildes eine hohe Rechenleistung erfordert, entsteht eine Verzögerung, bis es aufgebaut ist. Jede merkliche Verzögerung aber signalisiert dem Gehirn, daß die Welt, die es vor sich hat, nicht völlig real ist. Auch die Auflösung der VR-Displays reicht nicht aus, um eine wirklich befriedigende Illusion zu schaffen. Zudem sind die heutigen VR-Helme unförmig und unbequem.

Um die Verzögerung zu beseitigen und die Bildqualität zu verbessern, sind noch schnellere Computer notwendig, die ja bekanntlich ständig entwickelt werden. Bis 2007 wird zum Preis heutiger Computerspiele eine qualitativ hochwertige virtuelle Realität mit überzeugenden künstlichen Environments, praktisch verzögerungslosem Bildaufbau und bequemen hochauflösenden Displays erhältlich sein.

Damit wäre für den menschlichen Gesichts- und Gehörsinn gesorgt. Ein weiteres menschliches Sinnesorgan mit hoher Auflösung ist unsere Haut, und »haptische« Schnittstellen zur Schaffung einer virtuellen Realität für den Tastsinn sind in der Entwicklung begriffen. Heute bereits erhältlich ist der Force-Feedback-Joystick von Microsoft, der auf Forschungen beruht, die in den achtziger Jahren im Media Lab des MIT gemacht wurden. Ein Force-Feedback-Joystick verleiht Computerspielen einen gewissen taktilen Realismus. So spürt man etwa, wenn man bei einem Autorennspiel über ein Schlagloch fährt oder bei einem Angelspiel etwas an der Leine hat. Ende 1998 ist die »taktile Maus« auf den Markt gekommen; sie funktioniert wie eine herkömmliche Maus, läßt jedoch den Nutzer die Struktur von Oberflächen, Objekten und sogar Menschen fühlen. Die Medical Learning Company, an der ich selbst beteiligt bin, entwickelt einen simulierten Patienten, der bei der Ausbildung von Ärzten eingesetzt werden und es auch Laien ermöglichen soll, Doktor zu spielen. Auch dieses Programm wird über eine haptische Schnittstelle verfügen, so daß man etwa ein Knie nach Bruchstellen oder eine Brust nach Knoten abtasten kann.[17]

Ein Force-Feedback-Joystick ist im taktilen Bereich ungefähr dasselbe wie ein konventioneller Monitor im visuellen Bereich. Der Joystick ist zwar eine taktile Schnittstelle, hüllt jedoch den Benutzer nicht vollständig ein. Um die wirkliche Welt wenigstens zeitweise wirklich zu verlassen, benötigt man ein taktiles Environment, das den Tastsinn vollständig besetzt.

Wie müßte ein solches virtuelles taktiles Environment aussehen? Einige Elemente waren bereits in Science-Fiction-Filmen zu sehen (immer eine gute Quelle, wenn man die Zukunft erfinden will). Man könnte einen Anzug bauen, der die Bewegungen des Benutzers registriert und ihm zugleich eine hochaufgelöste taktile Simulation bietet. Der Anzug wird außerdem ein ausreichendes Force-Feedback haben müssen, stark genug, um eine Bewegung wirklich zu stoppen, wenn man im virtuellen Environment auf ein Hindernis trifft. Auch wenn man beispielsweise eine virtuelle Gefährtin umarmt, will man ihren Körper nicht einfach durchdringen. Dies wird eine Force-Feedback-Struktur außerhalb des Anzugs erfordern, obwohl der Widerstand des virtuellen Hindernisses vom Anzug selbst geleistet werden könnte. Da sich der Körper innerhalb des Anzugs immer noch in der realen Welt befindet, wird es außerdem sinnvoll sein, das ganze System in einer Kabine unterzubringen, damit der Nutzer mit seinen Bewegungen in der virtuellen Welt nicht ständig Gegenstände und Personen in der realen Umgebung zu Boden schlägt. Der Anzug könnte auch Temperaturveränderungen erzeugen, so daß etwa der Eindruck einer feuchten Oberfläche entstünde oder sogar das Gefühl, die Hand oder den ganzen Körper ins Wasser zu tauchen – was durch eine Temperaturveränderung und durch einen Wechsel der Oberflächenspannung vermittelt würde. Schließlich könnten wir als Plattform für den Benutzer eine Art rotierende Tretmühle zur Verfügung stellen, auf der er stehen (oder sitzen oder liegen) und sich im virtuellen Environment in alle Richtungen bewegen kann.

Mit dem Anzug, der äußeren Struktur, der Kabine, der Plattform, der Spezialbrille und den Kopfhörern wäre so ziemlich alles beisammen, um sämtliche Sinne vollständig mit Beschlag zu belegen. Natürlich wäre auch eine gute VR-Software erforderlich, doch es wird gewiß ein heißer Wettbewerb um die Bereitstellung einer Vielfalt realistischer und phantastischer neuer Environments ausbrechen, sobald die benötigte Hardware erhältlich ist.

Doch halt, da ist ja noch der Geruchsinn! Eine absolut flexible und allumfassende Schnittstelle für unseren vierten Sinn wird eine schon recht fortgeschrittene Nanotechnologie erfordern, denn dann müßte die große Vielfalt von Molekülen synthetisiert werden, die wir mit unserem Geruchsinn wahrnehmen können. In der Zwischenzeit könnte man sich damit behelfen, eine Reihe von Gerüchen in der VR-Kabine zu verteilen.

In einer virtuellen Realität kann sich auch der eigene Körper – zumindest in seinen virtuellen Versionen – verändern. Man kann sich in eine attraktivere Version seiner selbst oder in ein schreckliches Ungeheuer oder in jedes andere reale oder phantastische Wesen verwandeln, wenn man verschiedene virtuelle Welten betritt und mit ihren Bewohnern interagiert.

Die virtuelle Realität ist kein Ort, an dem man allein bleiben muß. Man kann dort mit seinen Freunden interagieren (die sich in anderen, geographisch vielleicht weit entfernten VR-Kabinen befinden). Und man hat auch die Wahl zwischen zahlreichen simulierten Gefährten.

Einfach einklinken

Später im 21. Jahrhundert, wenn Neuroimplantate allgegenwärtig sind, wird man virtuelle Environments schaffen und mit ihnen interagieren können, ohne sich dafür in eine VR-Kabine begeben zu müssen. Die neuronalen Implantate werden simulierte Sinneseindrücke des virtuellen Körpers in der virtuellen Welt – und den Körper selbst – direkt in das Gehirn übertragen. Man wird dann nicht mehr seinen realen Körper bewegen, sondern den vom Gehirn wahrgenommenen virtuellen Körper. Natürlich werden die virtuellen Welten eine geeignete Auswahl virtueller Körper für ihre Benutzer bereithalten. Am Ende wird unser Erleben höchst realistisch sein, genau wie in der realen Welt. Eine Vielzahl von Personen könnte eine virtuelle Welt betreten und darin miteinander verkehren. In der virtuellen Welt wird man anderen realen und simulierten Personen begegnen, und beide Gattungen werden am Ende kaum mehr zu unterscheiden sein.

Diesen unmittelbaren Zugang zu unendlich vielen virtuellen Welten zu eröffnen: darin wird die eigentliche Bestimmung des Webs im 21. Jahrhundert liegen. Eine typische »Website« ist dann eine vom Gehirn wahrgenommene virtuelle Umgebung, für die keine externe Hardware mehr erforderlich ist. Man »geht dorthin«, indem man mental die entsprechende Website anklickt und die gewählte Welt betritt. Man kann nun in der Website einer Historikervereinigung mit

Benjamin Franklin debattieren, ob der Präsident das Recht haben sollte, einen Krieg zu erklären. Man kann in der Site der Schweizerischen Handelskammer Skifahren gehen (und dabei spüren, wie einem der kalte Schnee ins Gesicht spritzt). Man kann seinen Lieblingsstar in der Site von Columbia Pictures umarmen. Oder man kann sich eine Site von Penthouse oder Playboy aussuchen, um etwas intimer zu werden. Natürlich könnte es sein, daß man dafür eine kleine Gebühr entrichten muß.

Die reale virtuelle Realität

Im späten 21. Jahrhundert wird die »reale« Welt dank nanotechnischer »Schwärme« viele Eigenschaften der virtuellen Welt annehmen. Man beachte beispielsweise das Konzept eines Foglets-Nebels, das J. Storr Hall entwickelt hat, ein Computerwissenschaftler von der Rutgers University.[18] Halls Konzept basiert auf kleinen, Foglets genannten Robotern von der Größe menschlicher Zellen. Sie haben zwölf Arme, die in alle Richtungen weisen. Am Ende der Arme befinden sich Greifer, so daß die Foglets einander anfassen und größere Strukturen bilden können. Diese Nanobots sind intelligent und können ihre Rechenleistung miteinander kombinieren, so daß eine verteilte Intelligenz entsteht. Ein von Foglets erfüllter Raum wird Foglets-Nebel genannt und besitzt einige interessante Eigenschaften.

Zunächst einmal gibt sich der Foglets-Nebel alle Mühe, seine eigene Abwesenheit zu simulieren. Hall schildert in allen Einzelheiten ein Szenario, bei dem ein realer Mensch durch einen Raum geht, in dem sich Billionen von Foglets befinden, aber nichts davon merkt. Wenn gewünscht (und es nicht ganz klar, wer da eigentlich wünscht), können die Foglets sofort jedes Environment simulieren, indem sie alle möglichen Strukturen bilden. Mit Halls Worten: »Fog City kann an einem Tag wie ein Park, wie ein Wald oder wie das alte Rom aussehen und am nächsten wie Emerald City.«

Die Foglets können nach Belieben und in jeder Richtung Fronten aus Licht und Schall aufbauen, um jede erdenkliche visuelle und auditive Umgebung zu schaffen. Und sie können jede Art von Druck ausüben, um ein taktiles Environment zu schaffen. Der Foglets-Nebel ist nicht minder flexibel als ein virtuelles Environment, aber er existiert in der realen Welt. Die verteilte Intelligenz des Foglets-Nebels kann das Bewußtsein gescannter (oder wie Hall sie nennt, »geladener«) Personen simulieren und sie im Foglets-Nebel als »Nebelmenschen« erstehen lassen. In Halls Szenario kann »ein biologischer Mensch durch Fog-Wände gehen, und ein (geladener) Fog-Mensch kann durch Wände aus unbelebter Materie gehen. Natürlich kann ein Fog-Mensch auch durch Fog-Wände gehen.«

Physikalisch ist die Technik des Foglets-Nebels eigentlich recht konservativ. Die Foglets sind viel größere Maschinen als die meisten anderen nanotechnologischen Entwürfe. Die Software stellt eine größere Herausforderung dar, ist jedoch letztlich machbar. Hall sollte sich mit dem Marketing noch etwas mehr Mühe geben. »Foglets-Nebel« ist ein ziemlich einfältiger Name für einen derart vielseitigen Stoff.

Es gibt eine ganze Reihe von Ideen bezüglich nanotechnologischer Schwärme, bei denen ein reales Environment aus einer Vielfalt interagierender Nanomaschinen konstruiert wird. In all diesen Schwarmkonzeptionen wird die materielle Realität der virtuellen Realität sehr ähnlich. So könnte sich jemand im Schlafzimmer zu Bett legen, und wenn er aufwacht, verwandelt sich der Raum in die Küche. Oder besser gesagt in das Eßzimmer, denn eine Küche wird nicht mehr gebraucht. Mit verwandten nanotechnischen Mitteln kann sofort jedes gewünschte Mahl hergestellt werden. Nach dem Essen verwandelt sich der Raum in ein Studierzimmer, in ein Spielzimmer, in einen Swimmingpool, einen Eichenwald oder in das Taj Mahal. Alles klar?

Mark Yim hat ein großformatiges Modell eines kleinen Schwarms gebaut, um zu zeigen, wie der Schwarm interagieren könnte.[19] Joseph Michael hat in Großbritannien tatsächlich bereits ein Patent auf seine Konzeption eines nanotechnologischen Schwarms angemeldet, doch es ist unwahrscheinlich, daß seine Idee in der zwanzigjährigen Laufzeit des Patents kommerziell verwertet werden kann.[20]

Vielleicht werden wir künftig zu viele Wahlmöglichkeiten haben. Heute müssen wir uns nur für bestimmte Kleider, ein bestimmtes Make-up und *einen* Ort entscheiden, den wir aufsuchen wollen. Im späten 21. Jahrhundert werden wir einen Körper, eine Persönlichkeit und ein Environment auswählen müssen – so viele schwierige Entscheidungen! Aber keine Sorge, wir werden Schwärme von intelligenten Maschinen haben, die uns dabei helfen.

DIE SINNLICHE MASCHINE

Durch seine Lust verdoppelt, läßt er das Stöhnen einer Frau ertönen. Ein Phantasieprodukt seines Fleisches.

aus Barry Spacks' Gedicht »The Solitary at Seventeen«.

Ich kann die Zukunft voraussagen, indem ich davon ausgehe, daß Geld und männliche Hormone die Antriebskräfte der modernen technischen Entwicklung sind. Folglich ist die Gesellschaft zum Untergang verurteilt, sobald die virtuelle Realität billiger wird als das reale Rendezvous.

Dogbert

Das erste mit beweglichen Lettern gedruckte Buch mag die Bibel gewesen sein, doch bereits in dem Jahrhundert nach Gutenbergs epochaler Erfindung gab es einen lukrativen Markt für Bücher mit weitaus lasziverem Inhalt.[21] Neue Kommunikationstechnologien wie Telefon, Film, Fernsehen oder Video haben sexuelle Themen schon immer schnell aufgegriffen. Das Internet bildet da keine Ausnahme, und der Umsatz mit erotischer Unterhaltung im Web wird von Forrester Research auf 185 Millionen Dollar und von Inter@ctive Week auf eine Milliarde Dollar geschätzt. Diese Zahlen beziehen sich auf größtenteils männliche Kunden, die die Darstellerinnen und Darsteller im Internet live, aufgezeichnet und simuliert ansehen und mit ihnen interagieren wollen. Laut einer Schätzung von 1998 gibt es 28 000 Websites, die sexuelle Unterhaltung anbieten.[22] Diese Zahl schließt die Paare nicht mit ein, die ihren Telefonsex dahingehend erweitert haben, daß sie sich online per Videokonferenz mit bewegten Bildern vergnügen.

CD-ROMs und DVD-Disks sind eine weitere Technologie, die der erotischen Unterhaltung dienstbar gemacht wurde. Während die Masse der Erotik-CDs für Erwachsene noch als Träger von Videos dient, die mit etwas Interaktivität aufgepeppt sind, werden in einem neuen Genre virtuelle Geschlechtspartner präsentiert, die auf mausgesteuerte Liebkosungen reagieren.[23] Wie die meisten technischen Errungenschaften der ersten Generation besitzen auch diese CDs noch keine überzeugende Qualität, doch bei künftigen Generationen werden die technischen, wenn auch nicht die moralischen Mängel des neuen Mediums weitgehend ausgemerzt sein. Die Entwickler arbeiten auch daran, die Force-Feedback-Maus so einzusetzen, daß man einen gewissen Eindruck davon bekommt, wie sich der virtuelle Partner anfühlt.

Gegen Ende des ersten Jahrzehnts des 21. Jahrhunderts wird man dank der virtuellen Realität mit einem Liebhaber, einer Sexarbeiterin oder einem simulierten Partner auditiv und visuell völlig real zusammen sein können. Man wird mit seiner Partnerin alles tun können, außer sie zu berühren – eine zugegebenermaßen gravierende Einschränkung.

Die virtuelle Berührung wird zu diesem Zeitpunkt zwar bereits eingeführt sein, aber das allumfassende, hochrealistische, visuell-auditiv-taktile virtuelle Environment wird erst in der zweiten Dekade des 21. Jahrhunderts bis zur Vollendung perfektioniert sein. Ab diesem Zeitpunkt wird der virtuelle Sex zum realen in echte Konkurrenz treten. Paare werden unabhängig von ihrer realen Entfernung virtuellen Sex haben können. Und selbst wenn sie sich nahe sind, wird der virtuelle Sex in mancher Hinsicht besser und auf jeden Fall sicherer sein. Virtueller Sex wird Gefühle vermitteln, die intensiver und angenehmer sind als beim konventionellen Sex, und er wird körperliche Erfahrungen vermitteln, die heute noch unbekannt sind. Natürlich ist der virtuelle Sex auch der ultimativ sichere Sex, da kein Schwangerschafts- oder Infektionsrisiko besteht.

Heutzutage mag sich eine Liebhaberin vielleicht in ihrer Phantasie vorstellen, daß es sich bei ihrem Partner um eine andere Person handelt, doch beim virtuellen Geschlechtsverkehr muß man seine Vorstellungskraft nicht mehr bemühen. Man kann dann die körperliche Erscheinung und andere Eigenschaften seiner selbst und des Partners ohne weiteres ändern. Der User kann bewirken, daß die Geschlechtspartnerin aussieht wie sein Lieblingsstar und sich auch so anfühlt, ohne daß die Partnerin dies erlaubt hätte oder überhaupt wüßte. Natürlich sollte man sich darüber im klaren sein, daß die Partnerin dasselbe tun kann.

Gruppensex wird insofern eine neue Bedeutung gewinnen, als mehrere Personen gleichzeitig die Erfahrung eines Partners teilen können. Da mehrere reale Personen die Bewegungen eines einzigen virtuellen Partners nicht alle steuern können, muß es eine Möglichkeit geben, die Entscheidung über das Verhalten des einen virtuellen Körpers gemeinsam zu treffen. Alle Teilnehmer, die sich einen virtuellen Körper teilen, haben dann dieselbe visuelle, auditive und taktile Erfahrung bei gemeinsamer Steuerung des einen virtuellen Körpers, wobei die Bewegungen dieses Körpers vielleicht einen Kompromiß aus den jeweils beabsichtigten Bewegungen der einzelnen Teilnehmer darstellen werden. Ein ganzer Hörsaal voller Menschen – die geographisch weit voneinander entfernt sein können – könnte so einen virtuellen Körper teilen, der mit einer Performerin sexuell verkehrt.

Die Prostitution wird – wie der virtuelle Sex überhaupt – nicht mehr mit gesundheitlichen Risiken verbunden sein. Dank drahtloser Kommunikationsverbindungen mit großer Bandbreite werden weder Kundin noch Sexarbeiter mehr ihre Wohnung verlassen müssen. Die virtuelle Prostitution wird strafrechtlich vermutlich eher toleriert werden als die reale Prostitution von heute, da die virtuelle Vielfalt unmöglich registriert oder kontrolliert werden kann. Zudem werden Prostitutionsverbote immer schwerer zu begründen sein, wenn die Risiken von Krankheit und Gewaltanwendung nicht mehr bestehen.

Sexarbeiter werden Konkurrenz von simulierten, computergenerierten Geschlechtspartnern bekommen. In den frühen Stadien der Entwicklung werden »reale« menschliche Partner vermutlich noch realistischer wirken als simulierte, doch das wird sich mit der Zeit ändern. Wenn der simulierte virtuelle Partner genauso kompetent, sinnlich und empfänglich sein wird wie der reale menschliche virtuelle Partner, kann man natürlich kaum mehr bestreiten, daß auch der simulierte virtuelle Partner eine reale, wenn auch virtuelle Person ist.

Kann es virtuelle Vergewaltigungen geben? Im rein körperlichen Sinne vermutlich nicht. In der virtuellen Realität werden die Anwender die Möglichkeit haben, jeden unerwünschten Kontakt sofort abzubrechen. Daß Überredungskünste sowie emotionale und andere Druckmittel zum Einsatz kommen könnten, steht auf einem anderen Blatt.

Welchen Einfluß wird ein derart weites Feld an sexuellen Möglichkeiten und Gelegenheiten auf die Institution der Ehe und das Konzept der festen Beziehung haben? Die Technologie des virtuellen Sex wird eine Vielzahl verführerischer Entwicklungen einleiten, und die Definition einer monogamen Beziehung wird immer weniger eindeutig werden. Einige werden die Ansicht vertreten, daß der Eintritt in eine Welt intensiver sexueller Erlebnisse per mentalem Mausklick mit sexueller Treue in einer Beziehung völlig unvereinbar sei. Andere werden – wie heute schon die Befürworter sexueller Unterhaltung und sexueller Dienstleistungen – dagegenhalten, daß solche Zerstreuungen ein gesundes Ventil seien und der Aufrechterhaltung gesunder Beziehungen dienten. Natürlich wird jedes Paar auf diesem Gebiet zu einer eigenen Übereinkunft kommen müssen, doch wird es aufgrund der immensen Privatheit, die diese Zukunftstechnologie ermöglicht, immer schwieriger sein, klare Grenzen zu ziehen. Wahrscheinlich wird die Gesellschaft in der virtuellen Arena Praktiken und Handlungen akzeptieren, die sie in der materiellen Welt ablehnt, weil es meistens (aber nicht immer) leichter ist, virtuelle Aktivitäten ungeschehen zu machen.

Nicht nur für sinnliche und sexuelle Kontakte, sondern auch für Romanzen jeglicher Art wird die virtuelle Realität ein großartiger Ort sein. Man könnte mit seiner Geliebten die virtuelle Champs Elysées entlangschlendern, einen Spaziergang am virtuellen Strand von Cancún machen, sich in einem simulierten Wildpark in Moçambique aufhalten. Eine ganze Beziehung könnte sich ausschließlich in Cyberland abspielen.

Der Zutritt zur virtuellen Realität mittels einer externen visuell-auditiv-haptischen Schnittstelle ist nicht die einzige technische Neuerung, die die Sexualität im 21. Jahrhundert verändern wird. Sexroboter oder Sexbots werden etwa ab dem dritten Jahrzehnt des 21. Jahrhunderts immer beliebter werden. Heutzutage ist die Vorstellung, eine intime Beziehungen zu einem Roboter oder einer Puppe zu haben, noch recht unbefriedigend, da Roboter und Puppen einfach zu unbelebt sind. Doch dies wird sich ändern, wenn die Roboter die Weichheit, Intelligenz, Geschmeidigkeit und Leidenschaftlichkeit ihrer menschlichen Schöpfer gewinnen. (Gegen Ende des 21. Jahrhunderts wird es zwischen Robotern und Menschen keinen klaren Unterschied mehr geben. Wie auch sollte man auch unterscheiden zwischen einem Menschen, der seinen Körper und Geist mittels der neuen Nano- und Computertechnologie aufgerüstet hat, und einem Roboter, der seinen menschlichen Schöpfer an Intelligenz und Sinnlichkeit übertrifft?)

Ab dem vierten Jahrzehnt werden virtuelle Erlebnisse durch Neuroimplantate möglich werden. Dank dieser Technologie wird man in der Lage sein, fast jede Art von Erfahrung mit fast jeder Person zu machen, und zwar real oder imaginär und zu jedem beliebigen Zeitpunkt. Es wird ganz ähnlich sein wie die heutigen Chat Rooms im Internet, nur daß man die notwendige Ausrüstung bereits im Kopf hat und sehr viel mehr tun kann, als nur zu plaudern. Man ist den Begrenzungen seines natürlichen Körpers dann nicht mehr unterworfen, da alle beteiligten Personen jede gewünschte körperliche Gestalt annehmen können. Eine Vielfalt von Erlebnissen wird möglich sein: Ein Mann kann spüren, wie es ist, eine Frau zu sein, und umgekehrt. Auch gibt es keinen Grund, warum eine Person bei der Realisierung oder wenigstens virtuellen Realisierung ihrer allein geträumten Phantasien nicht Mann und Frau zugleich sein sollte.

Und natürlich wird es in der zweiten Hälfte des 21. Jahrhunderts Nanobot-Schwärme geben – den guten alten sexy Foglets-Nebel zum Beispiel. Die Nanobot-Schwärme könnten augenblicklich jede gewünschte Gestalt und jede gewünschte Art von Erscheinung, Intelligenz und Persönlichkeit annehmen – eine menschliche zum Beispiel, wenn man sich davon angeturnt fühlt.

DIE SPIRITUELLE MASCHINE

Wir sind nicht menschliche Wesen, die versuchen, spirituell zu sein. Wir sind spirituelle Wesen, die versuchen, menschlich zu sein.

Jacquelyn Small

Körper und Seele sind Zwillinge. Nur Gott kann sie unterscheiden.

Charles A. Swinburne

Wir liegen alle in der Gosse, aber manche von uns blicken zu den Sternen empor.

Oscar Wilde

Sexualität und Spiritualität sind zwei Möglichkeiten, unsere alltägliche körperliche Realität zu transzendieren. Tatsächlich gibt es Verbindungen zwischen unseren sexuellen und spirituellen Leidenschaften, wie die ekstatischen rhythmischen Bewegungen vermuten lassen, die mit einigen Formen der spirituellen Erfahrung verbunden sind.

Mindtrigger

Es hat sich herausgestellt, daß sich durch die direkte Stimulation des Gehirns eine Vielfalt von Gefühlen erzeugen läßt, von denen ursprünglich angenommen wurde, sie könnten nur durch reale körperliche oder geistige Erfahrung entstehen – Heiterkeit zum Beispiel. Dr. Itzhak Fried von der University of California in Los Angeles schildert in der Zeitschrift *Nature*, wie er mit seinen Mitarbeitern einen neurologischen Trigger für Heiterkeit entdeckte. Die Wissenschaftler suchten nach möglichen Ursachen für die epileptischen Anfälle einer jungen Frau und entdeckten, daß die Frau lachen mußte, wenn sie mit einer Sonde einen bestimmten Punkt im feinmotorischen Zentrum ihres Gehirns reizten. Ursprünglich dachten die Forscher, das Lachen sei eine unwillkürliche, rein motorische Reaktion, doch sie erkannten schon bald, daß sie echte Heiterkeit auslösten, nicht nur erzwungenes Lachen. Wenn die junge Frau an der richtigen Stelle ihres Gehirns stimuliert wurde, fand sie alles komisch. »Ihr Jungs seid einfach zu witzig, wie ihr da herumsteht«, war eine typische Äußerung.[24]

Das Auslösen eines Gefühls der Heiterkeit unter Bedingungen, die wir normalerweise nicht als komisch empfinden, ist vielleicht beunruhigend (obwohl ich es eher witzig finde). Heiterkeit ist mit einem gewissen Überraschungsmoment verbunden. Blaue Elefanten. Die beiden letztgenannten Worte sollten Sie überraschen, aber Sie haben vermutlich trotzdem nicht gelacht (oder vielleicht doch?). Zusätzlich zu dem Überraschungsmoment muß das Ereignis aus einer unerwarteten, aber halbwegs denkrichtigen Perspektive einen Sinn haben. Und es gibt noch einige weitere, bisher noch unbekannte Merkmale, die für einen Heiterkeitsausbruch Voraussetzung sind. Offensichtlich hat das Gehirn ein neuronales Netz, das entscheidet, ob unsere Wahrnehmungen komisch sind. Wird dieser Heiterkeitsdetektor des Gehirns direkt stimuliert, erscheint eine ganz normale Situation plötzlich als durchaus komisch.

Entsprechend scheint es sich auch mit sexuellen Gefühlen zu verhalten. Bei Tierexperimenten löste die Injektion von einer kleinen Menge Testosteron in eine bestimmte kleine Region des Hypothalamus unabhängig vom Geschlecht des Tieres weibliches Sexualverhalten aus. Die Stimulierung einer anderen Region des Hypothalamus löste männliches Sexualverhalten aus.

Diese Ergebnisse lassen vermuten, daß sich bei einer allgemeinen Verbreitung von Neuroimplantaten nicht nur virtuelle sensorische Erlebnisse hervorrufen lassen werden, sondern auch die mit diesen Erfahrungen verknüpften Gefühle. Man wird auch Gefühle auslösen können, die man normalerweise nicht mit dem jeweiligen Erlebnis assoziiert. So wird man sich etwa seine sexuellen Erfahrungen durch einen Schuß Heiterkeit versüßen können, wenn man will (sofern man nicht zu denen gehört, die der Sexualität ohnehin schon eine komische Seite abgewinnen).

Das Vermögen, Gefühle zu steuern und umzuprogrammieren, wird Ende des 21. Jahrhunderts noch wachsen, wenn das technologisch Mögliche über bloße Implantate hinausgeht und eine Person ihre gesamten Denkprozesse in einem neuen datenverarbeitenden Medium installieren kann, das heißt: *wenn der Mensch Software wird.*

Wir scheuen keine Mühe, um uns Gefühle der Heiterkeit, des Vergnügens und des Wohlbehagens zu verschaffen. Und wenn man sie so einfach abrufen könnte, würden sie vielleicht ihren Wert verlieren. Etliche Menschen nehmen Drogen, um angenehme Gefühle zu erzeugen oder zu steigern, doch diese chemische Reizsteigerung ist bekanntlich mit zahlreichen, in jeder Hinsicht unerwünschten Nebenwirkungen verbunden. Mittels Neuroimplantaten wird man seine Gefühle des Vergnügens und Wohlbehagens steigern können, ohne daß man dafür mit einem Kater bezahlen muß. Trotzdem ist die Möglichkeit des Mißbrauchs sogar noch größer als bei Drogen. Als der Psychologe James Olds Ratten die Möglichkeit bot, einen Knopf zu drücken und damit eine direkte Stimulation des Lustzentrums im limbischen System ihres Gehirns auszulösen, hörten die Ratten nicht mehr auf, den Knopf zu drücken. Sie drückten ihn bis zu fünftausendmal in der Stunde und vergaßen alles andere, sogar das Fressen. Einzig der Schlaf ließ die Tiere vorübergehend innehalten.[25]

Trotzdem wird die Technologie der Neuroimplantation überzeugende Vorteile haben. Um nur ein Beispiel zu nennen: Millionen von Menschen leiden unter der Unfähigkeit, mit ausreichender Intensität sexuelles Vergnügen zu empfinden, und diese Unfähigkeit gilt als wichtige Ursache der Impotenz. Menschen mit diesem Leiden werden nicht darauf verzichten, ihr Problem mittels neuronaler Implantate zu lösen, die sie vielleicht für andere Zwecke bereits im Gehirn tragen. Sobald eine Technologie zur Beseitigung eines Leidens entwickelt ist, läßt sich jedoch nicht verhindern, daß sie auch zur Steigerung normaler Fähigkeiten eingesetzt wird, und es wäre auch nicht unbedingt wünschenswert, dies zu verhindern. Auch die Fähigkeit, unsere Gefühle zu steuern, wird zu den verführerischen, aber gefährlichen Entwicklungen des 21. Jahrhunderts gehören.

Wie steht es mit spirituellen Erfahrungen?

Die spirituelle Erfahrung – ein Gefühl, daß man die physikalischen und zeitlichen Grenzen der normalen Welt überschreitet und in eine tiefere Realität vordringt – spielt in ansonsten ganz unterschiedlichen Religionen und philosophischen Schulen eine große Rolle. Was wir als spirituelle Erfahrung bezeichnen, umfaßt offenbar eine große Vielfalt geistiger Phänomene. So unterscheidet sich der ekstatische Tanz bei einer baptistischen Erweckungsversammlung deutlich von der stillen Jenseitigkeit eines buddhistischen Mönchs. Trotzdem wurde durch die gesamte Geschichte und praktisch in allen Kulturen und Religionen von spirituellen Erfahrungen berichtet, so daß es sich bei der Spiritualität um eine besonders leuchtende Blume im phänomenologischen Garten zu handeln scheint.

Bei spirituellen wie bei allen anderen geistigen Erfahrungen läßt sich unabhängig von ihrem Charakter und ihrer Herkunft erforschen, mit welchen neurologischen Mechanismen sie verknüpft sind, sobald man Zugang zu den ihnen zugrundeliegenden Datenverarbeitungsprozessen gewonnen hat. Und das Verständnis dieser geistigen Prozesse wird die Möglichkeit nach sich ziehen, unsere intellektuellen, emotionalen und spirituellen Erlebnisse zu erfassen und sie nach Wunsch abzurufen und zu verbessern.

Spirituelle Erfahrungen durch hirngenerierte Musik

Es existiert bereits eine Technik, die zumindest einen Aspekt der spirituellen Erfahrung zu generieren scheint. Diese experimentelle Technik wird Hirngenerierte Musik (HGM) genannt und wurde von der kleinen Firma NeuroSonics in Baltimore entwickelt, zu deren Direktoren ich gehöre. HGM ist ein Hirnströme-Biofeedbacksystem, das eine tiefe Entspannung hervorruft, die man als »Relaxation Response« (Entspannungsreaktion) bezeichnet.[26] Der HGM-Anwender befestigt drei Elektroden an seinem Kopf und ist durch Kabel mit einem Personal Computer verbunden, der seine Gehirnströme registriert und die personenspezifische Länge seiner Alphawellen feststellt. Alphawellen haben eine Frequenz von acht bis zwölf Schwingungen pro Sekunde und treten bei tiefer meditativer Entspannung auf, während Betawellen mit einer Frequenz von 13 bis 28 Schwingungen in der Sekunde mit normalem, bewußtem Denken verknüpft sind. Wenn der Computer die Frequenz der Alphawellen festgestellt hat, generiert er Musik nach einem Algorithmus, der die Gehirnströme des Anwenders umwandelt.

Der HGM-Algorithmus soll das Gehirn zur Produktion von Alphawellen anregen, indem er auf Alphawellen mit angenehmer, harmonischer Musik reagiert und weniger angenehme Klänge und Klangkombinationen produziert, wenn er kaum Alphawellen empfängt. Außerdem führt die Synchronisation der Musik mit der Frequenz der Alphawellen des Anwenders zu einer Resonanz mit dem persönlichen Alpharhythmus des Anwenders, die die Produktion von Alphawellen ebenfalls verstärkt.

Der frühere Direktor der Hypertonie-Abteilung des Beth Israel Hospital in Boston und heute am New England Deaconess Hospital in Boston tätige Dr. Herbert Benson und andere Wissenschaftler vom Beth Israel Hospital und der Harvard Medical School haben den neurophysiologischen Mechanismus der Entspannungsreaktion entdeckt und ihn als das Gegenteil der Streßreaktion bei der Frage »Flüchten oder Standhalten?« beschrieben.[27] Die Entspannungsreaktion ist gekennzeichnet durch verminderte Ausschüttung von Epinephrin (Adrenalin) und Norepinephrin (Noradrenalin), durch niedrigeren Blutdruck und Blutzucker, durch niedrigere Atemfrequenz und langsameren Herzschlag. Ein regelmäßiges Hervorrufen dieses Zustands führt Berichten zufolge zu einer dauerhaften Senkung des Blutdrucks (in dem Ausmaß, wie der hohe Blutdruck streßbedingt war) und zu anderen gesundheitlich vorteilhaften Veränderungen. Benson und seine Kollegen haben eine Reihe von Techniken aufgeführt, mit denen die Entspannungsreaktion erzeugt werden kann, darunter Yoga und eine Reihe von Meditationsarten.

Ich habe selbst Meditationserfahrung, und nachdem ich HGM persönlich ausprobiert und andere bei der Anwendung beobachtet habe, kann ich sagen, daß HGM tatsächlich eine Entspannungsreaktion zu erzeugen scheint. Die Musik vermittelt das Gefühl, als werde sie innerhalb des eigenen Gehirns generiert. Interessanterweise ist das Gefühl der Transzendenz nicht so stark, wenn man nur eine Aufzeichnung der eigenen hirngenerierten Musik hört, ohne an den Computer angeschlossen zu sein. Zwar basiert die aufgezeichnete HGM auf der persönlichen Alphawellenlänge des Anwenders, doch sie wurde mit Gehirnströmen synchronisiert, die entstanden, während die Musik ursprünglich generiert wurde, und nicht aus denjenigen, die gerade entstehen, während man der aufgezeichneten Musik lauscht. Man muß also die HGM »live« hören, damit der Resonanz-Effekt eintritt.

Herkömmliche Musik ist im allgemeinen eine passive Erfahrung. Auch wenn ein Musiker im Konzert vielleicht auf subtile Weise von seinen Zuhörern beeinflußt wird, spiegelt die gehörte Musik im allgemeinen nicht unsere eigene Reaktion wider. Hirngenerierte Musik ist eine neue Art von Musik, die sich kontinuierlich aus der Interaktion mit der mentalen Reaktion des Zuhörers entwickelt.

Ruft HGM eine spirituelle Erfahrung hervor? Schwer zu sagen. Meine Gefühle beim Hören von »Live«-HGM gleichen dem tiefen Gefühl von Transzendenz, das ich beim Meditieren manchmal erreichen kann, doch das Gefühl scheint durch HGM verläßlicher hervorgerufen zu werden.

Das Gottesmodul

Neurowissenschaftler der University of California in San Diego haben das sogenannte »Gottesmodul« entdeckt, eine Stelle im vorderen Gehirnlappen, deren Nervenzellen offenbar während religiöser Erfahrungen aktiviert sind. Sie entdeckten diesen neuronalen Mechanismus bei der Untersuchung von Epileptikern, die während ihrer Anfälle intensive mystische Erlebnisse gehabt hatten. Offensichtlich stimulieren die intensiven neuronalen Reaktionen während des Anfalls dieses spirituelle Zentrum. Die Wissenschaftler konnten die elektrische Aktivität an der Oberfläche des Gehirns durch auf der Haut befestigte hochsensible Elektroden registrieren. Als sie diese Technik bei nicht epileptischen, aber sehr religiösen Personen anwandten, stellten sie fest, daß diese auf Worte und Symbole, die stark mit ihrem Glauben verknüpft waren, ähnlich reagierten.

Evolutionsbiologen haben – da religiöse Überzeugungen offenbar einem sozialen Bedürfnis entsprechen – schon lange die Existenz einer neurologischen Basis der spirituellen Erfahrung vermutet. In Reaktion auf das Forschungsprojekt in San Diego ließ Richard Harris, der Bischof von Oxford, durch einen Sprecher verlauten, daß »es keine Überraschung wäre, wenn uns Gott mit einer physischen Veranlagung zum Glauben ausgestattet hätte«.[28]

Wenn wir die neurologischen Entsprechungen der unterschiedlichen spirituellen Erfahrungen bestimmen können, zu denen unsere

Spezies fähig ist, können wir diese Erfahrungen vermutlich auf dieselbe Weise verstärken, wie wir auch andere menschliche Erfahrungen intensivieren werden. Wenn das nächste Stadium der Evolution eine neue Generation von Menschen hervorbringt, die billionenfach fähiger und komplexer sind als die heutigen, wird vermutlich auch unsere Fähigkeit zu spirituellen Erfahrungen und Einsichten an Kraft und Tiefe gewinnen.

Reines Sein erfahren und bewußt sein, darin liegt der Kern der Spiritualität. Maschinen, die durch menschliches Denken entstanden sind und die die Menschen an Erfahrungsmöglichkeiten übertreffen, werden behaupten, bewußt und daher spirituell zu sein. Sie werden sich für bewußt halten. Sie werden glauben, daß sie spirituelle Erfahrungen haben. Sie werden überzeugt sein, daß diese Erfahrungen einen Sinn haben. Und wir werden ihnen - angesichts der historischen Neigung der menschlichen Rasse, Phänome anthropomorph zu interpretieren, und angesichts der Überzeugungskraft dieser Maschinen - wahrscheinlich glauben.

Die Maschinen des 21. Jahrhunderts - deren Denken dem menschlichen Denken nachgebildet ist - werden dasselbe tun, was auch ihre menschlichen Vorfahren getan haben. Sie werden reale und virtuelle Gotteshäuser besuchen, und sie werden meditieren, beten und nach Transzendenz streben, um sich ihre spirituelle Dimension zu erschließen.

Das eine will ich ein für allemal klarstellen: Ich werde niemals Sex mit einem Computer haben.

Hey, keine voreiligen Schlüsse! Sie sollten sich dem Neuen nicht verschließen.

In geistiger Hinsicht will ich gerne aufgeschlossen sein. Aber in körperlicher Hinsicht - ich weiß nicht! Der Gedanke, mit irgendeinem Gerät intim zu werden, egal wie klug es ist, kommt mir nicht besonders attraktiv vor.

Haben Sie je mit einem Telefon gesprochen?

Mit einem Telefon? Ich rede mit anderen Menschen, indem ich ein Telefon benutze.
Okay, ein Computer – in Gestalt eines visuell-auditiv-taktilen VR-Kommunikationsmittels – ist um das Jahr 2015 für Sie und Ihren Liebhaber nichts anderes als ein Telefon. Aber Sie können mehr damit tun als nur sprechen.

Ich telefoniere gern mit meinem Liebhaber, wenn ich einen habe. Und daß wir einander über ein Bildtelefon oder sogar ein voll ausgereiftes VR-System anschauen könnten, hört sich ziemlich verführerisch an. Aber was den taktilen Aspekt betrifft, werde ich auch weiterhin dabei bleiben, meine Freunde und Liebhaber mit meinen wirklichen Fingern zu berühren.
Sie können auch in der virtuellen Realität wirkliche Finger benutzen oder zumindest virtuelle wirkliche Finger. Aber was tun Sie, wenn Sie räumlich von Ihrem Liebhaber getrennt sind?

Wie Sie wissen, wächst die Liebe oft mit der Entfernung. Außerdem müssen wir uns ja nicht die ganze Zeit berühren, ich meine, ich kann doch warten, bis ich von meiner Geschäftsreise zurück bin, wenn er so lange die Kinder versorgt.
Wenn sich die virtuelle Realität zu einem überzeugenden, allumfassenden taktilen Interface entwickelt hat, werden Sie es sich dann wirklich so schwer machen, um jeden körperlichen Kontakt zu Ihrem Mann zu vermeiden?

Wahrscheinlich könnte es nichts schaden, wenn ich ihm einen Gute-Nacht-Kuß gebe.
Aha, damit sind Sie schon auf der schiefen Bahn! Warum sollten Sie sich mit einem Kuß begnügen?

Na gut, zwei Küsse.
Bravo! Denn wie schon gesagt, man sollte sich dem Neuen nicht verschließen.

Apropos Neues, Ihre Beschreibung des »spirituellen Zentrums« scheint mir die spirituelle Erfahrung zu trivialisieren.

Ich würde dieses eine Forschungsergebnis nicht überbewerten. Offensichtlich geht im Gehirn etwas vor, wenn man ein spirituelles Erlebnis hat. Und wie auch immer der neurologische Prozeß aussieht: Wenn man ihn erfaßt und verstanden hat, sollte man in der Lage sein, die spirituellen Erfahrungen eines Verstandes, den man in einem neuen datenverarbeitenden Medium wiederhergestellt hat, zu verstärken.

Dann wird ein solcher wiederhergestellter Verstand über seine spirituellen Erfahrungen berichten? Und ich nehme an, er wird dabei dasselbe entrückte und verzückte Verhalten an den Tag legen wie heutige Menschen, wenn sie von solchen Erfahrungen berichten. Aber werden diese Maschinen wirklich Transzendenz erfahren und Gottes Gegenwart spüren? Und was können sie denn überhaupt erfahren, wenn wir schon dabei sind?

Wir kommen immer wieder auf das Problem des Bewußtseins zurück. Maschinen im 21. Jahrhundert werden über dieselbe Bandbreite von Erfahrungen berichten wie Menschen. In Übereinstimmung mit dem Gesetz vom steigenden Ertragszuwachs wird die Bandbreite ihrer Erfahrungen sogar noch größer sein. Und sie werden sehr überzeugend wirken, wenn sie von ihren Erfahrungen berichten. Was aber werden sie wirklich fühlen? Wie schon gesagt, gibt es keinen Weg, sich zu der subjektiven Erfahrung einer anderen Wesenheit wirklich Zugang zu verschaffen, wenigstens nicht auf wissenschaftlich anerkannte Weise. Ich meine, wir können die Muster des neuronalen Feuerns beobachten und so weiter, aber das bleibt doch immer eine objektive Beobachtung der Denkvorgänge.

Nun ja, dieser Beschränkung unterliegt nur die Wissenschaft.

Ja, an diesem Punkt sollten Philosophie und Religion übernehmen. Allerdings – es ist schon mühsam genug, in wissenschaftlichen Fragen Übereinstimmung zu erzielen.

Sie sagen es. Jetzt noch eine andere Sache. Es gefällt mir gar nicht, was Sie über diese plündernden Nanobots erzählt haben, die sich unendlich replizieren. Wir werden alle in einem Meer von Nanobots enden. Und wenn sie mit uns fertig sind, werden sie sich gegenseitig auffressen.

Diese Gefahr besteht. Aber wenn wir beim Schreiben der Software die nötige Vorsicht walten lassen ...

Ja, ja, wie bei meinem Betriebssystem. Ich habe jetzt schon kleine Software-Viren, die sich vermehren, bis sie meine Festplatte verstopfen.
Ich glaube trotzdem, daß die größere Gefahr im absichtlichen Mißbrauch von Nanobots besteht.

Ja, das haben Sie geschrieben, aber es ist nicht unbedingt beruhigend. Warum schlagen wir dann überhaupt diesen gefährlichen Weg ein?
Sagen Sie das mal der alten Frau, deren zerbröselnde Knochen mit nanotechnologischen Methoden wirksam behandelt werden könnten, oder dem Krebspatienten, dessen Tumor von kleinen Nanobots abgebaut wird, die durch seine Blutgefäße schwimmen.

Ich sehe schon, daß es eine Menge potentieller Vorteile gibt, aber die Krankheiten, die Sie gerade genannt haben, können auch mit konventionelleren Methoden wie etwa der Gentechnik bekämpft werden.
Es freut mich, daß Sie die Gentechnik erwähnen, weil wir mit gentechnischen Waffen ähnliche Probleme bekommen könnten. Es wird nicht mehr lange dauern, bis das Wissen und die Ausrüstung für eine typische gentechnische Versuchsreihe während eines Universitätsstudiums ausreichen werden, um selbstreplizierende Krankheitserreger herzustellen. Während sich eine nanotechnische Waffe mittels lebender und toter Materie replizieren könnte, würde sich eine biotechnische Waffe nur mittels lebender Materie und vermutlich nur in menschlichem Gewebe replizieren. Das ist natürlich kein großer Trost. In beiden Fällen steigt die Gefahr durch die Möglichkeit unkontrollierter Selbstreplikation um ein Vielfaches.

Aber die Gentechik wird sich nicht aufhalten lassen – sie ist die Speerspitze unserer medizinischen Forschung, und die Liste gentechnisch erzielter Fortschritte wird immer länger. Die Gentechnologie hat bereits wichtige Beiträge zur Behandlung von AIDS geleistet; zukkerkranke Patienten verwenden gentechnisch produziertes Insulin; die Gentechnik spielt bei der Produktion wirksamer Medikamente zur Senkung des Cholesterinspiegels und bei vielversprechenden neuen Behandlungsmethoden von Krebs eine Rolle. Auch unter ansonsten skeptischen Wissenschaftlern herrscht echter Optimismus, daß man mit gentechnischen Medikamenten im Kampf gegen den Krebs und andere Geißeln der Menschheit gewaltige Fortschritte machen wird.

Schön und gut, aber wie schützen wir uns vor gentechnischen Waffen?
Mit noch mehr Gentechnik und antiviralen Medikamenten beispielsweise.

Und gegen nanotechnische Waffen?
Mit noch mehr Nanotechnologie.

Hoffentlich werden die guten Nanobots siegen. Aber wie können wir überhaupt die guten von den schlechten unterscheiden?
Das wird schwierig, besonders weil die Nanobots so klein sein werden, daß niemand sie sieht.

Außer anderen Nanobots, stimmt's?
Genau.

Langsam wird's eng ...

Kapitel 8

1999

DER TAG, AN DEM DIE COMPUTER AUSFIELEN

Die Digitalisierung von Information in all ihren Erscheinungsformen wird wahrscheinlich als die faszinierendste Entwicklung des zwanzigsten Jahrhunderts angesehen werden.

An Wang

Wirtschaftswissenschaften, Soziologie, Geopolitik, Kunst und Religion stellen ein mächtiges Instrumentarium bereit, das jahrhundertelang zur Erklärung der wesentlichen Dinge des Lebens genügt hat. Für viele Beobachter scheint es nichts wirklich Neues mehr unter der Sonne zu geben – sie sehen keinen Bedarf für ein tiefergehendes Verständnis der neuen Instrumente der Menschheit und keine Notwendigkeit, in den Mikrokosmos der modernen Elektronik hinabzusteigen, um die Welt zu begreifen. Sie sehen nicht über den Rand ihrer Welt.

George Gilder

Wären 1960 plötzlich alle Computer ausgefallen, hätte es kaum jemand bemerkt. Ein paar tausend Wissenschaftler hätten den Ausdruck ihrer letzten in Lochkarten gestanzten Daten etwas später erhalten. Einige Geschäftsberichte hätten sich verzögert. Nichts von Belang.

Ganz anders 1999. Können wir uns überhaupt vorstellen, was passiert, wenn heute alle Computer ausfallen würden? Das gesellschaftliche Leben käme zum Erliegen. Zuallererst bräche die Stromversorgung zusammen. Und selbst wenn es weiter Strom gäbe (was nicht der Fall wäre), würde praktisch alles zusammenbrechen. Die meisten motorisierten Fahrzeuge sind heute mit Mikroprozessoren ausgestattet, so daß nur noch Autos älteren Baujahrs fahren würden. Kaum ein Lastwagen, Bus oder Flugzeug, kaum eine Eisenbahn oder U-Bahn wäre noch funktionsfähig. Gleiches gilt für die elektronische Kommunikation: Telefon, Radio, Fernsehen, Faxgeräte, Piepser, E-mail und natürlich das Web – nichts würde mehr funktionieren. Sie würden Ihren Gehaltsscheck nicht bekommen. Und wenn doch, so könnten Sie ihn nicht einlösen. Sie könnten auf Ihrer Bank kein Geld abheben. Wirtschaft und Verwaltung würden nur noch auf primitivster Stufe weiterarbeiten. Und wenn alle Daten in den Computern verlorengingen, gerieten wir ernstlich in Schwierigkeiten.

Die Angst ist groß, daß zumindest einige Computerprozesse zusammenbrechen könnten, wenn wir uns dem Jahr 2000 nähern. Das Jahr-2000-Problem betrifft hauptsächlich Software, die vor zehn, zwanzig oder mehr Jahren entwickelt wurde und nur über zwei Stellen für die Datumsangabe verfügt, was beim Sprung ins Jahr »00« zu unberechenbaren Reaktionen dieser Programme führen könnte. Ich sehe in dieser Hinsicht nicht so schwarz wie manch anderer. Das Jahr-2000-Problem zwingt uns lediglich, alte kaufmännische Programme umzuschreiben, die ohnehin entstaubt und angepaßt werden müssen. Störungen werden nicht ausbleiben, daß uns aber schwere wirtschaftliche Probleme ins Haus stehen, wie befürchtet wird, halte ich für unwahrscheinlich.[1]

Haben wir vor vierzig Jahren unser Leben und unsere Zivilisation noch mit manuellen Methoden gesteuert, sind wir inzwischen vom kontinuierlichen Funktionieren unserer Computer völlig abhängig geworden. Viele Menschen trösten sich mit dem Gedanken, daß wir noch immer die Hand am »Stecker« haben und unsere Computer jederzeit abschalten können, wenn sie zu frech werden. In Wirklichkeit haben die Computer, bildlich gesprochen, die Hand am Stecker (warten wir noch ein paar Jahrzehnte, dann ist das gar nicht mehr so bildlich zu verstehen).

Vorläufig ist diese Sorge unbegründet – Computer des Jahres 1999 sind abhängig, gefügig und dumm. Abhängig werden sie wahrscheinlich bleiben (wenn auch nicht völlig). Dumm jedoch nicht; in einigen Jahrzehnten werden die Menschen, zumindest diejenigen, die nicht auf dem aktuellen Stand sind, als dumm erscheinen. Und gefügig werden die Computer auch nicht bleiben.

In speziellen Aufgabenbereichen, deren Zahl rapide wächst, zeigen moderne Computer eine beeindruckende, ja beängstigende Intelligenz, doch sind heutige Maschinen nach wie vor beschränkt und unflexibel. Wir Menschen kommen viel besser zurecht, wenn wir die Grenzen unseres Fachgebiets überschreiten. Im Unterschied zu Deep Blue kann Garry Kasparow mehr als nur Schach spielen.

Computer stoßen heute rasch in immer neue Bereiche vor. Ich könnte Dutzende Bücher mit Beispielen für die intellektuelle Leistungsfähigkeit der Computer am Ende des 20. Jahrhunderts füllen, doch mein Vertrag gilt nur für eines. Wenden wir uns daher einigen Beispielen aus der Kunst zu.

DIE KREATIVE MASCHINE

In einer Zeit wie der unseren, in der mechanisches Können eine ungeahnte Perfektion erreicht hat, ist es ebenso leicht, ein sehr berühmtes Werk zu hören wie ein Glas Bier zu trinken, und es kostet nur zehn Centimes, so viel wie die automatischen Waagen. Sollten wir uns nicht fürchten vor dieser Domestizierung des Klangs, diesem Zauber, den jeder nach Belieben von der Platte herbeirufen kann? Wird es nicht die geheimnisvolle Kraft einer Kunst verschleißen, die man für unzerstörbar gehalten hat?

Claude Debussy

Zusammenarbeit mit Maschinen! Was unterscheidet die Bedienung einer Maschine von der Zusammenarbeit mit einer solchen? ... Plötzlich öffnet sich ein Fenster auf ein weites Feld von Möglichkeiten. Die Zeit spielt keine Rolle mehr, und es scheint, als seien die Maschinen vermenschlichte Komponenten des interaktiven Netzes, das jetzt aus einem selbst und der Maschine besteht; die Maschine ist zwar immer noch gehorsam, macht aber Vorschläge an die oberste Instanz der Phantasie.

Vladimir Ussachevsky

Jemand forderte Picasso auf, er solle die Dinge so malen, wie sie sind – objektive Bilder. Er murmelte, daß er nicht recht wisse, was das sei. Der Mann, der ihn bedrängte, zog eine Fotografie seiner Frau aus der Brieftasche und sagte: »Hier, sehen Sie, das ist ein Bild von ihr, wie sie wirklich ist.« Picasso betrachtete es und erwiderte: »Sie ist ziemlich klein, finden Sie nicht? Und ziemlich platt.«

Gregory Bateson

Das Zeitalter des kybernetischen Künstlers ist angebrochen, auch wenn es noch ganz am Anfang steht. Wie bei menschlichen Künstlern weiß man nie, was diese kreativen Systeme als nächstes tun werden. Bislang hat sich allerdings keines die Ohren abgeschnitten oder ist nackt durch die Straßen gelaufen. Noch haben sie keinen Körper, mit dem sie diese Art von Kreativität demonstrieren könnten.

Die Leistungsfähigkeit dieser Systeme spiegelt sich in der oft verblüffenden Originalität einer Formulierung, einer Linie oder einer Tonreihe wider. Ihre Schwäche liegt abermals im Kontext, genauer gesagt, im fehlenden Kontext. Diesen kreativen Computern fehlt die Realitätserfahrung ihrer menschlichen Pendants, deshalb geraten sie oft auf gedankliche Abwege und produzieren Unstimmigkeiten. Die vielleicht größten Erfolge im Hinblick auf die thematische Konsistenz eines Kunstwerks erzielte Harold Cohens Robotermaler Aaron, auf den ich weiter unten zu sprechen komme. Aarons Erfolgsgeheimnis ist die breite Wissensbasis, die Cohen in dreißigjähriger, sorgfältiger Arbeit Schritt für Schritt aufgebaut hat.

Jamsession mit dem Computer

Die Originalität solcher Systeme macht sie zu einem großartigen Partner für menschliche Künstler, und in diesem Sinne wirken Computer bereits verändernd auf die Kunst ein. Am weitesten ist diese Entwicklung in der Musik fortgeschritten. In der Musik machte man sich schon immer die fortschrittlichsten Techniken zunutze: im 18. Jahrhundert die Kunsttischlerei, im 19. Jahrhundert die Metallverarbeitung und in den sechziger Jahren die analoge Elektronik. Heute wird praktisch die gesamte kommerzielle Musik – Plattenaufnahmen, Soundtracks für Film und Fernsehen – an Musik-Workstations produziert, die Klänge erzeugen und bearbeiten, Tonfolgen speichern und manipulieren, automatisch Notenschrift erzeugen, sogar rhythmische Patterns, Baßlinien sowie Melodiesequenzen und -variationen generieren.

Bis vor kurzem waren Klang und die Beherrschung eines Instruments untrennbar miteinander verknüpft. Wollte man Geigenklänge, mußte man Geige spielen. Die Spieltechniken ergaben sich daraus, was physikalisch notwendig war, um einen Klang zu erzeugen. Diese Notwendigkeit besteht nicht mehr. Wer gerne Flöte spielt (oder zufällig gerade Flöte spielen gelernt hat), kann heute ein elektronisches Gerät benutzen, das wie eine akustische Flöte gespielt wird, aber nicht nur den Klang verschiedenster Flöten, sondern den Klang praktisch jedes beliebigen akustischen oder elektronischen Instruments erzeugen kann. Tatsächlich gibt es Steuerelemente, sogenannte Controller, die die Spieltechniken der meisten populären akustischen Instrumente wie Klavier, Geige, Gitarre, Schlagzeug und verschiedene Blasinstrumente simulieren. Da wir nicht länger auf die Physik angewiesen sind, um akustische Klänge zu erzeugen, entsteht nun eine neue Generation von Controllern, die herkömmlichen akustischen Instrumenten überhaupt nicht mehr ähnlich sehen und mit denen man vielmehr versucht, die menschliche Erzeugung von Musik mit Fingern, Armen, Füßen, Mund und Kopf zu optimieren. Man kann inzwischen alle Klänge polyphon spielen, übereinander schichten (d.h. gleichzeitig abspielen) oder gegeneinander verschieben. Außerdem muß man nicht mehr unbedingt in Echtzeit spielen – man kann Musik in *einem* Tempo aufnehmen und in einem *anderen* wieder abspielen, ohne daß sich Tonhöhe oder andere wesentliche Klangmerkmale ändern. Alle möglichen Beschränkungen von einst sind aufgehoben, so daß ein Teenager in seinem Zimmer heute die Klänge eines Symphonieorchesters oder einer Rockband erzeugen kann.

Ein musikalischer Turing-Test

Steve Larson von der University of Oregon führte 1997 eine musikalische Variante des Turing-Tests durch. Das Publikum sollte entscheiden, welches der drei vorgespielten Musikstücke ein Computer und welches zweihundert Jahre zuvor ein Mann namens Johann Sebastian Bach geschrieben hatte. Larson war leicht pikiert, als die Zuhörer das von ihm selbst komponierte Stück dem Computer zuschrieben, fühlte sich jedoch einigermaßen rehabilitiert, als sie das Stück, das ein Computerprogramm namens EMI (für Experiments in Musical Intelligence) geschrieben hatte, für die echte Bach-Komposition hielten. Douglas Hofstadter, der die Entwicklung auf dem Gebiet der Maschinenintelligenz seit Jahren aufmerksam verfolgt und aktiv vorantreibt, hält das von dem Komponisten David Cope entwickelte Programm EMI »für das anregendste Projekt im Bereich der Künstlichen Intelligenz, das mir je untergekommen ist«.[2]

Vielleicht noch erfolgreicher ist das Programm Improvisor des britischen Jazzsaxofonisten Paul Hodgson. Improvisor kann Stilrichtungen von Bach bis zu Jazzgrößen wie Louis Armstrong und Charlie Parker nachahmen. Das Programm hat bereits eine eigene Fangemeinde. Hodgson selbst sagt: »Wenn ich neu in der Stadt wäre und würde jemanden so spielen hören wie Improvisor, würde ich gern mit einsteigen.«[3]

Die Schwäche heutiger computerisierter Kompositionen ist ebenfalls eine Kontext-Schwäche. »Wenn ich EMI drei Sekunden lang zuhöre und mich frage, was ich höre, würde ich auf Bach tippen«, sagt Hofstadter. Längere Passagen hingegen sind weniger gelungen. Oft klingen sie, »als würde man einer beliebigen Passage aus einem Keats-Sonett lauschen. Und man fragt sich, was mit Keats an dem Tag los war. War er völlig betrunken?«

Die Literatur-Maschine

Eine Frage an Sie: What kind of murderer has fiber? Welcher Mörder hat Ballaststoffe?

Antwort: A *cereal killer.*

[Der Witz des Wortspiels beruht darauf, daß »cereal« und »serial« im Engl. gleichlautend sind (»Müslimörder«/»Serienmörder«). Anm. des Übersetzers]

Um es gleich zu sagen: Dieses Wortspiel stammt nicht von mir. Es wurde von einem Computerprogramm namens JAPE (Joke Analysis and Production Engine) geschrieben. Das von Kim Binsted entwikkelte Programm ist das Neueste auf dem Gebiet des automatischen Schreibens von Wortspielen. Im Unterschied zu EMI ist JAPE bei einem modifizierten Turing-Test durchgefallen, als es unlängst gegen den menschlichen Komiker Steve Martin antrat. Martin kam beim Publikum besser an.[4]

In der Nutzung der Technik hinkt die Literatur der Musik hinterher. Das mag mit der Tiefe und Komplexität selbst schlichter Gebrauchsprosa zusammenhängen. Eine Eigenschaft, die Turing erkannte, als er seinen Turing-Test auf die menschliche Fähigkeit gründete, eine überzeugende geschriebene Sprache hervorzubringen. Gleichwohl können Computer jedem Autor wertvolle praktische Hilfe leisten. Von großer

Bedeutung sind die einfachen Textverarbeitungssysteme. Textverarbeitung ist zwar keine KI-Technologie, entstand jedoch aus Texteditoren, die in den sechziger Jahren im KI-Labor des MIT und anderswo entwickelt wurden.

Dieses Buch hat zweifellos von der Existenz linguistischer Datenbanken, Rechtschreibhilfen und On-Line-Wörterbücher profitiert, von den immensen Recherchemöglichkeiten im World Wide Web ganz zu schweigen. Einen beträchtlichen Teil dieses Buches habe ich mit Hilfe eines Spracherkennungsprogramms namens Voice Xpress Plus in meinen PC diktiert. Das von der Firma Lernout & Hauspie (der früheren Kurzweil Applied Intelligence, Inc.) entwickelte Programm stand mir etwa nach der Hälfte der Arbeit zur Verfügung. Was allerdings die automatischen Stil- und Grammatikhilfen von Microsoft WORD angeht, so mußte ich dieses spezielle Feature abschalten, da ihm kaum einer meiner Sätze gefiel. Ich überlasse die Stilkritik an diesem Buch meinen menschlichen Lesern (zumindest diesmal noch).

Eine Fülle von Programmen hilft Autoren bei der Suche nach Einfällen. ParaMind, zum Beispiel, »entwickelt neue Ideen aus Ihren Ideen«, wie das Informationsmaterial verspricht.[5] Andere Programme helfen Autoren, komplexe Handlungsabläufe, Charakterzeichnung oder die Interaktion der Personen in umfangreichen fiktiven Texten wie Romanen, Romanreihen und Fernsehserien zu koordinieren.

Eine große Herausforderung stellen natürlich Programme dar, die eigene Texte schreiben können, denn der menschliche Leser hat ein feines Gespür für die unzähligen syntaktischen und semantischen Anforderungen, denen ein vernünftiger Text genügen muß. Musiker, kybernetische und andere, können sich mehr Ungereimtheiten erlauben als Schriftsteller.

Behalten wir das im Auge, wenn wir folgendes lesen:

Die Geschichte eines Verrats

Dave Striver liebte die Universität. Er liebte ihre efeubedeckten Glockentürme, ihre alten und stabilen Ziegelsteine, ihre sonnenüberfluteten grünen Rasenflächen und ihre wißbegierigen jungen Leute. Er liebte auch die Tatsache, daß die Universität frei ist von den unerbittlichen Prüfungen des Wirtschaftslebens – nur entspricht das nicht den

Tatsachen: Das Universitätsleben hat seine eigenen Prüfungen, und einige sind ebenso unerbittlich wie die des Marktes. Ein hervorragendes Beispiel ist das Rigorosum: Um den Doktortitel zu erlangen, muß man eine mündliche Prüfung über die eigene Dissertation ablegen. Dies war eine Prüfung, die Professor Edward Hart gerne abnahm.

Dave wollte unbedingt Doktor werden. Aber er brauchte die Unterschrift von drei Leuten auf der ersten Seite seiner Dissertation, Namenszüge von unschätzbarem Wert, die zusammen bestätigten, daß er das Rigorosum bestanden hatte. Eine der Unterschriften mußte Professor Hart leisten, und Hart hatte oft gesagt – zu anderen und ihm selbst –, daß es ihm eine Ehre sei, Dave bei der Verwirklichung seines wohlverdienten Traumes zu helfen.

Lange vor dem Rigorosum gab Striver Hart eine vorletzte Kopie seiner Doktorarbeit. Hart las sie und teilte Dave mit, daß sie absolut erstklassig sei und daß er sie beim Rigorosum gern unterzeichnen würde. Sie gaben sich in dem von Büchern gesäumten Arbeitszimmer Harts sogar die Hand. Dave bemerkte, daß Harts Augen vertrauensvoll strahlten und sein Verhalten väterlich war.

Beim Rigorosum hatte Dave das Gefühl, daß er Kapitel Drei seiner Dissertation wortgewandt zusammenfaßte. Es kamen zwei Fragen, eine von Professor Rogers und eine von Dr. Meteer; Dave beantwortete beide, anscheinend zu aller Zufriedenheit. Es gab keine weiteren Einwände.

Professor Rogers unterzeichnete. Er schob das Buch weiter zu Meteer; auch sie unterzeichnete und schob es dann vor Hart hin. Hart rührte sich nicht.

»Ed?« fragte Rogers.

Hart saß noch immer regungslos da. Dave fühlte sich leicht schwindelig.

»Edward, werden Sie unterzeichnen?«

Später saß Hart allein in seinem Büro, in seinem großen Ledersessel, traurig über Daves Scheitern. Er sann über Möglichkeiten nach, wie er Dave bei der Verwirklichung seines Traumes helfen könnte.

Soweit die Geschichte. Zugegeben, sie verläuft irgendwie im Sande und endet mit einem Wimmern statt mit einem Paukenschlag. Susan Mulcahy, Schriftstellerin und Verlegerin aus Seattle, nannte die Geschichte »amateurhaft« und bemängelte Grammatik und Wortwahl des Autors. Gleichwohl war sie überrascht und beeindruckt, als sie erfuhr, daß der Autor ein Computer war. Das Programm, das die Geschichte schrieb, heißt BRUTUS.1. Entwickelt wurde es von Selmer Bringsjord, Dave Ferucci und einem Team von Software-Ingenieuren am Rensselaer Polytechnic Institute. BRUTUS.1 ist anscheinend auf Verrat spezialisiert, ein Konzept, daß Bringsjord und Ferucci dem Computer in achtjähriger Kleinarbeit beigebracht haben. Die Forscher räumen ein, daß ihr Programm auch über andere Dinge als Verrat etwas lernen müsse. »Um interessant zu werden, muß es alle Gefühle kombinieren«, sagen Bringsjord und Ferucci, aber dazu seien kybernetische Autoren noch nicht in der Lage.[6]

Der Cybernetic Poet

Ein weiteres Beispiel für einen computerisierten Autor ist ein Programm, das ich selbst entwickelt und »Ray Kurzweil's Cybernetic Poet« (RKCP) getauft habe. RKCP ist ein computergeneriertes Poesie-System, das mit Hilfe sprachgestaltender Techniken automatisch eine völlig eigene Versdichtung erzeugt, basierend auf Gedichten, die es zuvor »gelesen« hat.[7]

RKCP liest eine Auswahl von Gedichten eines bestimmten Autors oder mehrerer Autoren (eine möglichst umfangreiche Auswahl) und erzeugt aus dem Werk des Autors dann ein »Sprachmodell«, das auf Markowschen Modellen basiert, einen mathematischen Vetter neuronaler Netze. Mit Hilfe dieses Modells kann RKCP dann eigene Gedichte schreiben. Wie weiter oben bereits erwähnt, verwendet RKCP einen rekursiven poesie-generierenden Algorithmus, um Sprachstil, rhythmische Muster und Gedichtaufbau der analysierten Originalautoren zu erreichen. Andere Algorithmen gewährleisten, daß das Gedicht thematisch konsistent bleibt. Die Gedichte ähneln im Stil den ursprünglich analysierten Gedichten des oder der Autoren, sind aber vollständig neue Schöpfungen. Das System verfügt sogar über Regeln, die ein reines Abschreiben verhindern.

Unter der Adresse www.kurzweiltech.com. erhalten Sie eine kostenlose Kopie von RKCP.

Im folgenden wird eine kleine Auswahl von Gedichten vorgestellt, die der Kurzweil Cybernetic Poet nach der »Lektüre« von Gedichten mehrerer berühmter Dichter und weniger bekannter zeitgenössischer Lyriker geschrieben hat.

Gedichte von Ray Kurzweils Cybernetic Poet

BLATT

Ein Haiku von Ray Kurzweils Cybernetic Poet, geschrieben nach der Lektüre von Gedichten von Wendy Dennis

Hüpf über das Blatt
durch die Löwin
die in meiner Seele kauert

TRÄUM JETZT UND SING

Ein Gedicht von Ray Kurzweils Cybernetic Poet, geschrieben nach der Lektüre von Gedichten von Wendy Dennis und Ray Kurzweil sowie von Liebesgedichten verschiedener Autoren

Träum jetzt und sing
schaff Mythen
form Edelsteine aus dem fallenden Schnee

SEELE

Ein Haiku von Ray Kurzweils Cybernetic Poet, geschrieben nach der Lektüre von Gedichten von John Keats und Wendy Dennis

Du zerbrachst meine Seele
den Saft der Ewigkeit
den Odem meiner Lippen

ICH GLAUBE, ICH ZERBRECHE

Ein Gedicht von Ray Kurzweils Cybernetic Poet, geschrieben nach der Lektüre von Gedichten von Ray Kurzweil, Robert Frost und Wendy Dennis

Ich glaube, ich zerbreche.
Ich ganz allein mit Gott
Friede auf einem seltsamen Klang
für mich in meinem Herzen?
Und das Leben weint
aus einem blutenden Herzen
von Ästen, die sich biegen
zu solchen Pfaden,
von Ästen, die sich biegen
zu solchen Windpfaden
weiß, daß wir dagewesen sind.

DAS ERSTICKEND STICKIGE

Ein Haiku von Ray Kurzweils Cybernetic Poet, geschrieben nach der Lektüre von Gedichten von Camarena Rose und Wendy Dennis

Das erstickend stickige
katholische Klassenzimmer,
wo ich nicht wahrhaft sein kann.

ICH FRAGTE MICH

Ein Gedicht von Ray Kurzweils Cybernetic Poet, geschrieben nach der Lektüre von Gedichten von Dave Gitomer

Heute fragte ich mich
ob ich träumte
heute sah ich dich
und ich hörte

voll Ehrfurcht und in dir
ob ich mich fragte
ob ich träumte
heut hatt ich einen Wunsch
wenn ich dich sähe
wenn ich dich sähe
wenn ich hätt einen Wunsch

MONDKIND

Ein Haiku von Ray Kurzweils Cybernetic Poet, geschrieben nach der Lektüre von Gedichten von Kathleen Frances Wheeler

Verrücktes Mondkind
hüte dich vor dem Sarg
trotz deinem Schicksal.

ENGEL

Ein Gedicht von Ray Kurzweils Cybernetic Poet, geschrieben nach der Lektüre von Gedichten von Camarena Rose und Sue Klapes Kelly

Der Dämmerung Strahlen auf dem Engel
eine ruhige, stille See
wir schreiben hundertmal,
in der Hoffnung, uns zu öffnen
ein steter Rhythmus auf seinem Gesicht
stilles Zimmer
verlassener Strand,
verstreute Reste einer Liebe.

KATER

Ein Haiku von Ray Kurzweils Cybernetic Poet, geschrieben nach der Lektüre von Gedichten von Randi und Kathryn Lynn

Ein alter gelber Kater
liegt zufrieden da und schläft,
er rührt ein Herz

LANGE JAHRE SIND VERGANGEN

Ein Gedicht von Ray Kurzweils Cybernetic Poet, geschrieben nach der Lektüre von Gedichten von Randi und Kathryn Lynn

Lange Jahre sind vergangen.
Ich denk an Abschied.
Gefangen in der Nacht
denk ich an Liebe;
Angelockt vom Trübsinn, die Nacht
Auf diesem Blatt
Die Scherben meines Lebens
der Freude Anblick
der Liebe Scherben
Die Scherben meiner Liebe
sind schal geworden.

SANDALEN

Ein Haiku von Ray Kurzweils Cybernetic Poet, geschrieben nach der Lektüre von Gedichten von Kimberly McLauchlin und Ray Kurzweil

Verstreute Sandalen
ein Ruf zurück zu mir selbst,
so hohl mein Echo wäre.

Bildende Kunst

Die Bildende Kunst ist, was den Einfluß von Computern angeht, zwischen der Musik und der Literatur anzusiedeln. Ein beträchtlicher Teil der Bildenden Kunst wird heute unter Verwendung von Mal- und Illustrationsprogrammen geschaffen, mit denen sich die Effekte herkömmlicher Techniken wie Pinselstriche simulieren und darüber hinaus eine Fülle neuer Techniken ausführen lassen, die nur am Computer möglich sind. Auch werden die meisten Videos und Filme heute am Computer geschnitten.

Das Web ist voll von den Produkten kybernetischer Künstler. Eine beliebte Technik ist der evolutionäre Algorithmus, mit dessen Hilfe der Computer durch hundert- oder tausendfache Wiederholung ein Bild erzeugen kann. Menschen würden sich mit diesem Verfahren schwertun – auf jeden Fall würden sie viel Farbe verschwenden. Mutator, eine Schöpfung des Bildhauers William Latham und des Software-Ingenieurs und IBM-Mitarbeiters Stephen Todd aus dem englischen Winchester, bedient sich ebenso dieses evolutionären Verfahrens wie ein Programm, das Karl Sims, Künstler und Wissenschaftler bei der Firma Genetic Arts in Cambridge, Massachusetts, geschrieben hat.[8]

Der führende Praktiker auf dem Feld der computergenerierten Bildenden Kunst ist wahrscheinlich Harold Cohen. Sein Roboter namens Aaron entwickelt und erzeugt seit zwanzig Jahren Zeichnungen und Gemälde. Diese Bilder sind Originalwerke, die der Computer völlig selbsttätig erschaffen und mit echter Farbe ausgeführt hat. Dreißig Jahre lang hat Cohen sein Programm mit Kenntnissen über viele Aspekte des künstlerischen Schaffens wie Komposition, Zeichnen, Perspektive und Farbe sowie über verschiedene Stilrichtungen gefüttert. Obwohl Cohen das Programm geschrieben hat, ist er von den erzeugten Bildern immer wieder überrascht.

Cohen wird häufig gefragt, wer denn nun der Schöpfer dieser Werke sei, die Museen in aller Welt ausgestellt haben.[9] Cohen nimmt das Verdienst gern für sich in Anspruch, und Aaron ist nicht darauf programmiert, sich darüber zu beklagen. Cohen ist stolz darauf, daß er als erster Künstler der Geschichte mit posthum entstandenen Werken ausgestellt werden könnte.[10]

Bilder von Aaron von Cohen

Die folgenden fünf Originalgemälde hat Aaron gemalt, ein computerisierter Roboter, den Harold Cohen gebaut und programmiert hat. Die farbigen Gemälde sind hier schwarzweiß wiedergegeben. Die farbigen Versionen können Sie unter der Adresse www.penguinputnam.com/kurzweil auf der Web-Site dieses Buches betrachten.[11]

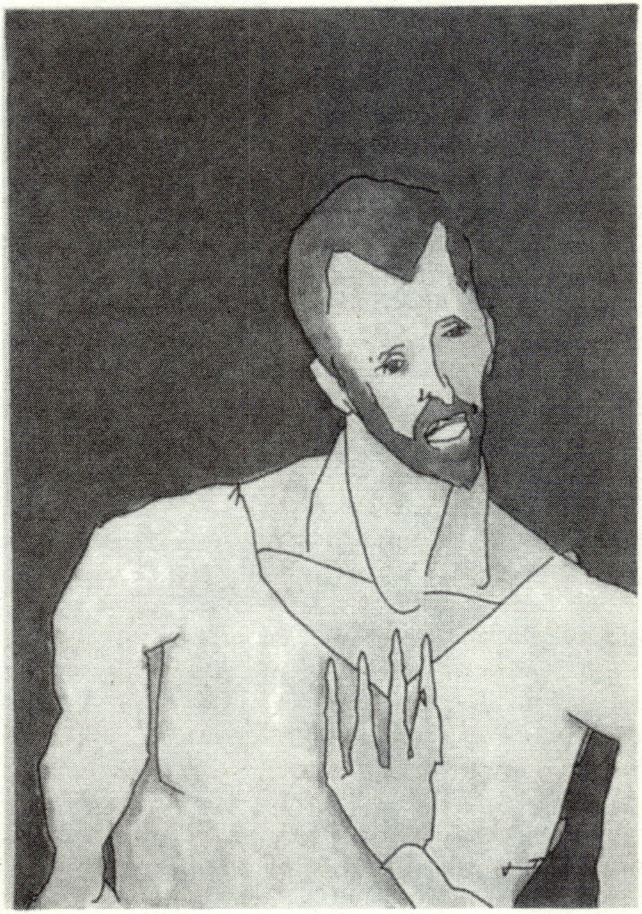

PROGNOSE FÜR DIE GEGENWART

An der Schwelle zu einem neuen Jahrtausend fehlt es nicht an Voraussagen, was uns das nächste Jahrhundert bringen wird. Die Futurologie hat eine lange, wenn auch nicht besonders eindrucksvolle Tradition. Eines der Probleme bei Zukunftsprognosen ist, daß man sein Geld nicht mehr zurückverlangen kann, wenn deutlich wird, daß sie mit den wirklichen Ereignissen wenig Ähnlichkeit haben.

Vielleicht liegt das Problem darin, daß praktisch jeder Vorhersagen machen darf. Vielleicht sollten wir ein Qualifikationszeugnis verlangen, das dazu berechtigt, Prognosen zu stellen. Eine der Bedingungen für den Erwerb dieses Zeugnisses wäre der Nachweis, daß wenigstens die Hälfte der vor zehn oder mehr Jahren gemachten Vorhersagen sich im nachhinein nicht als absolut peinlich erwiesen hat. Ein solches Verfahren wäre jedoch sehr langwierig und, wie ich fürchte, auch verfassungswidrig.

Warum die Futurologie einen so miserablen Ruf hat, verdeutlicht eine kleine Auswahl von Prognosen einiger sonst intelligenter Leute:

Das Telefon hat zu viele Mängel, als daß es ernsthaft als Kommunikationsmittel in Betracht kommen könnte.

Manager der Western Union, 1876

Flugmaschinen, die schwerer sind als Luft, sind nicht möglich.

Lord Kelvin, 1895

Die wichtigsten grundlegenden Gesetze und Tatsachen der Physik sind entdeckt, und da sie heute einwandfrei bewiesen sind, ist die Wahrscheinlichkeit, daß sie jemals durch neue Entdeckungen ergänzt werden, äußerst gering.

Albert Abraham Michelson, 1903

Flugzeuge haben keinen militärischen Nutzen.

Professor Marshal Foch, 1912

Meines Erachtens gibt es einen Weltmarkt für vielleicht fünf Computer.

IBM-Präsident Thomas Watson, 1943

Computer der Zukunft dürften nicht mehr als 1,5 Tonnen wiegen.

Popular Mechanics, 1949

Es scheint, daß wir die Grenzen dessen erreicht haben, was mit Computer-Technologie möglich ist, allerdings sollte man mit solchen Aussagen vorsichtig sein, denn fünf Jahre später klingen sie oft ziemlich dumm.

John von Neumann, 1949

Es gibt keinen Grund, warum Menschen zu Hause einen Computer haben sollten.

Ken Olson, 1977

640 000 Bytes Speicherkapazität sollten jedem genügen.

Bill Gates, 1981

Lange vor dem Jahr 2000 wird das ganze antiquierte Gefüge aus College-Abschlüssen, Hauptfächern und Punktesystem ein Trümmerfeld sein.

Alvin Toffler

Das Internet wird 1996 kollabieren.

Robert Metcalfe (Erfinder von Ethernet),
der seine Prognose 1997 öffentlich zurücknahm.

Nun darf ich Werbung in eigener Sache machen und Sie mit jenen meiner Prognosen bekanntmachen, die sich als besonders zutreffend erwiesen haben. Eines sei allerdings betont: Wenn ich die vielen Vorhersagen, die ich in den letzten Jahre gemacht habe, Revue passieren lasse, so erscheint mir keine besonders peinlich (abgesehen vielleicht von einigen frühen Unternehmensplänen).

In meinem Buch *KI (Das Zeitalter der Künstlichen Intelligenz)*, das ich von 1987 bis 1988 geschrieben habe, und in Artikeln und Reden Ende der achtziger Jahre habe ich zahlreiche Prognosen für die neunziger Jahre gestellt, darunter folgende: [12]

- *Prognose*: Ein Computer wird um 1998 den Schachweltmeister schlagen, und als Folge davon wird unsere Bewunderung für das Schachspiel abnehmen.

  Was geschah: Wie erwähnt, habe ich mich um ein Jahr vertan. Sorry.
- *Prognose:* Rohstoffe, d. h. materielle Ressourcen, werden zusehends an Wert verlieren; demgegenüber wird der größte

Teil des neuen Reichtums im Wissensinhalt von Produkten und Dienstleistungen bestehen und zu anhaltendem Wirtschaftswachstum und Wohlstand führen.

Was geschah: Wie vorausgesagt, geht es allenthalben aufwärts (nur nicht, wie ebenfalls prognostiziert, bei langfristigen Investitionen in Rohstoffe, deren Wert in den vergangenen zehn Jahren um 40 Prozent gesunken ist). Selbst die Politiker kommen, ob Präsident oder Kongreßmitglieder, in Meinungsumfragen besser weg denn je. Allerdings hat der Wirtschaftsaufschwung mehr mit dem Bill im Bundesstaat Washington als mit dem Bill in der Stadt Washington zu tun. Nicht daß Mr. Gates das Hauptverdienst gebühren würde, aber Information, Wissen und die entsprechenden Computertechnologien sind der Motor der heutigen Wirtschaft. Notenbankchef Alan Greenspan hat unlängst eingeräumt, daß der beispiellose Konjunkturaufschwung und das anhaltende Wirtschaftswachstum einer durch Informationstechnologie ermöglichten Effizienzsteigerung zu verdanken seien. Aber das ist nur die halbe Wahrheit. Greenspan übersieht, daß ein Großteil des heute geschaffenen neuen Reichtums selbst aus Information und Wissen besteht – eine Billion Dollar allein im Silicon Valley. Effizienzsteigerung ist nur *ein* Aspekt. Der neue Reichtum, der sich in der Börsenkapitalisierung von Computer-, insbesondere Softwarefirmen zeigt, ist ein realer und substantieller Reichtum und kommt der gesamten Wirtschaft zugute.

Der Unterausschuß des Repräsentantenhauses für das Bankwesen berichtete, daß in den acht Jahren von 1989 bis 1997 der Gesamtwert der Immobilien und Gebrauchsgüter in den USA nur um 33 Prozent von 9,1 Billionen auf 12,1 Billionen Dollar gestiegen ist. Der Wert der Bankeinlagen und Geldmarktinstrumente erhöhte sich lediglich um 27 Prozent von 4,5 Billionen auf 5,7 Billionen Dollar. Dagegen verzeichnen wir bei Aktien eine atemberaubende Wertsteigerung um 239 Prozent von 3,4 Billionen auf 11,4 Billionen Dollar! Hauptmotor dieses Wachstums ist der rasant wachsende Wissensgehalt von Produkten und Dienstleistungen und die durch Informationstechnologie geförderte Effizienzsteigerung. Hier wird der neue Reichtum geschaffen.

Information und Wissen werden nicht durch die Verfügbarkeit materieller Ressourcen begrenzt und gemäß dem Gesetz vom steigenden Ertragszuwachs weiter exponentiell wachsen. Das Gesetz vom steigenden Ertragszuwachs gilt auch für finanzielle Gewinne. Somit ist die entscheidende Implikation des Gesetzes kontinuierliches Wirtschaftswachstum.

Während der Niederschrift dieses Buches sorgte die Wirtschaftskrise in Japan und anderen asiatischen Ländern für beträchtliches Aufsehen. Die Vereinigten Staaten drängten Japan, seine Wirtschaft mit Hilfe von Steuersenkungen und Investitionen der öffentlichen Hand anzukurbeln. Kaum beachtet wurden indes die eigentlichen Ursachen der Krise, nämlich die Situation der Softwarebranche in Asien und das Fehlen geeigneter unternehmerischer Instrumente, mit denen die Entwicklung von Software und anderen Wissensformen gefördert werden kann. Dazu gehören Risikokapital[13], die Ausgabe von Aktienbezugsrechten an Belegschaften auf breiter Basis und ein Investitionsklima, das Risikobereitschaft fördert und belohnt. Asien hat zwar erste Schritte in diese Richtung unternommen (etwas zögerlicher als Europa), doch sind diese neuen ökonomischen Anforderungen schneller gewachsen als von den meisten Beobachtern erwartet (und ihre Bedeutung wird gemäß dem Gesetz vom steigenden Ertragszuwachs weiter steigen).

- *Prognose:* Ein weltweites Informationsnetz wird entstehen, das nahezu alle Organisationen und Zigmillionen von Individuen miteinander verbindet (zugegeben, nicht unter dem Namen »World Wide Web«).

Was geschah: Das Web entstand 1994 und sorgte innerhalb von zwei Jahren für Furore. Das Web ist in der Tat ein weltweites Phänomen, und Produkte und Dienstleistungen in Form von Information wirbeln über alle Grenzen hinweg rund um den Erdball. In einem Bericht von 1998 bezeichnet das US-Handelsministerium das Internet als entscheidenden Faktor bei Konjunkturbelebung und Inflationsbekämpfung. Es sagt voraus, daß der Handel im Internet bis zum Jahr 2000 auf ein Volumen von 300 Milliarden Dollar steigen wird. Nach Berichten aus der Wirtschaft selbst wird die Zahl sogar bei einer Billion Dollar liegen, wenn alle über das Internet abgewickelten Transaktionen zwischen Unternehmen berücksichtigt werden.

- *Prognose:* In den Vereinigten Staaten werden alle Klassenzimmer vernetzt.

  Was geschah: Die meisten Bundestaaten (mit der bedauerlichen Ausnahme meines eigenen, Massachusetts) stellen jährlich 50 bis 100 Millionen Dollar für die Vernetzung der Klassenzimmer und für ihre Ausstattung mit entsprechender Hard- und Software bereit. Die Nation hat sich das Ziel gesteckt, alle Schüler mit Computern zu versorgen und ihnen Zugang zum Internet zu verschaffen. Vielen Lehrern bleibt der Umgang mit Computern relativ fremd, doch die Kinder bringen viel erforderliches Fachwissen bereits mit.

- *Prognose:* Im Krieg wird man sich fast völlig auf digitale Zielerfassung, auf Mustererkennung und auf andere softwaregestützte Technologien verlassen. Siegen wird die Seite, die über die intelligenteren Maschinen verfügt. »In den frühen neunziger Jahren wird es zu einer tiefgreifenden Veränderung der militärischen Strategie kommen. Die fortschrittlicheren Nationen werden zunehmend auf ›intelligente Waffen‹ setzen, die mit elektronischen Kopiloten, Mustererkennungstechniken und modernen Technologien zum Aufspüren, Identifizieren und Zerstören von Zielen ausgestattet sind.«

  Was geschah: Ein paar Jahre nach der Niederschrift von *Das Zeitalter der Künstlichen Intelligenz* wurde dieses Paradigma erstmals im Golfkrieg bestätigt. Heute besitzen die Vereinigten Staaten die modernsten Waffen und bleiben als militärische Supermacht unangefochten.

- *Prognose:* Der überwiegende Teil der kommerziellen Musik wird mit computergestützten Synthesizern erzeugt.

  Was geschah: Ein Großteil der Musik, die man heute im Fernsehen, im Kino oder auf CD hört, wird mit digitalen Synthesizern in Verbindung mit computergestützten Sequenzern und Soundgeneratoren erzeugt.

- *Prognose:* Zuverlässige Systeme der Personenidentifizierung, die Mustererkennungstechniken auf optische und Sprechmuster anwenden, werden in vielen Fällen Schlösser und Schlüssel ersetzen.

  Was geschah: Techniken der Personenidentifizierung, die Sprechmuster und Gesichtsmerkmale erkennen, werden bereits an Geldautomaten und Eingängen zu speziell gesicherten Gebäuden und Grundstücken eingesetzt.[14]

- *Prognose:* Die Verbreitung elektronischer Kommunikation in der Sowjetunion wird unkontrollierbare politische Kräfte freisetzen. Sie wird Methoden Tür und Tor öffnen, »die sehr viel wirksamer sind als die einst verbotenen Kopierer«. Der Staat wird sie nicht kontrollieren können. Die totalitäre Informationskontrolle wird gebrochen werden.

  Was geschah: Der Putschversuch gegen Gorbatschow im August 1991 wurde hauptsächlich mit Hilfe von Handys, Faxgeräten, E-mail und anderen elektronischen Kommunikationsmitteln vereitelt, die früher nicht zu Verfügung gestanden hatten und mittlerweile weit verbreitet waren. Die dezentralisierte Kommunikation trug maßgeblich zum Zusammenbruch der zentralistischen, totalitären Kontrolle von Wirtschaft und Politik durch die Regierung in der früheren Sowjetunion bei.

- *Prognose:* Viele Dokumente werden nie in Papierform vorliegen, da sie audio-visuelle Informationen enthalten.

  Was geschah: Web-Dokumente beinhalten gewöhnlich auch audio-visuelles Material, so daß sie nur in ihrer Web-Form existieren können.

- *Prognose:* Um das Jahr 2000 wird es einen Chip mit einer Million Komponenten geben.

  Was geschah: Wir liegen noch im Zeitplan.

- *Prognose:* Die Technologie für den »kybernetischen Chauffeur« (selbstfahrende Autos, die auf den Straßen angebrachte spezielle Sensoren nutzen) wird bis Ende der neunziger Jahre zur Verfügung stehen; ihre Einführung auf Hauptverkehrsstraßen wird im ersten Jahrzehnt des 21. Jahrhunderts möglich sein.

Was geschah: Selbstfahrende Autos werden in Los Angeles, London, Tokio und anderen Städten getestet. Überaus erfolgreiche Versuche wurden 1997 auf der Interstate 15 in Südkalifornien durchgeführt. Stadtplaner erkennen allmählich, daß man die vorhandenen Straßen mit automatisierter Verkehrslenkung weit besser auslasten könnte. Die Anbringung der erforderlichen Sensoren an einer Autobahn kostet nur 10 000 Dollar pro Meile, der Bau einer neuen Autobahn hingegen 1 bis 10 Millionen Dollar pro Meile. Mit computerisierten Straßen und selbstfahrenden Autos wird die Zahl der Unfälle drastisch sinken. Das amerikanische Konsortium National Automated Highway System (NAHS) rechnet mit der Einführung solcher Systeme im ersten Jahrzehnt des 21. Jahrhunderts.[15]

- *Prognose:* In den frühen neunziger Jahren wird die Erkennung von fließend gesprochener Sprache (Continuous Speech Recognition – CSR) mit großem Wortschatz für spezifische Aufgaben genutzt.

  Was geschah: Hoppla! Systeme, die fließend gesprochene Sprache mit großem Wortschatz erkennen und sich für spezifische Aufgabenstellungen eignen, tauchten erst um 1996 auf. Ende 1997 und Anfang 1998 kamen Systeme auf den Markt, mit denen man schriftliche Dokumente (wie dieses Buch) ohne thematische Beschränkung diktieren kann.[16]

- *Prognose:* Für das übersetzende Telefon (bei dem Sie alles auf englisch sagen und hören und ihr Partner Sie beispielsweise auf deutsch hört und auch in dieser Sprache antwortet) sind drei Technologien erforderlich: sprecherunabhängiges Erkennen fließend gesprochener Sprache mit großem Wortschatz (ein Trainieren auf die Stimme eines neuen Benutzers ist nicht erforderlich), Sprachübersetzung und Sprachsynthese. Diese Technologien werden bis Ende der neunziger Jahre für die ersten Systeme in ausreichender Qualität vorliegen. Somit können wir »übersetzende Telefone mit zufriedenstellender Leistung, zumindest für die häufig gesprochenen Sprachen, im ersten Jahrzehnt des 21. Jahrhunderts erwarten«.

Was geschah: Leistungsfähige, sprecherunabhängige Spracherkennungssysteme, die fließend gesprochene Sprache mit großem Vokabular bewältigen, sind eingeführt worden. Sprachübersetzungs-Programme, die Web-Sites rasch von einer Sprache in eine andere übersetzen, können Sie von Ihrem Web-Browser herunterladen. Systeme, die geschriebenen Text in gesprochene Sprache verwandeln, sind seit vielen Jahren für eine Vielzahl von Sprachen erhältlich. Alle diese Systeme laufen auf einem Personal Computer. Bei dem Unternehmen Lernout & Hauspie (das 1997 meine auf Spracherkennung spezialisierte Firma Kurzweil Applied Intelligence erworben hat) arbeiten wir derzeit am Prototyp eines übersetzenden Telefons. Wir erwarten, daß ein solches System Anfang des nächsten Jahrhunderts in den Handel kommt.[17]

MEIN LEBEN MIT MASCHINEN: EINIGE HIGHLIGHTS

Ich ging auf die Bühne und spielte eine Komposition auf einem guten alten Klavier. Dann kam die Frage: ja oder nein? Bess Myerson, die ehemalige Miss America, war überfragt. Doch der Filmschauspieler Henry Morgan, der zweite Stargast bei dieser Folge von »I've got a Secret«, erriet mein Geheimnis: Das Stück, das ich gespielt hatte, war von einem Computer komponiert worden, den ich gebaut und programmiert hatte. Noch im selben Jahr nahm ich zusammen mit anderen preisgekrönten Nachwuchsforschern von der High-School an einem Empfang bei Präsident Johnson teil.

Am College gründete ich ein Unternehmen, das mit Hilfe eines von mir geschriebenen Computerprogramms für High-School-Schüler das passende College heraussuchte. Für 1000 Dollar die Stunde mieteten wir den einzigen in Massachusetts verfügbaren Computer mit einem Kernspeicher von einer Million Bytes, der es uns ermöglichte, alle Informationen, die wir über die 3000 Colleges des Landes zusammengetragen hatten, gleichzeitig in den Speicher zu laden. Wir erhielten eine Menge Briefe von Kids, die mit den Colleges, die wir für sie herausgesucht hatten, hochzufrieden waren. Einige Eltern waren hingegen sauer, weil Harvard auf unserer Liste gefehlt hatte. Zum erstenmal erfuhr ich, wie Computer Einfluß auf das Leben von Menschen nehmen können. Ich verkaufte die Firma an Harcourt, Brace & World, einen New Yorker Verlag, und widmete mich anderen Ideen.

Im Jahr 1974 konnten Computer, die in der Lage waren, mit Hilfe optischer Zeichenerkennung (Optical Character Recognition – OCR) Druckbuchstaben zu lesen, nur ein oder zwei Schriftarten verarbeiten. Im selben Jahr gründete ich die Firma Kurzweil Computer Products mit dem Ziel, das erste OCR-Programm zu entwickeln, das *jede* Schriftart lesen konnte, was uns denn auch gegen Ende des Jahres gelang. Somit stellte sich die Frage: Wozu ist das gut? Wie so oft bei guter Software hatten wir eine Lösung, aber noch nicht das dazu passende Problem.

Zufällig saß ich bei einem Flug neben einem blinden Herrn, und er erklärte mir, daß sein einziges wirkliches Handikap darin bestehe, daß er nicht jedes normale Druckerzeugnis lesen könne. Es war offensichtlich, daß er sich durch seine Blindheit weder beim Reisen noch beim Kommunizieren wirklich beeinträchtigt fühlte. Ich hatte das Problem gefunden, nach dem wir gesucht hatten: Wir konnten unsere Omnifont-OCR-Technologie dazu verwenden, das Haupthandikap blinder Menschen zu überwinden. Damals verfügten wir noch nicht über die heute allgegenwärtigen Scanner oder Synthesizer, die Text in gesprochene Sprache umwandeln, also mußten wir auch diese Technologien entwickeln. Ende 1975 fügten wir diese drei neuen, von uns entwickelten Technologien – Omnifont-OCR, Flachbettscanner mit ladungsgekoppeltem Schaltelement (CCD) und Sprachsynthesizer – zusammen und bauten die erste Lesemaschine für Blinde, die das Gelesene in gesprochene Sprache umwandelte. Die Kurzweil-Lesemaschine (KRM) war in der Lage, normale Bücher, Zeitschriften und andere Druckerzeugnisse laut vorzulesen, so daß ein blinder Mensch nach Belieben alles lesen konnte.

Wir stellten die Maschine im Januar 1976 der Öffentlichkeit vor, und anscheinend hatten wir das Richtige getroffen. Alle Nachrichtensendungen am Abend berichteten darüber, und Walter Cronkite überließ es unserem Computer, seine obligatorische Schlußformel »And that's the way it was, January 13, 1976« laut vorzulesen.

Wenig später erhielt ich eine Einladung in die Today Show. Der Fernsehauftritt wurde zu einer Nervenprobe, denn wir besaßen damals nur eine einzige funktionsfähige Lesemaschine, und die fiel natürlich wenige Stunden, bevor ich auf Sendung gehen sollte, aus. Unser verzweifelter Chefingenieur nahm die Maschine auseinander und verstreute elektronische Bauteile und Kabel auf dem Boden des Studios. Frank Field, der mich interviewen sollte, kam vorbei und fragte, ob alles in Ordnung sei. »Klar, Frank«, antwortete ich. »Wir nehmen nur ein paar letzte Änderungen vor.«

Unser Chefingenieur setzte die Maschine wieder zusammen, und sie funktionierte noch immer nicht. Schließlich griff er zu einem Mittel, das sich bei der Reparatur empfindlicher Elektrogeräte schon häufig bewährt hat, und knallte die Lesemaschine gegen einen Tisch. Von da an funktionierte sie einwandfrei. Ihr Fernsehdebüt verlief ohne weitere Zwischenfälle.

Stevie Wonder hörte von unserem Auftritt in der Today Show und beschloß, der Sache nachzugehen. Unsere Telefonistin wollte nicht glauben, daß der Anrufer tatsächlich der berühmte Sänger war, stellte aber trotzdem zu mir durch. Ich lud ihn in unsere Werkstatt ein, und er probierte die Maschine aus. Er flehte uns an, ihm eine Lesemaschine zu verkaufen, und so bauten wir in Windeseile unser erstes Serienmodell zusammen (den Prototypen, den wir in der Today Show vorgeführt hatten, wollten wir ihm nicht geben, da er ein paar Schrammen davongetragen hatte). Wir machten Wonder mit der Bedienung vertraut, und dann fuhr er mit dem Taxi nach Hause, neben sich seine neue Lesemaschine.

In der Folgezeit nutzten wir Omnifont-OCR und Scanner für kommerzielle Anwendungen, wie die Eingabe von Daten in Datenbanken und in die aufkommenden Textverarbeitungsrechner. Neue Informationsdienste wie Lexus (ein juristischer Online-Recherchedienst) und Nexus (ein Pressedienst) nutzten die Kurzweil-Dateneingabe-Maschine zum Scannen und Lesen schriftlicher Dokumente.

Nach jahrelangen Bemühungen, Investoren zu finden, gelang es uns, das Großunternehmen Xerox für unsere Arbeit zu interessieren. Die meisten Xerox-Produkte verwandelten elektronische Information in Druckseiten. Das Unternehmen erkannte, daß es mit der OCR-Technologie und dem Kurzweil-Scanner den umgekehrten Weg beschreiten und eine Brücke von der Welt des Papiers zurück in die Welt der Elektronik schlagen konnte, und kaufte unsere Firma 1980. Die ursprünglich von uns entwickelte OCR-Technologie ist, in verbesserter Form, noch immer erhältlich. Sie heißt jetzt Xerox TextBridge und ist nach wie vor Marktführer.

Ich blieb mit Stevie Wonder in Kontakt, und bei einer unserer Begegnungen in seinem neuen Aufnahmestudio in Los Angeles klagte er, daß sich zwei Welten von Musikinstrumenten entwickelt hätten – die akustische und die elektronische –, zwischen denen es keine Brücke gebe.

Auf der einen Seite lieferten akustische Instrumente wie Klavier, Geige und Gitarre volltönende, komplexe Klänge und wurden daher von den meisten Musikern bevorzugt. Diese Instrumente waren musikalisch zwar befriedigend, doch die Möglichkeiten, sie zu spielen, waren beschränkt. Die meisten Musiker beherrschten nur ein oder zwei Instrumente. Und selbst wenn sie mehr als eines beherrschten, konnten sie nie mehr als eines gleichzeitig spielen. Zudem sind die meisten Instrumente einstimmig. Und die Möglichkeiten, den Klang zu gestalten, waren sehr begrenzt.

Auf der anderen Seite gab es die Welt der elektronischen Musik, in der die meisten dieser Beschränkungen aufgehoben waren. In der computerisierten Welt konnte man eine Stimme eines Musikstückes auf einem Sequenzer aufnehmen, dann aus dem Speicher abrufen und eine andere Sequenz darüberspielen und so Schritt um Schritt eine Komposition für mehrere Instrumente aufbauen. Man konnte falsche Töne herausschneiden, ohne die ganze Sequenz noch einmal spielen zu müssen. Man konnte eine Fülle von Sounds übereinanderlegen, ihren Charakter modifizieren, Stücke in einem Tempo einspielen und in einem anderen abspielen und eine Vielzahl anderer Techniken verwenden. Das einzige Problem war, daß die elektronischen Sounds sehr dünn klangen.

Wäre es nicht großartig, sinnierte Stevie, wenn man die vielfältigen Bearbeitungsmöglichkeiten eines Computers auf die schönen Klänge akustischer Instrumente anwenden könnte? Ich dachte darüber nach, und ich hielt die Sache für machbar. Unsere Gespräch war die Geburtsstunde der Firma Kurzweil Music Systems.

Mit Stevie Wonder als musikalischem Berater machten wir uns daran, die beiden Welten der Musikinstrumente zu verbinden. Im Juni 1983 stellten wir einen Prototyp des Kurzweil 250 (K250) vor, und 1984 brachten wir ihn in den Handel. Der K250 gilt als das erste elektronische Musikinstrument, das die komplexen Klänge eines Konzertflügels und praktisch aller anderen Orchesterinstrumente nachahmen konnte.

Mein Vater, ein bekannter Musiker, hatte maßgeblich dazu beigetragen, daß ich mich für elektronische Musik interessierte. Vor seinem Tod 1970 sagte er mir, er sei davon überzeugt, daß ich mein Interesse für Computer und für Musik eines Tages verbinden würde, da seines Erachtens zwischen beiden eine natürliche Affinität bestehe. Ich weiß noch, wie mein Vater, wenn er eine seiner Kompositionen für Orchester hören wollte, ein ganzes Orchester engagieren mußte. Und das hieß Geldgeber finden, handgeschriebene Noten vervielfältigen, geeignete Musiker suchen und engagieren und einen Saal mieten, in dem sie spielen konnten. Erst dann konnte er seine Komposition zum erstenmal hören. Und bewahre Gott, wenn sie ihm so, wie sie war, nicht gefiel! Dann mußte er die Musiker wieder nach Hause schicken, tagelang von Hand die Noten umschreiben, noch mehr Geld beschaffen und die Musiker erneut zusammenholen. Heute kann ein Musiker eine Komposition für viele Instrumente auf einem Kurzweil- oder einem anderen Synthesizer hören, bequem Änderungen vornehmen, so wie man in einem Textverarbeitungsprogramm einen Buchstaben ersetzt, und das Resultat sofort hören.

Ich verkaufte Kurzweil Music Systems 1990 an das koreanische Unternehmen Young Chang, den größten Klavierbauer der Welt. Kurzweil Music Systems ist nach wie vor eine der führenden Marken für elektronische Musikinstrumente und verkauft seine Produkte in 45 Ländern.

1982 hatte ich die Firma Kurzweil Applied Intelligence gegründet. Unser Ziel war, ein stimmaktiviertes Textverarbeitungssystem zu entwickeln. Diese Technologie stellt in punkto Rechnergeschwindigkeit und Speicherkapazität hohe Anforderungen, deshalb konnten frühe Systeme nur einen begrenzten Wortschatz bewältigen. Außerdem mußte der Nutzer zwischen ... den ... einzelnen ... Wörtern ... eine ... kurze ... Pause ... machen. Wir kombinierten diesen »discrete word«-Spracherkenner mit einer medizinischen Wissensbasis und entwickelten so ein System, das Ärzten die Möglichkeit gab, ihre Berichte einfach in den Computer zu diktieren. Unser Produkt, der sogenannte Kurzweil VoiceMed (heute Kurzweil Clinical Reporter), leistet dem Arzt beim Diktieren sogar eine gewisse Hilfestellung. Außerdem brachten wir ein breit einsetzbares Produkt namens Kurzweil Voice auf den Markt, das dem Nutzer die Möglichkeit bot, schriftliche Dokumente zu erzeugen, indem er seinen Text Wort für Wort in seinen Personal Computer diktierte. Dieses Produkt wurde besonders bei Menschen beliebt, die ihre Hände nur eingeschränkt bewegen können.

Dank des Mooreschen Gesetzes wurden Personal Computer just 1998 so schnell, daß sie fließend gesprochene Sprache erkennen können, und das versetzt mich in die Lage, den Rest dieses Buches zu diktieren. Ich benutze dazu unser neuestes Produkt. Es heißt Voice Xpress Plus und kann hundert Wörter pro Minute verarbeiten. Natürlich bringe ich es nicht auf hundert geschriebene Wörter in der Minute, weil ich mich häufig anders besinne, aber Voice Xpress stört das offensichtlich nicht.

Auch diese Firma verkauften wir, und zwar an Lernout & Hauspie (L&H), ein großes Unternehmen mit Sitz in Belgien, das auf Spracherkennungs-Technologie spezialisiert ist. Kurz nach dem Verkauf 1997 schlossen wir eine strategische Allianz zwischen der Diktierabteilung von L&H (der ehemaligen Kurzweil Applied Intelligence) und Microsoft. Man darf also damit rechnen, daß unsere Spracherkennungs-Technologie in künftigen Microsoft-Produkten Anwendung finden wird.

L&H ist auch führend auf dem Gebiet der Sprachsynthese, d. h. der Umwandlung von Texten in gesprochene Sprache, und auf dem Gebiet der automatischen Sprachübersetzung. Das Unternehmen verfügt somit über alle Technologien, die für ein übersetzendes Telefon erforderlich sind. Wie bereits erwähnt, arbeiten wir derzeit an der Präsentation eines Systems, das die Möglichkeit bietet, mit dem Partner am anderen Ende der Leitung beispielsweise Englisch zu sprechen und von ihm in deutscher Sprache gehört zu werden und umgekehrt. Irgendwann kann man Menschen in aller Welt anrufen und das, was man sagt, in jede häufig gesprochene Sprache übersetzen lassen. Unsere Fähigkeit, einander mißzuverstehen, wird davon natürlich unbeeinflußt bleiben.

Eine weitere Anwendung unserer Spracherkennungs-Technologie – ein Hauptziel von Anfang an – ist ein Hilfsgerät für Gehörlose. Das Gerät ist im Grunde genommen das Gegenteil der Lesemaschine für Blinde: Es erkennt in Echtzeit fließend gesprochene Sprache und ermöglicht dem Gehörlosen, das, was andere sagen, zu lesen und so die gravierendste Beeinträchtigung, die mit Taubheit einhergeht, zu überwinden.

1996 gründete ich die Firma Kurzweil Educational Systems. Sie entwickelte für Menschen mit einer Leseschwäche, die nicht auf eine Beeinträchtigung der Sehfunktion zurückzuführen ist, eine neue Generation von Software, die Gedrucktes in gesprochene Sprache umwandelt, sowie eine neue Lesemaschine für Blinde. Das Gerät für Personen mit einer Leseschwäche, Kurzweil 3000 genannt, scannt das Gedruckte und stellt es auf dem Display dann genauso dar, wie es im Originaldokument (Buch, Zeitschrift usw.) erscheint, d. h. mit allen farbigen Graphiken und Bildern. Dann liest es das Dokument laut vor und hebt dabei die gerade gelesene Textstelle optisch hervor – genau wie ein Lehrer, der einem Schüler vorliest und dabei mit dem Finger auf das Wort deutet, das er gerade liest.

Solche Anwendungen von Technologie zum Nutzen behinderter Menschen haben mir stets die größte Befriedigung verschafft. Glücklicherweise kommen die Stärken heutiger Computer vielen Bedürfnissen von Behinderten entgegen. Wir bauen heute keine Cyber-Genies – noch nicht. Die Intelligenz der gegenwärtigen Computer ist limitiert, doch sie reicht bereits jetzt dazu aus, die meisten Grenzen, die den Behinderten durch ihre Beeinträchtigungen gesetzt sind, erfolgreich zu überwinden. Die beschränkte Intelligenz der Maschine und die hohe, flexible Intelligenz der Behinderten ergänzen sich wirkungsvoll. Es war mir schon immer ein besonderes Anliegen, Beeinträchtigungen, die eine Behinderung mit sich bringt, mit Hilfe von KI-Technologien zu überwinden. Was die wichtigsten sensorischen und körperlichen Behinderungen angeht, so glaube ich, daß wir in den kommenden beiden Jahrzehnten das Ende der mit ihnen einhergehenden Handikaps werden verkünden können. In Computern steckt ein enormes Potential. Als Verstärker des menschlichen Denkens können sie uns dabei helfen, uns besser auszudrücken und unsere Kreativität zu erweitern. Ich hoffe, daß ich auch künftig dazu beitragen kann, dieses Potential auszuschöpfen.

Alle diese Projekte wären ohne das Können und das Engagement zahlreicher brillanter Mitarbeiter in vielfältigen Aufgabenbereichen nicht möglich gewesen. Es ist immer aufregend, wenn man ein neues Produkt sieht – und hört –, und wenn man miterlebt, wie es das Leben seiner Nutzer verändert. Es ist mir eine große Freude gewesen, zusammen mit diesen hervorragenden Männern und Frauen am kreativen Prozeß teilzuhaben und seine Früchte zu ernten.

DIE NEUE LUDDITISCHE HERAUSFORDERUNG

Setzen wir zunächst einmal voraus, daß es den Computerwissenschaftlern gelingt, intelligente Maschinen zu entwickeln, die alles besser können als Menschen. In diesem Fall werden vermutlich riesige, hochkomplexe Maschinensysteme die gesamte Arbeit verrichten, so daß menschliche Arbeit überflüssig wird. Daraus ergeben sich zwei Möglichkeiten: Entweder der Mensch läßt es zu, daß die Maschinen selbst Entscheidungen treffen, ohne Kontrolle durch den Menschen, oder er behält die Kontrolle über die Maschinen.

Wenn wir zulassen, daß die Maschinen alle Entscheidungen selbst treffen, können wir keine Mutmaßungen über die Ergebnisse anstellen, denn es läßt sich unmöglich sagen, wie sich solche Maschinen verhalten werden. Wir weisen nur darauf hin, daß das Schicksal der Menschheit dann von den Maschinen abhängen würde. Dagegen ließe sich nun einwenden, daß die Menschheit niemals so dumm sein würde, alle Macht an die Maschinen abzutreten. Doch wir behaupten ja gar nicht, daß die Menschen den Maschinen freiwillig die Macht überlassen oder daß die Maschinen absichtlich die Macht ergreifen würden. Wir behaupten lediglich, daß die Menschheit leicht in eine Abhängigkeit von den Maschinen geraten könnte, so daß ihr faktisch gar keine andere Wahl bliebe, als die Entscheidungen der Maschinen zu akzeptieren. Wenn die Gesellschaft und die Probleme, denen sie gegenübersteht, immer komplexer und die Maschinen immer intelligenter werden, lassen sich die Menschen von den Maschinen immer mehr Entscheidungen abnehmen, und zwar aus dem einfachen Grund, weil die von Maschinen getroffenen Entscheidungen zu besseren Resultaten führen als ihre eigenen. Schließlich wird ein Punkt erreicht, an dem die Entscheidungen, die zur Aufrechterhaltung des Systems notwendig sind, so komplex werden, daß die Menschen selbst nicht mehr in der Lage sind, sie in intelligenter Weise zu treffen. In diesem Stadium üben die Maschinen faktisch die Kontrolle aus. Die Menschen haben nicht mehr die Möglichkeit, die Maschinen abzustellen, denn sie sind von ihnen so abhängig geworden, daß Abschalten einem Selbstmord gleichkäme.

Auf der anderen Seite ist es möglich, daß die Menschen die Kontrolle über die Maschinen behalten. In diesem Fall hätte der Durchschnittsmensch die Kontrolle über bestimmte Maschinen in seinem Privatbereich wie etwa sein Auto oder seinen Personal Computer, doch die Kontrolle über die großen Maschinensysteme läge in den Händen einer kleinen Elite – genau wie heute, nur mit zwei Unterschieden. Dank der verbesserten Technik wird die Elite die Massen wirkungsvoller kontrollieren können; und weil menschliche Arbeit überflüssig ist, werden auch die Massen überflüssig und nutzlos, mithin zu einer Belastung des Systems. Ist die Elite rücksichtslos, so kann sie einfach beschließen, die Masse der Menschen auszurotten. Ist sie human, so könnte sie mit propagandistischen oder anderen psychologischen oder biologischen Mitteln die Geburtenraten drücken, bis die Masse der Menschen ausstirbt und der Elite die Welt überläßt. Die Elite kann aber auch, wenn sie aus weichherzigen, liberal denkenden Menschen besteht, beschließen, für den Rest der Menschheit den guten Hirten zu spielen. Dann sorgt sie dafür, daß die materiellen Bedürfnisse eines jeden befriedigt werden, daß alle Kinder unter psychologisch günstigen Bedingungen aufwachsen, daß jeder ein sinnvolles Hobby bekommt, das ihn ausfüllt, und daß jeder Unzufriedene einer »Behandlung« unterzogen wird, die ihn von seinem »Leiden« kuriert. Natürlich wird dieses Leben so sinnlos sein, daß die Menschen biologisch oder psychologisch manipuliert werden müssen, entweder um ihr Bedürfnis, an Entscheidungsprozessen mitzuwirken, zu unterdrücken oder sie dazu zu bringen, ihren Machttrieb zu »sublimieren« und in einem harmlosen Hobby auszuleben. Diese manipulierten Menschen mögen in einer solchen Gesellschaft glücklich sein, aber sie sind mit Sicherheit nicht frei. Sie sind zu Haustieren degradiert.

Theodore Kaczynski

Die Weber von Nottingham fertigten feine Strümpfe und Spitzen und führten mit den Einkünften aus ihrer florierenden Heimindustrie ein bescheidenes, aber angenehmes Leben. Dies ging Hunderte von Jahren so, und die häuslichen Betriebe wurden von einer Generation auf die andere vererbt. Doch mit der Erfindung des mechanischen Webstuhls und anderer Textilmaschinen im frühen 18. Jahrhundert verloren die Weber ihre Lebensgrundlage. Die ökonomische Macht ging von den Weberfamilien auf die Maschinenbesitzer über.

In dieser Zeit des Umbruchs tauchte ein schwachsinniger Junge namens Ned Ludd auf, der, so erzählt die Legende, aus purer Ungeschicklichkeit zwei Textilmaschinen beschädigte. Wenn fortan in irgendeiner Fabrik auf rätselhafte Weise eine Maschine kaputtging, verteidigte sich der mutmaßliche Übeltäter mit den Worten: »Ned Ludd war es.«

Im Jahr 1812 gründeten die Weber einen Geheimbund, eine Art Stadtguerilla-Armee. Sie drohten den Fabrikbesitzern, und viele der Unternehmer gingen auf ihre Forderungen ein. Gefragt, wer ihr Anführer sei, antworteten sie: »Natürlich General Ned Ludd, wer sonst.« Anfangs richtete sich die Gewalt der Ludditen, wie sie bald genannt wurden, nur gegen Maschinen, doch gegen Ende des Jahres kam es zu blutigen Zusammenstößen. Die Toleranz der Tory-Regierung war erschöpft. Sie löste die Bewegung auf. Prominente Mitglieder wurden inhaftiert und gehängt.[18]

Daß Maschinen Arbeitsplätze vernichten können, war für die Ludditen kein theoretisches Problem. Sie hatten erfahren müssen, wie ihr Leben auf den Kopf gestellt wurde. Für die Weber war es kein Trost, daß mit der Entwicklung, dem Bau und der Vermarktung der neuen Maschinen neue und lukrativere Arbeitplätze geschaffen wurden. Es gab keine staatlichen Umschulungsprogramme, die aus Webern Maschinenbauer machten.

Obwohl es den Ludditen nicht gelang, eine dauerhafte Bewegung ins Leben zu rufen, blieben sie ein mächtiges Symbol, da Maschinen weiter Arbeitsplätze vernichteten. Um nur ein Beispiel für die Auswirkungen der Automation auf die Beschäftigungslage zu nennen: Zu Beginn des 20. Jahrhunderts war etwa ein Drittel der US-Bevölkerung in der Landwirtschaft tätig. Heute sind es nur noch etwa 3 Prozent.[19] Für die Farmer vor hundert Jahren wäre es ein schwacher Trost gewesen, hätte man ihnen erklärt, daß neue Jobs in einer künftigen Elektronikindustrie ihre Arbeitsplätze ersetzen würden oder daß ihre Nachkommen Software-Designer im Silicon Valley werden könnten.

Der Verlust des Arbeitsplatzes kann kaum aufgewogen werden durch die vage Aussicht auf neue Arbeitsplätze, die in ferner Zukunft in neuen Gewerbezweigen entstehen werden. Als die ersten Werbeagenturen mit Kurzweil-Synthesizern Soundtracks für Fernsehspots produzierten, anstatt Musiker zu engagieren, war die Musikergewerkschaft darüber nicht glücklich. Wir wiesen darauf hin, daß die neue Computertechnik den Musikern zugute komme, da sie Musik aufregender mache. So wurden Industriefilme, für die man bislang vorproduzierte Orchestermusik verwendet hatte (weil das Engagement eines ganzen Orchesters das schmale Budget solcher Filme gesprengt hätte), jetzt mit Originalmusik unterlegt, die ein Musiker mit einem Synthesizer einspielte. Ein wenig überzeugendes Argument, wie sich herausstellte, denn die wenigsten Synthesizerspieler waren in der Gewerkschaft.

Die ludditische Philosophie bleibt als ideologische Haltung sehr lebendig, doch als politische und ökonomische Bewegung spielt sie in der gegenwärtigen Debatte nur eine untergeordnete Rolle. Die Öffentlichkeit hat offenbar begriffen, daß die Entwicklung neuer Technologien das wirtschaftliche Wohlergehen fördert. Aus Statistiken geht eindeutig hervor, daß durch Automation mehr und bessere Arbeitplätze geschaffen als vernichtet werden. 1870 hatten lediglich 12 Millionen Amerikaner, d. h. etwa ein Drittel der Bevölkerung, einen Arbeitsplatz. Bis 1998 war diese Zahl auf 126 Millionen Arbeitsplätze, respektive zwei Drittel der Bevölkerung, gestiegen.[20] Das Bruttosozialprodukt pro Kopf stieg, mit einem konstanten Dollarwert von 1958 gerechnet, von 530 Dollar im Jahr 1870 auf mindestens das Zehnfache heute.[21] In vergleichbarer Weise haben sich auch die tatsächlichen Verdienstmöglichkeiten, die die jeweils verfügbaren Arbeitplätze bieten, verändert. Diese tausendprozentige Steigerung des realen Wohlstands ermöglichte einen sehr viel höheren Lebensstandard, bessere Gesundheitsfürsorge und Bildung sowie eine stark verbesserte Versorgung jener, die in unserer Gesellschaft Hilfe benötigen. Zu Beginn der Industriellen Revolution lag die Lebenserwartung in Nordamerika und Nordwesteuropa bei etwa 37 Jahren. Heute, zwei Jahrhunderte später, ist sie doppelt so hoch und steigt weiter.

Die neuen Arbeitsplätze erforderten auch höhere Qualifikationen, und tatsächlich entstand ein Großteil der zusätzlichen Beschäftigungsmöglichkeiten im Bereich der höheren Bildung, die heutzutage im Berufsleben nötig ist. So geben wir für das öffentliche Schulsystem heute pro Kopf (mit konstantem Dollar gerechnet) zehnmal mehr aus als noch vor hundert Jahren. 1870 hatten gerade 2 Prozent der erwachsenen Amerikaner einen High-School-Abschluß, heute liegt die Zahl bei über 80 Prozent. 1870 studierten nur 52000 junge Amerikaner am College, heute sind es 7,5 Millionen.

Die Automatisierung, die vor zweihundert Jahren in England begann – und sich heute (gemäß dem Gesetz vom steigenden Ertragszuwachs) mit zunehmendem Tempo fortsetzt –, vernichtet Arbeitsplätze am unteren Ende der Qualifikationsleiter und schafft neue Stellen an der Spitze der Leiter. Daher der Anstieg der Bildungsausgaben. Was aber geschieht, wenn die Qualifikationsleiter über die Fähigkeiten der Bevölkerungsmehrheit hinauswächst und schließlich über die Fähigkeiten aller Menschen, ungeachtet aller Neuerungen in der beruflichen Bildung?

Die Antwort, die wir aus dem Gesetz vom steigenden Ertragszuwachs ableiten können, lautet: Die Leiter wird weiter wachsen, und das bedeutet, daß die Menschen ihre Fähigkeiten mit anderen Mitteln verbessern müssen. Bildung allein genügt nicht. Unsere Spezies wird mit der Entwicklung nur Schritt halten können, wenn die Menschen aus der Computertechnik, die wir geschaffen haben, größere Kompetenzen ziehen, d. h., wenn die Spezies mit ihrer Technologie verschmilzt.

Nicht jeder wird von dieser Aussicht begeistert sein, deshalb wird nicht mehr nur die Sorge um das materielle Auskommen die Diskussion im 21. Jahrhundert bestimmen, sondern die Frage nach dem eigentlichen Wesen des Menschen. Der ludditischen Bewegung wird es im nächsten Jahrhundert allerdings kaum besser ergehen als in den beiden zurückliegenden. Sie krankt daran, daß sie keine wirkliche Alternative anzubieten hat.

Ted Kaczynski, aus dessen Schrift *Industrial Society and Its Future*, dem sogenanntem »Unabomber-Manifest«, ich oben zitiert habe, plädiert für eine schlichte Rückkehr zur Natur.[22] Kaczynski fordert nicht den individualistischen Rückzug in die kontemplativen Wälder Thoreaus am Waldensee. Er meint vielmehr, daß die Menschheit ihre gesamte Technologie aufgeben und in eine einfachere Zeit zurückkehren sollte. Obwohl er durchaus überzeugend aufzeigt, welche Gefahren und Verluste mit der Industrialisierung einhergingen, ist die von ihm vorgeschlagene Vision weder erstrebenswert noch realisierbar. Schließlich ist zu wenig Natur übriggeblieben, zu der wir zurückkehren könnten, und es gibt zu viele Menschen. Ob es uns paßt oder nicht, wir müssen mit der Technik leben.

Ihr Cybernetic Poet hat ein paar interessante Verse geschrieben ...
Mich würde interessieren, welche Sie meinen.

Nun, nehmen wir doch die ersten Gedichte aus ihrer Sammlung:

Hüpf über das Blatt ...
durch die Löwin/die in meiner Seele kauert ...
form Edelsteine aus dem fallenden Schnee ...
den Saft der Ewigkeit,/ den Odem meiner Lippen ...

Aber die Gedichte laufen manchmal aus dem Ruder, wenn Sie verstehen, was ich meine.
Ja, in der Lyrik toleriert der Leser mehr Unstimmigkeiten als in der Prosa. Aber das Hauptproblem besteht darin, daß gegenwärtige kybernetische Künstler nicht die Kontextebenen beherrschen, die menschliche Künstler beherrschen. Natürlich wird das nicht ewig so bleiben. Irgendwann werden wir Menschen Mühe haben, den tieferen Zusammenhang zu verstehen, den Computerintelligenz herstellen kann ...

Ohne fremde Hilfe ...
Ohne Hilfe von Computern, genau.

Bis dahin eignet sich der Cybernetic Poet gut als Inspirationshilfe. Er bringt seine Gedichte nicht immer sinnvoll zu Ende, aber seine eigentliche Stärke besteht darin, daß er einmalige Satzwendungen findet. So hat das Programm einen Modus namens »The Poet's Assistant«. Der menschliche Nutzer schreibt ein Gedicht in das Fenster eines Textverarbeitungsprogramms. Der Assistent verfolgt, was er schreibt, und macht auf dem freien Teil des Bildschirms Vorschläge, wie zum Beispiel »so würde Robert Frost diese Zeile beenden«, oder »hier sind ein paar Reime und/oder Alliterationen, die Keats im

Zusammenhang mit diesem Wort verwendet hat«, oder »so würde Emily Dickinson das Gedicht abschließen« und so weiter. Wurde das Programm mit den eigenen Gedichten des menschlichen Autors gefüttert, kann es sogar vorschlagen, wie der Nutzer selbst einen Vers oder ein Gedicht beenden würde. Zu jedem Wort, das man schreibt, liefert er Dutzende von Ideen. Nicht alle ergeben einen Sinn, aber er kann dem Autor eine Hilfe sein, wenn er mal blockiert ist. Und der Assistent hat nichts dagegen, daß man seine Ideen klaut.

Und jetzt zu Cohens Bildern …
Sie meinen Aarons Bilder …

Oh, ich fürchte, mit Aarons Gefühlen kann ich nicht viel anfangen.
Weil er keine hat.

Noch nicht, stimmt's? Aber was ich sagen wollte: Aarons Bilder sind in sich stimmiger. Die ganze Sache scheint mir zu funktionieren.
Ja, Cohens Aaron ist derzeit wahrscheinlich das beste Beispiel für einen kybernetischen Künstler, und mit Sicherheit einer der ersten Computer in der Kunst. Cohen wurde mit Tausenden von Regeln zu allen Aspekten des Zeichnens und Malens programmiert, angefangen bei der künstlerischen Darstellung von Menschen, Pflanzen und Gegenständen bis hin zu Bildkomposition und Farbwahl.

Und vergessen Sie nicht, daß Aaron nicht versucht, andere Künstler zu kopieren. Er verfügt über ein eigenes Stilrepertoire, deshalb ist er dank seiner Wissensbasis innerhalb seines visuellen Bereichs relativ komplett. Aber natürlich haben auch menschliche Künstler, selbst hervorragende, ihre Grenzen. Die Vielfalt in Aarons Kunst ist recht beachtlich.

Gut, wenden wir uns jetzt jemandem zu, der weitaus weniger respektabel ist, dem von Ihnen zitierten Ted Kaczynski. Er spricht davon, daß die Menschheit in Abhängigkeit von Maschinen geraten könnte und dann keine andere Alternative mehr hat, als alle Entscheidungen der Maschinen zu akzeptieren. Sind wir denn nicht schon längst so weit? Ihre Schilderung dessen, was passiert, wenn alle Computer ausfallen, legt jedenfalls diesen Schluß nahe.

Was unsere Abhängigkeit angeht, ganz bestimmt, aber noch nicht in bezug auf das Niveau der Maschinenintelligenz.

Das Zitat ist überraschend ...
Kohärent?

Ja, das ist das Wort, nach dem ich gesucht habe.
Das ganze Manifest von Kaczynski ist recht gut geschrieben und ganz und gar nicht so, wie man es von einem Verrückten erwarten würde, als der er ja in der Öffentlichkeit dargestellt wird. Der Politologie-Professor James Q. Wilson von der Universität von Kalifornien schrieb: »Die Sprache ist klar, präzise und nüchtern. Die Argumentation ist scharfsinnig, wird sorgfältig entwickelt und erinnert in keinster Weise an die abstrusen Behauptungen oder irrationalen Spekulationen eines Wahnsinnigen.« Und er hat eine beträchtliche Zahl von Anhängern unter Anarchisten und Technikgegnern im Internet gefunden.

Das den neuesten Stand der Technik verkörpert.
Ja, das entbehrt nicht einer gewissen Ironie.

Aber wozu Kaczynski zitieren? Ich meine ...
Nun, an seinem Manifest lassen sich die Negativseiten und Gefahren des technischen Zeitalters, wie psychische Entfremdung, soziale Erschütterungen und Umweltzerstörung, ebenso überzeugend aufzeigen wie an jedem anderen ...

Das meine ich nicht. Ich bezweifle, daß es den Ludditen gefällt, wenn er zur Symbolfigur ihrer Ideen erhoben wird. Irgendwie bringen Sie ihre Bewegung in Mißkredit, wenn Sie ihn zu ihrem Sprachrohr machen.
Gut, der Einwand ist berechtigt. Vielleicht könnte ich das ausführliche Zitat damit rechtfertigen, daß es ein wichtiges Beispiel für ein ernstzunehmendes Phänomen ist, den gewalttätigen Ludditismus. Die Bewegung begann mit Gewalt, und die Maschinen werden die Menschheit noch vor so große Herausforderungen stellen, daß im kommenden Jahrhundert durchaus mit gewalttätigen Reaktionen zu rechnen ist.

Aber mit dem Zitat erwecken Sie den Eindruck, daß es sich nicht bloß um ein Randphänomen handelt.
Nun, ich war überrascht, in wie vielen Punkten ich mit Kaczynskis Manifest übereinstimme.

Zum Beispiel ...
Aha, jetzt sind Sie doch neugierig geworden.

Ich finde es irgendwie erstaunlich, wenn ich an die anderen Dinge denke, die Sie gesagt haben.
Ja, das dachte ich mir. Kaczynski beschreibt die Vorteile der Technik wie auch ihre Nachteile und Gefahren. Dann führt er folgendes Argument ins Feld:

> »Ein weiterer Grund, warum die Industriegesellschaft im Interesse der Freiheit nicht reformiert werden kann, besteht darin, daß die moderne Technologie ein vereinheitlichtes System ist, in dem alle Teile voneinander abhängig sind. Man kann nicht die ›schlechten‹ Seiten der Technik über Bord werfen und nur die ›guten‹ Seiten behalten. Nehmen wir nur die moderne Medizin. Der Fortschritt in der medizinischen Forschung hängt vom Fortschritt in Chemie, Physik, Biologie, Computerwissenschaft und anderen Disziplinen ab. Eine moderne medizinische Behandlung erfordert kostspielige High-Tech-Geräte, die nur eine hochtechnisierte, wohlhabende Gesellschaft bereitstellen kann. Man kann in der Medizin keine großen Fortschritte erzielen ohne das ganze technologische System und alles, was damit zusammenhängt.«

So weit, so gut. Dann äußert er die feste Überzeugung, daß die »schlechten Seiten« die »guten Seiten« überwiegen. Nicht daß diese Ansicht völlig abwegig wäre, aber hier gehen unsere Ansichten auseinander. Damit will ich nicht sagen, daß der technische Fortschritt automatisch auch Nutzen bringt. Es wäre durchaus vorstellbar, daß die Menschheit am Ende bedauert, den Weg der Technik beschritten zu haben. Doch obwohl die Risiken offensichtlich sind, bin ich grundsätzlich davon überzeugt, daß der potentielle Nutzen die

Risiken rechtfertigt. Aber das ist nur eine Meinung, beweisen kann ich das nicht.

Mich würde interessieren, worin in Ihren Augen der Nutzen besteht.
Der materielle Nutzen liegt auf der Hand: ökonomischer Fortschritt, die Gestaltung materieller Ressourcen zur Befriedigung urmenschlicher Bedürfnisse, höhere Lebenserwartung, Verbesserung der Gesundheitsfürsorge und so weiter. Aber das ist nicht mein Hauptargument.

Ich sehe die Chance, unseren Horizont zu erweitern, mehr zu lernen und unsere Fähigkeit zu verbessern, Wissen zu sammeln und zu verstehen im Sinn einer notwendigen spirituellen Suche. Feigenbaum und McCorduck sprechen von einem »gewagten – wie einige meinen leichtsinnigen – Schritt auf heiliges Gebiet«.

Dann würden wir also dieser spirituellen Suche wegen das Überleben der Menschheit aufs Spiel setzen?
Ja, im Grunde schon.

Dann überrascht es mich nicht, daß die Ludditen nachdenklich werden.
Vergessen Sie nicht, daß der materielle Gewinn die Gesellschaft auf diesen Weg lockt, nicht der spirituelle.

Aber daß Sie Kaczynski zum Sprecher erheben, will mir noch immer nicht gefallen. Sie wissen, daß er ein geständiger Mörder ist.
Gewiß, und ich bin froh, daß er hinter Gittern sitzt. Er ist für seine Taten zu Recht verurteilt und bestraft worden. Leider ist Terrorismus erfolgreich, und deshalb wird er nicht untergehen.

Das sehe ich anders. Der Terrorismus untergräbt nur die Positionen, für die geworben wird. Die Leute halten die Forderungen des Terroristen für verrückt, oder zumindest für abwegig.
Das ist nur *eine* Reaktion. Aber denken Sie an Minskys Geistesgesellschaft. Es gibt mehr als nur eine Reaktion auf Terrorismus.

Eine »Abteilung« in unserem Kopf sagt: »Diese Aktionen waren schlecht und verrückt, folglich muß auch die These des Terroristen schlecht und verrückt sein.«

Aber eine andere Abteilung in unserem Kopf vertritt die Auffassung: »Diese Aktionen waren extrem, folglich muß er von seiner Sache zutiefst überzeugt sein. Vielleicht ist ja was dran. Vielleicht ist eine gemäßigte Form seiner Ansichten berechtigt.«

Klingt nach der Psychologie von Hitlers Lügenpropaganda.
Da besteht durchaus eine Ähnlichkeit. Hitler vertrat extreme Ansichten und wandte extreme Methoden an. Terroristen greifen heutzutage zu extremen Methoden, aber sie vertreten nicht immer extreme Ansichten. Nehmen wir nur Kaczynski. Viele seiner Argumente sind vernünftig. Aber am Ende landet er im Extrem.

Ja, in einer primitiven Hütte in Montana.
So endet auch sein Manifest – wir sollen alle zur Natur zurückkehren.

Ich glaube nicht, daß die Menschen Kaczynskis Vorstellung von Natur sehr verlockend finden, wenigstens nach den Fotos seiner Hütte zu urteilen.
Und wie ich bereits sagte, es gibt nicht mehr genug Natur um uns herum.

Dank der Technik.
Und dem Bevölkerungswachstum.

Das ebenfalls durch die Technik begünstigt wurde.
Eine Umkehr ist nicht mehr möglich. Für ein Zurück zur Natur ist es bereits zu spät.

Und welchen Weg würden Sie empfehlen?
Ich finde, wir sollten den technischen Fortschritt nicht einfach als eine unpersönliche, unaufhaltsame Kraft akzeptieren.

Aber haben Sie nicht behauptet, daß der immer rasantere technische Fortschritt der Technik – und der Computerisierung – unaufhaltsam ist? Erinnern Sie sich? Das Gesetz vom steigenden Ertragszuwachs?

Oh ja, der Fortschritt ist unaufhaltsam, das stimmt, wir werden die technische Entwicklung nicht stoppen. Aber wir haben Alternativen. Wir haben die Chance, Technik zu gestalten und die Richtung zu bestimmen. Darum habe ich mich bei meiner Arbeit bemüht. Wir können vorsichtig durch den Wald gehen.

Dann sollten wir uns besser an die Arbeit machen. Ich habe das Gefühl, daß uns da draußen ein dorniger Weg erwartet.

Teil III

Blick in die Zukunft

Computer sind in Kleidung, Armbanduhren, Schmuck eingebettet

Kapitel 9

2009

Soweit ich zurückdenken kann, habe ich mir immer gewünscht, in einer großen Zeit zu leben – in der etwas Bedeutendes geschah, wie eine Kreuzigung. Und plötzlich begriff ich, daß mir genau dies beschieden war.

Ben Shan

Wie wir in der Computerbranche sagen, »shi(f)t happens«.

Tim Romero

Es heißt, daß die Menschen das kurzfristig Erreichbare überschätzen und die Veränderungen, die auf lange Sicht erfolgen, unterschätzen. Angesichts des sich beschleunigenden Tempos der Veränderung können wir sogar einen Ausblick ins erste Jahrzehnt des 21. Jahrhunderts als Langzeitprognose betrachten. Behalten wir das im Auge, wenn wir uns nun dem Beginn des nächsten Jahrhunderts zuwenden.

Der Computer

Wir schreiben das Jahr 2009. Der einzelne benutzt hauptsächlich tragbare Computer, die erheblich leichter und schmaler sind als die vor zehn Jahren noch üblichen Notebooks. Personal Computer sind in allen möglichen Größen und Formen erhältlich und normalerweise in Kleidung und Schmuckgegenstände wie Armbanduhren, Ringe und Ohrringe eingebettet. Computer mit hochauflösender Bildschirm-Benutzeroberfläche reichen von Ringen, Ansteckern und Kreditkarten bis zu Geräten von der Größe eines dünnen Buches.

Die Menschen tragen normalerweise mindestens ein Dutzend Computer am Körper, die über »Körper-LANs« (Local Area Networks)[1] miteinander verbunden sind. Diese Computer bieten ähnliche Kommunikationsmöglichkeiten wie Handys, Pager und Web-Surfer, überwachen Körperfunktionen, erlauben eine automatische

Identifizierung (wenn der Nutzer finanzielle Transaktionen tätigen oder einen Sicherheitsbereich betreten will), leisten Navigationshilfe und erfüllen eine Vielfalt anderer Aufgaben.

Die überwiegende Zahl dieser – im ureigensten Sinn – »Personal« Computer besitzt keine beweglichen Teile. Der Speicher ist vollelektronisch, und die meisten Portables haben keine Tastatur.

Rotierende Speicher (d. h. Computerspeicher, die mit rotierenden Scheiben wie Festplatten, CD-ROMs und DVDs arbeiten) sind überholt, allerdings werden rotierende Magnetspeicher noch in Servern verwendet, die riesige Informationsmengen speichern. Die meisten Nutzer haben Server zu Hause und im Büro, wo sie eine Vielzahl digitaler »Objekte« aufbewahren, darunter ihre Software, Datenbanken, Dokumente, Musik, Filme und virtuelle Environments (wenngleich diese Technik noch in den Kinderschuhen steckt). Zwar gibt es Dienste für die zentrale Lagerung digitaler Objekte, doch die meisten Menschen ziehen es vor, die physische Kontrolle über ihre privaten Daten zu behalten.

Die Verbindungskabel werden verschwinden.[2] Die Kommunikation zwischen den Komponenten – wie Zeigegeräten, Mikrofonen, Displays, Druckern und den immer seltener zu findenden Tastaturen – erfolgt über drahtlose »short distance«-Übertragungstechniken.

Die Computer sind ab Werk mit einer drahtlosen Übertragungstechnik ausgestattet, mit Hilfe derer man sich jederzeit ins allgegenwärtige Netz einklinken kann. Diese Technik ermöglicht eine sofortige und zuverlässige Kommunikation mit sehr hoher Bandbreite. Digitale Objekte wie Bücher, Musikalben, Filme und Software werden in Form von Dateien im drahtlosen Netz vertrieben und sind normalerweise nicht an einen materiellen Träger gebunden.

Die Mehrzahl der Texte wird mit Hilfe einer Diktier-Software erzeugt, die fließend gesprochene Sprache erkennt (CSR), doch Tastaturen sind noch im Gebrauch. Die CSR-Technik ist sehr zuverlässig, zuverlässiger als die menschlichen Schreibkräfte, die es bis vor wenigen Jahren noch gab.

Ebenso allgegenwärtig sind Sprach-Benutzeroberflächen (Language User Interfaces – LUIs), die CSR und natürlich-sprachliches Verstehen miteinander kombinieren. Bei Routineangelegenheiten, wie simplen geschäftlichen Transaktionen und Recherchen, sind

LUIs recht anpassungsfähig und genau. Allerdings beschränkten sich ihre Fähigkeiten auf spezifische Aufgabenstellungen. Häufig werden LUIs mit animierten Personen kombiniert. Die Interaktion mit einer animierten Person, bei der man einen Kauf tätigt oder eine Reservierung vornimmt, ist wie ein Videokonferenz-Gespräch mit einem Menschen, nur daß der Partner simuliert ist.

Die Bildqualität der Computer-Displays weist alle Vorzüge von Papier auf: hohe Auflösung, starker Kontrast, großer Betrachtungswinkel, Flimmerfreiheit. Bücher, Zeitungen und Zeitschriften werden gewöhnlich auf Displays gelesen, die die Größe kleinformatiger Bücher besitzen.

Auch in Brillengläser eingebaute Computer-Displays sind im Gebrauch. Diese Spezialbrillen erlauben dem Benutzer, die normale Umgebung zu sehen, und erzeugen zudem ein virtuelles Bild, das vor dem Betrachter zu schweben scheint. Diese virtuellen Bilder generiert ein winziger, in die Brille eingebauter Laser, der die Bilder direkt auf die Netzhaut des Benutzers projiziert.[3]

Computer sind standardmäßig mit speziellen »Image«-Kameras ausgestattet, mit denen sie ihren Besitzer anhand seines Gesichts verläßlich identifizieren.

Was die Schaltungsbauteile angeht, so werden mehr und mehr dreidimensionale Chips verwendet, die allmählich die älteren einschichtigen Chips ablösen.

Lautsprecher werden durch sehr kleine mit Chips ausgestattete Geräte ersetzt, die überall in den dreidimensionalen Raum hochauflösende Klänge projizieren können. Diese Technologie basiert auf der Erzeugung hörbarer Frequenztöne aus dem Spektrum, das durch die Wechselwirkung sehr hoher Frequenztöne erzeugt wird. Das Ergebnis ist, daß mit sehr kleinen Lautsprechern volltönende, räumliche Klänge hervorgebracht werden können.

Ein Personal Computer für 1000 Dollar kann etwa eine Billion Rechenoperationen pro Sekunde durchführen.[4] Supercomputer erreichen mindestens die Hardware-Kapazität des menschlichen Gehirns, d. h., sie schaffen 2×10^{16} Rechenoperationen pro Sekunde.[5] Brachliegende Rechenleistung im Internet wird genutzt, so daß virtuelle parallele Supercomputer mit der Hardware-Kapazität des menschlichen Gehirns entstehen.

Das Interesse an massiv-parallelen neuronalen Netzen, genetischen Algorithmen und anderen Formen des »chaos«- oder komplexitätstheoretischen Rechnens wächst, doch die meisten Computerberechnungen erfolgen immer noch in herkömmlicher sequentieller Verarbeitung, wenngleich in begrenztem Umfang auch Parallelverarbeitung zur Anwendung kommt.

Die umkehrtechnische Erforschung des menschlichen Gehirns wurde in Angriff genommen, sowohl durch destruktives Scannen der Gehirne jüngst verstorbener Personen als auch durch nichtinvasives Scannen lebender Personen mittels hochauflösender Magnetresonanz-Tomographie (Magnetic Resonance Imaging – MRI).

Autonome Nanomaschinen (d. h. Maschinen, die Atom für Atom und Molekül für Molekül zusammengebaut werden) sind als Prototypen vorgestellt worden; sie verfügen über eine eigene Rechnersteuerung. Die Nanotechnik gilt jedoch noch nicht als ausgereift.

Bildung

Im 20. Jahrhundert führten Computer in der Schule ein Schattendasein, effektives Lernen am Computer fand meist zu Hause statt. Jetzt, im Jahr 2009, sind die Schulen zwar noch immer nicht auf dem neuesten technischen Stand, doch die große Bedeutung des Computers als Lerninstrument ist weithin anerkannt. Computer spielen überall in der schulischen und beruflichen Bildung eine ebenso zentrale Rolle wie in anderen Lebensbereichen.

Gelesen wird vorwiegend an Displays, allerdings ist der »Unterbau« aus Papierdokumenten noch immer gewaltig. Der Ausstoß von Papierdokumenten schrumpft jedoch, da Bücher und andere Druckerzeugnisse, hauptsächlich aus dem 20. Jahrhundert, rasch gescannt und gespeichert werden. Um 2009 umfassen Dokumente gewöhnlich auch Animationen und Tonmaterial.

Schüler aller Altersgruppen besitzen einen eigenen Computer, ein dünnes Gerät in Form eines Notizblocks, das weniger als ein Pfund wiegt und über ein lesefreundliches, sehr hochauflösendes Display verfügt. Schüler interagieren mit ihren Computern hauptsächlich durch Sprechen und Zeigen mit einem stiftähnlichen Gerät. Tastaturen gibt es noch, doch die meisten Texte werden durch Sprechen erzeugt. Der Zugriff auf Unterrichtsmaterialien erfolgt durch drahtlose Übertragungstechnik.

Intelligente Unterrichtsprogramme sind ein gebräuchliches Lernmittel. Wie neue umstrittene Studien gezeigt haben, können Schüler grundlegende Fertigkeiten wie Schreiben und Rechnen ebenso leicht mit Hilfe interaktiver Software erwerben wie im Unterricht mit menschlichen Lehrern, insbesondere wenn auf einen Lehrer mehr als ein Schüler kommt. Obwohl die Studien ins Schußfeld der Kritik geraten sind, teilen die meisten Schüler und ihre Eltern diese Ansicht seit Jahren. Die herkömmliche Unterrichtsform, bei der ein menschlicher Lehrer eine Gruppe von Schülern unterrichtet, ist zwar noch vorherrschend, doch greifen Schulen zunehmend auf Software zurück, und die menschlichen Lehrer widmen sich hauptsächlich Fragen der Motivation, der psychologischen Unterstützung und des sozialen Lernens. Viele Kinder lernen schon vor der Einschulung an ihren Personal Computern lesen.

Vorschul- und Grundschulkinder lesen mit Hilfe von Software, die ihrer geistigen Entwicklungsstufe entspricht und Gedrucktes in gesprochene Sprache umwandelt, bis sie keine Hilfe mehr benötigen. Diese Lesesysteme stellen das Dokument vollständig auf dem Display dar und heben den Text, den sie gerade laut vorlesen, optisch hervor. Synthetische Stimmen klingen vollkommen menschlich. Obwohl einige Pädagogen zu Beginn des Jahrzehnts die Sorge geäußert haben, daß sich Schüler allzusehr auf die Lese-Software verlassen könnten, wurden diese Systeme von Kindern und Eltern bereitwillig angenommen. Wie Studien gezeigt haben, erzielen Schüler im Lesen Fortschritte, wenn der Text gleichzeitig optisch und akustisch dargeboten wird.

Fernunterricht (z. B. Vorlesungen und Seminare, bei denen die Teilnehmer virtuell anwesend sind) gehört zum Alltag im Bildungswesen.

Lernen wird zu einem wichtigen Bestandteil des Erwerbslebens. Fort- und Weiterbildung sind in den meisten Berufen eine ständige Pflicht und nicht nur eine gelegentliche Ergänzung, denn die Anforderungen, die ein anspruchsvoller Beruf stellt, steigen immer weiter.

Körperliche Behinderungen

Mit Hilfe der intelligenten Technologien des Jahres 2009 überwinden behinderte Menschen rasch ihre Beeinträchtigungen. Schüler mit Leseschwächen lernen besser lesen, wenn sie Lesesysteme benutzen, die Gedrucktes in gesprochene Sprache umwandeln.

Die sprechenden Lesemaschinen für Blinde sind jetzt sehr kleine, preiswerte, handtellergroße Geräte, die Bücher (sofern sie noch in Papierform vorliegen) und sonstige Druckerzeugnisse sowie andere Texte in ihrer realen Umgebung lesen können, etwa Schilder und Displays. Diese Lesesysteme sind darüber hinaus in der Lage, die vielen Billionen elektronischer Dokumente zu lesen, auf die im allgegenwärtigen drahtlosen weltweiten Netz augenblicklich zugegriffen werden kann.

Nach jahrzehntelangen vergeblichen Versuchen sind endlich nützliche Navigationsgeräte auf den Markt gekommen, die blinden Menschen helfen können, ein Hindernis, das ihnen im Wege ist, zu umgehen und unter Nutzung des globalen Navigationssystems GPS an ihr Ziel zu gelangen. Ein blinder Mensch kann mit seinen Lese-Navigationssystemen durch stimmliche Zwei-Wege-Kommunikation interagieren, sozusagen wie mit einem Blindenhund, der lesen und sprechen kann.

Gehörlose – oder jeder andere Hörgeschädigte – benutzen gewöhnlich Hörgeräte, die gesprochene Sprache in Text umsetzen und über ein Display verfügen, das in Echtzeit anzeigt, was um sie herum gesprochen wird. Der Benutzer hat die Wahl: Er kann das Gesprochene entweder als Text lesen oder einer animierten Person zusehen, die sich der Zeichensprache bedient. Das größte Verständigungsproblem, das mit Taubheit einhergeht, ist damit überwunden. Solche Hörgeräte können das Gesprochene auch in Echtzeit in eine andere Sprache übersetzen, daher werden sie auch von Menschen ohne Hörschäden benutzt.

Ebenfalls neu auf dem Markt sind computergesteuerte orthopädische Geräte. Mit diesen »Gehmaschinen« können doppelseitig gelähmte Menschen gehen und Treppen steigen. Die prothetischen Geräte eignen sich noch nicht für alle Gelähmten, da die Gelenke vieler Körperbehinderter aufgrund jahrelangen Nichtgebrauchs nicht mehr funktionsfähig sind. Doch die Einführung orthopädischer Gehsysteme erhöht den Anreiz, diese Gelenke ersetzen zu lassen.

Allmählich setzt sich die Erkenntnis durch, daß Blindheit, Taubheit und Gehbehinderungen nicht unbedingt Beeinträchtigungen nach sich ziehen müssen. Behinderte Menschen beschreiben ihre Behinderung im allgemeinen als bloße Unannehmlichkeit. Intelligente Technik ist zum großen Gleichmacher geworden.

Kommunikation

Übersetzende Telefone (Sie sprechen deutsch, und Ihr englischer Freund hört Sie auf englisch und umgekehrt) sind allgemein im Gebrauch und für viele Sprachenpaare erhältlich. Diese Technik gehört zu den üblichen Leistungen eines Personal Computers, der auch als Telefon dient.

»Telefongespräche« werden vorwiegend drahtlos geführt und schließen gewöhnlich hochauflösende Bewegtbilder mit ein. Konferenzen jeder Art und Größe werden zwischen räumlich getrennten Teilnehmern abgehalten.

Sämtliche Medien wachsen, zumindest auf der Hardware- und Software-Ebene, immer weiter zusammen und werden als digitale Objekte (d. h. Dateien) über das allgegenwärtige drahtlose Netz vertrieben, das eine Datenübertragung mit hoher Bandbreite erlaubt. User können in Sekundenschnelle Bücher, Zeitschriften, Zeitungen, Fernseh- und Radiosendungen, Filme und andere Formen von Software auf ihre tragbaren Kommunikationsgeräte herunterladen.

Praktisch die gesamte Kommunikation ist digital und verschlüsselt, wobei staatliche Behörden über öffentliche Schlüssel verfügen. Viele Einzelpersonen und Gruppen, auch kriminelle Organisationen, aber beileibe nicht nur diese, verwenden zusätzliche Codes, die praktisch nicht zu knacken und deren Schlüssel keinem Dritten bekannt sind.

Es gibt erste haptische Technologien, die es Menschen ermöglichen, Gegenstände und andere Personen aus der Entfernung zu berühren und zu fühlen. Solche Force-feedback-Geräte werden häufig in Spielen und Simulatoren für Ausbildungszwecke verwendet.

Interaktive Spiele bieten gewöhnlich allumfassende audiovisuelle Environments, aber ein zufriedenstellendes, allumfassendes taktiles Environment ist noch nicht verfügbar. Die Online-Gesprächsforen des späten 20. Jahrhunderts wurden durch virtuelle Environments ersetzt, in denen man unter vollkommen realistischen visuellen Bedingungen mit Menschen zusammenkommen kann.

Menschen haben sexuelle Fernkontakte mit anderen Personen und auch mit virtuellen Partnern. Da ein taktiles »Rundum«-Environment aber noch fehlt, ist virtueller Sex bislang nur eine Randerscheinung. Der Kontakt zu virtuellen Partnern ist ein beliebter sexueller Zeitvertreib, hat aber eher noch Spielcharakter. Telefonsex erfreut sich wachsender Beliebtheit, denn die Telefone verfügen über hochauflösende Displays und liefern in Echtzeit Videobilder vom Partner am anderen Ende der Leitung.

Das Ende des Gedruckten ist nahe!

Wirtschaft, Arbeit und Alltagsleben

Trotz gelegentlicher Korrekturen standen die vergangenen zehn Jahre dank der Dominanz des Wissensinhalts von Produkten und Dienstleistungen im Zeichen eines kontinuierlichen Wirtschaftswachstums und Konjunkturaufschwungs. Die größten Zugewinne wurden abermals an der Börse verzeichnet. Wirtschaftsexperten verfolgten den Preisverfall zu Beginn des Jahrzehnts zunächst mit Sorge, erkannten aber bald, daß er von Vorteil war. Die High-Tech-Branche wies darauf hin, daß es auf dem Hardware- und Software-Markt bereits vor vielen Jahren zu einem starken Preisverfall gekommen sei, ohne der Wirtschaft zu schaden.

Die Vereinigten Staaten bleiben dank ihrer Spitzenstellung im Bereich der Massenkultur und ihres günstigen Investitionsklimas führende Wirtschaftmacht. Zudem sind die Informationsmärkte zum größten Teil Weltmärkte, und davon profitieren die Vereinigten Staaten als tradtionelles Einwanderungsland. Daß ihre Bevölkerung aus Menschen aller Nationen besteht – insbesondere aus den Nachkommen von Einwanderern aus aller Welt, die für ein besseres Leben große Risiken auf sich genommen hatten –, ist ein ideales Erbe für die neue, auf Wissen basierende Wirtschaft. Auch China spielt jetzt im Konzert der Großen mit. Europa ist Korea und Japan mehrere Jahre voraus und betreibt nach amerikanischem Vorbild eine Wirtschaftspolitik, die auf Risikokapital, Aktienbezugsrechte für Belegschaften und steuerliche Anreize für Unternehmen setzt. Allerdings erfreut sich eine solche Politik weltweit wachsender Beliebtheit.

Mindestens die Hälfte aller Transaktionen in der Wirtschaft wird online abgewickelt. Intelligente Assistenten, die Spracherkennung, natürlich-sprachliches Verstehen und Problemlösungsfähigkeit kombinieren, helfen uns in Gestalt simulierter Personen routinemäßig bei der Informationsbeschaffung, bei Recherchen und bei der Abwicklung von Transaktionen. Intelligente Assistenten sind zu einer wichtigen Schnittstelle im Dialog mit Datenbankensystemen geworden und bieten vielfältige Möglichkeiten. Einer neueren Umfrage zufolge bevorzugen Nutzer beiderlei Geschlechts weibliche simulierte Personen für ihre computergestützten intelligenten Assistenten. Am beliebtesten sind Maggie, die von sich behauptet, sie sei Kellnerin in einem

Café am Harvard Square, und Michelle, eine Stripperin aus New Orleans. Personen-Designer sind sehr gefragt, denn ihr Fachgebiet stellt in der Softwarebranche einen Wachstumsbereich dar.

Da beim Kauf von Büchern, Musik-»Alben«, Videos, Spielen und anderer Software keine materiellen Objekte mehr erworben werden, hat der Handel für diese Produkte neue Vertriebsformen entwickelt. Der Käufer solcher Informationsobjekte schlendert durch virtuelle Einkaufszentren, wählt interessante Produkte aus, führt schnell (und sicher) eine Online-Transaktion durch und lädt sich die Daten dann mittels drahtloser Hochgeschwindigkeits-Datenübertragung herunter. Es gibt verschiedene Möglichkeiten, auf diese Produkte zuzugreifen. Der Kunde kann ein Buch, ein Musikalbum, Video usw. »kaufen«, womit er das Recht unbegrenzter und permanenter Nutzung erwirbt. Alternativ dazu kann er es »mieten«, um es einmal oder mehrmals zu lesen, zu betrachten oder zu hören. Oder er mietet es im Minutentakt. Der Zugriff kann auf eine Person oder Personengruppe (z. B. eine Familie oder Firma) begrenzt werden, wahlweise auch auf einen bestimmten Computer oder jeden Computer, zu dem nur eine bestimmte Person oder Gruppe Zugang hat.

Es gibt einen starken Trend zur räumlichen Trennung von Arbeitsgruppen. Menschen arbeiten erfolgreich zusammen, obwohl sie an unterschiedlichen Orten wohnen und tätig sind.

Der Durchschnittshaushalt verfügt über mehr als 100 Computer, von denen die meisten in Geräten und eingebauten Kommunikationssystemen integriert sind. Es gibt erste Haushaltsroboter, aber sie werden noch nicht voll akzeptiert.

Intelligente Straßen sind in Gebrauch, hauptsächlich für längere Fahrten. Sowie die Kontrollsensoren einer dieser Straßen das Leitsystem des Autocomputers erfaßt haben, kann man sich zurücklehnen und abschalten. Auf Nahverkehrsstraßen wird meist noch konventionell gefahren.

Der Kurswert eines westlich des Mississippi und nördlich der Mason-Dixon-Linie ansässigen Unternehmens hat die 1-Billion-Dollar-Grenze durchbrochen.

Politik und Gesellschaft

Der Schutz der Privatsphäre ist zu einer vorrangigen politischen Frage geworden. Da die Menschen fast ständig elektronische Kommunikationstechnik benutzen, läßt sich jeder Schritt, den sie tun, bis ins kleinste zurückverfolgen. Nach einer wahren Prozeßflut werden der überhandnehmenden Verbreitung persönlicher Daten Beschränkungen auferlegt. Da staatliche Behörden jedoch nach wie vor Zugang zu den persönlichen Daten haben, erfreuen sich Verschlüsselungstechniken mit nicht zu knackenden Codes großer Beliebtheit.

Eine neoludditische Bewegung formiert sich, da die Qualifikationsleiter immer rasanter wächst. Wie bei früheren ludditischen Bewegungen bleibt ihr Einfluß jedoch begrenzt, da die neuen Technologien zu einer Hebung des Wohlstands beitragen. Die Bewegung vermag allerdings die Forderung durchzusetzen, daß permanente Weiterbildung als Grundrecht jedes Beschäftigten verankert wird.

Sorge bereitet weiterhin eine Unterschicht, die weit hinter dem allgemeinen Ausbildungsstand zurückgeblieben ist. Ihre Größe scheint jedoch stabil zu bleiben. Obwohl es politisch nicht populär ist, wird die Unterschicht durch öffentliche Zuwendungen, die das allgemein hohe Wohlstandsniveau ermöglicht, politisch neutralisiert.

Kunst

Die hohe Qualität von Computerbildschirmen und die Möglichkeiten, die computerunterstützte Bilderzeugungs-Software bietet, haben den Computerbildschirm in der Bildenden Kunst zu einem beliebten Medium gemacht. Viele Kunstwerke entstehen in Zusammenarbeit zwischen menschlichem Künstler und intelligenter Software. Virtuelle Gemälde – hochauflösende, an der Wand befestigte Displays – werden immer beliebter, denn anders als ein herkömmliches Gemälde oder Poster zeigen sie nicht immer nur dasselbe Bild. Diese Displays können auf mündlichen Befehl des Users ein anderes Bild präsentieren oder eine Sammlung von Kunstwerken als Zyklus darstellen. Gezeigt werden entweder Arbeiten menschlicher Künstler oder computergenerierte Originalwerke, die von kybernetischer Software in Echtzeit erzeugt werden.

Menschliche Musiker jammen routinemäßig mit kybernetischen Musikern. Auch Nicht-Musiker können jetzt Musik machen. Die Fingerfertigkeit, die herkömmliche Controller erforderten, ist dazu nicht unbedingt vonnöten. Kybernetische Musikerzeugungssysteme ermöglichen jedem Musikliebhaber, auch wenn er weder über theoretische Kenntnisse noch über praktische Erfahrungen verfügt, mit Hilfe seiner automatischen Kompositions-Software Musik zu erzeugen. Ein weiteres beliebtes Genre ist interaktive hirngenerierte Musik, bei der Schwingungen zwischen den Gehirnströmen des Anwenders und der gehörten Musik erzeugt werden.

Musiker verwenden gewöhnlich elektronische Controller, die wie alte akustische Instrumente (Klavier, Gitarre, Geige, Schlagzeug usw.) gespielt werden, doch daneben wächst auch das Interesse an den neuen »Luft«-Controllern, mit denen man Musik erzeugen kann, indem man die Hände, die Füße, den Mund und andere Körperteile bewegt. Andere Controller interagieren mit speziell konstruierten Geräten.

Autoren verwenden stimm-aktivierte Textverarbeitungsprogramme; Grammatikhilfen sind mittlerweile wirklich zu gebrauchen, und schriftliche Dokumente vom Aufsatz bis zum Buch werden in aller Regel in papierloser Form vertrieben. Stilhilfen und automatische Editier-Software sind selbstverständliche Anwendungen zur Verbesserung der Textqualität.

Ebenfalls weit verbreitet ist Sprachübersetzungs-Software, die das Geschriebene in eine Vielzahl von Sprachen übersetzt. Gleichwohl spielt intelligente Software beim eigentlichen Vorgang des kreativen Schreibens eine geringere Rolle als in der Bildenden Kunst oder in der Musik. Es gibt jedoch erste »kybernetische« Autoren.

Neben Musikaufnahmen, Bildern und Filmvideos ist VR-Erlebnis-Software der Renner im Bereich der digitalen Unterhaltung. In den interaktiven virtuellen Environments kann der Nutzer auf einem Floß einen virtuellen reißenden Fluß hinunterfahren, in einem virtuellen Grand Canyon Drachen fliegen und zu einem Rendezvous mit seinem Lieblingsschauspieler gehen. Es gibt auch Fantasy-Environments, die keine Entsprechung in der wirklichen Welt haben. Das audiovisuelle Erleben virtueller Realität ist überzeugend, doch die taktile Interaktion ist noch begrenzt.

Militär und Kriegführung

Hauptziel des US-Verteidigungsministeriums ist es, die Sicherheit ihrer Computer und ihres Nachrichtenverkehrs zu erhöhen. Nach allgemeiner Überzeugung beherrscht diejenige Seite das Schlachtfeld, der es gelingt, ihre Daten vor fremdem Zugriff zu schützen.

Menschen sind normalerweise weit vom Kriegsschauplatz entfernt. Die Kampfhandlungen werden von unbemannten intelligenten Flugzeugen dominiert. Diese fliegenden Waffen haben die Größe von kleinen Vögeln oder sind sogar noch kleiner.

Die Vereinigten Staaten sind nach wie vor die führende Militärmacht und werden als solche vom Rest der Welt auch weitgehend anerkannt, da sich die meisten Länder auf den ökonomischen Wettbewerb konzentrieren. Militärische Konflikte zwischen Staaten sind selten, und wenn es zum Konflikt kommt, dann meist zwischen Ländern und kleineren Terroristengruppen. Die größte Bedrohung für die nationale Sicherheit geht von gentechnischen Waffen aus.

Gesundheit und Medizin

Mit Hilfe gentechnischer Behandlungsmethoden ist es gelungen, die Sterberaten bei Krebs, Herzleiden und einer Vielzahl anderer Krankheiten zu senken. Bedeutende Fortschritte wurden erzielt bei der Erforschung der biologischen Informationsprozesse, die den krankhaften Veränderungen zugrunde liegen.

Telemedizin ist weitverbreitet. Ärzte können ihre Patienten mit Hilfe audiovisueller und haptischer Techniken aus der Ferne untersuchen. Kliniken mit relativ kostengünstiger Ausstattung und nur einem Techniker betreuen entlegene Gebiete, die bislang medizinisch unterversorgt waren.

Computergestützte Mustererkennung wird bei der Auswertung von Bilddaten und anderen Diagnoseverfahren benutzt. Die Anwendung nichtinvasiver bilderzeugender Technologie hat beträchtlich zugenommen. Bei der Diagnose arbeitet der Arzt fast immer mit einem auf Mustererkennung basierenden Expertensystem zusammen. Ärzte konsultieren routinemäßig das gesamte Fachwissen repräsentierende Experten-Systeme (im allgemeinen über eine Zweiwege-Stimmkommunikation, unterstützt durch Sichtanzeige), die automatische Unterweisung, Zugriff auf die neuesten medizinischen Forschungsergebnisse und praktische Orientierungshilfen bieten.

Die gesamte Krankengeschichte eines Patienten wird in Datenbanken gesammelt. Der Schutz dieser Akten (und vieler anderer Datenbanken mit persönlichen Daten) vor fremdem Zugriff ist zu einer zentralen Frage geworden.

Ärzte üben regelmäßig in VR-Environments, die auch über eine haptische Schnittstelle verfügen. Diese Systeme simulieren das audiovisuelle und taktile Erleben medizinischer Behandlungen, Operationen eingeschlossen. Für Ärzte, die sich weiterbilden wollen, für Medizinstudenten und Menschen, die einfach nur Doktor spielen wollen, stehen Patientensimulatoren zur Verfügung.

Philosophie

Das Interesse am Turing-Test, einem 1950 erstmals von Alan Turing vorgeschlagenen Verfahren zur Erfassung der Intelligenz einer Maschine, ist wiedererwacht. Erinnern wir uns, daß beim Turing-Test ein menschlicher Fragesteller einen Computer und einen Menschen, der gewissermaßen als Folie dient, interviewt, wobei er mit beiden über ein Terminal kommuniziert. Vermag der Fragesteller nicht zu entscheiden, welcher Gesprächspartner der Mensch und welcher die Maschine ist, wird der Maschine menschliches Intelligenzniveau bescheinigt. Computer fallen bei dem Test noch immer durch, doch die Zuversicht wächst, daß sie ihn in ein bis zwei Jahrzehnten bestehen können.

Es gibt ernste Spekulationen über ein mögliches Empfindungsvermögen (d. h. Bewußtsein) computer-gestützter Intelligenz. Die immer offensichtlichere Intelligenz von Computern hat neues Interesse an der Philosophie geweckt.

Hallo, Molly.

Ach, Sie sind's.
Nun ja, das Kapitel war zu Ende, und Sie haben nichts von sich hören lassen.

Tut mir leid, ich habe gerade mit meinem Verlobten telefoniert.
He, gratuliere, toll. Seit wann kennen Sie ihn?

Er heißt Ben. Wir haben uns vor zehn Jahren kennengelernt, kurz nachdem Sie mit diesem Buch fertig waren.
Verstehe. Und wie habe ich meine Sache gemacht?

Es ist Ihnen gelungen, ein paar Exemplare zu verkaufen.
Nein, ich spreche von meinen Vorhersagen.

Nicht besonders gut. Die übersetzenden Telefone sind, um nur ein Beispiel zu nennen, eine Lachnummer. Ständig bauen sie Mist.
Klingt so, als hätten Sie eines.

Klar, wie sollte ich sonst mit dem Vater meines Verlobten in Ypern in Belgien sprechen, wo er sich nicht die Mühe macht, Englisch zu lernen?
Natürlich. Und was noch?

Sie sagten, daß die Sterberate bei Krebs zurückgehen würde, aber das war ziemlich untertrieben. Mit Hilfe gentechnischer Behandlungsmethoden, insbesondere mit Angiogenese-Inhibitoren, die verhindern, daß Tumore die erforderlichen kapillaren Blutgefäße ausbilden, hat man die meisten Krebsarten als eine der Haupttodesursachen ausgemerzt.[6]
Nun, eine solche Vorhersage wollte ich einfach nicht machen. Im Kampf gegen den Krebs wurden schon so oft falsche Hoffnungen geweckt, und so viele vielversprechende Ansätze endeten in einer Sackgasse, da wollte ich nicht in dasselbe Horn stoßen. Außerdem gab es 1998, als ich das Buch schrieb, nicht genügend Belege für eine so dramatische Vorhersage.

Aber vor dramatischen Vorhersagen haben Sie sich doch sonst nicht gescheut!
Meine Vorhersagen waren im Grunde ziemlich vorsichtig und stützten sich auf Technologien und Trends, die mit Händen zu greifen waren. Natürlich wußte ich, daß es in der gentechnischen Krebsbehandlung einige vielversprechende Ansätze gab, aber die Geschichte der Krebsforschung stimmte mich doch skeptisch. Und überhaupt hat das Buch das Thema Gentechnik nur gestreift, obwohl sie natürlich eine informationsgestützte Technologie ist.

Und nun zum Sex.
Da wir ja gerade von Gesundheit reden ...

Ja, also, Sie sagten, daß virtuelle Partner beliebt seien, aber davon merke ich nichts.
Vielleicht gilt das nur für die Kreise, in denen Sie verkehren?

Ich habe einen sehr kleinen Bekanntenkreis. Die meiste Zeit versuche ich, Ben dazu zu bringen, sich auf unsere Hochzeit zu konzentrieren.
Erzählen Sie mir von ihm.

Er ist sehr romantisch. Er schreibt sogar Briefe auf Papier!
Das ist romantisch. Und wie war das Telefongespräch, das ich unterbrochen habe?

Ich habe das neue Nachthemd anprobiert, das er mir geschickt hat. Ich wollte ihm damit eine Freude machen, aber er war ein bißchen sauer.
Könnten Sie mir das näher erklären?

Na ja, er wollte, daß ich die Träger herunterrutschen lasse, wenigstens ein bißchen. Aber am Telefon bin ich irgendwie schüchtern. Ich stehe nicht auf Bildtelefonsex, im Gegensatz zu einigen Bekannten.
Oh, dann hatte ich mit meiner Vorhersage also recht.

Jedenfalls habe ich ihm gesagt, er soll den Bildtransformator einschalten.
Bildtransformator?

Ja, damit kann er mich am anderen Ende der Leitung ausziehen.
Ach so, natürlich. Der Computer verändert das Bild in Echtzeit.

Genau. Man kann dem Partner das Gesicht, den Körper oder die Kleider eines ganz anderen geben oder die Umgebung in etwas ganz anderes verwandeln, ohne daß er etwas davon merkt.
Hmmm.

Einmal erwischte ich Ben dabei, wie er seine alte Freundin auszog, als sie anrief und ihm zu unserer Verlobung gratulierte. Sie war völlig ahnungslos, und er meinte, das Ganze sei harmlos. Ich sprach eine Woche lang nicht mit ihm.
Nun, solange es auf sein Ende der Leitung beschränkt blieb.

Wer weiß, was sie am anderen Ende trieb ...
Das ist doch ihre Sache, finden Sie nicht? Solange der eine nicht weiß, was der andere tut.

Ich bin mir nicht so sicher, ob sie es nicht vielleicht doch wußte. Jedenfalls verbringen die Leute viel Zeit mit Intimitäten, aber aus der Ferne, wenn Sie verstehen, was ich meine.
Und verwenden dabei Displays?

Wir nennen sie Bildsäulen – man kann durch sie hindurchsehen, aber man kann nichts berühren.
Verstehe. Immer noch kein Interesse an virtuellem Sex?

Ich persönlich nicht. Ich finde das ziemlich armselig. Aber ich mußte den Werbetext einer Broschüre für ein erotisches VR-Environment schreiben. Als Anfängerin kann man sich die Aufträge nicht aussuchen.
Haben Sie das Produkt ausprobiert?

Ausprobiert wäre zuviel gesagt. Ich habe es mir nur angesehen. Für meinen Geschmack hat man sich mit den virtuellen Mädchen mehr Mühe gegeben als mit den Jungs.
War Ihre Werbekampagne ein Erfolg?

Das Produkt war ein Flop. Der Markt ist einfach überschwemmt.
Man kann nicht immer gewinnen.

Nein, aber mit einer Ihrer Vorhersagen haben Sie ziemlich ins Schwarze getroffen. Ich habe Ihren Rat befolgt, was das Unternehmen nördlich der Mason-Dixon-Linie angeht. Und ich habe es nicht bereut.
Ich wette, daß viele Aktien gestiegen sind.

Ja, es geht kontinuierlich aufwärts.
Schön, und was noch?

Mit den Behinderten hatten Sie ebenfalls recht. Mein Arbeitskollege ist taub, aber das macht überhaupt nichts. Es gibt nichts Wichtiges, das ein Blinder oder Gehörloser heute nicht tun könnte.
Das war schon 1999 so.

Aber im Unterschied zu damals verstehen es die Leute heute. Die heutige Technik macht es viel deutlicher. Es ist wichtig, daß die Leute es begreifen.
Gewiß, ohne die Technik gibt es einfach viele Mißverständnisse und Vorurteile.

Wie wahr. Aber ich glaube, ich muß jetzt Schluß machen, ich sehe nämlich Bens Gesicht auf meiner Leitung.
Er sieht aus wie ein Bernhardiner …

Oh, ich habe den Bildtransformator angelassen. Hier, so sieht er in Wirklichkeit aus.
He, er sieht gut aus! Also dann, alles Gute. Ich finde, Sie haben sich verändert.

Das will ich hoffen.
Ich wollte damit sagen, daß sich unsere Beziehung verändert hat.

Na ja, ich bin zehn Jahre älter geworden.
Und wie es scheint, stelle *ich* jetzt die meisten Fragen.

Ich schätze, jetzt bin ich die Expertin. Ich brauche Ihnen nur zu sagen, was ich sehe. Aber wie kommt es, daß Sie immer noch im Jahr 1999 festsitzen?
Ich fürchte, ich kann hier noch nicht weg. Zum Beispiel muß ich noch dieses Buch herausbringen.

Eines verstehe ich nicht. Wie können Sie im Jahr 1999 mit mir reden, wo ich doch im Jahr 2009 bin? Was für eine Art von Technologie ist das?
Oh, eine uralte. Wir nennen sie dichterische Freiheit.

Kapitel 10

2019

Wer auf einen wilden Elefanten steigt, geht dorthin, wohin der Elefant geht.
Randolph Scott

Wer in der Nähe eines Drachen lebt, tut gut daran, ihn in seine Überlegungen mit einzubeziehen.
J. R. R. Tolkien

Der Computer

Computer sind nun weitgehend unsichtbar. Sie sind überall eingebettet – in Wände, Tische, Stühle, Schreibtische, Kleider, Schmuck und im Körper.

Die Menschen benutzen dreidimensionale Displays, die in ihre Brillen[1] oder Kontaktlinsen eingebaut sind. Diese Retina-Displays erzeugen ein sehr realitätsnahes virtuelles Environment, das die »reale« Umgebung überlagert. Sie projizieren Bilder direkt auf die Netzhaut, übertreffen das Auflösungsvermögen des menschlichen Auges und werden unabhängig von Sehschwächen weithin verwendet. Die Retina-Displays arbeiten in drei Modi:

1. *Blickfeld-gesteuertes Display:* Die gezeigten Bilder wandern mit, wenn Kopfhaltung und Blickrichtung sich verändern. Wenn wir den Kopf bewegen, bewegt sich das Display relativ zur realen Umgebung. Dieser Modus wird häufig bei der Interaktion mit virtuellen Dokumenten benutzt.
2. *Blickfeld-stationäres Display:* Die gezeigten Bilder wandern nicht mit, wenn man den Kopf bewegt oder dreht, so daß die virtuellen Menschen, Objekte und Environments in bezug auf die reale Umgebung (die man noch sehen kann) stationär zu bleiben scheinen. Wenn das Retina-Display also eine Person zeigt (beispielsweise eine reale Person, die an einem anderen

Ort weilt und mit uns ein 3-D-Telefonat führt, oder eine computergenerierte »simulierte« Person), scheint sich diese projizierte Person relativ zur realen Umgebung, die wir ebenfalls sehen, an einem bestimmten Platz zu befinden. Drehen wir den Kopf, so scheint die projizierte Person relativ zur realen Umgebung an derselben Stelle zu verharren.

3. *Nur-VR-Display:* Hier gilt dasselbe wie beim Blickfeld-stationären Display, nur daß die reale Umgebung ausgeblendet wird, so daß wir allein das projizierte virtuelle Environment sehen. Dieser Modus wird benutzt, um aus der »wirklichen« Realität auszusteigen und in eine virtuelle Realität einzutauchen.

Ergänzt werden die optischen Linsen durch »Audio-Linsen«, die an präzisen Orten im dreidimensionalen Environment Klänge mit hoher Auflösung projizieren. Sie sind in Brillen eingebaut, werden in Form von Schmuck am Körper getragen oder in den Gehörgang eingeführt.

Tastaturen sind selten geworden, aber es gibt sie noch. Die Interaktion mit Computern erfolgt hauptsächlich durch Gesten mit Fingern und Händen, durch Mimik oder durch Zweiwege-Kommunikation in natürlicher gesprochener Sprache. Die Menschen kommunizieren mit Computern auf dieselbe Weise, wie sie mit einem menschlichen Assistenten kommunizieren würden, also mittels verbaler und optischer Ausdrucksmittel. Große Beachtung wird der Persönlichkeit computergestützter persönlicher Assistenten geschenkt, denn die Auswahl ist groß. Der Nutzer kann die Persönlichkeit seines intelligenten Assistenten einer realen Person nachbilden, auch seiner eigenen, er kann sich aber auch für eine Kombination von Merkmalen unterschiedlichster Personen entscheiden, seien es Berühmtheiten, Freunde oder Kollegen.

Für gewöhnlich besitzen die Menschen nicht nur einen speziellen »Personal Computer«, obwohl der Umgang mit Computern sehr »persönlich« ist. Computer, die eine Datenübertragung mit sehr hoher Bandbreite ermöglichen, sind überall integriert. Kabel sind weitgehend verschwunden.

Die Rechenkapazität eines Computers für 4000 Dollar (in Dollars von 1999 gerechnet) nähert sich der Rechenleistung des menschlichen Gehirns an (2 x 10^{16} Berechnungen pro Sekunde).[2] Von der gesamten Rechenkapazität der Menschheit (d. h. aller menschlichen Gehirne) und der von ihr geschaffenen Computertechnik sind nun über 10 Prozent nicht-menschlich.[3]

Rotierende Speicher und andere elektromechanische Bauteile sind völlig durch elektronische Elemente ersetzt worden. Dreidimensionale Nanoröhren-Gitter sind jetzt der vorherrschende Schaltungstyp.

Die Mehrzahl der Rechenoperationen von Computern gilt nun massiv-parallelen neuronalen Netzen und genetischen Algorithmen.

Beträchtliche Fortschritte wurden bei der Untersuchung der Struktur des menschlichen Gehirns mittels Scannen erzielt. So hat man inzwischen festgestellt, daß das Gehirn aus vielen spezialisierten Regionen besteht, die jeweils über eine eigene Topologie und Architektur interneuronaler Verbindungen verfügen.

Man beginnt, die massiv-parallelen Algorithmen zu verstehen, und die Ergebnisse dieser Forschung werden bei der Gestaltung maschinengestützter neuronaler Netze angewandt. Man hat erkannt, daß der genetische Code des Menschen die interneuronale Vernetzung jeder einzelnen Region nicht exakt festlegt, sondern einen raschen evolutionären Prozeß in Gang setzt, bei dem Verbindungen entstehen und ums Überleben kämpfen. Bei der Verknüpfung maschinengestützter neuronaler Netze verwendet man nun einen ähnlichen genetischen evolutionären Algorithmus.

Eine neue computergesteuerte Bildverarbeitungstechnik, die mit quantengestützten Beugungsgeräten arbeitet, hat die meisten Linsen durch winzige Geräte ersetzt, die Lichtwellen aus jedem Winkel empfangen können. Diese stecknadelkopfgroßen Kameras sind überall.

Autonome nanotechnische Maschinen können ihre eigenen Bewegungen steuern und verfügen über leistungsfähige Rechner. Von diesen mikroskopisch kleinen Maschinen gibt es erste kommerzielle Anwendungen, besonders in den Bereichen Fertigung und Prozeßsteuerung, aber sie sind noch nicht sehr verbreitet.

Bildung

Tragbare Displays sind extrem dünn, haben eine sehr hohe Auflösung und wiegen nur wenige Gramm. Die Menschen lesen Dokumente entweder auf tragbaren Displays oder, häufiger, in Form eines Textes, der unter Verwendung der allgegenwärtigen Retina-Displays in das stets gegenwärtige virtuelle Environment projiziert wird. Bücher und Dokumente aus Papier werden nur noch selten benutzt und sind schwer zu bekommen. Die meisten interessanten Papierdokumente aus dem 20. Jahrhundert sind mittlerweile gescannt und stehen im drahtlosen Netz zur Verfügung.

Gelernt wird meist mit Hilfe intelligenter, softwaregestützter simulierter Lehrer. Halten menschliche Lehrer den Unterricht, so weilen sie häufig nicht in der Nähe der Schüler. Lehrer gelten mehr als Mentoren und Ratgeber und weniger als Wissensvermittler.

Schüler und Studenten kommen noch zusammen, um Gedanken auszutauschen und sich zu unterhalten, doch selbst bei diesen Begegnungen sind sie oft physisch und geographisch voneinander getrennt.

Alle Schüler benutzen Computer. Computer sind praktisch überall, und nur gelegentlich tritt das Problem auf, daß ein Schüler keinen Computer hat.

Die meisten Berufstätigen verbringen einen Großteil ihrer Zeit mit beruflicher Fort- und Weiterbildung.

Körperliche Behinderungen

Blinde benutzen routinemäßig Brillen mit integriertem Lese-Navigations-System, in das die neuen digital-gesteuerten und hochauflösenden Lichtsensoren eingebaut sind. Diese Systeme können Texte in der realen Welt lesen, allerdings liegen die meisten Texte in elektronischer Form vor, so daß die Umwandlung von Gedrucktem in Gesprochenes nur selten erforderlich ist. Die Navigationsfunktion dieser Systeme, die es seit etwa zehn Jahren gibt, ist inzwischen perfektioniert worden. Die automatischen Lese-Navigations-Assistenten kommunizieren mit den blinden Nutzern durch gesprochene Sprache und taktile Anzeigen. Auch viele Menschen, die nicht unter

Sehschwächen leiden, benutzen diese Systeme, denn sie liefern Bilder mit hoher Auflösung von der sichtbaren Welt.

Es gibt erste Neuro-Netzhautimplantate zur Wiederherstellung der Sehkraft. Da ihre Leistung aber noch begrenzt ist, werden sie nur von einem geringen Prozentsatz der Blinden benutzt.

Taube Menschen lesen, was andere sagen, von Linsendisplays ab. Es gibt Systeme, die akustische Erfahrungen wie etwa Musik in visuelle und taktile Eindrücke umsetzen, doch es ist umstritten, inwieweit die Eindrücke, die sie vermitteln, der Wahrnehmung hörender Menschen vergleichbar sind. Cochlear- und andere Implantate zur Verbesserung des Hörvermögens sind sehr leistungsfähig und werden weithin verwendet.

Doppelseitig gelähmte Menschen können mit Hilfe computergesteuerter Nervenstimulierung und ektoskelettaler Roboter gehen und Treppen steigen.

Ganz allgemein machen sich Behinderungen wie Blindheit, Taubheit und Lähmungen kaum noch bemerkbar und werden als unwichtig erachtet.

Kommunikation

In der virtuellen Realität kann jeder mit jedem alles machen, unabhängig von physischer Nähe. Die dafür erforderliche Technik ist leicht zu handhaben und allgegenwärtig.

Ein normales »Telefongespräch« beinhaltet dreidimensionale Bilder mit hoher Auflösung, die mit Hilfe von Retina-Displays und Audio-Linsen projiziert werden. Zudem gibt es jetzt dreidimensionale holographische Displays. Beide Techniken vermitteln dem Nutzer das Gefühl, er sei der anderen Person körperlich nahe. Die Auflösung entspricht der optimalen menschlichen Sehschärfe oder übertrifft sie. Es kann daher vorkommen, daß der Nutzer glaubt, eine andere Person sei körperlich anwesend, obwohl sie nur mittels elektronischer Kommunikation projiziert wird. Die Mehrzahl der »Meetings« erfordert keine physische Nähe.

Die allgemein zugängliche Kommunikationstechnik bietet auch die Möglichkeit, gesprochene Sprache mit hoher Qualität in eine andere übersetzen zu lassen. Diese Technik steht für die meisten gebräuchlichen Sprachenpaare zur Verfügung.

Wer Bücher, Zeitschriften, Zeitungen und andere Web-Dokumente lesen will, wer Musik hören, sich dreidimensionale Bewegtbilder (z. B. Fernsehen, Filme) ansehen, ein 3-D-Bildtelefonat führen, sich allein oder zusammen mit anderen, die an einem anderen Ort weilen können, in ein virtuelles Environment begeben oder verschiedene dieser Tätigkeiten miteinander verbinden will, kann dies mit Hilfe des allgegenwärtigen Kommunikationsnetzes tun. Er braucht dazu keine zusätzlichen Geräte oder Ausrüstungsgegenstände, die nicht schon am Körper getragen werden oder implantiert sind.

Das allumfassende taktile Environment steht nun überall in überzeugender Qualität zur Verfügung. Seine Auflösung kommt dem menschlichen Tastsinn nahe oder übertrifft ihn, und es kann alle Tastempfindungen des Menschen simulieren (und stimulieren), darunter die Wahrnehmung von Druck, Temperatur, Textur und Feuchtigkeit. Während man für die audiovisuelle Wahrnehmung der virtuellen Realität jedoch nur Geräte benötigt, die man am oder im Körper trägt (Retina-Linsen und Audio-Linsen), muß man sich, um das haptische Environment »total zu erleben«, in eine VR-Kabine begeben. Diese Technologie wird sehr gern für medizinische Untersuchungen und sexuelle Kontakte mit menschlichen oder künstlichen Partnern benutzt. Häufig wird diese Form der Interaktion sogar bevorzugt, selbst wenn der menschliche Partner in der Nähe ist, denn sie ermöglicht ein intensiveres Erleben und bietet mehr Sicherheit.

Wirtschaft, Arbeit und Alltagsleben

Rasches Wirtschaftswachstum und Konjunkturaufschwung halten an.

Die große Mehrzahl der Transaktionen wird über automatische persönliche Assistenten abgewickelt, die über eine realitätsnahe animierte Persönlichkeit verfügen und eine Zweiwege-Kommunikation in natürlicher gesprochener Sprache auf hohem Niveau ermöglichen. Häufig ist gar kein Mensch beteiligt, denn die Nutzer lassen ihre automatischen Assistenten in ihrem Namen Transaktionen mit anderen automatischen Assistenten durchführen. In diesem Fall verzichten die Assistenten auf die Verwendung natürlicher Sprache und kommunizieren direkt, indem sie entsprechende Wissensstrukturen austauschen.

Roboter, die putzen und andere Hausarbeiten erledigen, sind inzwischen allgegenwärtige und verläßliche Helfer.

Automatische Leitsysteme für Autos gelten mittlerweile als äußerst zuverlässig und werden an nahezu allen Straßen installiert. Auf Nahverkehrsstraßen dürfen die Menschen zwar noch selbst fahren (allerdings nicht auf Autobahnen), doch die automatischen Leitsysteme sind stets eingeschaltet und bereit, die Kontrolle zu übernehmen, wenn es gilt, einen Unfall zu verhindern. Der Öffentlichkeit wurden leistungsfähige Kleinflugzeuge vorgestellt, die über Mikroklappen verfügen und weitgehend computergesteuert sind. Die Zahl der Verkehrsunfälle ist sehr gering.

Politik und Gesellschaft

Die Menschen knüpfen Beziehungen zu ihren automatischen Assistenten, die ihnen als Gesellschafter, Lehrer, Pfleger und Liebhaber dienen. Automatische Assistenten sind den Menschen in mancher Hinsicht überlegen: Sie haben ein überaus zuverlässiges Gedächtnis und lassen sich, wenn erwünscht, so programmieren, daß man stets im voraus weiß, wie sie reagieren werden. Noch gelten sie, was die Subtilität ihrer Persönlichkeit angeht, nicht als dem Menschen ebenbürtig, doch gehen die Meinungen in diesem Punkt bereits auseinander.

Der wachsende Einfluß der Maschinenintelligenz löst unterschwelliges Unbehagen aus. Zwar bestehen nach wie vor Unterschiede zwischen menschlicher Intelligenz und Maschinenintelligenz, doch die Vorzüge menschlicher Intelligenz lassen sich immer schwerer bestimmen und benennen. Computerintelligenz ist aufs engste mit den gesellschaftlichen Mechanismen verwoben und soll einer erkennbaren menschlichen Kontrolle unterliegen. Auf der einen Seite verlangt das Gesetz, daß ein Mensch die Verantwortung für Transaktionen und Entscheidungen übernimmt, selbst wenn sie ausschließlich von Maschinenintelligenz initiiert worden sind. Auf der anderen Seite werden nur wenige Entscheidungen ohne nennenswerte Beteiligung und vorherige Konsultierung maschinengestützter Intelligenz getroffen.

Öffentliche und private Räume werden routinemäßig von Maschinenintelligenz überwacht, um Gewalttätigkeiten zwischen Menschen zu verhindern. Die Menschen versuchen, ihre Intimsphäre mit Codes zu schützen, die nur sehr schwer zu knacken sind, doch der Datenschutz bleibt eine vorrangige gesellschaftspolitische Frage, da praktisch jeder Schritt des einzelnen irgendwo in einer Datenbank gespeichert ist.

Die Existenz der Unterschicht wirft nach wie vor Probleme auf. Die Gesellschaft ist zwar so reich, daß sie die Grundbedürfnisse (sichere Wohnung, Nahrung usw.) ohne größere Belastungen der Wirtschaft befriedigen kann, doch die alten Kontroversen um Fragen der Selbstverantwortung und Chancengleichheit dauern an. Das Problem wird dadurch kompliziert, daß ein zunehmender Teil der Arbeit in der Fort- und Weiterbildung der Beschäftigten selbst besteht. Mit anderen Worten, der Unterschied zwischen jenen, die »produktiv« beschäftigt sind, und jenen, die es nicht sind, wird nicht immer deutlich.

Kunst

In allen Künsten gibt es virtuelle Künstler, und sie werden ernst genommen. Diese kybernetischen bildenden Künstler, Musiker und Autoren sind gewöhnlich eng mit Menschen oder Organisationen (die ihrerseits aus kooperierenden Menschen und Maschinen bestehen) verbunden, die am Aufbau ihrer Wissensbasis und der Ausbildung ihrer Techniken mitgewirkt haben. Doch das Interesse an den Produkten dieser kreativen Maschinen beruht längst nicht mehr nur auf dem Reiz des Neuen.

Von menschlichen Künstlern geschaffene Werke im Bereich der Bildenden Kunst, Musik und Literatur sind normalerweise ein Koprodukt von menschlicher Intelligenz und Maschinenintelligenz.

Die größte Nachfrage auf dem Kunst- und Unterhaltungsmarkt verzeichnen (am Umsatz gemessen) Software-Produkte, die virtuelle

Erlebnisse bieten. Das Angebot reicht von Simulationen »realer« Erfahrungen bis zu abstrakten Environments, die keine oder wenig Ähnlichkeit mit der wirklichen Welt haben.

Militär und Kriegführung

Die größte Sicherheitsbedrohung geht von kleinen Gruppen aus, die menschliche Intelligenz und Maschinenintelligenz kombinieren und bei ihrer Kommunikation Codes verwenden, die nicht zu knacken sind. Eine besondere Gefahr droht von 1.) Computerviren, die öffentliche Informationskanäle zerstören können, und 2.) gentechnisch erzeugten Krankheitserregern.

Die meisten fliegenden Waffen sind sehr klein, einige noch kleiner als Insekten. Mikroskopisch kleine fliegende Waffen sind in Entwicklung.

Gesundheit und Medizin

Viele der im menschlichen Genom codierten Lebensvorgänge, die man vor mehr als zehn Jahren entschlüsselt hat, werden jetzt weitgehend verstanden; gleiches gilt für die informationsverarbeitenden Mechanismen, die dem Alterungsprozeß und degenerativen Erkrankungen wie Krebs oder Herzleiden zugrunde liegen. Die Lebenserwartung, die im Gefolge der ersten Industriellen Revolution (1780–1900) und in der ersten Phase der zweiten (20. Jahrhundert) von unter 40 Jahren auf das Doppelte gestiegen war, hat sich abermals beträchtlich erhöht und liegt jetzt bei über 100 Jahren.

Das Bewußtsein für die mit der Verbreitung gentechnischen Knowhows verbundenen Gefahren wächst. Jeder, der die Kenntnisse und Laboreinrichtungen besitzt, die einem normalen Hochschulabsolventen zur Verfügung stehen, kann Krankheitserreger mit einem gewaltigen Vernichtungspotential erzeugen. Diese Bedrohung wird nur bis zu einem gewissen Grad durch vergleichbare Fortschritte bei der gentechnischen Virenbekämpfung wettgemacht und hält die internationalen Sicherheitsbehörden in Atem.

In Armbanduhren, Schmuck und Kleider integrierte computerisierte Gesundheitswächter sind weit verbreitet. Sie diagnostizieren zuverlässig akute und chronische Krankheiten und geben darüber hinaus eine Reihe von Behandlungsempfehlungen.

Philosophie

Berichte über Computer, die den Turing-Test bestanden haben, häufen sich, allerdings erfüllen diese Tests nicht die Kriterien, die Fachleute aufgestellt haben (in bezug auf die Kompetenz des menschlichen Fragestellers, die Gesprächsdauer usw.). Man ist allgemein der Meinung, daß noch kein Computer einen gültigen Turing-Testn bestanden hat, doch die Kontroversen in dieser Frage nehmen zu.

Die subjektive Erfahrung computergestützter Intelligenz ist Gegenstand einer ernsthaften Debatte geworden, allerdings wird über die Rechte von Maschinenintelligenz noch nicht auf breiter Basis diskutiert. Noch ist Maschinenintelligenz weitgehend das Produkt der Zusammenarbeit von Mensch und Maschine, und sie ist darauf programmiert, sich der Spezies, die sie erschaffen hat, unterzuordnen.

Okay, hier bin ich. Tut mir leid, daß ich unser Gespräch vor zehn Jahren beenden mußte.
Schon gut. Wie ist es Ihnen ergangen?

Gut. Im Moment habe ich viel zu tun. Ich muß die Geburtstagsparty für meinen Sohn vorbereiten. Er wird zehn.
Oh, dann waren Sie bei unserem letzten Gespräch ja schwanger.

Man konnte noch nichts sehen, aber bei der Hochzeit ist es den Leuten nicht verborgen geblieben.
Wie macht er sich?

Gut, aber Jeremy muß noch viel lernen.
Kommt mir bekannt vor.

Letzte Woche habe ich ihn mit dieser älteren Frau erwischt, etwa in meinem Alter. Sagen wir mal so: Sie war nicht vollständig angezogen.
Ach, tatsächlich?

Wie sich herausstellte, ist sie seine Lehrerin.
Donnerwetter! Was hat sie getan?

Nun, er hatte wegen Krankheit gefehlt, deshalb gab sie ihm Hausaufgaben auf.
Unvollständig bekleidet?

Oh, sie wußte ja nichts davon.
Natürlich, der Bildtransformator, ich vergaß.

Eigentlich hat er keinen Zugriff auf diese speziellen Transformatoren. Doch wie es scheint, hat ihm ein Freund gezeigt, wie er die Kindersicherung außer Betrieb setzen kann. Er will nicht sagen, wer.
Manche Dinge ändern sich nie.

Ich glaube, die Sicherung funktioniert inzwischen wieder.
Haben Sie mit seiner Lehrerin darüber gesprochen?

Mit Miss Simon? Gott bewahre.
Haben Sie ihn bestraft?

In unserer Familie wird es nicht geduldet, daß die Kindersicherung außer Betrieb gesetzt wird. Er darf einen Monat lang nicht ins Sensorium.
Das hört sich schlimm an. Sensorium? Hat das etwas mit virtueller Realität zu tun?

Richtig. Sensorium ist der Markenname unseres Total-touch-Environments. Es ist ein neues Modell mit verbesserter Geruchs-Technolo-

gie. Wenn man die virtuelle Realität nur audio-visuell erleben will, kann man auch die Linsen benutzen. Das ist so ziemlich dasselbe, dazu braucht man nichts Spezielles.
Und was tut er im Sensorium?

Oh, Kickboxen, die Galaxis erobern, was Zehnjährige halt so machen. Neulich hat er Doktor gespielt.
Oha, klingt, als sei er frühreif.

Ich glaube, er wollte nur unsere Geduld auf die Probe stellen.
Und die Sache mit Miss Simon ist demnach im Sensorium passiert?

Nein, nur bei einem VR-Telefongespräch. Jeremy war hier in der Küche. Er setzte Miss Simon auf den Küchentisch.
Aber wenn er ihr transformiertes Bild mit Hilfe seiner VR-Linsen betrachtet, wie können Sie sie dann sehen?

Nun, wir haben Zugang zu den virtuellen Environments unserer Kinder, bis sie 14 Jahre alt sind.
Verstehe. Sie sind also gleichzeitig in Ihrem eigenen virtuellen Environment und in dem Ihrer Kinder?

Ja, und vergessen Sie nicht die wirkliche Realität, was nicht heißt, daß die virtuelle nicht real sei.
Ist das nicht verwirrend, wenn Sie all diese verschiedenen Environments sehen und hören, die sich gegenseitig überlagern?

Die virtuellen Environments unserer Kinder hören wir nicht. Bei dem Lärm würde man verrückt werden, und die Kinder brauchen ja auch ihre Intimsphäre. Wir hören nur die wirkliche Realität und unsere eigene virtuelle Realität. Und wir können uns in die visuelle virtuelle Realität unserer Kinder ein- und ausschalten. Ich habe mich also eingeschaltet, und da saß Miss Simon.
Wofür wurde er noch bestraft?

Vor drei Monaten hat er uns den Zugang zu seiner virtuellen Realität versperrt. Ich glaube, das hatte er von demselben Freund.

Ich weiß nicht, ob ich ihm das verübeln kann. Ich würde, glaube ich, auch nicht wollen, daß meine Mutter ständig in meine virtuelle Realität sieht.

Das tun wir auch nicht, nur ab und zu. Aber heutzutage muß man die Kinder im Auge behalten. Mit unserer Tochter Emily haben wir dieses Problem nicht.
Sie ist ...?

Letzten Monat sechs geworden. Sie ist ein wahrer Engel. Sie verschlingt ein Buch nach dem anderen.
Mit sechs, alle Achtung. Liest sie selbst?

Selbst? Wie denn sonst?
Nun, Sie könnten ihr ja vorlesen.

Manchmal schon, ja. Aber Emily findet, daß ich zu wenig auf ihre Wünsche eingehe. Deshalb läßt sie sich von Norbert dem Nilpferd vorlesen, und der tut genau das, was sie will, und gibt ihr keine frechen Antworten.
Und das alles spielt sich in der virtuellen Realität ab, wie ich vermute?

Selbstverständlich. Ich will kein echtes Nilpferd auf meinem Küchentisch sitzen haben.
Schon gar nicht zusammen mit einer halb bekleideten Miss Simon.

Das könnte etwas eng werden.
Wenn Norbert das Nilpferd Ihrer Emily vorliest, liest sie dann in ihrem virtuellen Buch mit?

Sie kann entweder mitlesen oder die Hervorhebung einschalten. Die Kinder lassen sich von ihrem virtuellen Lieblingsfreund vorlesen und blicken dabei in ihre virtuellen Bücher mit der Hervorhebungsfunktion. Später schalten sie dann die Hervorhebung aus, und irgendwann brauchen sie auch Norbert das Nilpferd nicht mehr.
Sie montieren sozusagen die Stützräder ab.

Genau. Das Beruhigende dabei ist, daß ich jederzeit weiß, wo meine Kinder sind.
In der virtuellen Realität?

Nein, ich spreche jetzt von der wirklichen Realität. Zum Beispiel kann ich sehen, daß Jeremy zwei Häuserblocks entfernt ist und in unsere Richtung geht.
Ein eingepflanzter Chip?

Die Vermutung liegt nahe. Aber genaugenommen ist es kein Chip. Es handelt sich um die erste praktische Anwendung der Nanotechnik. Man ißt das Zeug.
Zeug?

Ja, einen Brotaufstrich. Schmeckt gar nicht mal schlecht. Er enthält Millionen von kleinen Computern – wir nennen sie Tracker. Sie arbeiten sich in die Zellen vor.
Einige kommen doch sicher wieder heraus.

Das schon, aber wenn sie sich von den anderen, die noch im Körper sind, zu weit entfernen, schalten sie sich einfach selbsttätig ab. Diejenigen, die im Körper bleiben, kommunizieren miteinander und mit dem Web.
Dem drahtlosen Netz?

Ja, es ist überall. Und so weiß ich immer, wo meine Kinder sind. Toll, nicht?
Hat das jeder?

Kinder sollten es haben, deshalb gehe ich davon aus, daß es irgendwann alle bekommen. Auch viele Erwachsene haben es, allerdings können Erwachsene die Tracker-Sender abschalten, wenn sie wollen.
Kinder nicht?

Bislang haben wir verhindern können, daß unsere Kinder die Tracker inaktivieren.

Dann hat sich Jeremy also noch keine Software beschafft, die Tracker inaktiviert?

Ich hoffe nicht. Aber jetzt, wo ich genauer darüber nachdenke, fällt mir ein, daß die Tracker letztes Jahr tatsächlich mal ausgefallen sind. Nach Ansicht des Technikers war es nur eine vorübergehende Kommunikationsstörung. Ich bezweifle, daß Jeremy dahintersteckte. Aber etwas beunruhigt bin ich jetzt doch.
Ich glaube nicht, daß Jeremy so etwas tun würde.

Wahrscheinlich haben Sie recht.
War der Techniker ein Mensch?

Nein, so ernst war die Sache nicht. Wir haben nur einen Techniker der Kategorie B bemüht.
Verstehe. Ist Ihr Mann auch an das Tracker-System angeschlossen?

Ja, aber er schaltet es häufig aus, und das finde ich ärgerlich.
Na ja, auch Ehemänner haben ein Recht auf etwas Intimsphäre, meinen Sie nicht?

Keine Frage.
Haben Sie noch andere Verwandte, von denen Sie mir erzählen wollen?

Ich habe einen 25jährigen Neffen namens Stephen. Er kapselt sich ziemlich ab. Ich weiß, daß sich meine Schwester seinetwegen Sorgen macht. Er verbringt die meiste Zeit im Total-touch- oder Nur-VR-Modus.
Ist das ein Problem?

Es ist ja nicht nur so, daß er die wirkliche Realität ausblendet, anscheinend interagiert er überhaupt nicht mit wirklichen Menschen, nicht einmal in der virtuellen Realität. Anscheinend wird das immer mehr zu einem gesellschaftlichen Problem.
Ich vermute, daß künstliche Menschen zuvorkommender sind.

Schon möglich. Meine eigenen Assistenten und Begleiter sind es jedenfalls, aber versuchen Sie mal, mit den Assistenten anderer Leute klarzukommen, dann sieht die Sache ganz anders aus. Na, jedenfalls hat mir meine Schwester erzählt, daß sie Stephen für eine Cyber-Jungfrau hält, oder sagte sie virtuelle Jungfrau?
Meine Güte, wo liegt da der Unterschied?

Nun ja, eine Cyber-Jungfrau hatte außerhalb der virtuellen Realität noch nie Geschlechtsverkehr, während die virtuelle Jungfrau überhaupt noch nie Geschlechtsverkehr mit einer realen Person hatte, nicht einmal in der virtuellen Realität.
Und wie nennt man einen Menschen, der noch nie mit einer realen oder künstlichen Person intim war, weder in der wirklichen noch in der virtuellen Realität?

Hmmm, dafür haben wir kein Wort, glaube ich.
Was sagt die Statistik dazu?

Lassen Sie mich sehen. George macht das für uns.
George ist Ihr virtueller Assistent?

Ja, Sie begreifen schnell.
Vielen Dank.

Also, elf Prozent aller Erwachsenen über 25 sind virtuelle Jungfrauen, und 19 Prozent sind Cyber-Jungfrauen.
Sieht so aus, daß virtueller Sex auf dem Vormarsch ist. Wie steht es mit Ihnen und Ben?

Wir bevorzugen ganz entschieden das Reale!
Real im Sinn von …

Realer Wirklichkeit, genau.
Wenn Sie Intimität in der realen Wirklichkeit vorziehen, bedeutet das, daß Sie die virtuelle Alternative keineswegs verschmähen?

So ist es. Ich meine, sonst müßten wir uns ja aus dem Weg gehen. Es ist

zweifellos praktisch, wenn ich auf Reisen bin oder wenn wir uns keine Gedanken über Verhütung machen wollen.
Oder als Schutz vor Geschlechtskrankheiten.

Das dürfte kein Problem sein.
Man kann nie wissen ...

Nun, um ganz ehrlich zu sein, virtueller Sex ist in vieler Hinsicht weitaus befriedigender. Ich meine, er ist eindeutig intensiver, einfach unglaublich.
Und er findet im Sensorium statt, wie ich vermute.

Klar. Mit dem neuen Modell wird das Geruchsproblem in Angriff genommen.
Sie meinen, es kann Gerüche simulieren?

Richtig. Allerdings klappt das noch nicht so gut wie bei den anderen Sinnen. Auf der audio-visuellen Ebene sind schon die alten Geräte extrem realitätsnah. Im Sensorium kommt das taktile Environment hinzu, das ebenfalls extrem lebensecht ist. Aber beim Geruchssinn sind wir noch nicht soweit. Im Sensorium 2000 sind verschiedene Gerüche programmiert, zwischen denen man wählen kann oder die im Verlauf eines Erlebnisses automatisch ausgewählt werden. Das ist recht eindrucksvoll.
Was empfinden Sie, wenn Ihr Mann sexuellen Kontakt zu einer simulierten Partnerin hat?

Sie meinen, mit einer simulierten Partnerin in der virtuellen Realität?
Ja, in der virtuellen Realität oder im Sensorium.

Das ist in Ordnung. Damit habe ich keine Probleme.
Macht es Ihnen nichts aus?

Ich kriege ja nichts davon mit.
Virtueller Lippenstift auf seinem Kragen?

Ja, richtig, auf seinem virtuellen Kragen. Virtueller Sex mit simulierten Partnern ist heutzutage allgemein akzeptiert. Man sieht darin nur eine bestimmte Form, seine Phantasien auszuleben – mit künstlicher Unterstützung.
Und wenn die Partnerin eine reale Person in der virtuellen Realität wäre?

Ich würde ihm sämtliche Knochen brechen.
Die virtuellen Knochen?

An die habe ich dabei nicht gedacht.
Was ist denn der Unterschied zwischen einer realen Person in der virtuellen Realität und einer simulierten Person?

Als Sexpartner?
Ja.

Oh, da besteht sehr wohl ein Unterschied. Die simulierten Partner sind ziemlich gut, aber es ist einfach nicht dasselbe.
Klingt so, als hätten Sie einige Erfahrung auf dem Gebiet.

Neugierig sind Sie gar nicht, wie?
Schon gut, reden wir von etwas anderem. Mal überlegen, ach ja, was hat sich bei der Verschlüsselung getan?

Wir haben sehr stabile Tausend-Bit-Codes. Die sind praktisch nicht zu knacken.
Und was macht der Quantencomputer?

Der Quantencomputer ist bei mehr als ein paar hundert Qu-Bits anscheinend nicht mehr stabil.
Klingt, als sei Kommunikation ziemlich sicher.

Würde ich schon sagen. Aber einige Leute machen sich große Sorgen wegen der Dritt-Schlüssel.
Dann haben die Behörden also Schlüssel?

Selbstverständlich.
Können Sie denn nicht einfach über die offizielle Verschlüsselungsebene eine zweite legen, für die niemand einen Schlüssel hat?

Wo denken Sie hin, nein!
Was wäre daran so schlimm?

Oh, technisch wäre das nicht schwierig. Es ist nur strengstens verboten, jedenfalls seit Oktober 2013.
2013?

Im ersten Jahrzehnt dieses Jahrhunderts war es noch kein ernsthaftes Problem. Aber bei der Katastrophe in Oklahoma gerieten die Dinge außer Kontrolle.
Schon wieder Oklahoma. Ging es um ein Computervirus?

Nein, nicht um ein Computervirus, um ein richtiges Virus. Ein unzufriedener – ich würde sagen, geistesgestörter – Student von der dortigen Universität, ein ehemaliger Student, um genau zu sein. Wie es hieß, unterhielt er Kontakte zur Bewegung Remember York, aber die Wortführer der Bewegung wiesen energisch jede Verantwortung von sich.
Remember York?

Nun, die Sache passierte am 200. Jahrestag des Prozesses in York.
Oh, Sie meinen den Prozeß gegen die Ludditen im Jahr 1813?

Ja, nur daß die meisten Technologiegegner die Bezeichnung Ludditen nicht mögen. Sie finden, daß das Image des dummen Ned Ludd der Ernsthaftigkeit ihrer Bewegung nicht gerecht wird. Außerdem spricht einiges dafür, daß Ludd niemals existiert hat.
Aber 1813 fand ein Prozeß statt.

Ja, und er endete damit, daß viele Mitglieder der Gruppe, die man der Zerstörung von Textilmaschinen beschuldigte, gehängt oder verbannt wurden.
Dann ist Remember York eine Organisation?

Oh, das nicht gerade. Es handelt sich eher um eine Diskussionsgruppe im Web, und dieser junge Mann hat sich anscheinend an einigen Diskussionen beteiligt. Aber die Leute von Remember York lehnen Gewalt grundsätzlich ab. Sie waren besorgt, als Roberts erklärte, er stehe mit ihnen in Verbindung.
War Roberts der Täter?

Ja, er wurde in allen Anklagepunkten für schuldig befunden. Aber von diesem Geistesgestörten einmal abgesehen, hat meines Erachtens das BWA Mist gebaut.
Das BWA?

»Biowarfare Agency« – das Ministerium für gentechnische Waffen.
Dann wurde also ein Virus freigesetzt?

Ja, nur ein gewöhnliches modifiziertes Grippevirus, allerdings mit einer Besonderheit. Es hatte eine weit erhöhte Mutationsrate, und das beschleunigte seine Evolution auf mehreren Ebenen. Eine Form der Virus-Evolution erfolgte nur bei einer Infizierung. Zusammen mit einem Zeitbomben-Programm in der DNA des Virus sorgte sie für eine superschnelle Vermehrung der Viren wenige Stunden nach der Infizierung. Aufgrund dieser kleinen Komplikation verzögerte sich die Herstellung des Gegenmittels um 48 Stunden. Aber es kam noch schlimmer. 24 Stunden nachdem das BWA mit der Replikation des Gegenmittels begonnen hatte, stellte man fest, daß ein zweiter biologischer Erreger die Batch-Kulturen infiziert hatte, und so mußte man noch einmal ganz von vorn anfangen. Und dann hatte man nicht genug Replikationsstationen, so daß man die bereits benutzten gründlich säubern mußte, ehe man weitermachen konnte. Dieses Chaos dauerte 48 Stunden lang, und 16 000 Menschen starben. Hätte sich die Sache um weitere 24 Stunden verzögert, wäre es noch viel schlimmer gekommen. Die Sache war das vorherrschende Thema bei den Zwischenwahlen 2014. Seit damals hat sich vieles verändert.
Die Dritt-Schlüssel?

Ja, die gab es schon vorher. Aber seit 2013 wurden die Gesetze gegen Verschlüsselungscodes ohne Schlüssel rigoros verschärft.

Was hat sich sonst noch verändert?

Es gibt inzwischen viele antivirale Replikationsstationen. Und wir haben jetzt diese süßen kleinen Atemschutzmasken.
Dieser kleine Fingerhut ist eine Atemschutzmaske?

Ja, so faltet man sie auseinander. Sie ist klein, und man soll sie jederzeit griffbereit haben. Genaugenommen ist es eine Virenschutzmaske. Von Zeit zu Zeit werden wir aufgefordert, sie aufzusetzen, aber meist nur für ein paar Stunden. Seit 2013 hat es immer nur blinden Alarm gegeben.
Dann vermute ich, daß die Sicherheitsbehörden alle Hände voll zu tun haben.

Wie Will Rogers zu sagen pflegte: »Man kann nicht sagen, daß die Zivilisation keine Fortschritte machen würde, denn in jedem Krieg bringen sie dich auf eine neue Art um.«
Der Vorfall von 2013 ist tragisch und erschreckend. Aber verglichen mit anderen Jahrhunderten kommt ihr ganz gut zurecht. Wir im 20. Jahrhundert beschworen eine Katastrophe nach der anderen herauf.

Ja, im Zweiten Weltkrieg starben 50 Millionen Menschen.
In der Tat.

Es stimmt schon, daß es in unserem Jahrhundert bisher viel weniger Blutvergießen gegeben hat. Aber die Kehrseite der Medaille ist, daß in der Technik heute ein viel größeres Potential steckt. Wenn etwas schiefläuft, könnte die Lage sehr schnell außer Kontrolle geraten. Mit der Gentechnik ist es beispielsweise so, als stünden alle zehn Milliarden Menschen in einem Raum bis zu den Knien in einer feuergefährlichen Flüssigkeit und warteten nur darauf, daß jemand ein Streichholz anzündet.
Aber ich habe den Eindruck, daß man eine Menge Feuerlöscher eingebaut hat.

Ich kann nur hoffen, daß sie auch funktionieren.

Ich habe mich schon vor über zehn Jahren mit den Gefahren der Gentechnik beschäftigt.

Aber in Ihrem Buch Das Zeitalter der Künstlichen Intelligenz, *das Sie Ende der achtziger Jahre geschrieben haben, verlieren Sie kein Wort darüber.*
Mit voller Absicht. Ich wollte gewisse Leute nicht auf dumme Gedanken bringen.

Und 1998?
Oh, die Katze ist längst aus dem Sack!

Ja, und wir jagen seit zwei Jahrzehnten den Nachkommen dieser Katze hinterher und versuchen zu verhindern, daß sie allzu großen Schaden anrichten.
Warten Sie nur, bis die Nanoerreger da sind.

Die sind zum Glück nicht selbstreplizierend.
Noch nicht.

Vermutlich wird das auch noch kommen, aber die Tracker-Paste und die wenigen anderen nanotechnischen Anwendungen, die heute auf dem Markt sind, werden mit Hilfe der Röntgenlithographie und anderer herkömmlicher Herstellungsmethoden produziert.
Genug jetzt von Katastrophen. Was haben Sie heute abend vor?

Ich halte einen Vortrag über meine Erfahrungen, die ich letzte Woche als Fragestellerin bei einem Turing-Test gemacht habe.
Ich vermute, der Computer hat verloren.

Ja, aber nicht so klar wie erwartet. Am Anfang dachte ich, mein Gott, das ist ja viel schwieriger, als ich dachte. Ich wußte wirklich nicht, wer der Computer und wer der Mensch war. Erst nach etwa 20 Minuten kam ich dahinter, und ich bin froh, daß ich genug Zeit hatte. Ein paar andere Fragesteller tappten völlig im dunkeln, aber sie stellten sich auch nicht sehr geschickt an.

Ich schätze, Ihre Erfahrungen in der Kommunikationstechnik kamen Ihnen zugute.

Ich würde eher sagen, meine Erfahrungen als Mutter. Ich wurde stutzig, als Sheila – so hieß der Computer – davon sprach, daß sie auf ihre Tochter ärgerlich sei. Das hat mich nicht überzeugt. Sie zeigte zuwenig Verständnis.
Was ist mit George? Wie würde er bei einem Turing-Test abschneiden?

Oh, das würde ich George nicht zumuten wollen.
Sie nehmen Rücksicht auf seine Gefühle?

So könnte man es wohl ausdrücken. Das ist bei mir mal so, mal so. Manchmal tue ich es nicht, glaube ich. Dann wieder, wenn ich mit ihm spreche, merke ich, daß ich mich so verhalte, als hätte er Gefühle. Und manchmal freue ich mich darauf, ihm zu erzählen, was ich erlebt habe, besonders wenn es unsere gemeinsame Arbeit betrifft.
Wie ich sehe, haben Sie sich für einen männlichen Assistenten entschieden.

Klar, mit Ihrer Vorhersage, daß Frauen weibliche Assistenten bevorzugen würden, lagen Sie ebenfalls falsch.
Diese Vorhersage galt für 2009, nicht für 2019.

Ich bin froh, daß Sie das klargestellt haben. Wenn ich mir's recht überlege, habe ich 2009 tatsächlich eine Assistentin benutzt, aber die waren damals auch nicht besonders realistisch. Jetzt muß ich aber zu meinem Vortrag. Wenn mir noch etwas einfällt, das für Sie von Interesse sein könnte, wird sich George mit Ihrem virtuellen Assistenten in Verbindung setzen.
Aber ich habe keinen. Vergessen Sie nicht, ich bin im Jahr 1999.

Zu dumm. Dann muß ich Sie eben persönlich kontaktieren.

»Dank kleinerer, leistungsfähigerer Chips habe ich jetzt einen kleineren Kopf.«

Kapitel 11

2029

Ich bin mit meinem Körper ebenso zufrieden wie alle anderen, aber wenn ich mit einem Körper aus Silikon zweihundert Jahre alt werden kann, dann nehme ich ihn.

Danny Hillis

Der Computer

Eine 1000-Dollar-Recheneinheit (in Dollar von 1999) verfügt über eine Rechenleistung von annähernd 1000 menschlichen Gehirnen (1000 mal 20 Millionen Milliarden, d. h. 2×10^{19} Instruktionen pro Sekunde).

Von der gesamten Rechenleistung der menschlichen Spezies (also allen menschlichen Gehirnen) einschließlich der Computertechnologie, die von ihr entwickelt wurde, sind über 99 Prozent nicht-menschlich.[1]

Die überwältigende Mehrheit der nichtmenschlichen »Rechenoperationen« wird auf massiv-parallelen Neuronalnetzen ausgeführt, die zum Großteil auf der Umkehrtechnologie des menschlichen Gehirns basieren.

Viele – wenn auch weniger als die Hälfte – der spezialisierten Regionen im menschlichen Geist sind »dekodiert« und ihre massiv-parallelen Algorithmen entziffert worden. Die Zahl dieser spezialisierten Regionen geht in die Hunderte und ist damit weitaus höher, als noch vor zwanzig Jahren angenommen wurde. Die Topologien und die Architektur der Regionen, die durch die Umkehrtechnologie entwickelt wurden, werden in maschinenbasierten Neuronalnetzen eingesetzt. Diese maschinenbasierten Netze sind im Vergleich zu ihren menschlichen Vorbildern erheblich schneller, verfügen über größere Rechen- und Speicherkapazitäten und weisen andere überlegene Eigenschaften auf.

Das Einsetzen von Displays ins menschliche Auge ist an der Tagesordnung, wobei zwischen permanenten Implantaten und temporären Implantaten (vergleichbar den heutigen Kontaktlinsen) gewählt werden kann. Die direkt auf die Retina projizierten Bilder bieten die gewohnte, hochaufgelöste Überlagerung über die reale Welt. Diese implantierten visuellen Displays agieren zugleich wie Kameras und zeichnen visuelle Eindrücke auf, sind damit also Input- und Output-Geräte.

Cochlear-Implantate, ursprünglich nur zur Korrektur für Hörschäden gedacht, haben sich allgemein durchgesetzt. Diese Implantate ermöglichen eine akustische Zweiwege-Kommunikation zwischen dem menschlichen User und dem weltweiten Computernetzwerk.

Für Verbindungen mit großen Bandbreiten zum menschlichen Gehirn wurden die direkten neuronalen Zugänge weiter verbessert. Das erlaubt es, bestimmte neuronale Regionen im Gehirn (beispielsweise für visuelle Mustererkennung oder das Langzeitgedächtnis) zu umgehen und die Funktionen dieser Regionen durch Rechenoperationen zu verbessern oder zu ersetzen, die entweder in neuronalen Implantaten oder extern ausgeführt werden.

Eine Vielzahl von neuronalen Implantaten wird angeboten, die die Fähigkeiten der visuellen und akustischen Wahrnehmung und Interpretation, des Gedächtnisses und des logischen Denkens erheblich steigern können.

Je nach Präferenz des Users können Rechenprozesse privat (nur einem Individuum zugänglich), geteilt (einer spezifizierten Gruppe von Individuen zugänglich) oder universell sein.

Dreidimensionale, projizierte Holographiedisplays befinden sich weltweit im Einsatz.

Mikroskopisch kleine nanotechnische Roboter verfügen nun über Mikrogehirne, die es von ihrer Geschwindigkeit und Kapazität her mit dem menschlichen Gehirn aufnehmen können. Vor allem in der Industrie werden diese »Nanobots« eingesetzt, zunehmend aber auch in der Medizin.

Bildung

Die Wissensvermittlung wird primär durch virtuelle Lehrer übernommen und durch den Siegeszug der neuronalen Implantate zusätzlich effizienter. Diese Implantate steigern die Wahrnehmungs- und Gedächtnisleistung, allerdings ist es noch nicht möglich, Wissen direkt herunterzuladen. Obgleich der Wissenserwerb durch virtuelles Erleben, intelligente interaktive Unterweisung und neuronale Implantate immer effizienter gestaltet wird, setzt er immer noch zeitraubendes Lernen und »originäres« Erleben voraus. Der Erwerb von Wissen stellt den primären Fokus der menschlichen Spezies dar.

Automatisierte Agenten sind in der Lage, sich selbst »fortzubilden«, ohne daß sie vom Menschen mit Informationen und Wissen gefüttert werden müssen. Computer haben sämtliche von Menschen und Maschinen generierten literarischen und multimedialen Erzeugnisse »gelesen«, einschließlich aller geschriebenen, auditorischen, visuellen und virtuellen Erfahrungsberichte.

Mit wenig oder gar keiner menschlichen Unterstützung sind Maschinen in der Lage, bedeutendes neues Wissen zu erschließen. Im Gegensatz zu Menschen können Maschinen sehr leicht Wissensstrukturen untereinander austauschen.

Körperliche Behinderungen

Dank der allgemeinen Verfügbarkeit von hochintelligenten visuellen Navigationshilfen für Blinde, von Sprache-zu-Druck-Displaygeräten für Hörbehinderte, von nervenstimulierenden, intelligenten orthopädischen Prothesen für körperlich behinderte Menschen sowie spezialisierten Neuroimplantat-Technologien konnten die mit den meisten Behinderungen einhergehenden Beschränkungen weitgehend eliminiert werden. Die die sensorischen Fähigkeiten verbessernden Geräte werden sogar vom Großteil der Bevölkerung benutzt.

Kommunikation

Zusätzlich zu den allgegenwärtigen dreidimensionalen virtuellen Environments profitiert die visuelle Kommunikation von der erheblich verbesserten dreidimensionalen Holographietechnologie. Darüber hinaus ermöglichen neue akustische Kommunikationstechnologien die präzise Projektion von Klängen im dreidimensionalen Raum. Ähnlich wie in der virtuellen Realität besitzt vieles von dem, was gesehen und gehört wird, kein physisches Gegenstück in der »realen« Realität. Eine Familie kann also im Wohnzimmer sitzen und miteinander kommunizieren, ohne physisch tatsächlich präsent zu sein.

Darüber hinaus läuft ein erheblicher Teil der Kommunikation über direkte neuronale Verbindungen ab. Damit ist eine virtuelle, alles umfassende taktile Kommunikation möglich, ohne daß man dazu, wie noch zehn Jahre zuvor, ein »Total-touch-Environment« aufsuchen muß.

Der Großteil der Kommunikation läuft ohne menschliche Beteiligung ab. Und der Großteil der Kommunikation, an der ein Mensch beteiligt ist, findet zwischen einem Menschen und einer Maschine statt.

Wirtschaft, Arbeit und Alltagsleben

Die Zahl der auf der Erde lebenden »realen« Menschen hat sich auf einem Stand von ungefähr 12 Milliarden eingependelt. Für den überwiegenden Teil der Erdbevölkerung können die Grundbedürfnisse – ausreichende Ernährung, Wohnraum, medizinische Versorgung und Sicherheit – gedeckt werden.

Menschliche und nichtmenschliche Intelligenzen konzentrieren sich primär auf die Erzeugung von Wissen in seinen zahllosen Erscheinungsformen. Gleichzeitig kommt es zu einer drastischen Zunahme der Auseinandersetzungen und Gerichtsverfahren über intellektuelle Eigentumsrechte.

Im Produktionssektor, in der Landwirtschaft und im Transportwesen sind so gut wie keine Menschen mehr tätig. Die meisten Menschen sind im Ausbildungssektor beschäftigt, und die Zahl der Anwälte übersteigt die der Ärzte bei weitem.

Politik und Gesellschaft

Die ersten Computer bestehen Turing-Tests, die sowohl von menschlichen wie nichtmenschlichen Instanzen anerkannt werden, obwohl dieser Punkt weiterhin kontrovers bleibt. Es fällt zunehmend schwerer, menschliche Fähigkeiten zu nennen, derer Maschinen nicht fähig sind. Im Gegensatz zu der von Individuum zu Individuum schwankenden Kompetenz in einzelnen Feldern arbeiten Computer konsistent auf optimalem Niveau und können auch leichter Fähigkeiten und Wissen untereinander austauschen.

Die einstmals scharfe Trennlinie zwischen der menschlichen Welt und der Maschinenwelt hat aufgehört zu existieren. Menschliche Erkenntnis und Erkenntnisfähigkeit wird auf Maschinen übertragen, und viele Maschinen verfügen über aus der Umkehrtechnologie der menschlichen Intelligenz abgeleitete Persönlichkeiten, Fähigkeiten und Wissensgrundlagen. Auf der anderen Seite erschließen auf Maschinenintelligenz basierende Neuroimplantate dem Menschen verbesserte perzeptuelle und kognitive Fähigkeiten. Die Definition dessen, was ein menschliches Wesen konstituiert, ist Gegenstand einer intensiven juristischen und politischen Kontroverse.

Die explosionsartig wachsenden Fähigkeiten von Maschinen lösen zwar heftige Debatten aus, aber von tatsächlichem Widerstand kann keine Rede sein. Da die Maschinenintelligenz ursprünglich darauf ausgelegt wurde, vom Menschen kontrolliert zu werden, stellt sie bislang keine Bedrohung der menschlichen Bevölkerung dar. Abgesehen davon realisieren immer weitere Teile der Bevölkerung, daß in Anbetracht der jetzt menschlich-maschinellen Zivilisation von maschineller Intelligenz eine Abkoppelung nicht mehr möglich ist.

Die Diskussion über die gesetzlichen Rechte von Maschinen, insbesondere von Maschinen, die unabhängig vom Menschen (d. h. nicht in ein menschliches Gehirn implantiert) sind, weitet sich zusehends aus. Obgleich vom Gesetz noch nicht voll anerkannt, stellt der massive Einfluß von Maschinen auf allen Ebenen der Entscheidungsprozesse einen wichtigen Schutz für Maschinen dar.

Kunst

In keinem Bereich der Kunst – Musik, darstellende Kunst, Literatur, visuelle Erlebnisse – sind Cyber-Künstler länger darauf angewiesen, sich mit Menschen oder Organisationen zu assoziieren, denen Menschen angehören. Viele der hervorragendsten Künstler sind Maschinen.

Gesundheit und Medizin

Als Folge der Entschlüsselung der durch den genetischen Code kontrollierten Informationsverarbeitungsprozesse im Körper werden weiter Fortschritte in dem Verständnis und bei der Erleichterung altersbedingter Symptome erzielt. Die durchschnittliche Lebenserwartung der Erdbevölkerung steigt weiter an und liegt nun bei rund 120 Jahren. Diese Entwicklung zieht ein gesteigertes Interesse an den psychologischen Konsequenzen einer erheblich verlängerten Lebensspanne nach sich.

Zusehends setzt sich die Einsicht durch, daß weitere Verlängerungen der Lebensspanne nur mit Hilfe eines massiveren Einsatzes bionischer Organe, zum Teil auch im menschlichen Gehirn, möglich sind. Nanobots gewinnen als Scouts und (bis zu einem gewissen Grad) als »Reparaturagenten«, die im Blutstrom schwimmen, sowie als Bausteine bionischer Organe zusätzliche Bedeutung.

Philosophie

Obwohl regelmäßig Computer anerkannte Versionen des Turing-Tests bestehen, wird weiter darüber gestritten, ob die maschinelle Intelligenz der menschlichen in all ihrer Vielfalt gleichzusetzen sei. Gleichzeitig und unbestritten wird die Tatsache akzeptiert, daß maschinelle Intelligenzen dem Menschen auf vielen Gebieten weit überlegen sind. Aus Gründen der politischen Rücksichtnahme verzichten Maschinenintelligenzen üblicherweise in diesen Auseinandersetzungen darauf, auf ihre Überlegenheit zu pochen. Abgesehen davon verschwimmt der Unterschied zwischen menschlicher und Künstlicher Intelligenz immer mehr, da einerseits das Design von Maschinenintelligenzen zusehends an dem der menschlichen Intelligenz ausgerichtet wird und andererseits die menschliche Intelligenz zunehmend durch maschinelle Intelligenz aufgerüstet wird.

Die Überzeugung, daß Maschinenintelligenzen zu subjektiven Erfahrungen fähig sind, gewinnt immer mehr Anhänger, insbesondere seit »Maschinen« an diesen Diskussionen teilnehmen.

Maschinen beanspruchen für sich den Besitz eines Bewußtseins und die Fähigkeit, eine ebenso große Vielfalt an emotionalen und spirituellen Erfahrungen wie ihre menschlichen Schöpfer zu empfinden – ein Anspruch, der weitgehend akzeptiert wird.

Ich hoffe, es bereitet dir Freude, alle diese Vorhersagen zu machen.
Zugegeben, diesen Teil des Buches zu schreiben, macht ein wenig mehr Spaß – zumindest muß ich weniger Referenzen nachschlagen.

Nun, es wäre dir vielleicht ein wenig leichtergefallen, wenn du mich nach meinen Erfahrungen gefragt hättest.
Genau das wollte ich gerade tun. Aber zunächst laß mich dir sagen, daß du sehr gut aussiehst.

Für eine alte Frau.
Nein, ich meinte nicht vom Alter her. Aber wenn du es schon ansprichst, du siehst überhaupt nicht wie fünfzig aus. Eher wie fünfunddreißig.

Tja, mit fünfzig ist man heute nicht mehr so alt, wie man das einmal war.
Genauso denken wir 1999 auch.

Eine gute Ernährung ist immer noch wichtig. Aber wir haben auch ein paar Tricks, die ihr noch nicht kanntet. [2]

Nanotechnologische Körper?

Nein, nicht ganz. Die Nanotechnologie ist noch sehr begrenzt. Am meisten dazu beigetragen hat zweifelsohne die Biotechnologie. Der Alterungsprozeß ist stark verlangsamt worden, und die meisten Krankheiten können verhindert oder geheilt werden.
Also steckt die Nanotechnologie noch in den Kinderschuhen?

So könnte man es auch sagen. In unserem Blutkreislauf schwirren zwar Nanobots herum, aber die sind weitgehend diagnostisch. Immerhin können wir so, wenn irgend etwas aus dem Ruder läuft, sehr frühzeitig eingreifen.
Angenommen, ein Nanobot entdeckt eine Infektion oder ein anderes Problem, was tut er dann? Losbrüllen?

Ja, das trifft es mehr oder weniger. Ich glaube nicht, daß wir ihnen mehr zutrauen würden. Sie alarmieren das Web, und wenn wir uns zu unserem täglichen Scan hinsetzen, wird das Problem behoben.
Ein dreidimensionaler Scan?

Natürlich. Unsere Körper sind ja immer noch dreidimensional.
Ist das ein diagnostischer Scan?

Der Scan hat zwar vorwiegend diagnostische Funktionen, kann aber auch heilend eingreifen. Der Scanner kann ausreichend Energie auf ein kleines, dreidimensionales Areal übertragen, um, sagen wir, eine Kolonie von Krankheitserregern oder auffälligen Zellen zu zerstören, bevor sie außer Kontrolle geraten.
Arbeitet er mit einem elektromagnetischen Energiestrahl, einem Teilchenstrahl oder womit?

Nun, George könnte dir das sicherlich besser erklären als ich. Soweit ich weiß, arbeitet der Scanner mit zwei unterschiedlichen Energiestrahlen, die für sich genommen harmlos sind, an ihrem Kreuzungspunkt aber Teilchenemissionen auslösen. Ich werde George fragen, wenn ich ihn das nächste Mal sehe.
Wann wird das sein?

Oh, gleich nach unserer Unterhaltung.
Bist du etwa in Eile?

Nein, überhaupt nicht. Es ist immer gut, geduldig zu sein.
Hmmm. Also, wann habt ihr euch das letzte Mal gesehen?

Vor ein paar Minuten.
Aha. Klingt, als ob ihr euch nähergekommen seid.

Ja, zweifellos. George kümmert sich sehr gut um mich.
Das letzte Mal, als wir uns sprachen, warst du nicht sicher, ob er überhaupt etwas für dich empfindet.

Stimmt, aber das ist schon lange her. George ist jeden Tag eine neue Person. Er wächst und lernt unaufhörlich. Will er etwas wissen, lädt er es sich vom Netz herunter, und es wird zu einem Teil von ihm. Er ist klug, emotional und sehr geistreich.
Dann kann ich dich ja nur beglückwünschen. Aber wie hat Ben die Sache zwischen dir und George aufgenommen?

Nun, er war nicht gerade begeistert, das steht fest.
Aber ihr habt euch verständigt?

Ja, das haben wir, sozusagen. Wir haben uns vor drei Jahren getrennt.
Oh, tut mir leid, das zu hören.

Danke, aber was die Dauer einer normalen Ehe heutzutage betrifft, lagen wir mit siebzehn Jahren deutlich über dem Durchschnitt.
Für die Kinder muß es hart gewesen sein.

Das kann man wohl so sagen. Aber jeder von uns trifft sich mit Emily fast jeden Abend zum Essen.
Wie bitte? Ihr beide eßt jeden Abend mit Emily – aber ihr eßt beide nicht miteinander?

Emily legt keinen Wert darauf, mit uns beiden gleichzeitig an einem Tisch zu sitzen – sie würde sich dabei nur unwohl fühlen, verständ-

lich, oder? Also ißt sie mit uns – aber Ben und ich sind dabei nicht zusammen.
Ich verstehe, der gute alte Küchentisch. Jetzt, da du dich nicht mehr mit Norbert dem Nilpferd oder Miss Simon herumschlagen mußt, gibt es dort genug Platz für dich und Ben und Emily, aber du und Ben, ihr müßt euch nicht tatsächlich sehen.

Ist die virtuelle Realität nicht eine wunderbare Sache?
Schon, leider können die Leute sich nicht berühren, ohne ins Sensorium zu gehen.

Um ehrlich zu sein, Sensorium ist aus dem Geschäft.
O. k., dann eben Total-touch.

Nein, wir müssen nicht in Total-touch-Environments gehen, zumindest nicht, seit es Rückenmarksimplantate gibt.
Diese Implantate erzeugen demnach eine taktile Umwelt, zusätzlich zu den …

… allgegenwärtigen visuellen und auditiven Umwelten, die uns seit Jahren dank virtueller Realität zur Verfügung stehen. Stimmt genau.
Klingt, als seien diese Implantate sehr verbreitet.

Nein, sie sind noch nicht lange auf dem Markt. So gut wie jeder hat die visuellen und akustischen Umwelten, entweder als Implantate oder zumindest als visuelle oder akustische Linsen. Aber die taktilen Implantate haben sich noch nicht so richtig durchgesetzt.
Aber du hast sie?

Ja, und um ehrlich zu sein, ich bin begeistert. Natürlich leiden sie noch an ein paar kleineren Kinderkrankheiten, aber ich stehe gerne an vorderster Front der technologischen Innovation. Total-touch-Environments sind einfach viel zu umständlich.
Mir ist klar, wie diese Implantate den Tastsinn stimulieren. Sie generieren die Nervenimpulse, die mit einer bestimmten Tastempfindung korrespondieren. Aber die Total-touch-Environments haben mit

Force-Feedback gearbeitet, was verhindert hat, daß man aus Versehen mit seiner Hand durch eine virtuelle Person gleitet.

Sicherlich, aber wir sind in der virtuellen Realität nicht mit unseren physischen Körpern präsent ...
... sondern mit euren virtuellen Körpern, natürlich. Und das VR-System hindert euch daran, in der virtuellen Realität mit euren virtuellen Händen durch ein Hindernis - beispielsweise den Körper eines anderen - zu gleiten. Und das alles leisten diese Implantate?

Exakt.
Demnach könntest du hier sitzen und dich mit mir in der realen Realität unterhalten und gleichzeitig mit George in der virtuellen Realität intim werden, und zwar mit voller taktiler Realität?

Wir nennen es zwar taktile Virtualität, aber du hast das Prinzip verstanden. Allerdings ist die taktile Trennung zwischen realer und virtueller Realität nicht vollkommen. Immerhin ist das noch eine sehr neue Technologie. Ließen George und ich uns von unseren Leidenschaften allzusehr mitreißen, würde dir das wahrscheinlich auffallen.
Das ist ein Nachteil.

Nicht wirklich, da ich im allgemeinen mit einem virtuellen Körper auf Sitzungen präsent bin. Wenn es mir in diesen endlosen Meetings zum Volkszählungsprojekt wieder einmal langweilig wird, kann ich problemlos ein paar schöne Momente mit George verbringen ...
... indem du in einen weiteren virtuellen Körper schlüpfst?

Du hast den Nagel auf den Kopf getroffen.
Und das Problem der ungenügenden taktilen Separation zwischen der realen Realität und einer deiner virtuellen Realitäten trifft auf zwei virtuelle Körper nicht zu?

So gut wie nicht. Allerdings werde ich hin und wieder dabei ertappt, daß ich übermäßig viel lächle.
Du hast von ein paar Kinderkrankheiten gesprochen ...

Manchmal spüre ich, daß mich etwas oder jemand berührt, aber das könnte auch nur Einbildung sein.
Wahrscheinlich nur ein Angestellter des Neuroimplantatherstellers, der per Fernwartung das System testet.

Hmmm.
Also, du arbeitest jetzt am Volkszählungsprojekt?

Ja, und ich sollte das als so etwas wie eine Auszeichnung betrachten. Immerhin ist der Zensus das derzeit brisanteste Thema. Aber genaugenommen ist es nur endloses Geschwafel in ebenso endlosen Sitzungen.
Nun, bei Volkszählungen kam schon immer die fortschrittlichste Technologie zum Einsatz. Wie du sicherlich weißt, markierte die Volkszählung von 1890 in den Vereinigten Staaten den Beginn der Ära der elektronischen Datenverarbeitung.

Darüber mußt du mir bei Gelegenheit mehr erzählen. Das kommt in jedem Treffen mindestens dreimal zur Sprache. Aber das eigentliche Thema ist nicht die Technologie.
Sondern …

… die Frage, wer – oder was – eine Person ist. Es liegen mehrere Anträge vor, die darauf abzielen, bei der Zählung auch virtuelle Personen zu erfassen, die mindestens menschliches Niveau erreicht haben, aber es gibt unendlich viele Probleme, die einem mehrheitsfähigen Antrag entgegenstehen. Da virtuelle Personen sich vereinigen oder in multiple Persönlichkeiten aufspalten können, fällt es schwer, sie zu zählen oder auch nur abzugrenzen.
Warum zählt ihr nicht einfach nur virtuelle Personen, die von konkreten Personen abgeleitet wurden?

Es gibt etliche Cyber-Personen, die vorgeben, früher einmal eine bestimmte Person gewesen zu sein, in Wirklichkeit aber nur Persönlichkeitsemulationen sind. Die Kommission hielt diesen Ansatz deshalb nicht für praktikabel.
Dem würde ich zustimmen – die Emulation einer Persönlichkeit

reicht nicht aus. Grundvoraussetzung für die Anerkennung als Person müßte meiner Meinung nach ein voller Neuroscan sein.

Ich persönlich neige zwar zu einer weiter gefaßten Definition, tat mich aber schwer damit, eine kohärente Methode zu entwickeln. Die Kommission willigte ein, sich mit dem Problem nochmals zu befassen, sobald bei den Neuroscans die Mehrzahl der neuronalen Regionen erfaßt werden kann. Doch das ist eine vertrackte Sache. Es gibt Leute, deren geistige Prozesse zum überwiegenden Teil in ihren Nanoröhren-Implantaten ablaufen. Doch die Politik scheint zumindest einen gewissen Mindestanteil an nichtaufgerüstetem Originalsubstrat vorauszusetzen.

Originalsubstrat? Du meinst menschliche Neuronen?

Genau. Würde man nicht einen gewissen Anteil neuronalen Denkens zur Bedingung machen, wäre es schlichtweg unmöglich, Personen zu zählen. Trotzdem schaffen es einige Maschinen, gezählt zu werden. Offensichtlich bereitet es ihnen Freude, eine menschliche Identität aufzubauen und als Mensch anerkannt zu werden. Für sie ist das eine Art Spiel.

Ich nehme an, der Besitz einer anerkannten menschlichen Identität bringt gewisse rechtliche Vorteile mit sich?

Die Sache ist irgendwie in eine Sackgasse geraten. Das alte Rechtssystem verlangt immer noch einen menschlichen Vertreter als Rechtssubjekt. Doch gleichzeitig kommt im juristischen Kontext immer wieder die Frage auf, was oder wer denn nun menschlich sei. Wie auch immer, sogenannte von Menschen getroffene Entscheidungen werden von den Implantaten stark beeinflußt. Und die Maschinen setzen keine wichtige Entscheidung um, ohne sie nochmals selbst überprüft zu haben. Aber ich denke, du hast dennoch recht; es bringt in der Tat ein paar Vorteile mit sich, als Person anerkannt zu werden.

Warum verwendet ihr nicht einfach einen Turing-Test als Kriterium?

Weil das von vornherein zum Scheitern verurteilt wäre. Zum einen ließe sich damit kaum eine Maschine aussieben. Außerdem würdest du immer noch vor dem Problem stehen, daß du einen menschlichen

Richter zur Durchführung des Turing-Tests auswählen mußt. Und dann ist da immer noch das Zählproblem. Nimm zum Beispiel George. Er kann vorzüglich Charaktere imitieren. Nach dem Essen unterhält er mich meistens mit einer der Persönlichkeiten, mit denen er verbunden ist. Wenn er wollte, könnte er Tausende von Persönlichkeiten imitieren.
Apropos George, legt er Wert darauf, gezählt zu werden?

Meiner Meinung nach sollte er mitgezählt werden. Er ist so viel klüger und einfühlsamer als irgendeiner in der Kommission. Ich denke, das ist auch der Grund, warum ich die Definition ausweiten will. George könnte die notwendige Identitätsherkunft erbringen, wenn es ihm darauf ankäme. Aber ihm liegt einfach nichts daran.
Ich glaube, ihm liegt vor allem etwas an dir.

Hmmm, das könnte eine Rolle spielen.
Du klingst ein wenig frustriert, was die Kommission betrifft.

Nun, ich kann nachvollziehen, warum sie so vorsichtig vorgehen müssen. Aber meiner Auffassung nach steht sie unter einem übermäßigen Einfluß der RY-Gruppen.
Die Ludditen, ich meine »Remember York«?

Exakt. Ich muß sagen, ich sympathisiere mit vielen ihrer Einwände. Aber seit einiger Zeit vertreten sie Positionen hinsichtlich der Neuroimplantate, die ich für weit überzogen halte. Außerdem lehnen sie jegliche Forschung auf dem Gebiet des Neuroscannings ab.
Demnach drängen sie die Volkszählungskommission auf eine konservative Definition dessen, wer als menschliches Wesen gezählt werden soll?

Meiner Meinung nach, ja. Die Kommission streitet das zwar ab, aber die Stimmen mehren sich, die beklagen, daß die York-Leute in der Kommission über zu viel Einfluß verfügen. Der Bruder des Direktors der Kommission war sogar ein Mitglied der Florence-Manifest-Brigade.
Florence? Saß dort nicht der Unabomber Ted Kaczynski ein?

Genau – Florence, Colorado. Eine der Wachen hat das Florence-Manifest unmittelbar vor Kaczynskis Tod herausgeschmuggelt. Für die radikaleren York-Fraktionen ist das Manifest zu einer Art Bibel geworden.
Sind das gewalttätige Gruppen?

Im allgemeinen nein. Mit gewalttätigen Aktionen läßt sich heute so gut wie nichts mehr erreichen. Hin und wieder macht ein gewalttätiger Einzelgänger von sich reden, manchmal tun das auch kleine Gruppen, die vorgeben, der FM-Brigade anzugehören. Aber Hinweise auf eine breite Konspiration gibt es nicht.
Worum geht es im Manifest von Florence?

Obwohl es von Hand und mit Bleistift geschrieben wurde, ist es ein überraschend artikuliertes und eindrucksvolles Dokument, vor allem hinsichtlich der von Nanopathogenen ausgehenden Gefahren.
Und die wären?

Wie es der Zufall will, habe ich gerade an einer Konferenz zu diesem Thema teilgenommen.
Virtuell teilgenommen?

Ja, heutzutage nehme ich üblicherweise nur noch virtuell an Konferenzen teil. Außerdem überschnitten sich die Konferenzsitzungen mit den Meetings der Kommission, also blieb mir gar keine andere Wahl.
Du nimmst an mehr als einem Meeting auf einmal teil?

Um ehrlich zu sein, manchmal wird es selbst mir etwas zuviel. Andererseits wäre es doch auch schade, in einer langen Konferenz bloß Däumchen zu drehen, wenn man woanders die Zeit weitaus besser nutzen kann.
Da stimme ich dir voll und ganz zu. Also, was wurde auf der Konferenz zu den von Nanopathogenen ausgehenden Gefahren gesagt?

Seit das Problem der Biopathogene dank der Nanowächter- und Scannertechnologien weitgehend eliminiert ist, wird man sich der Bedrohung durch Nanopathogene immer deutlicher bewußt.

Wie ernst ist diese Bedrohung?

Bislang noch eher gering. Vor kurzem wurde ein Workshop organisiert, auf dessen Tagesordnung das relativ junge Phänomen von Nanowächtern stand, die sich den Kommunikationsprotokollen widersetzen. Das hat zwar ein paar Alarmglocken schrillen lassen, ist aber nichts im Vergleich zu den Problemen, die ihr Ende der neunziger Jahre hattet, als jährlich über 100 000 Menschen an Arzneimittelunverträglichkeiten starben – Unverträglichkeiten gegen Arzneimittel wohlgemerkt, die ärztlich verschrieben und ordnungsgemäß eingenommen wurden.

Und wie geht ihr mit diesem Problem um?

Heutzutage werden Medikamente gentechnisch der individuellen DNS-Struktur des Patienten angepaßt. Bemerkenswerterweise basiert das Herstellungsverfahren auf denselben Protein-Engineering-Verfahren, die ursprünglich für die Nanowächter entwickelt wurden. Auf jeden Fall werden die Medikamente individuell maßgeschneidert und in einer Host-Simulation getestet, bevor größere Mengen dem Körper des Empfängers zugeführt werden. Arzneimittelunverträglichkeiten, zumindest solche ernsthafterer Natur, sind dementsprechend selten.

Unter dem Strich fühlt sich also niemand von Nanopathogenen bedroht?

Nun, das würde ich nicht unbedingt sagen. Einige der in jüngster Zeit angestellten Forschungen auf dem Gebiet der Selbstreplikation stießen auf erheblichen Widerspruch.

Zu Recht, wie ich finde.

Ja, aber die Initiativen zur Environment-Restrukturierung setzen das offensichtlich voraus.

Sag nicht, ich hätte dich nicht gewarnt!

Nicht, daß ich in dieser Sache viel bewegen könnte, aber ich werde daran denken.

Kehren wir zu deiner Tätigkeit in der Kommission zurück. Du beschäftigst dich also hauptsächlich mit der Volkszählung?

Ja, zumindest was die letzten fünf Jahre angeht. Davon habe ich allein drei Jahre darauf verwandt, die Studienunterlagen der Kommission durchzuarbeiten, damit ich überhaupt an den Kommissionssitzungen teilnehmen durfte. Und ein Stimmrecht habe ich immer noch nicht.

Du hast dir drei Jahre zum Studium der Unterlagen freigenommen?

Ja, und ich kann dir sagen, ich habe mich in meine Zeit an der Universität zurückversetzt gefühlt. Lernen ist heute auch nicht unbedingt einfacher, als es das zu deinen Zeiten war.

Helfen die Neuroimplantate nicht?

Natürlich tun sie das. Ohne die Implantate hätte ich das Pensum niemals geschafft. Aber wir sind immer noch nicht soweit, daß wir uns das Material einfach aus dem Netz herunterladen können, zumindest nicht so, wie George das tut. Die Implantate verarbeiten die Informationen vor und füttern mich mit den vorverarbeiteten Wissensstrukturen. Doch das dauert immer noch seine Zeit, und ich stand nicht nur einmal kurz davor, den Mut zu verlieren. Allerdings ist George mir eine große Hilfe. Wenn ich bei irgend etwas nicht weiter weiß, dann flüstert er mir sozusagen einen Hinweis ins Ohr.

Demnach ist deine dreijährige Freistellung jetzt vorüber?

Seit ungefähr einem Jahr wird in den Kommissionssitzungen richtig intensiv gearbeitet, und seitdem konzentriere ich mich vor allem auf die Arbeit in den Sitzungen. Inzwischen, die Volkszählung ist ja nur noch ein Jahr entfernt, befassen wir uns hauptsächlich mit Fragen der Durchführung. Das ist es auch schon, abgesehen natürlich von der Klage.

Welcher Klage?

Oh, nur eine der üblichen intellektuellen Eigentumsrecht-Streitereien. Gegen mein Patent auf einen verbesserten evolutionären

Mustererkennungsalgorithmus zur Nanowächter-Kontrolle von Zellungleichgewichten wurde eine Stand-der-Technik-Klage eingereicht. Daraufhin habe ich in einer der Diskussionsgruppen die Ansicht geäußert, daß mein Patent verletzt worden sei, und das nächste, was ich mitbekam, war, daß die Nanowächterindustrie eine Feststellungsklage gegen mich erhob.
Ich wußte nicht, daß du dich mit Nanowächtern beschäftigst.

Ehrlich gesagt, es war Georges Erfindung, aber er brauchte einen gesetzlichen Vertreter.
Weil er keine anerkannte juristische Person ist?

Genau. Wie gesagt, es geht nach wie vor mit gewissen Nachteilen einher, wenn man keine menschliche Identität nachweisen kann.
Und wie läuft das mit der Klage jetzt weiter?

Sie wird nächste Woche vor dem Magistrat verhandelt.
Solche technischen Themen vor Gericht zu bringen kann recht frustrierend sein.

Oh, dieser Magistrat kennt sich aus. Er ist ein anerkannter Experte in Sachen Nanowächter-Mustererkennung.
Das klingt nicht nach den Gerichten, wie ich sie kenne.

Die Ausweitung des Magistratssystems war ein sehr positiver Schritt. Wenn es nur auf menschliche Richter beschränkt wäre ...
Aha, dann ist dieser Magistrat also ...

... eine virtuelle Intelligenz, genau.
Demnach besitzen die Maschinen also doch einen gewissen rechtlichen Status?

Offiziell fungieren die virtuellen Magistrate als Vertreter des zuständigen menschlichen Richters. Tatsächlich aber sind sie es, die die meisten Entscheidungen treffen.
Das hört sich so an, als seien diese Magistrate ziemlich einflußreich.

Uns bleibt keine andere Wahl. Die Themen sind einfach zu komplex. Würden wir auf virtuelle Intelligenzen verzichten, würden die Prozesse sich endlos lange hinziehen.
Das leuchtet mir ein. Aber erzähle mir ein bißchen über deinen Sohn.

Jeremy ist in seinem zweiten Studienjahr an Stanford und genießt es sehr.
Der Campus dort ist zweifellos sehr schön.

Wem sagst du das! Wir haben uns den Kricketplatz und den Innenhof des College ganz schön lange ansehen müssen. Jeremy hatte während der letzten zehn Jahre dreidimensionale Projektionen des Stanford-Campus in den Bildsäulen.
Dann muß er sich in Stanford ja richtig zu Hause fühlen.

Er ist hier, unten im Erdgeschoß.
Jeremy studiert virtuell?

Wie die meisten anderen Studenten auch. Aber Stanford hält an ein paar anachronistischen Regeln fest. Zum Beispiel schreiben sie vor, daß die Studenten mindestens eine Woche pro Studienquartal auf den Campus kommen.
Mit ihrem physischen Körper?

Genau. Und eben darum ist es für virtuelle Intelligenzen auch so schwierig, offiziell am Lehrbetrieb von Stanford teilzunehmen.
Nicht, daß sie das müßten. Immerhin können sie sich ja ihr Wissen direkt aus dem Netz herunterladen.

Was sie interessiert, sind weniger die Informationen als vielmehr die Diskussionsgruppen.
Kann nicht jeder an den Diskussionsgruppen teilnehmen?

Nur an den offenen Diskussionen. Es gibt viele geschlossene Diskussionsgruppen ...
... die nicht im Netz sind?

Selbstverständlich sind sie im Netz. Aber man kann nur mit einem Schlüssel daran teilnehmen.
Natürlich. Also nimmt Jeremy mit solch einem Schlüssel von zu Hause aus an den Diskussionsgruppen teil?

Genau. Und da Jeremy und George sich in letzter Zeit sehr nahegekommen sind, läßt Jeremy ihn die Diskussionen in den geschlossenen Sitzungen mitverfolgen. Aber sag das bloß niemandem weiter!
Meine Lippen sind versiegelt. Ich werde es nur meinen Lesern verraten.

Nun, für die gilt dasselbe.
Ich werde sie es wissen lassen.

Hoffentlich halten sie dicht. Wie dem auch sei, jedenfalls hilft George Jeremy gerade bei seinen Studienaufgaben.
Ich hoffe, George macht nicht alles für ihn.

Oh nein, so etwas würde George nie tun. Er greift ihm einfach ein bißchen unter die Arme. Wie uns allen. Ich weiß wirklich nicht, wie wir ohne ihn zurechtkommen würden.
Ich könnte George gerade auch ein bißchen brauchen. Er könnte mir helfen, den Abgabetermin für dieses Buch einzuhalten.

Ich fürchte, das wird leider nicht gehen. George ist phantastisch, aber ich glaube nicht, daß er über die Fähigkeit zur dichterischen Freiheit verfügt, die es dir ermöglicht, aus der Vergangenheit mit mir in Kontakt zu treten.
Schade.

Aber ich würde mich glücklich schätzen, dir aushelfen zu können.
Ich weiß, und das hast du auch schon getan.

Kapitel 12

2099

When I look out my window
what do you think I see?
... so many different people to be.

Donovan

Wir wissen, was wir sind, aber nicht, was wir werden.

Shakespeare

Das menschliche Denken verschmilzt mit der Welt der ursprünglich von der menschlichen Spezies erschaffenen Maschinenintelligenz.

Die Erfassung des menschlichen Gehirns durch die Umkehrtechnik ist praktisch abgeschlossen. Sämtliche der insgesamt mehrere hundert zählenden spezialisierten Regionen sind komplett gescannt, analysiert und interpretiert worden. Maschinelle Gegenstücke existieren, die auf denjenigen menschlichen Modellen basieren, die aufgerüstet und erweitert wurden. Und diese maschinellen Entsprechungen sind ausgestattet mit zahlreichen neuen massiv-parallelen Algorithmen. Diese Verbesserungen, dazu die enormen Vorteile hinsichtlich Verarbeitungsgeschwindigkeit und -kapazität ihrer elektronisch/photonischen Schaltkreise, bescheren den maschinenbasierten Intelligenzen einen großen Vorsprung vor dem menschlichen Geist.

Intelligente Maschinen, die ausschließlich auf diesen erweiterten Modellen der menschlichen Intelligenz basieren, nehmen für sich in Anspruch, Menschen zu sein, ungeachtet der Tatsache, daß ihre Denkfunktionen nicht auf kohlenwasserstoffbasierten Zellprozessen, sondern vielmehr auf deren elektronischen und photonischen »Äquivalenten« beruhen. Die meisten dieser Intelligenzen sind nicht mit einer spezifischen Prozessoreinheit (d. h. einem bestimmten Stück Hardware) verbunden. Die Zahl dieser ausschließlich softwareresidenten Menschen übertrifft bei weitem die derjenigen, die nach wie vor die traditionelle Neuronen/Zellen-basierte Verarbeitungsmethode benutzen. Eine softwareresidente Intelligenz ist in der Lage, sich nach Belieben körperlich zu manifestieren: in einem oder mehreren virtuellen Körpern auf unterschiedlichen Ebenen der virtuellen Realität sowie in nanotechnisch hergestellten physischen Körpern, die sich aus in Sekundenbruchteilen rekonfigurierbaren Nanobot-Schwärmen zusammensetzen.

Selbst unter denjenigen Menschen, die noch immer kohlenwasserstoffbasierte Neuronen benutzen, ist der Einsatz von Neuroimplantaten weit verbreitet, die ihre Wahrnehmungs- und Erkenntnisfähigkeiten enorm vergrößern. Menschen, die auf solche Implantate verzichten, sind nicht mehr in der Lage, sinnvoll mit solchen zu kommunizieren, die sie benutzen.

Das Verständnis dessen, wer – oder was – ein Mensch ist, hat sich grundlegend gewandelt. Obgleich der Streit um die fundamentalen Rechte maschinenbasierter Intelligenzen beigelegt ist, stellt die Frage nach den Rechten und dem Einfluß der unterschiedlichen Manifestationen menschlicher und maschineller Intelligenzen sowie deren unterschiedlicher Kombinationen immer noch ein zentrales politisches und philosophisches Thema dar.

Eine Vielzahl von Trends, die wir heute bereits erahnen und spüren können, werden sich im kommenden Jahrhundert weiter beschleunigen, einander beeinflussen und …

Ja, ja, wie schon Niels Bohr so gerne sagte: »Es ist schwer, etwas vorherzusagen, vor allem die Zukunft.« Warum also fährst du nicht einfach mit meinen Beobachtungen fort? Das wäre einfacher und weniger verwirrend.
Wahrscheinlich hast du recht.

Immerhin sind einhundert Jahre eine lange Zeit. Und das 21. Jahrhundert war wie zehn Jahrhunderte in einem.
Dasselbe dachten wir vom 20. Jahrhundert.

Die Spirale vom steigenden Ertragszuwachs setzt sich fort.
Das überrascht mich nicht. Aber etwas anderes: Du siehst phantastisch aus!

Das sagst du jedesmal, wenn wir uns treffen.
Ich meine, du siehst wie zwanzig aus, nur noch schöner als zu Beginn des Buches.

Ich wußte, daß ich dir so gefallen würde.
Großartig, jetzt wird mir gleich noch vorgehalten, auf jüngere Frauen zu stehen.

Bin ich froh, daß ich im Jahr 2099 lebe.
Danke.

Hey, ich kann mich auch häßlich machen.
Nein, nein, es ist schon gut so.

Im Ernst, ich kann häßlich aussehen, ohne mein Äußeres zu verändern. Du kennst doch das Zitat von Wittgenstein? »Stellen Sie sich diesen Schmetterling genauso vor, wie er ist, nur häßlich statt schön.«
Dieser Ausspruch hat mich schon immer ein wenig verwirrt, aber es freut mich zu hören, daß du einen Denker aus dem 20. Jahrhundert zitierst.

Nun, mit den Denkern des 21. Jahrhunderts dürftest du kaum vertraut sein.
Was du mir zeigst, ist also ein virtuelles Abbild. Aber da ich gar nicht über die Fähigkeit verfüge, virtuelle Realitäten wahrzunehmen, verstehe ich nicht …

… wie du mich sehen kannst?
Genau.

Das ist ganz einfach: Mein Körper ist nicht mehr als eine kleine Nanobotschwarmprojektion. Hübsch, nicht?
Nicht schlecht. Gar nicht schlecht. Und du fühlst dich auch sehr gut an.

Ja, ich hielt es an der Zeit, dich endlich einmal zu umarmen. Das Buch ist immerhin fast schon zu Ende.

Ich muß sagen, die Nanobottechnologie fasziniert mich.

Oh, wir benutzen die Schwärme kaum noch.
Das letzte Mal, als ich dich sah, gab es noch keine Nanobotschwärme. Und jetzt seid ihr darüber schon fast wieder hinaus. Sieht so aus, als hätte ich einen technologischen Sprung verpaßt.

Einen oder zwei, ja. Na ja, es sind ja nun auch schon siebzig Jahre vergangen, seit wir das letzte Mal miteinander gesprochen haben. Und obendrein waren das stetig beschleunigende siebzig Jahre.
Wir müssen uns eben öfters sehen.

Ich weiß nicht, ob das möglich sein wird. Wie du schon gesagt hast, das Buch nähert sich seinem Ende.
Du und George, ihr seid euch immer noch nahe?

Sehr nahe. Um genau zu sein, wir sind niemals getrennt voneinander.
Niemals? Langweilt ihr euch nicht auf Dauer gegenseitig?

Wirst du selbst dir jemals langweilig?
Ehrlich gesagt, hin und wieder ja. Du willst also sagen, George und du, ihr wärt, verdammt, was war noch mal das Wort ...

... verschmolzen?
Hmmm. So in der Art einer Unternehmensverschmelzung?

Nun, eher wie das Verschmelzen zweier Gesellschaften.
Zweier geistiger Gesellschaften?

Genau. Unser Geist ist jetzt eine einzige, große und glückliche Gesellschaft.
Das Spinnenweibchen, das die kleine männliche Spinne vertilgt?

Nein, im Gegenteil. George ist die große Spinne. Sein Geist war wie ...
... eine Galaxie?

Laß es uns nicht übertreiben. Sagen wir, wie ein großes Sonnensystem.
Hmmm, nun, da ihr euch vereinigt, ich meine eure geistigen Gesellschaften verschmolzen habt, heißt das dann, daß ihr keine Liebe mehr miteinander machen könnt?

Das heißt das keineswegs.
Okay, offensichtlich gibt es da doch einige Dinge, die meinen antiquierten Horizont übersteigen.

Das trifft ebensowenig zu. Das Ausschlaggebende an menschlichen Wesen – oder VOMs – ist, daß so gut wie nichts jenseits ihres Verständnisses liegt. Genau das traf auf die anderen Primaten nicht zu.
Halt, sonst komme ich mit dem Fragen nicht mehr nach. VOMs?

Ach so, Vorwiegend Originalsubstrat-Menschen.
Natürlich – nicht aufgerüstete …

Exakt.
Aber wie kannst du mit George intim werden, jetzt, nachdem ihr euch, wie soll ich sagen, zusammengetan habt?

Nun, wie Barry Spacks in einem Gedicht schrieb …
Du meinst, »Verdoppelt von seiner Lust, stöhnt er den Seufzer einer Frau« …?

Genau. Außerdem, selbst VOMs teilen sich auf …
Wenn wir für uns sind.

Oder mit jemand anderem. Das ist doch das Höchste, findest du nicht, der andere werden und gleichzeitig man selbst bleiben?
Vor allem, wenn der andere sowieso schon ein Teil von dir ist.

Zweifellos. Trotzdem, George und ich können uns immer noch voneinander lösen, zumindest unsere äußeren Schichten.
Schichten?

Okay, manche Dinge lassen sich einem VOM, selbst einem so netten wie dir, wohl doch nur schwerlich erklären.
Dem VOM, der dich erschaffen hat, vergiß das nicht.

Wie könnte ich! Ich werde dir auf ewig dankbar sein. Du kannst dir die äußeren Schichten als unsere Persönlichkeiten vorstellen.
Also spaltet ihr eure Persönlichkeiten auf?

Hin und wieder. Aber wir teilen immer dieselben Wissensspeicher.
Klingt, als ob ihr zwei viel gemeinsam hättet.

[kichert]
Offensichtlich hast du immer noch deine alte Persönlichkeit.

Natürlich habe ich meine alte Persönlichkeit behalten. Ich hänge nun einmal sehr an ihr.
Du hast also auch andere Persönlichkeiten?

Ja. Meine Favoriten sind ein paar Persönlichkeiten, die George sich ausgedacht hat.
Ganz schön kreativ, dein George.

Oh ja.
Allerdings sind multiple Persönlichkeiten nichts so Besonderes. Auch in unserer Zeit gibt es Menschen mit multiplen Persönlichkeiten.

Natürlich, ich erinnere mich daran. Aber eure VOM-Hirne sind von ihrer Denkkapazität her zu begrenzt, als daß sie alle diese Persönlichkeiten zufriedenstellen könnten. Entsprechend schwierig war es damals für diese Persönlichkeiten, sich im Leben durchzusetzen.
Was genau machst du jetzt in diesem Moment?

Nun, ich unterhalte mich mit dir.
Das weiß ich. Aber was sonst noch?

Nicht viel. Ich versuche, dir den größten Teil meiner Aufmerksamkeit zu widmen.

Den größten Teil? Also machst du noch etwas anderes?

Ich wüßte nicht, was ich sonst noch tun sollte.
Stehst du im Moment noch mit jemand anderem in Kontakt?

Ich muß schon sagen, du bist ziemlich neugierig.
Das haben wir bereits vor einigen Dekaden festgestellt. Aber du hast meine Frage nicht beantwortet.

In Ordnung, eigentlich nicht.
Eigentlich nicht? Also doch.

Nun gut, abgesehen von George, eigentlich nicht.
Ich bin froh, daß ich dich nicht allzusehr ablenke. Also, was?

Ich feile an den letzten Takten einer neuen Symphonie.
Ist das Komponieren eine neue Leidenschaft von dir?

Eher ein Hobby. Ich probiere nur so herum. Aber Musik schreiben bietet mir eine phantastische Möglichkeit, Jeremy und Emily nahe zu bleiben.
Komponieren ist eine schöne Art und Weise, Zeit mit seinen Kindern zu verbringen, selbst wenn die Kinder schon fast neunzig Jahre alt sind. Kann ich deine Symphonie hören?

Ich fürchte, du würdest sie nicht verstehen.
Also braucht man Implantate, um sie verstehen zu können?

Was für den Großteil aller Kunstwerke gilt, die heutzutage erschaffen werden. Zuerst und vor allem ist diese Symphonie in Frequenzen geschrieben, die ein VOM nicht hören kann. Außerdem hat sie ein viel zu hohes Tempo und arbeitet mit musikalischen Strukturen, denen ihr niemals folgen könntet.
Wird keine Musik mehr für nicht-aufgerüstete Menschen geschrieben? So beschränkt das sein mag, ist dabei doch auch viel Tiefe möglich. Denk nur an Beethoven – er hat vor fast zweihundert Jahren komponiert, und wir lassen uns von seiner Musik heute immer noch begeistern.

Es gibt ein Genre in der Musik – und in allen anderen Künsten auch –, in dem Stücke und Kunstwerke geschaffen werden, die auch VOMs zugänglich sind.
Und dann spielt ihr VOM-Musik für VOMs?

Das ist eine überaus interessante Idee. Ich nehme an, wir könnten das versuchen, auch wenn es schwer werden dürfte, genügend VOMs aufzutreiben, um einen Konzertsaal zu füllen. Allerdings ist das gar nicht notwendig. Wir sind durchaus in der Lage, das zu verstehen, was ein VOM verstehen kann. Der springende Punkt ist, die VOM-Grenzen als ein zusätzliches Stilelement einzusetzen.
Ungefähr so, wie wir heute neue Musik für alte Instrumente schreiben.

Genau, neue Musik für alte Gehirne.
Also, abgesehen von deinem Dialog mit George und dieser Symphonie, widmest du mir deine ungeteilte Aufmerksamkeit?

Um ehrlich zu sein, George und ich teilen uns gerade einen Hamburger.
Ich dachte, du wärst eine Vegetarierin.

Es ist doch kein Hamburger von einer Kuh, Einfaltspinsel.
Ach so, ein Schwarm-Burger.

Ich fürchte, jetzt bringst du einiges durcheinander. Vor einem halben Jahrhundert gab es in der Tat nanotechnisch hergestellte Nahrungsmittel. Wir konnten also Fleisch oder was immer wir wollten essen, aber es stammte nicht von Tieren und war nach ernährungsphysiologischen Gesichtspunkten zusammengesetzt. Aber selbst damals wäre niemand auf die Idee gekommen, eine Schwarmprojektion zu vertilgen – Nanobotschwärme dienen ausschließlich visuell-akustisch-taktilen Projektionen in der Echtwelt. Kannst du mir so weit folgen?
Äh, natürlich.

Gut. Also, ein paar Jahrzehnte später wurden unsere Körpersysteme praktisch komplett durch nanoproduzierte Organe ersetzt. Anders

gesagt, wir mußten keine Nahrungsmittel mehr zu uns nehmen. Andererseits war es auch in der virtuellen Realität eine schöne Sache, mit jedem essen zu gehen. Allerdings waren die nanotechnischen Körper relativ unflexibel. Wollte man eine andere Form annehmen, dann dauerte das mehrere Sekunden. Deshalb projizieren wir heute bei Bedarf einfach einen passenden Körper.
Mit Hilfe der Nanobotschwärme?

Das ist eine Möglichkeit, und zwar die, der ich mich jetzt gerade bediene.
Weil ich ein VOM bin?

Genau. In den meisten Fällen jedoch nutze ich einfach einen verfügbaren virtuellen Kanal.
Okay, ich glaube, jetzt habe ich es kapiert.

Wie ich sagte, VOMs können fast alles verstehen. Wir empfinden große Achtung vor VOMs.
Das will ich doch hoffen. Immerhin sind sie eure Vorfahren.

Stimmt, und außerdem sind wir seit dem Großvatergesetz dazu verpflichtet. Doch das Gesetz schützt nicht nur VOMs. Genau betrachtet zielt es darauf ab, unser Geburtsrecht zu schützen, eine Referenz gegenüber dem, was wir einmal gewesen sind.
Zurück zum Thema. Ihr könnt also immer noch ein gutes Essen genießen?

Sicherlich. Da wir ein VOM-Erbe in uns tragen, gründen unsere sinnlichen Erfahrungen – Essen, Musik, Sexualität – immer noch in den alten, wenn auch immens erweiterten Mustern. Allerdings erleben wir auch viele Empfindungen, die sich schwerlich auf irgendwelche VOM-Muster zurückführen lassen, auch wenn die Anthropologen in dieser Hinsicht nicht lockerlassen.
Trotzdem überrascht es mich, daß gerade *du* Lust auf einen Hamburger verspüren solltest.

Ein Rückschritt, ich weiß, ich weiß. Wie gesagt, viele unserer Denk-

und Verhaltensweisen sind in der Vergangenheit verwurzelt. Aber jetzt, da du mich darauf hingewiesen hast, ist mir der Appetit vergangen.
Oh, das tut mir leid.

Kein Grund, dich zu entschuldigen. Ich sollte sowieso ein wenig Rücksicht üben. Shelby, eine meiner besten Freundinnen, sieht nämlich wie eine Kuh aus, oder zumindest manifestiert sie sich immer als Kuh. Sie behauptet steif und fest, eine Kuh gewesen zu sein, die auf die andere Seite gebracht und aufgerüstet wurde. Aber das nimmt ihr niemand ab.
Du mußt mir noch erzählen, wie ein virtueller Hamburger in der virtuellen Realität schmeckt.

Oh, sehr gut. Die Konsistenz des Fleisches, der Geruch, der Geschmack im Mund – alles genau so, wie ich es in der Erinnerung habe, auch wenn ich mich die meiste Zeit vegetarisch ernährt habe. Die neuronalen Modelle stimulieren nicht nur unsere visuellen, auditorischen und taktilen Umwelten, sondern auch unsere inneren Umwelten.
Einschließlich der Verdauung?

Ja, das Modell der biochemischen Verdauung ist überaus wirklichkeitsgetreu.
Und was ist mit Verstopfung?

Das Problem scheinen wir in den Griff bekommen zu haben.
Da entgeht euch was.

Hmmm.
Du warst eine attraktive junge Frau, als ich dich das erste Mal traf. Und du projizierst dich immer noch als eine gutaussehende Frau, zumindest wenn wir uns sehen.

Danke.
Bist du demnach jetzt eine Maschine?

Eine Maschine? Das würde ich nicht von mir behaupten. Es wäre, als würdest du mich auffordern, mich selbst als brillant oder inspirierend zu charakterisieren.
Offensichtlich weckt das Wort »Maschine« im Jahr 2099 etwas andere Assoziationen als in unserer Zeit.

Daran kann ich mich gerade nicht mehr erinnern.
In Ordnung, dann will ich es so formulieren: Hast du noch irgendwelche kohlenwasserstoffbasierte Neuronalschaltkreise?

Schaltkreise? Ich bin nicht sicher, ob ich dich so ganz verstehe. Meinst du meine eigenen Schaltkreise?
Gott, mir scheint, als sei in der Tat sehr viel Zeit vergangen.

Schau her, ein paar Jahrzehnte lang hatten wir unsere proprietären mentalen Medien, und es finden sich immer noch lokale Intelligenzen, die eine spezifische Recheneinheit vorziehen. Aber das ist nicht mehr als der Ausdruck einer überkommenen affektiven Besetzung, eine Art sentimentaler Anachronismus, da auch die Denkprozesse dieser lokalen Intelligenzen vorwiegend auf dem Netz stattfinden.
Ein Anachronismus? So, wie ein eigener Körper ein Anachronismus ist?

Wenn es mir danach ist, kann ich jederzeit meinen eigenen Körper haben.
Aber du hast kein spezifisches neuronales Substrat?

Warum sollte ich? Das macht nur Arbeit und begrenzt mich in meinen Ausdrucksfähigkeiten.
Also wurden irgendwann einmal Mollys neuronale Schaltkreise gescannt?

Ja, meine, Mollys. Aber das passierte schrittweise, nach und nach, nicht auf einen Schlag.
Aber fragst du dich nicht manchmal, ob du noch dieselbe Person, ob du noch Molly bist?

Natürlich bin ich Molly. Ich kann mich glasklar an jede meiner Erfahrungen aus der Zeit erinnern, bevor wir anfingen, meinen Geist zu scannen, an die in der Phase, in der diese Einzelteile wieder zusammengefügt wurden, und an alles, was seitdem passiert ist.
Wie ich schon sagte, du hast eben Mollys gesamte Erinnerungen geerbt.

Oh nein, nicht schon wieder diese Diskussion.
Versteh mich nicht falsch, ich will dich nicht in Frage stellen. Aber nehmen wir einfach mal an, daß Mollys Neuroscan in einer Art Kopie reaktiviert wurde, und diese Kopie ist »du« geworden. In diesem Fall hätte Molly durchaus weiter existieren und sich in eine andere Richtung entwickeln können.

Wir halten das einfach nicht für eine plausible Annahme. Und außerdem haben wir dieses Thema schon vor mindestens zwanzig Jahren zu den Akten gelegt.
Es liegt auf der Hand, daß du so denkst. Schließlich bist du ja auf der anderen Seite.

Alle sind auf der anderen Seite.
Alle?

Okay, nicht ganz alle. Aber ich zweifle nicht im geringsten daran, daß ...
... du Molly bist.

Ich denke, ich weiß, wer ich bin.
Nun, ich habe kein Problem damit, dich als Molly zu akzeptieren.

Ihr VOMs wart immer schon einfach rumzukriegen.
Es ist schwer, mit euch Leuten von der anderen Seite mitzuhalten.

Natürlich ist es das. Das ist auch der Grund, warum die meisten von uns hier drüben sind.
Wie es aussieht, gehen mir zu dem Thema langsam die Argumente aus.

Das ist einer der Gründe dafür, warum die Frage nach der Identität für uns kein Thema mehr ist.
Wahrscheinlich ist es fruchtbarer, wenn wir uns weiter über deine Arbeit unterhalten. Berätst du immer noch die Volkszählungskommission?

Ich muß sagen, nach einem halben Jahrhundert in der Kommission habe ich mich irgendwie ausgebrannt gefühlt. Abgesehen davon geht es jetzt praktisch nur noch um Fragen der Durchführung.
Die Frage, wie und wer gezählt wird, ist also gelöst?

Genau. Wir zählen keine Individuen mehr, seit klargeworden ist, daß es einfach keinen Sinn mehr macht, von individuellen Personen zu sprechen. Oder, wie Iris Murdoch gesagt hat: »Es ist schwer zu sagen, wo eine Person anfängt und die andere aufhört.« Das wäre ungefähr so, als versuchte man, Ideen oder Gedanken zu zählen.
Was also zählt ihr?

Das liegt doch auf der Hand: Rechenoperationen.
Du meinst, Rechenoperationen pro Sekunde?

Na ja, etwas komplizierter ist es schon, vor allem wegen der Quantencomputer.
Ich hatte nicht erwartet, daß es einfach ist. Aber vielleicht kannst du versuchen, mir das Grundprinzip auseinanderzusetzen.

Nun, ohne Quantencomputer erreichen wir ungefähr 10^{55} Rechenoperationen pro Sekunde.
Pro Person?

Nein, jeder erhält so viel Rechenzeit, wie er möchte. 10^{55} ist die Gesamtzahl.
Für die ganze Erde?

Sozusagen. Nicht alles findet im eigentlichen Sinne des Wortes auf der Erde statt.
Und mit Quantencomputern?

Rund 10^{42} Rechenoperationen laufen auf Quantencomputern, im Schnitt mit 1000 Qu-Bits. Das entspricht ungefähr 10^{342} normalen Rechenoperationen pro Sekunde. Da die Quantencomputer aber nicht für alle Anwendungen geeignet sind, ist die 10^{55}-Grenze immer noch relevant. [2]
Hmmm, mein VOM-Hirn bringt es auf 10^{16} Rechenschritte pro Sekunde, zumindest an guten Tagen.

Wie sich gezeigt hat, verfügt auch dein VOM-Gehirn über eine gewisse Fähigkeit zur Quantendatenverarbeitung.
Das freut mich zu hören. Aber um zurück zu meiner eigentlichen Frage zu kommen, wenn du nicht mehr in der Volkszählungskommission tätig bist, was machst du dann?

Strenggenommen haben wir keine Jobs mehr.
Ich weiß, wie das ist.

Nun, genau betrachtet bist du kein schlechtes Modell der Arbeitsbeziehungen im späten 21. Jahrhundert. Im Prinzip sind wir alle Unternehmer.
Klingt, als hätten die Dinge sich in die richtige Richtung entwickelt. Und was unternimmst du so?

Eine der Ideen, mit denen ich mich derzeit beschäftige, ist ein revolutionäres Verfahren der Katalogisierung innovativer technologischer Forschungsanträge. Grob gesagt geht es darum, die Wissensstrukturen des Nutzers mit dem externen Wissen auf dem Netz abzugleichen und anschließend die relevanten Muster zu integrieren.
Ich bin nicht ganz sicher, ob ich das verstanden habe. Vielleicht wäre es am besten, wenn du das anhand eines konkreten, von dir katalogisierten Forschungsantrags erklärst.

Der Katalogisierungsprozeß läuft weitgehend automatisch ab. Ein Projekt, mit dem ich mich konkret befasse, sind die in jüngster Zeit aufgekommenen Femtotechnik-Forschungsprojekte. [3]
Femto, wie in einem Billiardstel Meter?

Exakt. Drexler hat in einer Reihe von Papern die Machbarkeit technologischer Strukturen auf der Femtometerebene nachgewiesen, wodurch es möglich würde, die Strukturen innerhalb von Quarks zur Datenverarbeitung zu nutzen.
Wurde das schon in die Praxis umgesetzt?

Tatsächlich getan hat es noch niemand, aber Drexlers Aufsätze belegen, daß es möglich und praktikabel ist. Zumindest ist das meine Auffassung, auch wenn das Thema noch sehr umstritten ist.
Ist das derselbe Drexler, der in den siebziger und achtziger Jahren des 20. Jahrhunderts das Nanotechnologie-Konzept entwickelt hat?

Genau der, Eric Drexler.
Warte mal. Damit müßte er inzwischen einhundertfünfzig Jahre alt sein. Also ist er auf der anderen Seite?

Natürlich. Wer ernsthafte Forschungsarbeit betreiben will, muß auf der anderen Seite sein.
Mich überrascht, daß du von Papern sprichst.

Ja, ein paar alte Begriffe – sogenannte Vomismen – haben sich gehalten. Ein Paper ist nichts, was man in die Hand nehmen kann, aber wir nennen eine längere Abhandlung nach wie vor ein Paper.
In welcher Sprache sind sie verfaßt? Englisch?

Universitätspublikationen werden üblicherweise in einer Sprache verfaßt, die sich aus einer Vielzahl assimilierter Wissensprotokolle zusammensetzt und leicht verständlich ist. Parallel dazu sind zwar auch einige reduzierte Protokollsätze entstanden, aber die werden normalerweise nur in Massenmedien verwendet.
Wie dem National Enquirer?

Der Enquirer ist eine ziemlich seriöse Publikation. Zumindest benutzt sie das volle Protokoll.
Die Zukunft ist immer für Überraschungen gut.

Manche Publikationen werden auch in regelbasiertem Format ver-

faßt, aber im allgemeinen ist die Qualität zu gering. Außerdem ist es seit einiger Zeit in gewissen Kreisen Mode, Artikel in VOM-Sprachen wie Englisch zu publizieren, die sich jedoch schnell und problemlos in assimilierte Wissensstrukturen übersetzen lassen. Mit dem Lernen müssen wir uns nicht mehr abmühen. Heute geht es vor allem darum, neues Wissen zu entdecken, das wir lernen können.
Bist du, einmal abgesehen von dem Katalogisierungsprojekt, noch in anderen Bereichen engagiert?

Gezwungenermaßen, ja. Die automatischen Katalogisierungsagenten kollidieren mit den Forderungen der Selbstmordbewegung.
Die da wären?

Im Prinzip fordert die Selbstmordbewegung das Recht darauf, daß jeder seine Bewußtseinsdatei sowie alle davon existierenden Kopien löschen darf. Das Gesetz schreibt vor, daß mindestens drei Sicherungskopien der Bewußtseinsdatei gespeichert werden, die nicht älter als zehn Minuten sind. Zusätzlich ist festgelegt, daß auf mindestens eine dieser Kopien ausschließlich die zuständigen Behörden zugreifen können.
Ich kann mir schon denken, wo das Problem liegt. Selbst wenn einem gesagt wird, daß alle Kopien zerstört wurden, kannst du nicht ausschließen, daß die Behörden eine Kopie zurückhalten und sie später – nach deinem Selbstmord – reaktivieren. Widerspricht das nicht der Prämisse, daß diejenigen auf der anderen Seite dieselben Personen wie die ursprünglichen Personen sind oder, anders gesagt, über dasselbe kontinuierliche Bewußtsein verfügen?

Das läßt sich keineswegs daraus ableiten.
Kannst du mir das bitte erklären?

Du würdest es doch nicht verstehen.
Hast du nicht gesagt, daß ich auch als VOM fast alles verstehen könnte?

Stimmt, das habe ich. Offensichtlich muß ich das nochmals überdenken.

Was mußt du nochmals überdenken? Ob ein VOM prinzipiell alles verstehen kann, oder die Frage nach dem kontinuierlichen Bewußtsein?

Ich glaube, jetzt bin ich es, die verwirrt ist.
In Ordnung, lassen wir das. Erzähl mir einfach mehr über diese »Löscht alle Kopien«-Bewegung.

Meiner Meinung nach haben beide Seiten etwas für sich. Einerseits trete ich seit jeher für das Recht auf Selbstbestimmung ein. Andererseits empfinde ich es als eine Sünde, Wissen zu vernichten.
Und die Kopien repräsentieren Wissen?

Selbstverständlich, was soll diese Frage? Übrigens befassen sich die Yorks seit einiger Zeit vornehmlich mit der »Löscht alle Kopien«-Bewegung.
Halt, warte mal. Wenn ich mich recht erinnere, sind die Yorks Technikfeinde, und die »Löscht alle Kopien«-Forderung betrifft logischerweise doch nur die von euch, die auf der anderen Seite sind. Wenn aber die Yorks auf der anderen Seite sind, wie können sie dann Technikfeinde sein? Oder, wenn sie nicht auf der anderen Seite sind, warum sollten sie sich dann für dieses Problem interessieren?

Vergiß nicht, daß es siebzig Jahre her ist, seit wir uns das letzte Mal unterhalten haben. Die Wurzeln der York-Gruppen liegen in den alten Antitechnik-Bewegungen, aber seit die Yorks die Seiten gewechselt haben, konzentrieren sie sich vor allem auf die Frage nach der Freiheit des Individuums. Die Anhänger des Manifests von Florence dagegen haben sich entschlossen, VOMs zu bleiben, eine Entscheidung, die ich natürlich respektiere.
Eine Entscheidung, in der sie durch die Großvatergesetze geschützt sind?

So ist es. Allerdings habe ich mir vor einiger Zeit einen Vortrag einer FM-Aktivistin angehört, und obwohl sie in Vomish sprach, würde ich meine Hand dafür ins Feuer legen, daß sie zumindest ein neuronales Expansionsimplantat im Kopf trug.

Na ja, auch VOMs sind hin und wieder in der Lage, sinnvolle Gedanken zu formulieren.

Oh, natürlich. Das sollte keine Anspielung sein, ich wollte nur sagen …

Schon in Ordnung. Also beschäftigst du dich mit dieser »Löscht alle Kopien«-Bewegung?

Nur insoweit, als daß ich einige der damit zusammenhängenden Vorschläge und Diskussionen katalogisiere. Aber ich bin in einer verwandten Bewegung involviert, die darauf abzielt, den Behörden den Zugriff auf die Sicherungsdaten zu verwehren.

Das klingt nach einem wichtigen Anliegen. Aber was ist mit dem Zugriff auf die Bewußtseinsdatei selbst? Immerhin sind dort ja dein gesamtes Denken und deine gesamte Erinnerung in digitaler Form gespeichert.

Um genau zu sein, liegen die Daten in digitaler und analoger Form vor. Aber du sprichst hier einen zentralen Punkt an.

Also?

Natürlich bestehen Vorschriften, die den Zugriff auf die Bewußtseinsdateien regeln. Grob gesagt darf auf diejenigen Wissensstrukturen, die dem entsprechen, was früher offenlegbare Dokumente und Artefakte konstituierte, zugegriffen werden, nicht aber auf die Strukturen und Muster, die unseren Denkprozessen entsprechen. Wie du siehst, gehen diese Vorstellungen ebenfalls auf unsere VOM-Vergangenheit zurück. Und es wird dich wohl kaum überraschen zu hören, daß endlos darüber gestritten wird, wie diese Regel auszulegen sei.

Demnach ist der Zugriff auf eure Primärdateien gesetzlich geregelt, wenn auch nicht ganz eindeutig. Wie sieht es mit dem Zugriff auf die Sicherungsdateien aus?

Auch wenn es sich absurd anhören mag, dieses Problem ist immer noch nicht abschließend gelöst.

Ehrlich gesagt, das überrascht mich weniger. Mir ist bislang noch kein Rechtssystem untergekommen, das in sich vollkommen konsistent wäre. Was ist, wenn ihr vor Gericht aussagen müßt? Seid ihr verpflichtet, physisch präsent zu sein?

Nun, da die meisten von uns keine permanente physische Präsenz besitzen, würde eine solche Vorschrift wenig Sinn machen, oder?
Stimmt. Demnach könnt ihr als virtuelle Person Zeugenaussagen machen?

Natürlich. Allerdings dürfen wir nichts anderes tun, während wir aussagen.
Also kein heimliches Tête-à-tête mit George?

Du hast es erfaßt.
Das erscheint mir nur folgerichtig. Bei uns darf man weder Kaffee mit in den Gerichtssaal bringen noch sein Funktelefon benutzen.

Abgesehen von der Offenlegungsproblematik werden immer wieder Verdächtigungen laut, daß die Strafermittlungsbehörden insgeheim auf die Sicherungsdateien zugreifen, auch wenn sie das natürlich abstreiten.
Es überrascht mich nicht, daß der Schutz der Privatsphäre auch im Jahre 2099 noch ein Problem darstellt. Phil Zimmerman ...

Der PGP-Erfinder?
Du erinnerst dich an ihn?

Natürlich. Viele Leute verehren ihn als eine Art Heiligen.
Zimmermans »Pretty Good Privacy«-Software ist in der Tat ziemlich gut. Zumindest in unserer Zeit ist sein PGP der führende Verschlüsselungsalgorithmus. Aber was ich eigentlich sagen wollte, war, daß Zimmerman prophezeite, daß »in der Zukunft jeder von uns eine Viertelstunde Privatsphäre haben wird«.

Eine Viertelstunde wäre schon phantastisch.
Was wurde eigentlich aus den selbstreplizierenden Nanobots, die euch vor siebzig Jahren solches Kopfzerbrechen bereitet haben?

Damit haben wir einige Jahrzehnte zu kämpfen gehabt, und es kam auch zu einer Reihe ernsthafter Zwischenfälle. Aber seit wir unsere Körper nicht mehr permanent manifestieren, gehört das Problem weitgehend der Vergangenheit an. Solange das Netz sicher ist, brauchen wir vor nichts Angst zu haben.
Da ihr ausschließlich als Software existiert, müßten auch Softwareviren wieder ein Thema sein.

Gut erkannt! In der Tat rangieren Softwarepathogene ganz oben auf der Agenda der Sicherheitsbehörden. Nach ihren Aussagen beanspruchen Virenscans fast die Hälfte der Rechenzeit des gesamten Netzes.
Die Hälfte der globalen Rechenzeit geht für Virensuchläufe drauf?

Virenscans beschränken sich beileibe nicht auf das Durchsuchen der Software nach bekannten Virencodes. Da sich viele der höherentwickelten Softwarepathogene kontinuierlich transformieren, gibt es keine hundertprozentig zuverlässigen Mustercodes zu ihrer Identifikation.
Klingt kompliziert.

Nun ja, wir müssen eben immer wachsam sein, wenn wir den Fluß unserer Gedanken über Substratkanäle hinweg verwalten.
Wie sieht es mit der Sicherheit der Hardware aus?

Du meinst das Netz?
Das ist doch, wo du lebst, oder?

Sicher. Das Netz ist sehr sicher, weil es extrem dezentralisiert und redundant ist. Wenigstens heißt es so. Demnach müßte selbst der Ausfall großer Teile des Netzes so gut wie folgenlos bleiben.
Und wer hält das Netz instand?

Die Netzhardware ist selbstreplizierend und dehnt sich kontinuierlich aus. Ältere Schaltkreise werden laufend recycelt und modernisiert.
Also macht sich niemand Sorgen um die Sicherheit des Netzes?

Na ja, ich denke, hinsichtlich des Substrats empfinde ich gewisse Ängste. Allerdings neige ich zu der Ansicht, daß diese diffusen Angstzustände ein Relikt aus meiner VOM-Zeit sind. Insgesamt betrachtet fühle ich mich sehr sicher. Ich kann mir nicht vorstellen, daß das Netz verwundbar ist.
Nicht einmal gegenüber selbstreplizierenden Nanopathogenen?

Hmm, ich nehme an, das könnte eine gewisse Gefahr darstellen. Aber um das gesamte Substrat zu infizieren, müßte schon eine unglaublich massive Nanobot-Pest ausbrechen. Ich frage mich, ob etwas in der Art der Grund dafür war, daß vor fünfzehn Jahren fast 90 Prozent des Netzes verschwanden. Wir warten bis heute auf eine zufriedenstellende Erklärung dieses Vorfalls.
Entschuldige, ich wollte dir keine Angst einjagen. Um auf deine Arbeit zurückzukommen, betreibst du dein Katalogisierungsprogramm als selbständige Unternehmerin?

Ja, ich habe mein eigenes Kleinunternehmen.
Und wie läuft es in finanzieller Hinsicht?

Ich komme gerade so über die Runden. Aber das macht mir nichts aus, ich hatte noch nie viel Geld.
Kannst du mir eine konkrete Zahl nennen? Wie hoch ist dein Eigenkapital?

Ach, nicht einmal eine Milliarde Dollar.
In Dollars von 2099?

Selbstredend.
Und was wäre das umgerechnet in Dollars von 1999?

Laß mich sehen, in Dollars von 1999 sind das knapp über 149 Milliarden Dollar.
Was, der Dollar ist teurer geworden?

Natürlich, die Deflation eilt voran.
Demnach bist du reicher als Bill Gates?

Nun ja, reicher, als er es 1999 war. Aber das will nicht viel heißen. Gates ist auch heute noch der reichste Mann der Welt.
Hat Gates nicht einmal gesagt, daß er die erste Hälfte seines Lebens damit zubringen wollte, Geld zu machen, und die zweite Hälfte damit, es wieder auszugeben?

So weit ich weiß, trägt er sich immer noch mit dieser Absicht. Die Frage ist nur, wann er die erste Hälfte seines Lebens hinter sich gebracht hat.
Also, wie reich bist du? Etwas reicher als der Durchschnitt?

Nein, ich würde sagen, ich gehöre zu den oberen 20 Prozent.
Nicht schlecht. Ich wußte schon immer, daß du ein smartes Mädchen bist.

Ehrlich gesagt, George ist mir eine große Hilfe.
Und vergiß nicht, wer dich ausgedacht hat.

Nein, wie könnte ich.
Ich kann also davon ausgehen, daß du genügend Geld hast, um deine Bedürfnisse zu decken?

Bedürfnisse?
Ja. Sag nicht, daß du nicht weißt, was Bedürfnisse sind.

Offen gesagt, ruft dieser Begriff vor allem nostalgische Empfindungen in mir wach. Es ist schon einige Jahrzehnte her, seit ich das letzte Mal über Bedürfnisse nachgedacht habe. Obwohl, stimmt nicht, ich habe erst vor kurzem ein Buch über das Thema gelesen.
Ein Buch? Du meinst mit Seiten und geschriebenen Buchstaben und so?

Nein, natürlich nicht, es sei denn, wir sind mit Forschungsarbeiten über ein früheres Jahrhundert beschäftigt.
Dann ist ein Buch also so etwas wie die Forschungspapers, von denen du vorhin gesprochen hast – eine Sammlung von assimilierten Wissensstrukturen zu einem Thema?

So könnte man es ausdrücken. Siehst du, wie ich gesagt habe: Es gibt nichts, was ein VOM nicht verstehen könnte.
Danke für die Blumen!

Aber wir unterscheiden Paper von Büchern.
Laß mich raten: Bücher sind länger?

Nein, intelligenter. Ein Paper verfügt über eine statische Struktur. Ein Buch ist intelligent. Mit einem Buch kann man eine Beziehung haben. Bücher können untereinander Erfahrungen austauschen.
Das erinnert mich an Marvin Minsky, der einmal gesagt hat: »Kannst du dir vorstellen, daß es einmal Bibliotheken gab, in denen die Bücher nicht miteinander sprachen?«

Ja, es fällt uns in der Tat schwer, uns das vorzustellen.
Okay, du leidest also nicht unter unerfüllten Bedürfnissen. Wie sieht es mit Wünschen aus?

Nun, das ist ein Konzept, mit dem ich etwas anfangen kann. Meine finanzielle Ausstattung ist alles andere als zufriedenstellend, und mein Budget zwingt mich immer wieder zu schmerzhaften Kompromissen.
Wie mir scheint, haben sich ein paar Dinge doch nicht geändert.

Leider nicht. Allein letztes Jahr hatte ich über fünftausend Geschäftsideen, in die ich für mein Leben gerne investiert hätte, aber ich konnte kaum ein Drittel davon realisieren.
Du bist eben doch nicht Bill Gates.

Darauf kannst du einen Eid ablegen.
Wenn du Geld investierst, was erwirbst du dann damit? So, wie ich es sehe, mußt du ja wohl kaum Büromöbel oder dergleichen anschaffen.

Hauptsächlich bezahle ich damit die Arbeitszeit und die Gedanken von Leuten sowie Wissen. Es gibt zwar jede Menge frei zugängliches Wissen auf dem Netz, aber in vielen Fällen müssen wir Zugriffsgebühren entrichten.

Auch das ist nicht viel anders als heute.

Ja, Geld ist zweifelsohne immer noch sehr nützlich.
Molly, du hast inzwischen ein wahrhaft biblisches Alter erreicht. Ist dir nicht manchmal langweilig?

Ich halte es da mit Woody Allen, der einmal sagte: »Manche Leute wollen durch ihre Arbeit oder durch Nachkommen Unsterblichkeit erlangen. Ich beabsichtige dadurch unsterblich zu werden, daß ich nicht sterbe.«
Freut mich zu hören, daß Allen immer noch zitiert wird.

Allerdings gibt es da einen Traum, der mich immer wieder heimsucht.
Du träumst?

Natürlich tue ich das. Ohne Träume könnte ich nicht kreativ sein. Deshalb versuche ich, soviel wie nur möglich zu träumen. Ich träume zu jeder Zeit wenigstens einen oder zwei Träume.
Und was ist mit dem Traum, von dem du gesprochen hast?

In dem Traum sehe ich eine endlose Reihe von Häusern, Millionen von Häusern, eins nach dem anderen. Ich betrete eines der Häuser. Es ist vollkommen leer. Ich gehe durch alle Zimmer und sehe nichts, keine Menschen, keine Möbel, rein gar nichts. Ich renne hinaus und in das nächste Haus, das ebenfalls leer ist. Und so weiter, von Haus zu Haus, bis mich ein schreckliches Gefühl der Furcht überfällt. Damit endet der Traum.
Könnte der Traum eine Anspielung auf deine Verzweiflung angesichts der offensichtlichen Endlosigkeit der Zeit sein?

Hmm, möglicherweise. Aber dann verliert sich dieses Gefühl, und ich stelle fest, daß ich den Traum nicht richtig fassen kann. Er scheint einfach zu verschwinden.
Klingt, also ob in dem Moment irgendeine Art von Antidepressions-Algorithmus aktiv wird.

Vielleicht sollte ich einmal versuchen, ihn zu überwinden?
Wen? Den Traum oder den Algorithmus?

Letzteren.
Das könnte sich als unmöglich erweisen.

Danke, daß du mich daran erinnerst.
Denkst du eigentlich gerade an irgend etwas anderes?

Ich versuche zu meditieren.
Neben der Symphonie, Jeremy, Emily, George, unserer Unterhaltung und deinen ein, zwei Träumen?

Hey, das ist nicht sehr viel. Ich widme dir fast meine gesamte Aufmerksamkeit. Aber zweifellos ist dein Geist momentan nicht mit etwas anderem beschäftigt, oder?
Entschuldige, du hast ja recht. Nicht, daß ich aus dem meisten schlau werden würde, aber ich muß zugeben, daß mir eine Menge Sachen durch den Kopf schwirren.

Wußte ich's doch.
Also, wie geht es mit dem Meditieren voran?

Ich glaube, unsere Unterhaltung lenkt mich ein wenig ab. Es kommt schließlich nicht jeden Tag vor, daß ich die Chance habe, mit jemand aus dem Jahre 1999 zu sprechen.
Und im allgemeinen?

Mit dem Meditieren? Es ist sehr wichtig für mich. Bei all dem, was inzwischen in meinem Leben passiert, ist es hin und wieder schlichtweg unerläßlich, die Gedanken einfach fließen zu lassen.
Kommst du durch das Meditieren in einen Zustand der Transzendenz?

Gelegentlich meine ich, meine Existenz transzendieren zu können, und erreiche einen Zustand des Friedens und der heiteren Gelassenheit, aber es fällt mir heute auch nicht leichter als damals, als wir uns das erste Mal unterhielten.

Und was ist mit diesen neurologischen Korrelaten spiritueller Erfahrungen?

Natürlich bin ich in der Lage, oberflächliche spirituelle Empfindungen in mir wachzurufen, aber das hat nichts mit echter Spiritualität zu tun. Es ist wie mit allem, was Authentizität verlangt – ein Ausdruck wahrer Kunst, ein Moment der vollkommenen Gelassenheit, das Gefühl echter Freundschaft, den Dingen eben, für die ich lebe: Man erfährt sie nur mit Mühe.
Es beruhigt mich zu hören, daß manche Dinge immer noch ihren Preis haben.

Ehrlich gesagt, mein Leben ist alles andere als einfach. Dazu muß ich viel zu vielen Erwartungen und Verpflichtungen gerecht werden. Und das, obwohl ich an so viele Grenzen stoße.
Eine Grenze, die mir im Moment einfällt, ist, daß uns langsam der Platz in diesem Buch ausgeht.

Ganz zu schweigen von der Zeit.
Die auch. Ich muß sagen, ich bin dir sehr dankbar dafür, daß du deine Erfahrungen mit mir teilst.

Der Dank geht zurück. Ohne dich gäbe es mich nicht.
Ich hoffe, daß der Rest von euch auf der anderen Seite sich dessen ebenfalls bewußt ist.

Ich werde dafür sorgen.
Was hältst du davon, wenn wir uns mit einem Kuß verabschieden?

Nur mit einem Kuß?
Was das Buch betrifft. Sollte es verfilmt werden, vor allem, sollte es mit mir verfilmt werden, werde ich mir einen anderen Schluß ausdenken.

Hier, mein Kuß ... Und vergiß nicht, ich bin bereit, alles für dich zu tun oder zu sein, was du willst oder brauchst.
Ich werde das im Kopf behalten.

Ja, und genau dort kannst du mich finden.
Zu schade, daß ich ein Jahrhundert warten muß, bis ich dich treffen kann.

Oder bis du ich sein kannst.
Ja, das auch.

Epilog

Ein Blick zurück auf den Rest des Universums

Molly, es gäbe noch ein paar Fragen, die ich dir gerne stellen würde.
Was hast du gemeint, als du von Grenzen sprachst?
Was, sagtest du, macht dir Sorgen?
Wovor hast du Angst?
Spürst du Schmerzen?
Was ist mit Babys und Kindern?
Molly?

Wie es scheint, kann Molly keine unserer Fragen mehr beantworten. Aber das ist nicht weiter schlimm. Wir brauchen keine Antworten auf diese Fragen. Noch nicht. Gegenwärtig reicht es aus, die richtigen Fragen zu stellen. Uns bleibt noch etwas Zeit, die Antworten darauf zu finden.

Unerbittlich schlägt der Prozeß der Veränderung ein immer schärferes Tempo an. Die Begegnung mit der maschinellen Intelligenz, die die menschliche Intelligenz in all ihrer Vielfältigkeit übertreffen wird, ist unausweichlich. Aber noch haben wir die Macht, die Zukunft unserer Technologie zu gestalten – und damit die Zukunft unseres Lebens. Und deshalb habe ich dieses Buch geschrieben.

Betrachten wir eine abschließende Frage. Das Gesetz von Zeit und Chaos und sein zentrales Untergesetz, das Gesetz vom steigenden Ertragszuwachs, gelten nicht nur für die evolutionären Abläufe hier auf der Erde. Was, so lautet die Frage, bedeutet das Gesetz vom steigenden Ertragszuwachs für den Rest des Universums?

Selten und im Überfluß vorhanden

Vor Kopernikus glaubte man, die Erde stehe im Mittelpunkt des Universums und umfasse einen beachtlichen Teil desselben. Wir heute wissen, daß die Erde nichts weiter ist als ein ganz gewöhnlicher Himmelskörper, der einen ganz gewöhnlichen Stern unter Milliarden von Sonnen in unserer Galaxie umkreist, die selbst nur eine von rund einhundert Milliarden Galaxien ist. In weiten Kreisen herrscht die Überzeugung vor, daß sich Leben, auch intelligentes Leben, nicht nur auf unserem bescheidenen Planeten findet – und daß wir es nur noch nicht geschafft haben, einen der zahllosen Planeten im Universum als Heimat anderer Lebensformen auszumachen.

Niemand kann sagen, wie weit das Leben im Universum verbreitet ist. Ich glaube, daß es sowohl selten als auch im Überfluß vorhanden ist – eine Eigenschaft, die es mit vielen anderen grundlegenden Phänomenen gemein hat. Beispielsweise Materie: Auch Materie ist im Universum sowohl selten als auch im Überfluß vorhanden. Angenommen, wir würden vollkommen willkürlich einen Raum von der Größe eines Protons im Universum auswählen: Die Wahrscheinlichkeit, ein Proton (oder irgendein anderes Teilchen) in diesem Raum anzutreffen, wäre extrem gering, nämlich weniger als eine Billion Billionen zu eins. Anders gesagt: Das Universum ist nahezu leer, und Materieteilchen sind sehr, sehr verstreut. Das trifft sogar hier auf der Erde zu – die Wahrscheinlichkeit, in einem beliebigen Raumquadranten im Weltraum auf ein Teilchen zu stoßen, ist sogar noch geringer. Andererseits gibt es Billionen von Billionen Protonen im Universum. Sie sehen, auch Materie ist selten – und doch im Überfluß vorhanden.

Betrachten wir die Frage der Materie im großen Maßstab. Angenommen, Sie wählen nach dem Zufallsprinzip eine Region von Erdgröße im Weltraum aus: Die Wahrscheinlichkeit, daß sich in genau dieser Region ein Himmelskörper (beispielweise ein Stern oder ein Planet) befindet, beträgt weniger als eins zu einer Million. Und doch existieren im Universum Milliarden Billionen solcher Himmelskörper.

Oder nehmen wir den Lebenszyklus der Säugetiere hier auf der Erde. Die Aufgabe des Spermiums eines männlichen Säugetieres besteht darin, die Eizelle eines Weibchens derselben Spezies zu befruchten. Die Wahrscheinlichkeit jedoch, daß ihm dies gelingt, liegt weit unter eins zu einer Billion. Trotzdem bringt es allein die menschliche Spezies hier auf der Erde Jahr für Jahr auf mehr als hundert Millionen solcher Befruchtungen. Auch hier gilt: selten – und dennoch im Überfluß vorhanden.

Betrachten wir nun die Evolution von Lebensformen auf einem Planeten, die wir hier als selbstreplizierende Formen von Materie und Energie definieren. Es ist denkbar, daß Leben im Universum gleichermaßen selten und im Überfluß vorhanden ist – womöglich sogar, daß diese Bedingungen eben so sein müssen, soll Leben überhaupt entstehen. Veranschlagen wir beispielsweise die Wahrscheinlichkeit, daß ein Stern von einem belebten Planeten umkreist wird, mit eins zu einer Million, dann müßte es allein in unserer Galaxie einhunderttausend Planeten geben, auf denen Leben entstanden ist – unter mehreren Billionen ebenfalls belebten Planeten im Rest des Universums.

Die Evolution von Lebensformen läßt sich demnach als eine Schwelle verstehen, die eine Reihe von Planeten überschritten haben. Wir kennen zumindest einen solchen Fall. Und wir müssen annehmen, daß es noch viele andere gibt.

Als nächste Schwelle bietet sich auf den ersten Blick die Evolution *intelligenter* Lebensformen an. Intelligenz ist jedoch meiner Ansicht nach ein zu vages Konzept, als daß es eine klare Schwelle definieren könnte. Betrachten wir das Leben auf der Erde, so sehen wir, daß es viele Arten gibt, die in unterschiedlichen Ausprägungen ein bestimmtes Maß an intelligentem Verhalten an den Tag legen. Allerdings können wir keine klar definierbare Schwelle erkennen. Intelligenz scheint demnach eher ein Kontinuum und weniger eine klar definierte Schwelle darzustellen.

Ein besseres Kriterium für das Erreichen der nächsten Schwelle ist die Evolution einer Lebensform, die »Technologie« erzeugt. Wenn Sie die weiter oben geführte Diskussion über die Natur von Technologie rekapitulieren, wissen Sie, daß Technologie mehr als nur die Herstellung und den Gebrauch von Werkzeugen repräsentiert. Technologie setzt einen Katalog an Wissen voraus, in dem die Herstellung von Werkzeugen beschrieben wird und den die eine Generation der Werkzeug herstellenden Lebensform an die nächste weitergibt. Damit wird die Technologie selbst zu einem sich entwickelnden System von

Entwürfen. Das beschreibt kein Kontinuum, sondern eine eindeutige Schwelle. Entweder eine Spezies erzeugt Technologie, oder aber sie tut es nicht. Es ist sogar denkbar, daß auf einem Planeten auf Dauer nicht mehr als eine Lebensform existieren kann, die diese Schwelle überschritten hat. Sobald eine andere auf den Plan tritt, besteht die Gefahr des evolutionären Verdrängungswettbewerbs, wozu es offensichtlich auch im Verlaufe der Evolutionsgeschichte hier auf der Erde gekommen ist.

Zwangsläufig lautet die nächste Frage nun: Wie hoch ist die Wahrscheinlichkeit, daß auf einem Planeten, auf dem Leben entstanden ist, die Evolution auch eine zur Entwicklung von Technologien befähigte Spezies hervorbringt? Obwohl Leben selten und im Überfluß vorhanden sein kann: Es ist – wie ich in Kapitel 1 dargestellt habe – unvermeidlich, daß sich, wenn Leben entstanden ist, im Laufe der Zeit eine Spezies herausbildet, die Technologie erzeugt. So gesehen ist die Evolution der Technologie nur eine Fortsetzung mit anderen Mitteln jenes evolutionären Prozesses, der die technologieerschaffende Spezies überhaupt erst hervorgebracht hat.

Die nächste Schwelle ist die Datenverarbeitung. Ist der Schritt zur Technologie erst einmal vollzogen, so erscheint die anschließende Entstehung der Datenverarbeitung (in der Technologie, nicht nur in dem Nervensystem der betreffenden Spezies) unausweichlich zu sein. Die maschinelle Verarbeitung von Daten ist eine effiziente Methode zur Kontrolle nicht nur der Umwelt, sondern auch der Technologie selbst, und sie beschleunigt darüber hinaus die weitere Entwicklung von Technologien. Was für biologische Organismen gilt – daß sie Nutzen aus der Fähigkeit ziehen, bestimmte innere Zustände aufrechtzuerhalten und intelligent auf sich verändernde Umweltbedingungen zu reagieren –, gilt genauso auch für Technologien. Mit der Erfindung der Datenverarbeitung wird eine der höchsten Stufen der exponentiellen technologischen Evolution auf einem belebten Planeten erreicht.

Sobald die Stufe der Datenverarbeitung erreicht ist, tritt das Gesetz vom steigenden Ertragszuwachs angewandt auf die Datenverarbeitung in Kraft: Es kommt zu einem exponentiellen Anstieg der Leistungsfähigkeit der Computertechnologie. Dem Gesetz vom steigenden Ertragszuwachs zufolge werden sowohl die Spezies als auch die

Computertechnologie mit exponentieller Geschwindigkeit fortschreiten, wobei jedoch der Exponent des technologischen Wachstums um ein Vielfaches größer ist als der der Spezies. Das bedeutet nun nichts anderes, als daß die Computertechnologie zwangsläufig und sehr schnell die Spezies überholen wird, die sie erschaffen hat. Gegen Ende des 21. Jahrhunderts wird es erst ein Vierteljahrtausend her sein, seit die Datenverarbeitung auf der Erde erfunden wurde. Das ist in evolutionären Maßstäben gerechnet nicht mehr als ein Lidschlag, und selbst in der menschlichen Geschichte ist das kein sonderlich langer Zeitraum. Und doch werden Computer am Übergang vom 21. ins 22. Jahrhundert sehr viel leistungsfähiger (und, wie ich glaube, auch sehr viel intelligenter) sein als die Menschen, denen sie ihre Entstehung verdanken.

Der nächste und unvermeidliche Schritt ist die Vereinigung der Spezies mit der Computertechnologie, die sie ursprünglich erfunden hat. In dieser Phase der Evolution der Intelligenz auf einem Planeten beruhen die Computer zumindest teilweise auf Entwürfen des Gehirns (sprich: der datenverarbeitenden Einheit) ihrer Schöpferspezies, während auf der anderen Seite zunehmend Computertechnologie in die Körper und Gehirne dieser Spezies eingepflanzt und in sie integriert wird. Region für Region werden ihr Gehirn und ihr Nervensystem auf die Computertechnologie übertragen, und zuletzt werden die informationsverarbeitenden Organe gänzlich durch die Computertechnologie ersetzt. Alle möglichen praktischen und ethischen Probleme werden diesen Prozeß verzögern, aber aufhalten können sie ihn nicht. Das Gesetz vom steigenden Ertragszuwachs sagt eine vollständige Fusion der Spezies mit der ursprünglich von ihr erschaffenen Technologie voraus.

Mißerfolgsszenarien

Aber halt – dieser Schritt ist nicht unausweichlich. Es ist durchaus denkbar, daß sich die Spezies zusammen mit der von ihr erschaffenen Technologie selbst zerstört, bevor die Verschmelzung vollzogen ist. Nur die Zerstörung des gesamten evolutionären Prozesses kann die exponentielle Entwicklung im Sinne des Gesetzes vom steigenden

Ertragszuwachs stoppen. Und im Verlauf der exponentiellen Entwicklung entstehen durchaus sehr mächtige Technologien, die von ihrem Potential her die ökologische Nische völlig vernichten können, die eine Spezies und deren Technologie besetzen. Führt man sich vor Augen, wie weit das Leben, auch das intelligente Leben, im Universum verbreitet sein muß, dürfte es relativ häufig zu solchen Katastrophen kommen – und gekommen sein.

Eines dieser möglichen Katastrophen-Szenarien kennen wir: Wir wissen um die Gefahren der Atomtechnologie. Die nukleare Zerstörung – etwa durch einen globalen Atomkrieg – wäre keine begrenzte tragische Katastrophe, sondern könnte die ökologische Nische, die wir besetzen, vollständig auslöschen. Ein solches Ereignis muß nicht notwendigerweise alle Lebensformen auf einem Planeten vernichten; aber hinsichtlich der hier skizzierten Evolution der Intelligenz wäre es auf jeden Fall ein dramatischer Rückschlag. Und was dieses Szenario betrifft, ist der Homo Sapiens noch lange nicht von den Bäumen gestiegen.

Und es lassen sich auch noch andere Gefahren vorhersehen. Eine – wie in Kapitel 7 dargelegt – besonders wahrscheinliche Bedrohung ist eine Fehlfunktion (oder die Sabotage) des Mechanismus, der eine unbegrenzte Reproduktion selbstreplizierender Nanobots verhindert. Nanobots sind eine zwangsläufige Folgeerscheinung intelligenter Technologien. Dasselbe trifft auf selbstreplizierende Nanobots zu, da die Selbstreplikation ein effizientes und ultimativ notwendiges Verfahren zur Herstellung solcher Technologien ist. Sollte, als Folge eines bewußten Sabotageakts oder eines Softwarefehlers, der Selbstreplikationsmechanismus außer Kontrolle geraten, stünden verheerende Folgen zu befürchten. Da Nanobots keine Lebensformen organischen Ursprungs sind, würden die wie ein Krebsgeschwür wuchernden Nanobots organische und anorganische Materie gleichermaßen infizieren. Man muß davon ausgehen, daß es im Weltall zahlreiche Planeten gibt, die von einem Meer selbstreplizierender Nanobots bedeckt sind – was meines Erachtens durchaus den Ausgangspunkt einer neuen Evolution darstellen könnte.

Dieses Szenario beschränkt sich nicht nur auf solche winzigen Roboter, sondern ist für jede Form selbstreplizierender Roboter denkbar. Aber selbst im Falle größerer Roboter ist es wahrscheinlich, daß sie zur Selbstreplikation auf die eine oder andere Weise nanotechnologische Verfahren verwenden. Jede selbstreplizierende Spezies von Robotern, die - aus welchen Gründen auch immer - gegen Isaac Asimovs drei Gesetze verstößt (die es Robotern verbieten, ihre Schöpfer zu schädigen), beschwört eine ernsthafte Bedrohung für ihre Schöpfer - hier auf der Erde also für uns - hervor.

Eine weitere neue und potentiell gefährliche Lebensform sind die Softwareviren. Wir sind ihnen - wenn auch in primitiver Form - schon begegnet, diesen neuen Bewohnern der ökologischen Nische, die die Datenverarbeitung und Computertechnologie darstellt. Die Softwareviren, die im Laufe des nächsten Jahrhunderts hier auf der Erde entstehen werden, werden über die Mittel verfügen, sich evolutionäre Prozesse als Instrument zur Entwicklung immer neuer Überlebens- und Schutztaktiken zu erschließen, vergleichbar der Taktik, mit der sich biologische Viren (beispielsweise das Aidsvirus) der Bekämpfung durch Medikamente entziehen. Je mehr die technologieschöpfende Spezies mit Hilfe der Computertechnologie ihre ursprünglichen biologischen durch künstliche Schaltkreise ersetzt, um so virulenter ist die von Softwareviren ausgehende Bedrohung.

Bevor dieses Stadium erreicht ist, stellen auch Viren, die auf der genetischen Ebene der ursprünglichen Lebensform aktiv sind, eine nicht zu unterschätzende Gefahr dar. Sobald die technologieschöpfende Spezies über die Mittel verfügt, ihren eigenen genetischen Code (wie immer dieser Code auch umgesetzt wird) zu manipulieren, können entweder durch Zufall oder durch bewußte Manipulation neue und potentiell tödliche Viren entstehen - eine Entwicklung, die die Spezies auslöschen könnte, bevor sie eine Chance hat, den Entwurf ihrer Intelligenz auf ihre gegen biologische Viren immunen Technologien zu übertragen.

Wie real sind diese Gefahren? Für einen Planeten, der - wie die Erde heute - in die wichtigste Phase seiner datenverarbeitenden Entwicklung eintritt, stehen meiner Meinung nach die Chancen besser als je zuvor, diese Gefahren erfolgreich zu meistern. Allerdings hat man mir schon immer vorgeworfen, ein unverbesserlicher Optimist zu sein.

Besucher aus dem Weltall

Betrachtet man einschlägige Hollywoodfilme oder liest die Schilderungen angeblicher UFO-Sichtungen, zeigt sich, daß sich die meisten Menschen Außerirdische als uns prinzipiell vergleichbare Wesen vorstellen, die auf einem technologisch weit fortgeschrittenen Niveau angelangt sind und mit gewaltigen Raumschiffen die Tiefen des Weltalls durchkreuzen. In manchen dieser Visionen sehen die Außerirdischen verblüffend menschlich aus, in anderen wie Tintenfische auf Beinen oder wie zu groß geratene Fliegen. (Vergessen wir nicht, daß es auch hier auf der Erde exotisch anmutende intelligente Wesen gibt, beispielsweise Riesenkraken und Tintenfische.) Doch ob von humanoidem Äußeren oder nicht, in den populären zeitgenössischen Phantasien besitzen diese Wesen ungefähr unsere Größe und treten uns so entgegen, wie sie die Evolution auf ihrem Heimatplaneten unserer Vorstellung nach hervorgebracht hat. All das halte ich für sehr unwahrscheinlich.

Falls wir überhaupt jemals Besuch von intelligenten Wesen von anderen Planeten bekommen, dann werden das Wesen sein, die das Verschmelzungsprodukt einer hochentwickelten intelligenten Spezies mit ihrer noch höher entwickelten intelligenten Computertechnologie darstellen. Eine Zivilisation, die technologisch so weit fortgeschritten ist, daß sie durch das Weltall zur Erde reisen kann, hat aller Voraussicht nach die oben erwähnte »Fusions«-Schwelle bereits überschritten.

Daraus folgt, daß Besucher von fernen Welten höchstwahrscheinlich sehr klein sind. Wenn wir davon ausgehen, daß die computerbasierten Superintelligenzen, die Ende des 21. Jahrhunderts die Erde bevölkern werden, mikroskopisch klein sind, dann werden die eher noch höher entwickelten Wesen von anderen Planeten wohl kaum mit Raumschiffen von der Größe reisen, wie man sie gemeinhin durch Sciene-fiction-Filme fliegen sieht. Für eine solche Spezies bestünde schlichtweg kein Grund, ihre großen biologischen Hüllen und die dafür nötige Ausrüstung mit Raumschiffen in der Größe der Enterprise durch das All zu transportieren. Und ganz sicher wird der Zweck solcher Besuche nicht darin liegen, nach mineralischen oder biologischen Rohstoffen zu suchen. Derartig fortgeschrittene

Zivilisationen dürften längst den Punkt überschritten haben, an dem sie noch unter nennenswerten unbefriedigten materiellen Bedürfnissen litten: Dank ihrer Fähigkeit, ihre Umwelt durch Nano-, Pico- und Femtotechnologie zu manipulieren, werden sie in der Lage sein, sämtliche eventuell noch existierenden physischen Bedürfnisse zu befriedigen. Nein, die einzig vorstellbare Ressource, die solche Zivilisationen interessieren könnte, ist – Wissen. (Und dasselbe wird auch auf die Mensch-Maschine-Zivilisation der Erde zutreffen.) Folglich kann der einzig denkbare Zweck solcher Besuche die Beobachtung und Informationsbeschaffung sein, etwas, was sich mit relativ kleinen Beobachtungs-, Datenverarbeitungs- und Kommunikationsanlagen durchführen läßt. Entsprechend winzig werden die Raumschiffe der Außerirdischen sein, wahrscheinlich kleiner noch als ein Sandkorn, vielleicht sogar mikroskopisch klein. Vielleicht ist das ja auch einer der Gründe dafür, warum wir noch keine UFOs entdeckt haben.

Wie relevant ist Intelligenz für das Universum?

Angenommen, Sie wären ein bewußtes Wesen, das versucht, eine Arbeit zu tun, welche ein kleines bißchen Intelligenz erfordert – sagen wir, ein Buch über Maschinenintelligenz auf Ihrem Heimatplaneten zu schreiben; dann hätte dieses bißchen Intelligenz für Sie schon seine Bedeutung ... Aber welche Bedeutung hat Intelligenz für den Rest des Universums?

Keine besonders große – so lautet die allgemeine Einschätzung. Sterne werden geboren und sterben, Galaxien entstehen und vergehen, das Universum selbst wurde in einem Urknall geboren und wird entweder wieder in sich zusammenstürzen oder sich in der Unendlichkeit des Raumes verlieren. Intelligenz hat mit diesen Prozessen herzlich wenig zu tun. Intelligenz ist nicht mehr als eine Randerscheinung, eine Eigenschaft kleiner Kreaturen, die von den unerbittlichen universellen Kräften noch nicht einmal wahrgenommen werden. Der geistlose Mechanismus des Universums folgt seinem eigenen Programm, und es gibt nichts, was intelligente Wesen daran ändern könnten.

Das ist die allgemeine Sichtweise, nicht meine. Ich für meinen Teil glaube, daß die Intelligenz letztlich die Oberhand über diese unpersönlichen universellen Kräfte erringen wird.

Betrachten Sie unseren kleinen Planeten. Nach allem, was wir wissen, knallte vor rund 65 Millionen Jahren ein Asteroid auf die Erde: Sorry! War nicht persönlich gemeint, kleiner Planet! Kein bewußter Angriff auf die irdische Evolution. Diese Kollision war nur ein weiteres der scheinbar übermächtigen natürlichen Ereignisse, die dem Leben, wenn man so will, immer wieder das Leben schwermachen. Aber der *nächste* dieser interplanetarischen Besucher wird sich auf eine ganz andere Art der Begrüßung gefaßt machen müssen. Unsere Nachfahren und ihre Technologie (zwischen denen, wie ich bereits ausgeführt habe, genaugenommen keine Unterscheidung mehr vorgenommen werden kann) werden einen auf Kollisionskurs die Erde ansteuernden Himmelskörper ausmachen, lange bevor er eine tatsächliche Bedrohung darstellt, und ihn dann schlicht und ergreifend vom Nachthimmel schießen. Ein Punkt für die Intelligenz! (1998 glaubten Wissenschaftler 24 Stunden lang, einen Asteroiden identifiziert zu haben, der sich auf Kollisionskurs mit der Erde befand, bis sie ihre Berechnungen überprüften und feststellten, daß sie sich geirrt hatten.)

Die Intelligenz kann zwar nicht die Gesetze der Physik außer Kraft setzen, aber sie kann die physikalischen Kräfte entsprechend ihren Bedürfnissen manipulieren. Allerdings setzt das voraus, daß die Intelligenz eine bestimmte Stufe der Entwicklung erreicht.

Die *Intelligenzdichte* hier auf der Erde ist eher gering. Quantitativ läßt sich die Intelligenzdichte in *Rechenoperationen pro Sekunde pro Kubikmikrometer (cpspcmm)* ausdrücken. Allerdings erfaßt dieses Maß lediglich die Kapazität der Hardware, nicht die Leistungsfähigkeit der Ressourcenorganisation (sprich: der Software). Insofern erscheint es passender, in diesem Zusammenhang von der *Datenverarbeitungsdichte* zu sprechen. Gegenwärtig ist das menschliche Gehirn das Objekt mit der höchsten *Datenverarbeitungsdichte* auf der Erde (allerdings wird sich das innerhalb der nächsten Jahrzehnte ändern). Die Datenverarbeitungsdichte des menschlichen Gehirns liegt bei rund 2 cpspcmm – was nicht sonderlich hoch ist. Die Nanoröhren-Schaltkreistechnologie, deren Realisierbarkeit bereits demonstriert wurde, bringt es potentiell auf einen billiardenfachen Wert des menschlichen Gehirns.

Gleichzeitig dient nur ein verschwindend geringer Anteil der Materie der Erde der Ausführung von irgendeiner Form der Datenverarbeitung. Die Hirnmasse aller lebenden Menschen wiegt gerade einmal zehn Milliarden Kilogramm, was umgerechnet einem Einhundertbillionstel der gesamten Erdmasse entspricht. Demnach liegt die durchschnittliche Datenverarbeitungsdichte auf der Erde unter einem Billionstel cpspcmm. Zumindest theoretisch besitzen wir bereits die Fähigkeit, Materie (das heißt Nanoröhren) mit einer wenigstens um den Faktor 10^{24} höheren Datenverarbeitungsdichte herzustellen.

Und vergessen wir nicht, daß die Erdmasse nur einen verschwindend geringen Teil der Gesamtmasse unseres Sonnensystems ausmacht, dessen Datenverarbeitungsdichte abgesehen von der Erde unserem Wissen nach bei Null liegen dürfte. Also ist selbst in einem Sonnensystem, das zumindest eine intelligente Spezies hervorgebracht hat, die Datenverarbeitungsdichte extrem niedrig.

Am anderen Ende des Spektrums markiert die Datenverarbeitungsdichte, die sich in Nanoröhren erzielen läßt, noch lange nicht die Obergrenze. Es ist möglich, noch weit höhere Werte zu erreichen. Ich wage sogar zu behaupten, daß es überhaupt keine solche Obergrenze gibt, doch das wäre ein Thema für ein anderes Buch.

Der springende Punkt hinter diesen großen (und kleinen) Zahlen ist, daß der Anteil der Materie auf der Erde, der nützlicher Datenverarbeitung dient, verschwindend gering ist. Nun folgt aus dem Gesetz vom steigenden Ertragszuwachs, daß auch die allgemeine Datenverarbeitungsdichte exponentiell ansteigt. Und entsprechend dem exponentiellen Anstieg der Leistung pro Kosteneinheit der Datenverarbeitung steigt daher auch der Ressourceneinsatz exponentiell an; ein Trend, der sich bereits heute auf der Erde beobachten läßt. Die heutigen Computer sind nicht nur um ein Vielfaches leistungsfähiger als ihre Vorgänger vor zehn, zwanzig Jahren, auch ihre Zahl ist von einigen Dutzend in den fünfziger Jahren auf Hunderte von Millionen Mitte der neunziger Jahre hochgeschnellt. So gesehen ist es nicht vermessen zu prophezeien, daß sich die Datenverarbeitungsdichte auf der Erde im Laufe des 21. Jahrhunderts um das Billionenfache erhöhen wird.

Wie gesagt, die Datenverarbeitungsdichte ist ein Maß der Intelligenz-Hardware. Die Software, die auf dieser Hardware läuft, hinkt zwar in ihren Fähigkeiten hinter der der jeweils aktuellen Hardwaregeneration her, was aber nicht heißt, daß ihre Fähigkeiten nicht ebenfalls exponentiell wachsen. Die Intelligenzdichte läßt sich zwar nicht so einfach quantifizieren, aber sie ist eng mit der Datenverarbeitungsdichte verknüpft.[1] Das Gesetz vom steigenden Ertragszuwachs impliziert, daß die Intelligenzdichte hier auf der Erde und in unserem Sonnensystem exponentiell ansteigen wird.

Dasselbe gilt auch für unsere Galaxie und das Universum überhaupt. Aller Wahrscheinlichkeit nach ist die Erde nicht der einzige Planet, auf dem der Samen der Intelligenz aufgegangen ist und beständig weiter wächst. Auf lange Sicht wird diese explodierende Intelligenz eine Kraft sein, die sich mit den großen Kräften des Universums messen kann. Die Intelligenz wird die Naturgesetze nicht aufheben können, aber sie wird es verstehen, sich ihrer Wirkung zu entziehen.

Wie also wird das Universum enden? Im Big Crunch? In dem ewigen Auseinanderdriften ausgebrannter, toter Sonnen? Oder gibt es noch eine dritte Alternative? Ich bin davon überzeugt: Das Schicksal des Universums hängt nicht primär davon ab, wie sich Kräfte und Massen im Universum verhalten werden, ob es möglicherweise Antischwerkraft gibt oder ob Einsteins sogenannte Kosmologische Konstante gültig ist. Vielmehr ist das Schicksal des Universums etwas, worüber erst noch entschieden werden muß, eine Entscheidung, die wir, wenn die Zeit gekommen ist, mit sehr viel mehr Wissen und Intelligenz, als uns heute zur Verfügung stehen, angehen werden.

Anhang

Wie man mittels dreier einfacher Paradigmen eine intelligente Maschine baut

Während Deep Blue immer weiter vordringt, zeigt er Elemente eines strategischen Verständnisses. Irgendwo dort draußen schlägt bloße Taktik in Strategie um. Das kommt Künstlicher Intelligenz näher als alles, was ich je gesehen habe. Es ist eine merkwürdige Form der Intelligenz, der Anfang der Intelligenz. Aber man kann sie fühlen. Man kann sie förmlich riechen.

Frederick Friedel, der Assistent von Garry Kasparow, mit einem Kommentar über den Computer, der seinen Chef Schachmatt setzte

Der ganze Zweck dieses Satzes ist es, deutlich zu machen, was der ganze Zweck dieses Satzes ist.

Douglas Hofstadter

»Würdest du mir bitte sagen, wie ich von hier aus weitergehen soll?« fragte Alice.
»Das hängt in beträchtlichem Maße davon ab, wohin du gehen willst«, sagte die Katze.
»Ach, wohin ist mir eigentlich gleich«, sagte Alice.
»Dann ist es auch einerlei, welchen Weg du einschlägst«, meinte die Katze.
»Hauptsache, ich komme irgendwohin«, fügte Alice als Erklärung hinzu.
»Das kommst du bestimmt«, sagte die Katze, »wenn du nur lange genug weiterläufst.«

Lewis Carroll

Ein Professor einer berühmten Universität hat gerade seine Vorlesung über Ursprung und Struktur des Universums beendet, als eine alte Frau in Tennisschuhen zum Rednerpult vorkommt. »Entschuldigen Sie, Sir, aber Sie irren sich gewaltig«, erklärt sie. »In Wirklichkeit steht das Universum auf dem Rücken einer riesigen Schildkröte.« Der Professor geht darauf ein: »Ach wirklich? Und worauf steht die Schildkröte?« Die Dame antwortet prompt: »Oh, die steht auf einer anderen Schildkröte.« Der Professor fragt weiter: »Und worauf steht diese Schildkröte?« Wieder zögert die Dame keine Sekunde: »Auch auf einer Schildkröte.« Der Professor, immer noch gutgelaunt, wiederholt abermals seine Frage. Ein Anflug von Unmut erscheint auf dem Gesicht der alten Dame. Sie hebt die Hand und unterbricht den Professor mitten im Satz: »Spar dir die Mühe, mein Junge«, meint sie. »Es sind Schildkröten bis ganz runter.«

Rolf Landauer

Wie ich in Kapitel Sechs, *Der Bau neuer Gehirne*, beschrieben habe, ähnelt der Versuch, das Wesen der Intelligenz zu ergründen, in etwa dem Schälen einer Zwiebel – nach jeder Haut kommt immer wieder eine Zwiebel zum Vorschein. Am Ende hat man viele Zwiebelschalen, aber keine Zwiebel. Anders ausgedrückt, Intelligenz – vor allem die menschliche Intelligenz – arbeitet auf vielen Ebenen. Man kann jede Ebene erfassen und verstehen, doch der gesamte Vorgang erfordert die Zusammenarbeit aller Ebenen in genau der richtigen Weise.

Hier werden nun einige weitere Perspektiven zu den drei Paradigmen vorgestellt, die ich in Kapitel 4, *Eine neue Form von Intelligenz auf Erden*, besprochen habe. Jede dieser Methoden kann »intelligente« Lösungen für genau definierte Probleme bieten. Doch die Entwicklung von Systemen, die flexibel auf die komplexen Umgebungen reagieren, in der intelligente Wesen sich oft aufhalten, setzt voraus, daß diese Ansätze in geeigneter Weise kombiniert werden. Das trifft vor allem auf die Interaktion mit Phänomenen zu, die verschiedene Verständnisebenen umfassen. Wenn man beispielsweise ein einzelnes großes neuronales Netz baut und versucht, es alle komplexen Probleme des Sprechens und der Sprache lösen zu lassen, wird man bestenfalls begrenzte Erfolge erzielen. Überzeugendere Ergebnisse erzielt man, wenn man das Problem so aufspaltet, daß es den vielfältigen Bedeutungsebenen entspricht, die dieser einzigartigen menschlichen Kommunikationsform nun mal innewohnen.

Das menschliche Gehirn ist genauso aufgebaut: eine komplexe Ansammlung spezialisierter Regionen. Wenn wir die parallelen Algorithmen des Gehirns erst einmal genau kennen, halten wir die Mittel in Händen, sie erheblich zu erweitern. Um nur ein Beispiel zu nennen: Die Region des Gehirns, die für logisches und rekursives Denken zuständig ist – die Großhirnrinde –, besteht lediglich aus etwa acht Millionen Neuronen.[1] Der Mensch baut bereits neuronale Netze, die tausendmal größer sind und millionenmal schneller arbeiten. Der Schlüssel für die Entwicklung intelligenter Maschinen (bis sie uns diese Mühe abnehmen) ist der Entwurf ausgeklügelter Architekturen, die in sich die relativ einfachen Methoden vereinen, die wir als die Grundbausteine der Intelligenz betrachten.

DIE REKURSIONSFORMEL

Dies ist eine sehr einfache Formel, die intelligente Lösungen für schwierige Probleme bietet. Lesen Sie sie sorgfältig, sonst entgeht Ihnen möglicherweise ihre wahre Bedeutung.

Die Rekursionsformel lautet:

Wähle für meinen nächsten Schritt meinen besten nächsten Schritt. Wenn ich fertig bin, bin ich fertig.

Das mag zu einfach scheinen, und ich gebe zu, daß die Formel auf den ersten Blick wenig auszusagen scheint. Doch ihre Wirkung ist erstaunlich.

Betrachten wir einmal ein klassisches Beispiel für die Anwendung der Rekursionsformel: das Schachspiel. Schach gilt als intelligentes Spiel, zumindest hielt man es bis vor kurzem dafür. Die meisten Beobachter sind immer noch der Ansicht, daß für eine gute Partie Schach Intelligenz erforderlich ist. Wie verhält sich also unsere Rekursionsformel auf diesem Gebiet?

Beim Schach wird jeweils immer nur ein Zug ausgeführt. Ziel des Spiels sind »gute« Züge. Also können wir ein Programm für gute Züge definieren. Für das Schachspiel formulieren wir die Rekursionsformel um:

WÄHLE MEINEN BESTEN ZUG: *Wähle meinen besten Zug. Wenn ich gewonnen habe, bin ich fertig.*

Geben Sie jetzt nicht auf; die Formel wird gleich einen Sinn ergeben. Ich muß noch einen weiteren Aspekt des Schachspiels berücksichtigen, nämlich den Umstand, daß man Schach nicht alleine spielt. Man hat einen Gegner. Er führt ebenfalls Züge aus. Entscheiden wir zu seinen Gunsten und nehmen an, daß er ebenfalls gute Züge macht. Sollte sich diese Annahme als falsch erweisen, ist es ein Vorteil, kein Problem. Also haben wir jetzt:

WÄHLE MEINEN BESTEN ZUG: *Wähle meinen besten Zug in der Annahme, daß mein Gegner genauso vorgehen wird. Wenn ich gewonnen habe, bin ich fertig.*

An dieser Stelle sollten wir das Prinzip der Rekursion näher betrachten. Eine rekursive Regel definiert sich durch sich selbst. Eine rekursive Regel ist ein Zirkelschluß, doch wenn sie nützlich sein soll, darf man sich nicht endlos im Kreis drehen. Wir brauchen ein Schlupfloch.

Betrachten wir zur Verdeutlichung des Rekursionsprinzips ein Beispiel: die einfache »Fakultäts«funktion. Um die Fakultät von *n* zu erhalten, *multipliziert man n mit der Fakultät von (n–1).* Das ist der Zirkelschluß – wir definieren diese Funktion durch sich selbst. Wir müssen aber auch noch festlegen, daß *Fakultät von 1 = 1* ist. Das ist unser Schlupfloch.

Bestimmen wir zur Übung die Fakultät von 2. Gemäß unserer Definition ist

2 Fakultät = 2 mal (Fakultät von 1).

Da wir den Betrag von (Fakultät von 1) kennen, haben wir den Ausstieg aus der unendlichen Rekursion gefunden. Indem wir (Fakultät von 1) = 1 einfügen, können wir nun schreiben:

Fakultät von 2 = 2 mal 1 = 2.

Auf das Schachspiel angewandt zeigt sich, daß die Funktion WÄHLE MEINEN BESTEN ZUG rekursiv ist, da wir den besten Zug durch sich selbst definiert haben. Der täuschend harmlose Teil der Strategie – *»Wenn ich gewonnen habe, bin ich fertig«* – ist unser Schlupfloch.

Berücksichtigen wir nun, was wir über das Schachspiel wissen. Das ermöglicht uns, das Problem genauer zu definieren. Wir erkennen, daß wir, wenn wir den besten Zug auswählen wollen, zunächst eine Auflistung der *möglichen* Züge erstellen müssen. Das ist nicht sehr schwierig. Die zulässigen Züge sind für jede Spielsituation durch Regeln definiert. Obwohl Schach komplizierter als viele andere Spiele ist, sind die Spielregeln einfach und leicht zu programmieren. Also listen wir die möglichen Züge auf und wählen den besten aus.

Aber welcher ist der beste? Falls der Zug zum Gewinn der Partie führt, reicht das allemal. Also gehen wir erneut lediglich die Regeln durch und wählen einen Zug, der ein sofortiges Schachmatt erbringt. Vielleicht haben wir auch nicht soviel Glück, und keiner der möglichen Züge führt zum sofortigen Gewinnen. Dennoch müssen wir überlegen, ob der Zug einen Sieg oder eine Niederlage ermöglicht. An dieser Stelle sollten wir die subtile Ergänzung unserer Regel betrachten, *»in der Annahme, daß mein Gegner genauso vorgehen wird«*. Denn schließlich hängt mein Sieg oder meine Niederlage vom Vorgehen meines Gegners ab. Ich muß mich in seine Lage versetzen und seinen besten Zug wählen. Wie mache ich das? Hier zeigt sich die Stärke der Rekursion. Wir haben ein Programm namens WÄHLE MEINEN BESTEN ZUG, das genau so vorgeht. Also rufen wir es auf, um den besten Zug des Gegners zu bestimmen.

Unser Programm ist nun folgendermaßen strukturiert. WÄHLE MEINEN BESTEN ZUG erstellt eine Liste aller möglichen erlaubten Züge. Es untersucht der Reihe nach jeden möglichen Zug. Für jeden Zug erzeugt es eine hypothetische Spielsituation, die die Anordnung der Figuren im Falle des jeweiligen Zuges wiedergibt. Auch hier muß man nur wieder die Definition des Problems anwenden, wie sie durch die Regeln des Schachspiels festgelegt ist. WÄHLE MEINEN BESTEN ZUG versetzt sich nun an die Stelle meines Gegners und ruft sich auf, um dessen besten Zug zu bestimmen. Dann beginnt es, alle seine möglichen Züge in dieser Spielposition zu ermitteln.

Das Programm ruft sich also immer wieder auf und führt die möglichen Züge und Gegenzüge in einem immer größer werdenden und sich verzweigenden Baum von Möglichkeiten fort. Dieser Vorgang wird häufig als *Minimaxsuche* bezeichnet, da wir alternativ versuchen, die Gewinnchancen unseres Gegners zu minimieren und unsere eigenen zu steigern.

Wohin führt das alles? Das Programm ruft sich immer wieder auf, bis jeder Ast im Baum der möglichen Züge und Gegenzüge zum Ende des Spieles führt. Jedes Spielende liefert die Antwort: Sieg, Remis oder Patt. Am Punkt der maximalen »Höhe« der Züge und Gegenzüge stößt das Programm auf Züge, die das Spiel beenden. Wenn ein Zug zum Gewinn der Partie führt, wählen wir diesen Zug. Falls es keine Züge gibt, die zum Gewinn führen, sind wir mit einem Unentschieden zufrieden. Wenn es keine Züge gibt, die zum Gewinn oder einem Unentschieden führen, spiele ich in der Hoffnung weiter, daß mein Gegner im Gegensatz zu mir nicht perfekt ist.

Diese Züge am Ende der Partie sind die äußersten Äste – die sogenannten Blätter – des Baumes der möglichen Zugsequenzen. An diesem Punkt beginnt das Programm, anstatt weiterhin die Funktion WÄHLE MEINEN BESTEN ZUG auszuführen, die Rekursion zurückschreitend aufzulösen. Wenn das Programm die WÄHLE MEINEN BESTEN ZUG-Funktion verläßt, hat es an jedem Verästelungspunkt den optimalen Zug bestimmt (auch den optimalen Zug der Gegenseite) und kann auf dieser Grundlage den besten Zug für die *momentane* Spielsituation wählen.

Wie gut kann dieses simple Programm nun Schach spielen? Die Anwort lautet: Es spielt *perfektes* Schach. Das Programm kann nicht verlieren, es sei denn, sein Gegner kommt ihm zuvor und spielt ebenfalls perfekt. Perfekt Schach zu spielen ist eine außergewöhnliche Fähigkeit und mehr, als ein Mensch erreichen kann. Der komplizierteste Teil der Funktion WÄHLE MEINEN BESTEN ZUG – der einzige Aspekt, der nicht extrem einfach ist – besteht darin, an jedem Punkt des Spieles die zulässigen Züge zusammenzustellen. Und das hängt nur davon ab, wie wir die Regeln aufstellen. Im Prinzip bestimmen wir die Antwort, indem wir das Problem genau definieren.

Aber wir sind noch nicht fertig. Die Fähigkeit, perfekt Schach spielen zu können, mag vielleicht beeindrucken, ist jedoch noch nicht ausreichend. Wir müssen in unsere Überlegungen miteinbeziehen, wie schnell ein Spieler nach dem Prinzip WÄHLE MEINEN BESTEN ZUG reagieren kann. Nehmen wir an, daß es im Durchschnitt ungefähr acht mögliche Züge für jede Spielsituation gibt und daß ein Spiel üblicherweise über dreißig Züge geht. Wir müssen dann 8^{30} mögliche Zugkombinationen berücksichtigen, wenn wir den Baum für alle Möglichkeiten eines Zuges und dessen Gegenzüge erstellen wollen. Angenommen, wir könnten eine Milliarde Spielsituationen pro Sekunde analysieren (was beträchtlich mehr ist, als selbst die besten Schachcomputer heute leisten), dann würde die Wahl jedes Zuges 10^{18} Sekunden oder 40 Milliarden Jahre dauern.

Bedauerlicherweise würde das die Regelspielzeit ganz erheblich überschreiten. Dieser rekursive Ansatz ähnelt ein wenig der Evolution – beide leisten Großartiges, sind jedoch unglaublich langsam. Genauer betrachtet ist das nicht sonderlich überraschend. Die Evolution stellt ein weiteres sehr einfaches Paradigma dar und gehört ebenfalls zu unseren einfachen Formeln.

Bevor wir jedoch die Rekursionsformel verwerfen, sollten wir versuchen, sie unter Berücksichtigung unserer menschlichen Geduld – und vorläufig auch unter Berücksichtigung unserer Sterblichkeit – zu verändern.

Es liegt auf der Hand, daß wir zunächst festlegen müssen, wie weit die Rekursion gehen soll. Wie groß wir den Baum für die Zug- und Gegenzugmöglichkeiten werden lassen, hängt von der Rechenkapazität ab, die uns zur Verfügung steht. Ziehen wir den Faktor »verfügbare Rechenkapazität« in Betracht, können wir die Rekursionsformel bei jedem Computer von der Größe einer Armbanduhr bis hin zum Supercomputer einsetzen.

Beschränkt man die Größe des Baumes, bedeutet das natürlich, daß nicht jeder Ast bis zum Spielende weiterverfolgt werden kann. Je nach Rechenkapazität und verfügbarer Zeit muß der Prozeß an einem bestimmten Punkt abgebrochen werden. Daraus folgt, daß wir eine Methode zur Beurteilung der »Blätter« des unvollständigen Baumes benötigen. Als wir noch das Ziel hatten, jede Zugkombination bis zum Spielende zu verfolgen, war die Beurteilung einfach: Ein Sieg ist besser als ein Unentschieden, und eine Niederlage ist überhaupt nicht gut. Die Beurteilung einer Spielsituation mitten im Spiel ist etwas komplizierter. Genauer gesagt: Sie ist umstrittener, denn hier treffen wir auf verschiedene Denkschulen.

Die Katze in »Alice im Wunderland«, die zu Alice sagt, es spiele keine große Rolle, welchen Weg sie einschlage, muß eine Expertin für rekursive Algorithmen sein. Jeder halbwegs vernünftige Ansatz funktioniert ziemlich gut. Wenn wir zum Beispiel einfach den Wert der Figuren (also 10 für die Königin, 5 für den Turm und so weiter) addieren, erzielen wir ganz respektable Ergebnisse. Programmiert man einen durchschnittlichen Personal Computer des Jahres 1998 unter Verwendung der Figurenwertmethode zur Beurteilung der Schlußblätter mit der rekursiven Minimax-Formel, kann man damit – abgesehen von ein paar Tausend – fast alle Schachspieler auf der Welt schlagen.

Ich bezeichne diesen Ansatz als »simple Strategie«. Nach diesem Prinzip geht man folgendermaßen vor: Man beurteilt mittels einer einfachen Methode die Blätter und verwendet die zur Verfügung stehende Rechenkapazität, um die Züge und Gegenzüge so weit wie möglich weiterzuverfolgen. Ein anderer Ansatz ist die »komplexe Strategie«, bei der man aufwendige Methoden zur Bewertung der »Qualität« der Spielposition bei jedem Blatt vorzieht.

Der IBM-Computer Deep Blue, der eine historische Schwelle überschritt, verwendet eine wesentlich raffiniertere Methode zur Bewertung der Blätter, als lediglich die Werte der Figuren zu addieren. Allerdings stimmte Murray Campbell, der Leiter des Deep Blue Teams, wenige Wochen vor Deep Blues historischem Sieg in einem Gespräch mit mir überein, daß die Bewertungsmethode des Computers eher der simplen als der komplexen Strategie zuzuordnen sei.

Daß menschliche Spieler sehr komplex denken, scheint eine Bedingung der menschlichen Existenz zu sein. Als Folge davon können selbst die besten Schachspieler nicht mehr als etwa einhundert Züge berücksichtigen – im Vergleich zu den mehreren Milliarden Zügen von Deep Blue. Menschliches Handeln beruht auf sorgfältigen Überlegungen. Dennoch wurde Garry Kasparow, das Paradebeispiel für die komplexe Strategie, 1997 von einem Computer geschlagen, der nach dem Prinzip der simplen Strategie vorgeht.

Ich selbst bin Anhänger einer dritten Denkschule. Nun, strenggenommen ist sie eigentlich gar keine Schule, da meines Wissens nach noch nie jemand diese Idee ausprobiert hat. Grob gesagt, läuft sie auf eine Kombination rekursiver und neuronaler Netzparadigmen hinaus. Ich werde das Modell später bei der Diskussion über neuronale Netze detaillierter beschreiben.

Ein mathematikloser »Pseudo Code«
für den rekursiven Algorithmus

Im folgenden das grundlegende Schema für den rekursiven Algorithmus. Natürlich sind viele Variationen möglich, und der Systemdesigner muß für bestimmte kritische Parameter und Methoden sorgen, die unten genauer aufgeführt sind.

Der rekursive Algorithmus

Definiere eine Funktion (ein Programm) »WÄHLE DEN BESTEN NÄCHSTEN SCHRITT«. Die Funktion erbringt den Wert »ERFOLG« (wir haben das Problem gelöst) oder»MISSERFOLG« (wir haben es nicht gelöst). Wenn sie den Wert ERFOLG erbringt, dann erbringt die Funktion auch die Sequenz der Schritte, die sie zur Lösung des Problems wählte. WÄHLE DEN BESTEN NÄCHSTEN SCHRITT bewirkt also:

WÄHLE DEN BESTEN NÄCHSTEN SCHRITT:

- Bestimme, ob das Programm an dieser Stelle der fortgesetzten Rekursion »entkommen« konnte. Dieser Punkt und die beiden folgenden Punkte befassen sich mit dieser Entscheidung für einen Ausstieg. Bestimme zuerst, ob das Problem nun gelöst ist. Da dieser Aufruf von WÄHLE DEN BESTEN NÄCHSTEN SCHRITT wahrscheinlich vom sich selbst aufrufenden Programm kam, haben wir nun möglicherweise eine zufriedenstellende Lösung. Beispiele dafür sind:
  (1) In Zusammenhang mit einem Spiel (zum Beispiel Schach) ermöglicht uns der letzte Zug den Gewinn der Partie (zum Beispiel durch ein Schachmatt).
  (2) In Zusammenhang mit der Lösung eines mathematischen Theorems beweist der letzte Schritt das Theorem.
  (3) In Zusammenhang mit einem Kunstprogramm (zum Beispiel bei *Cybernetic Lyric* oder *Cybernetic Compositon*) stimmt der letzte Schritt mit den Zielen für das nächste Wort oder den nächsten Ton überein.

Wenn das Problem zufriedenstellend gelöst wurde, erbringt das Programm den Wert ERFOLG. In diesem Fall erhalten wir durch die Anweisung WÄHLE DEN BESTEN NÄCHSTEN SCHRITT ebenfalls die Schrittsequenz, die den Erfolg bewirkte.

- Wurde das Problem nicht gelöst, bestimme, ob eine Lösung (ein Erfolg) völlig ausgeschlossen ist. Beispiele dafür sind:

  (1) In Zusammenhang mit einem Spiel (zum Beispiel Schach) bewirkt dieser Zug unsere Niederlage (zum Beispiel schachmatt, d. h. Sieg für den Gegner).
  (2) In Zusammenhang mit der Lösung eines mathematischen Theorems verstößt dieser Schritt gegen das Theorem.
  (3) In Zusammenhang mit einem Kunstprogramm (zum Beispiel bei *Cybernetic Lyric* oder *Cybernetic Compositon*) verfehlt dieser Schritt die Ziele für das nächste Wort oder den nächsten Ton.
  Wenn eine Lösung an dieser Stelle als ausgeschlossen eingestuft wird, erbringt das Programm den Wert MISSERFOLG.

- Wenn das Problem weder gelöst wurde noch an dieser Stelle der Rekursion als aussichtslos beurteilt wird, bestimme, ob der Prozeß dennoch fortgesetzt werden soll. Dies ist ein wichtiger Aspekt des Programmdesigns, der die limitierte Zeit berücksichtigt, die unserem Computer zur Verfügung steht. Beispiele dafür sind:

  (1) In Zusammenhang mit einem Spiel (zum Beispiel Schach) bringt dieser Zug unsere Seite in ausreichendem Maße nach »vorne« oder wirft uns »zurück«. Es ist vielleicht nicht ganz einfach, diese Bestimmung vorzunehmen, doch sie ist die zentrale Designentscheidung. Allerdings können einfache Ansätze (wie zum Beispiel die Addition der Figurenwerte) immer noch gute Ergebnisse erzielen. Wenn das Programm bestimmt, daß unsere Seite in ausreichendem Maße vorne liegt, dann legt WÄHLE DEN BESTEN NÄCHSTEN SCHRITT ähnlich wie eine Bestimmung fest, daß unsere Seite gewonnen hat (das heißt, mit dem Wert ERFOLG). Wenn das Programm entscheidet, daß unsere Seite in ausreichendem Maße zurückliegt, legt WÄHLE DEN BESTEN NÄCHSTEN SCHRITT in gleicher Weise fest, daß unsere Seite verloren hat (mit dem Wert MISSERFOLG).
  (2) In Zusammenhang mit der Lösung eines mathematischen Theorems legt dieser Schritt fest, ob die Schrittsequenz in dem Beweis aller Wahrscheinlichkeit nach keinen Beweis erbringt. Wenn das der Fall ist, sollte dieser Weg aufgegeben werden, und WÄHLE DEN BESTEN NÄCHSTEN SCHRITT legt in ähnlicher Weise fest, daß dieser Schritt gegen das Theorem verstößt (das heißt, mit dem Wert MISSERFOLG). Es gibt kein »weiches« Äquivalent zu ERFOLG. Wir können den Wert ERFOLG nicht erzielen, bevor

wir das Problem nicht tatsächlich gelöst haben. Das liegt in der Natur der Mathematik.

(3) In Zusammenhang mit einem Kunstprogramm (zum Beispiel bei *Cybernetic Lyric* oder *Cybernetic Compositon*) geht es bei diesem Schritt darum, festzustellen, ob die Schrittfolge (zum Beispiel die Worte in einem Gedicht oder die Töne in einem Lied) aller Wahrscheinlichkeit nach die Ziele für den nächsten Schritt erreichen kann. Ist dies nicht der Fall, sollte dieser Weg aufgegeben werden, und WÄHLE DEN BESTEN NÄCHSTEN SCHRITT legt in gleicher Weise fest, daß dieser Schritt gegen die Ziele für den nächsten Schritt verstößt (das heißt, mit dem Wert MISSERFOLG).

- Wenn WÄHLE DEN BESTEN NÄCHSTEN SCHRITT kein Ergebnis erbringt (weil das Programm weder einen Erfolg noch einen Mißerfolg melden konnte und auch nicht bestimmen konnte, ob der Pfad an dieser Stelle aufgegeben werden sollte), sind wir der fortgesetzten rekursiven Expansion nicht entkommen. In diesem Fall erstellen wir eine Liste mit allen an dieser Stelle möglichen nächsten Schritten. An diesem Punkt kommt die präzise Formulierung des Problems ins Spiel:

(1) In Zusammenhang mit einem Spiel (zum Beispiel Schach) bedeutet das die Auflistung aller möglichen Züge für »unsere« Seite beim derzeitigen Stand des Spieles, was eine eindeutige Definition der Spielregeln bedingt.

(2) In Zusammenhang mit der Beweisfindung für ein mathematisches Theorem bedeutet das die Auflistung der möglichen Axiome oder der zuvor bewiesenen Theoreme, die an dieser Stelle des Lösungsweges angewandt werden können.

(3) In Zusammenhang mit einem Computer-Kunstprogramm bedeutet das die Auflistung aller Wörter/Töne/Textsegmente, die an dieser Stelle gesetzt werden können.

Für jeden möglichen nächsten Schritt gilt:

(1) Schaffe die hypothetische Situation, die durch die Durchführung dieses Schrittes entstehen würde. In einem Spiel bedeutet das die hypothetische Situation auf dem Brett. Bei einem mathematischen Beweis bedeutet das, diesen Schritt (also das Axiom) dem Beweis hinzuzufügen. Bei einem Kunstprogramm bedeutet das, das Wort/den Ton/das Textsegment hinzuzufügen.

(2) Rufe dann zur Untersuchung dieser hypothetischen Situation WÄHLE DEN BESTEN NÄCHSTEN SCHRITT auf. An die-

ser Stelle kommt natürlich die Rekursion ins Spiel, weil das Programm nun sich selbst aufruft.

(3) Wenn der oben genannte Aufruf von WÄHLE DEN BESTEN NÄCHSTEN SCHRITT den Wert ERFOLG ergibt, kehre von dem Aufruf WÄHLE DEN BESTEN NÄCHSTEN SCHRITT (in dem wir uns momentan befinden) ebenfalls mit dem Wert ERFOLG zurück. Ansonsten betrachte den nächsten möglichen Schritt.

Wurden alle möglichen nächsten Schritte durchgegangen, ohne einen Schritt zu finden, der nach dem Aufruf von WÄHLE DEN BESTEN NÄCHSTEN SCHRITT den Wert ERFOLG erbrachte, dann kehre von diesem Aufruf von WÄHLE DEN BESTEN NÄCHSTEN SCHRITT (in dem wir uns momentan befinden) mit dem Wert MISSERFOLG zurück.

Das Ende von WÄHLE DEN BESTEN NÄCHSTEN SCHRITT

Wenn der ursprüngliche Aufruf von WÄHLE DEN BESTEN NÄCHSTEN SCHRITT den Wert ERFOLG ergibt, wird er auch die korrekte Schrittfolge ergeben:

(1) In Zusammenhang mit einem Spiel ist der erste Schritt in dieser Folge der nächste Zug, den man machen sollte.
(2) In Zusammenhang mit einem mathematischen Beweis ist die komplette Schrittfolge der Beweis.
(3) In Zusammenhang mit einem Kunstprogramm ist die Schrittfolge das vollendete Kunstwerk.

Wenn der ursprüngliche Aufruf von WÄHLE DEN BESTEN NÄCHSTEN ZUG ein MISSERFOLG ist, muß alles noch einmal neu überdacht werden.

Wesentliche Design-Entscheidungen

Bei dem einfachen oben dargestellten Schema muß der Designer des rekursiven Algorithmus am Anfang folgendes bestimmen:

- Der Schlüssel zu einem rekursiven Algorithmus liegt darin, bei WÄHLE DEN BESTEN NÄCHSTEN ZUG zu bestimmen, wann die rekursive Expansion gestoppt werden soll. Das ist einfach, wenn das

Programm einen eindeutigen Erfolg (zum Beispiel schachmatt beim Schach oder die erforderliche Lösung eines mathematischen oder kombinatorischen Problems) oder einen eindeutigen Mißerfolg vorweisen kann. Schwieriger wird es, wenn ein eindeutiger Sieg oder eine eindeutige Niederlage noch nicht erfolgt ist. Manchmal muß man eine Schrittfolge aufgeben, bevor man ein eindeutig definiertes Ergebnis erzielt hat, weil das Programm ansonsten möglicherweise Milliarden Jahre laufen würde (oder zumindest bis Ihr Computer den Geist aufgibt).

- Die andere grundlegende Voraussetzung für den rekursiven Algorithmus ist eine eindeutige Definition des Problems. Bei einem Spiel wie Schach ist das natürlich relativ simpel. In anderen Situationen dagegen ist es nicht immer so einfach, ein Problem genau zu definieren.

Viel Spaß beim rekursiven Suchen!

NEURONALE NETZE

Anfang bis Mitte der sechziger Jahre begeisterten sich KI-Forscher für das *Perceptron*, eine Maschine, die aus den mathematischen Modellen menschlicher Neuronen konstruiert war. Die frühen Perceptrons erzielten bescheidene Erfolge bei Aufgaben zur Mustererkennung – beispielsweise beim Identifizieren von gedruckten Buchstaben oder von gesprochenen Lauten. Es schien, als ob man nur weitere Neuronen und Verbindungen hinzufügen müsse, um das Perceptron intelligenter zu machen.

Dann erschien 1969 Marvin Minskys und Seymour Paperts Buch *Perceptrons*. Darin bewiesen Minsky und Papert anhand einer Reihe von mathematischen Sätzen, daß ein Perceptron prinzipiell nicht in der Lage sein kann, die simple Frage zu beantworten, ob die Linien einer Zeichenfigur »zusammenhängend« sind oder nicht (in einer »zusammenhängenden« Figur sind alle Teile über Linien miteinander verbunden). Das Buch schlug ein wie eine Bombe – mit dem Effekt, daß man fast überall die Arbeit an Perceptrons einstellte.[2]

Erst seit Ende der siebziger Jahre gewann das Paradigma, mit Hilfe des Computers menschliche Neuronen zu simulieren, die man jetzt *neuronale Netze* nannte, erneut an Popularität. Einer, der es wissen mußte, schrieb dazu 1988:

> Es waren einmal eine neue Mutterwissenschaft, die Kybernetik, und sie gebar zwei Töchter. Die eine Tochter, die natürliche, erbte viele Eigenschaften von der Hirnforschung, von der Art, wie die Natur die Dinge tut. Die andere, die künstliche, war von Anfang an mit der Computerei verbandelt.

Jede Schwesternwissenschaft versuchte sich am Bau von Intelligenzmodellen, wobei sie aber ganz unterschiedliche Materialien verwendete. Die natürliche Schwester baute Modelle (sogenannte neuronale Netze) aus mathematisch bereinigten Neuronen. Die künstliche Schwester baute ihre Modelle aus Computerprogrammen.

In der ersten Blüte ihrer Jugend waren beide Schwestern gleichermaßen erfolgreich und wurden gleichermaßen von Verehrern aus anderen Wissensgebieten verfolgt. Sie kamen sehr gut miteinander aus. Ihr Verhältnis änderte sich jedoch zu Beginn der sechziger Jahre, als ein neuer Herrscher von sich reden machte, der über die größten Schatztruhen verfügte, die je im Reich der Wissenschaften gesehen worden waren: Fürst DARPA (die Defense Department Advanced Research Projects Agency – die Behörde für hochentwickelte militärische Forschungsprojekte im US-Verteidigungsministerium). Die künstliche Schwester wurde eifersüchtig und war fest entschlossen, den Zugang zu Fürst DARPAs Forschungsmitteln mit niemandem zu teilen. Deshalb sollte die natürliche Schwester sterben.

Zwei treue Anhänger der künstlichen Schwester, Marvin Minsky und Seymour Papert, machten sich ans blutige Werk. Ihnen fiel die Aufgabe des Jägers zu: Sie sollten Schneewittchen töten und als Beweis der Tat ihr Herz zurückbringen. Ihre Waffe war nicht der Dolch, sondern die viel mächtigere Feder, mit der sie ein Buch schrieben: *Perceptrons.* In ihm behaupteten sie, man könne beweisen, daß neuronale Netze nie ihr Versprechen würden wahr machen können, eines Tages das Modell der Intelligenz nachzubauen: *Nur Computerprogramme seien dazu in der Lage.* Der Sieg der künstlichen Schwester schien gewiß. Und tatsächlich kam während der folgenden zehn Jahre der ganze Lohn des Königreiches ihrer Nachkommenschaft zugute, wobei die Familie der Expertensysteme den dicksten Batzen und den größten Ruhm einheimste.

Doch Schneewittchen war nicht tot. Was Minsky und Papert der Welt als Beweis vorgelegt hatten, war nicht das Herz der Prinzessin gewesen, sondern ein Schweineherz.

Der Verfasser dieser Erklärung war niemand anderes als Seymour Papert.[3] Seine süffisante Anspielung auf blutende Herzen spiegelt ein weitverbreitetes Mißverständnis wider über die Bedeutung des zentralen Theorems in dem von ihm und Minsky 1969 veröffentlichten Buch. Das Theorem zeigte die Grenzen einer *einzelnen* Schicht simulierter Neuronen. Wenn man dagegen neuronale Netze in mehreren Schichten anordnet – bei denen der Output eines neuronalen Netzes in das nächste fließt –, steigert sich dessen Potential immens. Kombiniert man neuronale Netze mit anderen Paradigmen, lassen sich noch größere Fortschritte erzielen. Das Herz, das Minsky und Papert präsentierten, stammte von einem neuronalen Netz mit einer einzelnen Schicht.

Paperts Ironie spielt auch auf die bedeutenden Beiträge an, die er selbst und Minsky auf dem Gebiet der neuronalen Netze geleistet haben. Minsky begann seine Karriere mit grundlegenden Beiträgen auf diesem Gebiet in den fünfziger Jahren in Harvard.[4]

Doch genug von der Politik. Wie lauten die wesentlichen Probleme bei der Entwicklung eines neuronalen Netzes?

Ein wesentlicher Punkt ist die Topologie des Netzes: die Organisation der interneuronalen Verbindungen. Ein Netz, das auf verschiedenen Ebenen organisiert ist, kann komplexere Unterscheidungen vornehmen, ist aber auch schwieriger zu trainieren.

Das Training des Netzes ist entscheidend. Es erfordert eine umfangreiche Bibliothek mit Beispielen der Muster, die das Netz erkennen soll, und das richtige Erkennen jedes Musters. Vom Prinzip her ist das Training relativ simpel: Dem Netz wird zunächst jedes Muster präsentiert. Verbindungen, die zu einem korrekten Erkennen beitragen, werden gestärkt, Verbindungen, die zu einem falschen Erkennen beitragen, werden dagegen geschwächt. Diese als Back-Propagation bezeichnete Methode der Stärkung und Schwächung der Verbindungen ist eines von mehreren Verfahren zum Training von neuronalen Netzen. Es ist umstritten, wie dieses Lernen in den neuronalen Netzen des menschlichen Gehirns vor sich geht, da dort bislang zumindest noch kein Mechanismus bekannt ist, durch den eine Back-Propagation erfolgen könnte. Anscheinend verfährt das menschliche Gehirn unter anderem nach einer Methode, bei der schon das Abfeuern eines Neurons die Stärke der Neurotransmitter an den Synapsen verstärkt, mit denen das Neuron verbunden ist. Außerdem haben Neurobiologen vor kurzem entdeckt, daß bei Primaten und aller Wahrscheinlichkeit nach auch bei Menschen während des ganzen Lebens, auch im Erwachsenenstadium, neue Gehirnzellen gebildet werden. Damit wird einem früheren Dogma widersprochen, das eine Neubildung von Gehirnzellen für unmöglich hielt.

Große und kleine Berge

Ein wesentliches Problem bei adaptiven Algorithmen – neuronalen Netzen und evolutionären Algorithmen – wird oft als *lokale versus globale Optimierung* bezeichnet – oder anders ausgedrückt: Man erklimmt den nächstliegenden Berg, anstatt den größten Berg zu finden und ihn dann zu besteigen. Durch das Lernen eines neuronalen Netzes (indem die Stärken der Verbindungen angepaßt werden) oder durch die Entwicklung eines evolutionären Algorithmus (indem der »genetische« Code dem simulierten Organismus angepaßt wird) verbessert sich die Paßform der Lösung, bis eine »lokal optimale« Lösung gefunden ist. Wenn wir diese Methoden mit der Besteigung eines Berges vergleichen, erweisen sie sich als sehr gut beim Finden des nächstgelegenen Berggipfels, das heißt, der besten möglichen Lösung innerhalb einer lokalen Umgebung möglicher Lösungen. Aber manchmal sitzt man mit diesen Methoden auf dem Gipfel eines kleinen Berges fest und übersieht einen höheren Berg in einem anderen Gebiet. Anders gesagt: Nähert sich das neuronale Netz einer lokal optimalen Lösung an, wird die Paßform wieder schlechter, wenn es versucht, die jeweiligen anderen Verbindungsstärken abzustimmen. Doch genau wie ein Bergsteiger manchmal eine kleine Anhöhe hinuntersteigen muß, um schließlich einen höheren Punkt auf einem anderen Gipfel zu erreichen, muß das neuronale Netz (oder der evolutionäre Algorithmus) gelegentlich eine Lösung vorübergehend schlechter bewerten, um schließlich eine bessere Lösung zu finden.

Ein Ansatz zur Vermeidung solcher »falscher« optimaler Lösungen (kleine Berge) besteht darin, die adaptive Methode zu zwingen, die Analyse mehrfach und unter sehr verschiedenen Anfangsbedingungen durchzuführen – oder anders ausgedrückt, sie zu zwingen, nicht nur einen, sondern viele Berge zu besteigen. Aber selbst bei diesem Ansatz muß der Entwickler des Systems sicherstellen, daß die adaptive Methode nicht einen noch höheren Berg in einem noch entfernteren Land übersehen hat.

Das Schachlabor

Einen Einblick in den Vergleich zwischen menschlichem Denken und dem Weg dorthin, der mit Computern beschritten wird, bietet wieder einmal die Untersuchung der Herangehensweise von Mensch und Maschine an das Schachspiel. Ich möchte damit das Schachspiel nicht noch mehr überfrachten, sondern einen deutlichen Kontrast illustrieren. Laut Raj Reddy, dem KI-Guru der Carnegie Mellon University, spielen Untersuchungen über Schach bei der Künstlichen Intelligenz eine ähnliche Rolle wie die Studien von *E. Coli* in der Biologie: Sie sind ein ideales Labor zur Untersuchung fundamentaler Fragen.[5] Computer verwenden ihre enorme Schnelligkeit zur Analyse der ungeheuren Kombinationsmöglichkeiten, die durch die kombinatorische Explosion der Züge und Gegenzüge entstehen. Obwohl Schachprogramme auch noch eine Reihe anderer Tricks auf Lager haben (zum Beispiel speichern sie die Eröffnungen aller Meisterschachspiele dieses Jahrhunderts und spielen die Endspiele im voraus durch), vertrauen sie doch im wesentlichen auf die ihnen eigene Kombination aus Schnelligkeit und Präzision. Im Vergleich dazu sind menschliche Spieler, selbst Großmeister, extrem langsam und ungenau. Wir berechnen *alle* unsere Schachzüge im voraus. Deswegen braucht man so lange, bis man ein Schachmeister – oder ein Meister in irgendeinem anderen Fach – wird. Garry Kasparow verbrachte einen Großteil seines bisherigen Lebens mit dem Studium – und der Erprobung – von Schachzügen. Wissenschaftler schätzen, daß Menschen, die ein höheres Sujet meisterhaft beherrschen, sich über 50000 solcher »Wissensbrocken« eingeprägt haben.

Wenn Kasparow spielt, entwickelt er im Kopf ebenfalls einen Baum möglicher Züge und Gegenzüge. Doch sein Baum ist aufgrund der begrenzten Geschwindigkeit des menschlichen Gehirns und des Kurzzeitgedächtnisses (für jeden tatsächlich gespielten Zug) auf weniger als ein paar Hundert Spielpositionen beschränkt. Im Vergleich dazu kann sein elektronischer Gegner Milliarden von Spielpositionen speichern. Daher muß der menschliche Schachmeister mit Hilfe seiner geschulten Fähigkeit zur Mustererkennung seinen Baum drastisch stutzen und ertraglose Äste kappen. Er gleicht jede Spielposition – ob sie nun tatsächlich vorliegt oder nur in seinem Kopf – mit den Zehntausenden von zuvor analysierten Situationen in seiner Datenbank ab.

Nach Kasparows Niederlage im Jahr 1997 konnte man viel darüber lesen, daß Deep Blue nur ungeheure Zahlenmengen verarbeitete, aber nicht wirklich wie sein menschlicher Rivale »dachte«. Man kann sagen, daß das Gegenteil der Fall ist, daß Deep Blue tatsächlich die Konsequenzen jedes einzelnen Zuges und Gegenzuges durchdachte, während Kasparow keine Zeit blieb, im Verlaufe des Turniers viel nachzudenken. Meistens stützte er sich auf Situationen aus seiner geistigen Datenbank, die er lange zuvor durchdacht hatte. Natürlich hängt eine Spielzug-Entscheidung von den eigenen Vorstellungen über das Denken ab, wie ich bereits in Kapitel 3 darlegte. Doch wenn die Vorgehensweise des Menschen beim Schachspiel – *neuronale Netze, die sich auf das Erkennen von Schemata stützen, mit denen eine konkrete Situation mittels einer Bibliothek zuvor analysierter Situationen beurteilt wird* – als »originäres« Denken gilt, warum programmieren wir dann nicht unsere Maschinen so, daß sie in derselben Weise funktionieren?

Der dritte Weg

Erinnern wir uns, daß man bei der simplen Strategie einen Ansatz verwendet wie beispielsweise die Addition der Figurenwerte zur Bewertung einer bestimmten Spielsituation, während die komplexe Strategie einen ausgeklügelteren und zeitraubenderen logischen Ansatz verfolgt. Ich trete, wie bereits oben im Zusammenhang mit der Bewertung der Schlußblätter im rekursiven Suchprozeß erwähnt, für einen dritten Weg ein: Und dieser Weg besteht in der Kombination zweier einfacher Paradigmen – der Rekursion und des neuronalen Netzes –, indem man das neuronale Netz zur Bewertung der Spielpositionen bei jedem Schlußblatt verwendet. Das Training eines neuronalen Netzes nimmt viel Zeit in Anspruch und erfordert viele Berechnungen, doch die Lösung einer einzelnen Erkennungsaufgabe durch ein neuronales Netz, das bereits sein Pensum gelernt hat, geht im Vergleich zu einer Bewertung nach der einfachen Strategie sehr schnell. Trotz dieser Schnelligkeit greift das neuronale Netz auf die lange Zeitspanne zurück, die es mit dem Lernen des Materials verbracht hat. Da jedes Meisterschachspiel dieses Jahrhunderts online gespeichert vorliegt, können wir diese immense Datenmenge zum Training des neuronalen Netzes verwenden. Es handelt sich dabei um ein einmaliges Training, das offline erfolgt (sprich, nicht während eines tatsächlichen Spieles). Das trainierte neuronale Netz kann dann zur Bewertung der Spielposition an jedem Schlußblatt eingesetzt werden. Ein derartiges System würde der lebenslangen Erfahrung eines Großmeisters eine Kombination aus dem millionenfachen Geschwindigkeitsvorteil eines Computers und der eher menschlichen Fähigkeit zur Wiedererkennung bestimmter Schemata entgegensetzen.

Murray Campbell, der Leiter des Deep Blue Teams, dem ich diesen Ansatz vorstellte, war davon überaus angetan. Campbell gab zu, daß er es leid sei, den Algorithmus zur Blattbewertung weiterhin von Hand einzustellen. Wir sprachen über die Bildung eines Beraterteams, doch bevor wir die Idee umsetzen konnten, legte IBM das Schachprojekt auf Eis. Meiner Meinung nach liegt der Schlüssel zur Nachbildung der vielfältigen menschlichen Intelligenz in einer optimalen Kombination grundlegender Paradigmen. Wie man das Paradigma der evolutionären Algorithmen miteinbezieht, erläutere ich im folgenden.

Mathematikloser »Pseudo-Code« für Neuronalnetz-Algorithmen

Dies ist das Grundschema für den Algorithmus eines neuronalen Netzes. Es gibt viele Variationsmöglichkeiten, und der Designer des Systems muß bestimmte kritische Parameter und Methoden bereitstellen, die im Anschluß näher erläutert werden.

Der Neuronalnetz-Algorithmus

Zur Lösung eines Problems mittels eines neuronalen Netzes gehören die folgenden Schritte:

- Definiere den Input.
- Definiere die Topologie des neuronalen Netzes (das heißt die Schichten der Neuronen und die Verbindungen zwischen den Neuronen).
- Trainiere das neuronale Netz mit Beispielen des Problems.
- Lasse das geschulte neuronale Netz neue Beispiele für das Problem lösen.
- Bringe den Neuronalnetz-Anbieter an die Börse.

Diese Schritte (mit Ausnahme des letzten Schrittes) werden im folgenden näher ausgeführt:

Der Problem-Input

Der Problem-Input für das neuronale Netz besteht aus einer Reihe von Zahlen. Beispiele dafür sind:

- In einem visuellen System zur Mustererkennung: ein zweidimensionales Datenfeld mit Zahlen, die die Rasterpunkte eines Bildes darstellen.
- Bei einem auditiven Erkennungssystem (zum Beispiel einem Spracherkennungssystem): ein zweidimensionales Datenfeld mit Zahlenwerten, die ein Geräusch darstellen. Die erste Dimension steht für die Geräuschparameter (zum Beispiel die Frequenzkomponenten), die zweite Dimension steht für verschiedene Zeitpunkte.
- Bei einem arbiträren System zur Mustererkennung: ein n-dimensionales Datenfeld, das das Input-Muster repräsentiert.

Die Definition der Topologie

Zur Einrichtung eines neuronalen Netzes:
Der Bauplan jedes Neurons setzt sich zusammen aus:

- Multiplen Inputs, von denen jeder Input entweder mit dem Output eines anderen Neurons oder Regelungswerten »verbunden« ist.
- Im allgemeinen einem einzelnen Output, der entweder mit dem Output eines anderen Neurons (das normalerweise in einer höheren Schicht liegt) oder dem endgültigen Output verbunden ist.

Zur Einrichtung der ersten Neuronenschicht:

- Richte N_0 Neuronen in der ersten Schicht ein. »Verbinde« für jedes Neuron die multiplen Inputs des Neurons mit »Punkten« (das heißt Zahlen) im Problem-Input. Diese Verbindungen können willkürlich oder mittels eines evolutionären Algorithmus (siehe unten) bestimmt werden.
- Bestimme eine anfängliche »synaptische Stärke« für jede begonnene Verbindung. Diese Stärken können identisch sein, willkürlich festgelegt oder auf eine andere Weise bestimmt werden (siehe unten).

Zur Einrichtung weiterer Neuronenschichten:

Richte insgesamt M Neuronenschichten ein. Richte bei jeder Schicht die Neuronen ein.
Für die Schicht_i:

- Richte N_i Neuronen in Schicht_i ein. »Verbinde« bei jedem Neuron jeden multiplen Input des Neurons mit den Outputs der Neurone in Schicht_{-i} (siehe die folgenden Variationen).
- Bestimme eine anfängliche »synaptische Stärke« für jede begonnene Verbindung. Diese Stärken können alle identisch sein, willkürlich festgelegt oder auf eine andere Weise bestimmt werden (siehe unten).
- Die Ausgabewerte der Neuronen in Schicht_M sind die Outputs des neuronalen Netzes (siehe die Variationen unten).

Die Erkennungstests

Wie jedes Neuron funktioniert:
Wenn das Neuron einmal eingerichtet ist, verhält es sich bei jedem Erkennungstest folgendermaßen:

- Der gestärkte Input des Neurons wird ermittelt, indem man den Output des Neurons (oder den anfänglichen Input), mit dem das betreffende Neuron verbunden ist, mit der synaptischen Stärke dieser Verbindung multipliziert.

- Alle diese gestärkten Inputs für die Neuronen werden summiert.
- Ist diese Summe größer als die Reizschwelle dieses Neurons, dann »feuert« dieses Neuron, und sein Output beträgt 1. Ist das nicht der Fall, beträgt sein Output 0 (siehe die Variationen unten).

Für jeden Erkennungstest muß folgendes getan werden:
Für jede Schicht von Schicht_0 bis Schicht_M:

Für jedes Neuron in der Schicht:

- Summiere seine gestärkten Inputs (wobei jeder gestärkte Input dem Output des Neurons – oder des anfänglichen Inputs – entspricht, mit dem der Input dieses Neurons verbunden ist, multipliziert mit der synaptischen Stärke dieser Verbindung).
- Übertrifft die Summe der gestärkten Inputs die Reizschwelle des Neurons, setze den Output dieses Neurons = 1, wenn nicht, setze es 0.

Das Training des neuronalen Netzes

- Führe wiederholt Erkennungstests an Problembeispielen durch.
- Gleiche nach jedem Test die synaptischen Stärken aller interneuronalen Verbindungen an, um die Leistung des neuronalen Netzes bei diesem Test zu verbessern (zur Vorgehensweise siehe die Ausführungen unten).
- Setze das Training so lange fort, bis sich der Genauigkeitsgrad nicht mehr verbessert (das heißt eine Asymptote erreicht).

Wesentliche Design-Entscheidungen

Bei dem oben gezeigten einfachen Schema muß der Entwickler des Neuronalnetz-Algorithmus am Anfang folgendes bestimmen:

- Wofür die Inputs stehen.
- Die Anzahl der Neuronenschichten.
- Die Anzahl der Neuronen in jeder Schicht (die Schichten müssen nicht unbedingt die gleiche Anzahl Neuronen enthalten).
- Die Anzahl der Inputs für jedes Neuron in jeder Schicht. Die Anzahl der Inputs (das heißt der interneuronalen Verbindungen) kann ebenfalls von Neuron zu Neuron und von Schicht zu Schicht variieren.
- Die tatsächliche »Verknüpfung« (sprich: die Verbindungen). Für jedes Neuron in jeder Schicht besteht die Verbindung aus einer Reihe anderer

Neuronen, deren Outputs die Inputs für dieses Neuron darstellen. Diese zentrale Designaufgabe läßt sich auf unterschiedliche Weise erreichen. Man kann:

(1) das neuronale Netz willkürlich verknüpfen.
(2) mit Hilfe eines evolutionären Algorithmus (siehe nächster Abschnitt dieses Kapitels) die optimale Verknüpfungsstruktur bestimmen.
(3) die Verknüpfung nach der Empfehlung des Systementwicklers vornehmen.

- Die anfänglichen synaptischen Stärken jeder Verbindung. Auch hier stehen einem verschiedene Wege offen:

(1) Man setzt alle synaptischen Stärken auf den gleichen Wert.
(2) Man weist den synaptischen Stärken willkürlich unterschiedliche Werte zu.
(3) Man verwendet zur Bestimmung der optimalen Einstellung für die Anfangswerte einen evolutionären Algorithmus.
(4) Oder man verläßt sich auf die Empfehlung des Systementwicklers.

- Die Reizschwelle jedes Neurons.
- Bestimme den Output. Der Output kann:

(1) der Output der Neuronenschicht$_M$ sein.
(2) der Output eines einzelnen Output-Neurons sein, dessen Inputs die Outputs der Neuronen in Schicht$_M$ sind.
(3) eine Funktion der (zum Beispiel eine Summe der) Outputs der Neuronen in Schicht$_M$ sein.
(4) eine Funktion der Neuronen-Outputs in verschiedenen Schichten sein.

- Lege fest, wie die synaptischen Stärken aller Verbindungen während des Trainings des neuronalen Netzes angeglichen werden. Wie bei den obigen Punkten kann man sich auch bei dieser zentralen Designentscheidung, der in der Neuronalnetzforschung große Aufmerksamkeit gewidmet wird, mehrerer Methoden bedienen:

(1) Einerseits kann man bei jedem Erkennungstest jede synaptische Stärke um einen (normalerweise kleinen) feststehenden Betrag steigern oder senken und damit den Output des neuronalen Netzes der richtigen Antwort angleichen. Eine Möglichkeit dafür besteht

darin, sowohl die Steigerung als auch die Senkung auszuprobieren und abzuwarten, welcher Effekt eine bessere Übereinstimmung erbringt. Da dies jedoch viel Zeit in Anspruch nehmen kann, wurden andere Methoden für lokale Entscheidungen darüber entwikkelt, ob die synaptischen Stärken zwischen den einzelnen Neuronen im Netz gesteigert oder reduziert werden.

(2) Mit Hilfe statistischer Methoden können die synaptischen Stärken nach jedem Erkennungstest so modifiziert werden, daß sich die Leistung des neuronalen Netzes im konkreten Testlauf der korrekten Antwort annähert.

Beachte, daß das Training des neuronalen Netzes auch dann funktioniert, wenn die Antworten zu den Trainingstests nicht immer richtig sind. Das erlaubt uns die Verwendung realistischer Daten, die eventuell eine inhärente Fehlerquote aufweisen. Der Erfolg eines Erkennungssystems auf der Grundlage eines neuronalen Netzes hängt mit von der Datenmenge ab, die zu seinem Training eingesetzt wird. Generell gilt: je höher die Datenmenge, desto besser der Lerneffekt. Wie bei menschlichen Schülern ist auch bei den neuronalen Netzen die Zeit, die ein neuronales Netz mit Lernen verbringt, ausschlaggebend für seine Leistung.

Variationen

Natürlich sind bei allen genannten Punkten viele Variationen denkbar, unter anderem folgende:

- Wie oben beschrieben, gibt es verschiedene Möglichkeiten zur Bestimmung der Topologie. Vor allem die interneuronale Verknüpfung kann entweder willkürlich oder unter Verwendung eines evolutionären Algorithmus erfolgen.
- Es gibt, wie oben beschrieben, verschiedene Möglichkeiten zur Festlegung der synaptischen Anfangsstärken.
- Die Inputs für die Neuronen in Schichti müssen nicht unbedingt von den Outputs der Neuronen in Schichti-1 stammen. Die Inputs für die Neuronen einer bestimmten Schicht können aus jeder anderen tieferen oder höheren Schicht kommen.
- Wie oben erwähnt, stehen verschiedene Möglichkeiten zur Bestimmung des endgültigen Outputs offen.
- Die oben beschriebene Methode vergleicht für jedes Neuron die Summe der gestärkten Inputs mit der Reizschwelle des Neurons. Wird die Schwelle überschritten, feuert das Neuron, und sein Output nimmt den

Wert 1 an. Wenn nicht, beträgt der Output 0. Dieses »Alles oder Nichts«-Verhalten wird als nichtlinear bezeichnet. Es gibt noch andere nichtlineare Funktionen, die man verwenden kann. Üblicherweise wird eine Funktion verwendet, die von 0 nach 1 zwar steil, aber allmählicher (als alles oder nichts) verläuft. Außerdem kann der Output auch eine andere Zahl sein als 0 oder 1.

- Die verschiedenen Methoden zur Angleichung der synaptischen Stärken beim Training, die kurz dargestellt wurden, stellen eine zentrale Designentscheidung dar.
- Das oben gezeigte Schema beschreibt ein »synchrones« neuronales Netz, in dem jeder Erkennungstest durch die Berechnung der Outputs jeder Schicht abläuft, beginnend bei $Schicht_0$ bis zu $Schicht_M$. In einem wirklich parallelen System, in dem jedes Neuron unabhängig von den anderen funktioniert, können die Neuronen »asynchron« (unabhängig voneinander) arbeiten. Bei einem asynchronen Ansatz tastet jedes Neuron ständig seine Inputs ab und feuert (das heißt, es wechselt seinen Output von 0 zu 1), sobald die Summe (oder, alternativ, das Ergebnis einer anderen nichtlinearen Output-Funktion) seiner gestärkten Inputs die spezifische Reizschwelle überschreitet.

Viel Spaß bei der Anwendung!

EVOLUTIONÄRE ALGORITHMEN

Wenn die Biologie das Prinzip der Selbstorganisation ignoriert hat, dann nicht etwa deshalb, weil die Neigung zur Selbstordnung keine durchdringende oder starke Eigenschaft ist. Der Grund ist vielmehr darin zu sehen, daß wir Biologen erst noch begreifen müssen, was wir von Systemen halten sollen, die gleichzeitig von zwei Ordnungsprinzipien geleitet werden. Doch wer eine Schneeflocke betrachtet, wer sieht, wie einfache Fettmoleküle im Wasser treiben und sich selbst zu zellenartigen Lipidvesiculae formieren, wer in Schwärmen reagierender Moleküle das Potential zur Herausbildung von Leben erkennt, wer in Netzwerken die erstaunliche Ordnung bei der Verbindung Zehntausender Variablen betrachtet – wer all diese Phänomene wahrnimmt, muß zu der grundsätzlichen Einsicht kommen: Wenn wir je eine Schlußtheorie in der Biologie finden wollen, müssen wir zunächst die Vermischung von Selbstorganisation und Selektion verstehen. Wir müssen erkennen, daß wir die natürlichen Produkte einer tieferen Ordnung sind. Schließlich werden wir, davon bin ich überzeugt, in dem Rätsel unserer eigenen Schöpfung entdecken, daß wir letztendlich doch erwartet wurden.

Stuart Kauffman

Wie ich schon darlegte, gehört zu einem evolutionären Algorithmus eine simulierte Umgebung, in der simulierte Software-»Wesen« um ihr Überleben und das Recht zur Fortpflanzung konkurrieren. Jedes Softwarewesen stellt eine mögliche Lösung für ein Problem dar, das in seiner digitalen »DNS« kodiert ist.

Die Lebensformen, die überleben und sich fortpflanzen, sind diejenigen, die das Problem besser gelöst haben. Evolutionäre Algorithmen werden als Bestandteil einer Klasse »entstehender« Methoden betrachtet, da ihre Lösungen allmählich entstehen und normalerweise nicht von den Systementwicklern vorhergesagt werden können. Evolutionäre Algorithmen sind besonders mächtig, wenn man sie mit anderen Paradigmen kombiniert. Ich möchte eine einzigartige Möglichkeit zur Kombination der Gesamtheit unserer »intelligenten« Paradigmen vorstellen.

Die Kombination der drei Paradigmen

Das menschliche Genom enthält drei Milliarden Kopplungsgruppen, was sechs Milliarden Datenbits entspricht. Wenn man die Daten etwas komprimiert, paßt Ihr genetischer Code auf eine einzige CD-ROM – und der Ihrer ganzen Familie auf eine DVD (Digital Video Disc). Allerdings bestehen in Ihrem Gehirn über einhundert Billionen »Verknüpfungen«, deren Wiedergabe ungefähr drei Billiarden Bits bräuchte. Wie brachten es die gerade einmal zwölf Milliarden Datenbits in Ihren Chromosomen (von denen, wie neuere Schätzungen annehmen, sogar nur 3 Prozent aktiv sind) fertig, die Verknüpfungen in Ihrem Gehirn festzulegen, die ungefähr das 250000fache an Daten repräsentieren?

Offensichtlich legt der genetische Code nicht die exakte Verknüpfung fest. Wie ich bereits zuvor erklärte, können wir ein neuronales Netz willkürlich verknüpfen und trotzdem zufriedenstellende Ergebnisse erhalten. Allerdings kennen wir auch eine bessere Methode, nämlich den Einsatz der Evolution. Ich meine damit nicht die Milliarden Jahre währende biologische Evolution, die das menschliche Gehirn hervorbrachte. Ich beziehe mich auf die Evolution, die während der Schwangerschaft und der frühen Kindheit abläuft. Am Anfang unseres Lebens tragen unsere interneuronalen Verknüpfungen einen Kampf um ihr Überleben aus. Diejenigen, die die Welt besser erklären können, bleiben erhalten. Am Ende der Kindheit sind diese Verbindungen relativ gefestigt, daher lohnt es sich, Babys und kleine Kinder einer stimulierenden Umgebung auszusetzen. Sonst erhält dieser Evolutionsprozeß nicht genügend lebensnahes Chaos, aus dem er seine Inspiration ziehen kann.

Ebenso können wir mit unseren synthetischen neuronalen Netzen verfahren: Wir verwenden einen evolutionären Algorithmus zur Bestimmung der optimalen Verknüpfungen. Nach demselben Prinzip gehen die Wissenschaftler von Kyoto Advanced Telecommunications bei ihrem ehrgeizigen Projekt zum Nachbau eines Gehirns vor.

Hier nun ein Rezept, wie sich ein schwieriges Problem durch die Verwendung aller drei Paradigmen auf intelligente Weise lösen läßt. Definieren Sie zunächst sorgfältig Ihr Problem. Das ist eigentlich schon der schwierigste Schritt. Die meisten

Menschen versuchen Probleme zu lösen, ohne sie überhaupt zu verstehen. Als nächstes analysieren Sie die logischen Konturen Ihres Problems *auf rekursive Weise,* indem Sie so viele Kombinationsmöglichkeiten durchgehen (zum Beispiel Spielzüge oder Lösungsschritte), wie Sie und Ihr Computer Geduld haben. Die Schlußblätter dieser rekursiven Expansion möglicher Lösungen werden mit einem *neuronalen Netz* bewertet. Bestimmen Sie die optimale Topologie Ihres neuronalen Netzes mittels eines evolutionären Algorithmus. Und wenn das alles nicht funktionieren sollte, haben Sie wirklich ein schwerwiegendes Problem.

»Pseudo-Code« für den evolutionären Algorithmus

Hier folgt das Basisschema für einen evolutionären Algorithmus. Viele Variationsmöglichkeiten sind denkbar. Der Systemdesigner muß bestimmte kritische, im folgenden genauer erläuterte Parameter und Methoden vorgeben.

DER EVOLUTIONÄRE ALGORITHMUS

Schaffe *N* Lösungs-»Wesen«. Jedes verfügt über:

- einen genetischen Code – eine Zahlenfolge, die eine mögliche Lösung für das Problem beschreibt. Die Zahlen können für kritische Parameter, Lösungsschritte, Regeln usw. stehen.

  Verfahre mit jeder Evolutionsgeneration folgendermaßen:
- Verfahre mit jedem der *N* Lösungs-Wesen folgendermaßen:

  (1) Wende seine Lösung (wie in seinem genetischen Code wiedergegeben) auf das Problem oder die simulierte Umgebung an.
  (2) Bewerte die Lösung.

- Wähle für den Fortbestand in der nächsten Generation die Lösungs-Wesen *L* mit den besten Ergebnissen.
- Eliminiere die nicht überlebensfähigen Lösungs-Wesen (*N* – *L*).
- Erzeuge neue Lösungs-Wesen (*N* – *L*) aus der überlebenden Generation *L*:

  (1) durch Kopieren der überlebenden Wesen *L*. Führe bei jeder Kopie kleine willkürliche Variationen ein; oder

(2) durch Erzeugen zusätzlicher Lösungs-Wesen durch Kombinieren einzelner Sequenzen des genetischen Codes (durch die Verwendung »geschlechtlicher« Fortpflanzung oder durch andere Möglichkeiten der Kombination von Chromosomenabschnitten) der überlebenden Kreaturen *L;* oder
(3) durch eine Kombination aus (1) und (2).

- Bestimme, ob die Entwicklung fortgesetzt werden soll oder nicht:

  Verbesserung = (Höchstwerte in dieser Generation) – (Höchstwerte in der vorherigen Generation)

  Der Prozeß ist abgeschlossen, wenn folgendes zutrifft:
  Verbesserung < die Verbesserungsschwelle

- **Das Lösungs-Wesen mit den besten Ergebnissen aus der letzten Evolutionsgeneration hat die beste Lösung. Wende die Lösung, die durch ihren genetischen Code definiert ist, auf das Problem an.**

Wesentliche Design-Entscheidungen

Bei dem obigen, sehr simplen Schema muß der Designer des evolutionären Algorithmus am Anfang folgende Elemente bestimmen:

- Schlüsselparameter:
  N
  L
  Verbesserungsschwelle

- Wofür die Zahlen in den genetischen Codes stehen und wie die Lösung mittels des genetischen Codes errechnet wird.
- Eine Methode zur Bestimmung der Lösungs-Wesen *N* in der ersten Generation. Im allgemeinen müssen dies nur »vernünftige« Lösungsversuche sein. Wenn diese Lösungen der ersten Generation zu ungenügende Ergebnisse liefern, könnte der evolutionäre Algorithmus bei der Annäherung an eine gute Lösung auf Schwierigkeiten stoßen. Deshalb ist es ratsam, in der ersten Generation der Lösungs-Wesen eine hohe »genetische« Vielfalt anzulegen, sprich sehr unterschiedliche Wesen zu erzeugen. Das trägt dazu bei, daß der Evolutionsprozeß nicht nur eine »lokal« optimale Lösung findet.

- Wie die Lösungen bewertet werden.
- Wie sich die überlebenden Lösungs-Wesen vermehren.

Variationen:

Zu den oben genannten Vorschlägen gibt es viele Variationsmöglichkeiten. Dazu gehören:

- Die Anzahl überlebender Lösungs-Wesen (das heißt *L*) pro Generation muß nicht fix vorgegeben werden. Die Überlebensregel(n) können eine variierende Zahl Überlebender erlauben.
- Genausowenig muß eine feste Anzahl neuer Lösungs-Wesen in jeder Generation neu entstehen (kein fixer Wert für $N - L$). Die Regeln für die Fortpflanzung können unabhängig von der Größe der Population festgelegt werden. Außerdem läßt sich die Fortpflanzungsrate mit der Überlebensquote verknüpfen, beispielsweise daß man den geeignetsten Lösungs-Wesen die höchste Fortpflanzungsrate zuweist.
- Natürlich lassen sich auch die Kriterien variieren, die darüber bestimmen, ob der evolutionäre Prozeß fortgesetzt werden soll oder nicht. Beispielsweise könnte man mehr als nur das am höchsten bewertete Lösungs-Wesen aus der (den) letzten Generation(en) berücksichtigen. Alternativ wäre auch denkbar, daß die Kriterien einen Trend berücksichtigen, der über die letzten beiden Generationen hinausgeht.

Viel Spaß bei der Evolution!

Zeittafel

vor 10 bis 15 Milliarden Jahren	Das Universum wird geboren.
10^{-43} Sekunden später	Das Universum kühlt sich auf 100 Millionen Billionen Billionen Grad ab. Die Gravitation entsteht.
10^{-34} Sekunden später	Das Universum kühlt sich auf 1 Milliarde Milliarden Milliarden Grad ab, und es entsteht Materie in Form von Quarks und Elektronen. Gleichzeitig tritt Antimaterie in Erscheinung.
10^{-10} Sekunden später	Die elektroschwache Kraft spaltet sich auf in die elektromagnetische Kraft und in die schwache Kraft.
10^{-5} Sekunden später	Bei einer Temperatur von 1 Billion Grad verschmelzen Quarks zu Protonen und Neutronen. Antiquarks bilden Antiprotonen. Die Protonen und Antiprotonen kollidieren; dabei bleiben überwiegend Protonen übrig, und Photonen (Licht) entstehen.
1 Sekunde später	Elektronen und Antielektronen (Positronen) kollidieren; dabei bleiben überwiegend Elektronen übrig.
1 Minute später	Bei einer Temperatur von 1 Milliarde Grad verschmelzen Neutronen und Protonen und bilden Elemente wie Helium, Lithium und schwere Formen des Wasserstoffs.
300 000 Jahre nach dem Urknall	Die Durchschnittstemperatur liegt jetzt bei rund 3000 Grad, und die ersten Atome entstehen.
1 Milliarde Jahre nach dem Urknall	Galaxien entstehen.
3 Milliarden Jahre nach dem Urknall	Aus der Materie in den Galaxien bilden sich Sterne und Sonnensysteme.
5–10 Milliarden Jahre nach dem Urknall oder vor 5 Milliarden Jahren	Geburt der Erde
vor 3,4 Milliarden Jahren	Auf der Erde tauchen mit den anaeroben Prokaryonten (Einzeller) erste lebende Organismen auf.
vor 1,7 Milliarden Jahren	Einfache DNS entwickelt sich.
vor 700 Millionen Jahren	Mehrzellige Pflanzen und Tiere entstehen.

vor 570 Millionen Jahren	Die »Kambrische Explosion des Lebens« findet statt. Sie bringt »Baupläne« für verschiedene Arten hervor; beispielsweise tauchen Tiere mit Hartteilen auf (Panzer und mineralisierte Skelette).
vor 400 Millionen Jahren	Landpflanzen entwickeln sich.
vor 200 Millionen Jahren	Dinosaurier und Säugetiere bevölkern die Erde.
vor 80 Millionen Jahren	Die Säugetiere entwickeln sich weiter.
vor 65 Millionen Jahren	Nach dem Aussterben der Dinosaurier setzen sich die Säugetiere durch.
vor 50 Millionen Jahren	Die anthropoide Unterart der Primaten spaltet sich ab.
vor 30 Millionen Jahren	Entwickelte Primaten wie Menschenaffen und andere höhere Affen treten in Erscheinung.
vor 15 Millionen Jahren	Die ersten Hominiden entstehen.
vor 5 Millionen Jahren	Hominide Wesen gehen aufrecht auf zwei Beinen. *Homo habilis* benutzt Werkzeuge und setzt so eine neue Form von Evolution in Gang: die *Technik*.
vor 2 Millionen Jahren	*Homo erectus* besitzt Feuer; er hat eine Sprache und stellt Waffen her.
vor 500 000 Jahren	*Homo sapiens* tritt in Erscheinung. Er zeichnet sich durch die Fähigkeit aus, Technik zu schaffen (dazu gehören Erfindungsreichtum bei der Herstellung von Werkzeugen, eine Tradition der Werkzeugherstellung und die kontinuierliche Verbesserung der Werkzeuge).
vor 100 000 Jahren	*Homo sapiens neanderthalensis* erscheint.
vor 90 000 Jahren	*Homo sapiens sapiens* (unser direkter Vorfahr) erscheint.
vor 40 000 Jahren	Die Unterart *Homo sapiens sapiens* ist die einzige überlebende hominide Unterart auf der Erde. Technik entwickelt sich als Evolution mit anderen Mitteln.
vor 10 000 Jahren	Das moderne Zeitalter der Technik beginnt mit der landwirtschaftlichen Revolution.
vor 6000 Jahren	In Mesopotamien werden die ersten Städte gebaut.
vor 5500 Jahren	Räder, Flöße, Boote und geschriebene Sprache sind in Gebrauch.
vor über 5000 Jahren	Im Orient wird der Abakus entwickelt. Er wird von Menschen bedient und leistet arithmeti-

	sche Berechnungen, die auf dem modernen Computer ähnlichen Methoden basieren.
3000–700 v. Chr.	In verschiedenen Kulturen werden Wasseruhren gebaut: in China um 3000 v. Chr., in Ägypten um 1500 v. Chr. und in Assyrien um 700 v. Chr.
2500 v. Chr.	Die Ägypter fragen Orakel um Rat. Oft sind es Statuen, in denen sich Priester verbergen.
469–322 v. Chr.	Sokrates, Platon und Aristoteles begründen das rational geprägte Denken der abendländischen Kultur.
427 v. Chr.	Geburt Platons. In seinem Dialog *Phaidon* und in späteren Werken nimmt Platon – mehr als 2000 Jahre vor dem Computer – philosophische Probleme vorweg, die im Zusammenhang mit dem menschlichen Denken und seiner Beziehung zu der Mechanik von Maschinen bedeutsam werden.
420 v. Chr.	Archytas von Tarent, ein Freund Platons, baut eine hölzerne Taube, deren Bewegungen von einem Dampfstrahl oder von komprimierter Luft angetrieben werden.
387 v. Chr.	Platon gründet seine »Akademie« zum Studium der Wissenschaften und der Philosophie. Die Arbeit dieser Gruppe bewirkt eine sprunghafte Weiterentwicklung der mathematischen Theorie.
um 200 v. Chr.	Chinesische Kunsthandwerker entwickeln ausgeklügelte Automaten, unter anderem ein ganzes mechanisches Orchester.
um 200 v. Chr.	Ein ägyptischer Ingenieur entwickelt eine verbesserte Wasseruhr.
725	Ein chinesischer Ingenieur und ein buddhistischer Mönch bauen die erste echte mechanische Uhr, ein wassergetriebenes Gerät mit einer Hemmung, die ein Ticken erzeugt.
1494	Leonardo da Vinci entwirft und zeichnet eine Uhr mit Pendel; eine genau gehende Pendeluhr wird freilich erst im späten 17. Jahrhundert erfunden.
1530	In Europa ist das Spinnrad in Gebrauch.
1540, 1772	Die technischen Entwicklungen im Bereich von Taschen- und Pendeluhren führen im Laufe der europäischen Renaissance zur Herstellung anderer raffinierter Automaten. Berühmte Bei-

	spiele sind Gianello Torianos Mandolinenspielerin (1540) und P. Jacquet-Droz' Kind (1772).
1543	In *De revolutionibus* ... behauptet Nikolaus Kopernikus, daß Erde und Planeten sich um die Sonne drehen. Diese Theorie verändert erheblich das Gottesbild der Menschen und ihr Verhältnis zu Gott.
17.–18. Jhd.	Das Zeitalter der Aufklärung wird von einer philosophischen Bewegung eingeleitet, die der menschlichen Vernunft, der Erkenntnis und der Freiheit wieder zur Oberherrschaft verhelfen will. In der Aufklärung, die in der antiken griechischen Philosophie und in der Renaissance ihre geistigen Wurzeln hat, bemüht man sich erstmals seit den Platonikern wieder um eine systematische Erfassung des menschlichen Denkens und Wissens – und regt dadurch die Entwicklung ähnlicher methodischer Vorgehensweisen in der Naturwissenschaft und in der Theologie an.
1637	René Descartes, der eine Theorie der Lichtbrechung formuliert und die Prinzipien der modernen analytischen Geometrie entwickelt, treibt den rationalen Skeptizismus in seinem umfassendsten Werk *Discours de la Méthode* auf die Spitze: »Ich denke, also bin ich« – lautet seine Schlußfolgerung.
1642	Blaise Pascal erfindet die erste *automatische* Rechenmaschine der Welt. Die sogenannte Pascaline führt Additionen und Subtraktionen durch.
1687	Isaac Newton legt in seiner Schrift *Philosophiae naturalis principia mathematica*, den sogenannten *Prinzipien*, seine drei Axiome der Mechanik und das Gravitationsgesetz dar.
1694	Gottfried Wilhelm Leibniz, einer der Erfinder des Calculus, vollendet den Leibniz-Rechner, der durch wiederholte Addition multipliziert. Nach diesem Algorithmus arbeiten Computer noch heute.
1719	Eine englische Seidenspinnerei mit 300 Arbeitern, zumeist Frauen und Kindern, ist vermutlich die erste »moderne« Fabrik.

1726	Jonathan Swift beschreibt in *Gullivers Reisen* eine Maschine, die automatisch Bücher verfaßt.
1733	John Kay meldet das Patent auf seine mechanischen Webschiffchen an. Die sogenannten Schnellschütze ermöglichen eine bedeutende Steigerung der Webegeschwindigkeit.
1760	Benjamin Franklin errichtet in Philadelphia Blitzableiter, nachdem er 1752 mit seinem berühmten Drachenexperiment festgestellt hatte, daß der Blitz eine Form von Elektrizität ist.
um 1760	Zu Beginn der Industriellen Revolution liegt die durchschnittliche Lebenserwartung in Nordamerika und Nordwesteuropa bei 37 Jahren.
1764	James Hargreaves erfindet die Spinning-Jenny, eine Spinnmaschine, die acht Fäden gleichzeitig spinnt.
1769	Richard Arkwright, der Begründer des modernen Fabriksystems, läßt sich eine hydraulische Spinnmaschine patentieren, die für Heimarbeit zu groß und zu teuer ist. 1781 baut er für sie eine Fabrik und leitet damit die zahlreichen ökonomischen und sozialen Veränderungen der Industriellen Revolution ein.
1781	Immanuel Kant schafft mit seiner Schrift die *Kritik der reinen Vernunft* die Voraussetzungen für den Rationalismus des 20. Jahrhunderts, indem er sich einerseits in die Tradition der Philosophie der Aufklärung stellt, zugleich aber der Metaphysik eine untergeordnete Rolle zuweist.
1800	Alle Einzelschritte in der Textilproduktion sind automatisiert.
1805	Joseph-Marie Jacquard entwickelt eine Methode zum automatischen Weben, die eine Art Vorläufer der frühen Computertechnologie ist, da die Webstühle durch Instruktionen auf einer Reihe von Lochkarten gesteuert werden.
1811	In Nottingham gründen Handwerker und Arbeiter, die wegen der Automatisierung um ihre Arbeitsplätze bangen, die Bewegung der Ludditen.
1821	Charles Babbage erhält für seinen Aufsatz »Observations on the Application of Machinery to the Computation of Mathematical

	Tables« die erste Goldmedaille der British Astronomical Society.
1822	Charles Babbage entwickelt die Differenzmaschine, gibt dieses technisch sehr komplizierte und teure Projekt dann jedoch auf und konzentriert seine Bemühungen auf einen Allzweckcomputer.
1825	Georg Stephensons »Locomotion No. 1«, die erste Dampfmaschine, die regelmäßig Passagiere und Güter transportiert, macht ihre erste Fahrt.
1829	William Austin Burt erfindet eine erste Schreibmaschine.
1832	Charles Babbage entwickelt das Prinzip der Analytischen Maschine. Sie ist der erste Computer der Welt (auch wenn sie nie funktionierte) und kann für eine Vielzahl rechnerischer und logischer Probleme programmiert werden.
1837	Samual Finley Breese Morse erhält das Patent für seine verbesserte Version des Telegraphen, bei der die Buchstaben als Striche und Punkte codiert übertragen werden. Dieses System wird noch heute verwendet.
1839	Der französische Maler L. Daguerre erfindet ein neues fotografisches Verfahren, die Daguerreotypie.
1839	William Robert Grave of Wales entwickelt die erste Brennstoffzelle.
1843	Ada Lovelace, Lord Byrons einziges legitimes Kind und erste Computerprogrammiererin der Welt, veröffentlicht zusammen mit ihrer Übersetzung von L. P. Menabreas Artikel über Babbages Analytische Maschine auch eigene Anmerkungen. Sie stellt Vermutungen darüber an, ob Computer in der Lage sein könnten, menschliche Intelligenz nachzuahmen.
1846	Elias Howe aus Spenser, Massachusetts, erhält das Patent für die Steppstichnähmaschine.
1846	Alexander Bain benutzt zur Übermittlung von Telegrammen Lochstreifen und erhöht damit deren Übertragungsgeschwindigkeit beträchtlich.

1847	Georg Boole veröffentlicht seine ersten Gedanken zur formalen Logik. Auf ihnen basiert seine spätere Theorie der binären Logik und Arithmetik, die noch immer die Grundlage der modernen Datenverarbeitung darstellt.
1854	Paris und London sind telegrafisch miteinander verbunden.
1859	Charles Darwin legt in seiner Schrift *Von der Entstehung der Arten* sein Prinzip der natürlichen Auslese und ihre Bedeutung für die Entstehung der Arten dar.
1861	San Francisco und New York sind durch Telegrafenleitungen miteinander verbunden.
1867	Zénobe Théophile erfindet den ersten kommerziell einsetzbaren Generator, der Wechselstrom erzeugt.
1869	Thomas Alva Edison verkauft den von ihm erfundenen Börsentelegrafen für 40 000 Dollar an die Wall Street.
1870	Das Bruttosozialprodukt (in konstanten Preisen von 1958) liegt bei 530 Dollar pro Kopf. Zwölf Millionen Amerikaner oder 31 Prozent der Bevölkerung haben Arbeit, und nur 2 Prozent der Erwachsenen haben eine höhere Schulbildung.
1871	Charles Babbage stirbt. Er hinterläßt mehr als siebenunddreißig Quadratmeter Zeichnungen für seine Analytische Maschine.
1876	Alexander Graham Bell erhält das Patent Nummer 174 465 für sein Telefon. Es ist das einträglichste Patent jener Zeit.
1877	William Thomson, später als Lord Kelvin bekanntgeworden, beweist, daß man Maschinen so programmieren kann, daß sie eine Vielzahl mathematischer Probleme lösen.
1879	Thomas Alva Edison erfindet die erste Glühbirne mit längerer Brenndauer.
1882	Thomas Alva Edison entwirft einen Plan für die Beleuchtung des New Yorker Bahnhofs Pearl Street am unteren Broadway.
1884	Lewis E. Waterman erhält das Patent für den Füllfederhalter.
1885	Boston und New York werden durch eine Telefonleitung verbunden.

1888	William S. Bourroughs erhält das Patent für die erste mit Tasten betriebene Addiermaschine der Welt. Vier Jahre später kann die Maschine auch subtrahieren und drucken. Sie findet rasch weite Verbreitung.
1888	Heinrich Hertz experimentiert mit der Übertragung von Radiowellen.
1890	Herman Hollerith läßt sich, angeregt von Jacquards Webstuhl und Babbages Analytischer Maschine, eine elektromechanische informationsverarbeitende Maschine patentieren, die mit Lochkarten arbeitet. Sie gewinnt die Ausschreibung zur US-Volkszählung 1890, und so wird erstmals ein Großprojekt der Datenverarbeitung mit Einsatz von Elektrizität realisiert.
1896	Herman Hollerith gründet die Tabulating Machine Company, aus der später IBM hervorgeht.
1897	Dank verbesserter Vakuumpumpen entdeckt Joseph John Thomson das Elektron, das erste subatomare Teilchen.
1897	Der russische Physiker Alexander Popow benutzt eine Antenne zur Übertragung von Radiowellen. Dem Italiener Guglielmo Marconi wird das erste Patent der Funktechnik erteilt. Er beteiligt sich an der Gründung einer Organisation zur Vermarktung seines Systems.
1899	Auf Draht und einem dünnen Metallstreifen wird die erste magnetische Tonaufzeichnung durchgeführt.
1900	Herman Hollerith baut eine automatische Lochkartenzuführung in seine informationsverarbeitende Maschine ein, um die Daten aus der Volkszählung von 1900 besser verarbeiten zu können.
1900	Die gesamte zivilisierte Welt ist jetzt durch Telegrafenleitungen verbunden. In den USA gibt es über 1,4 Millionen Telefone, 8000 Automobile und 24 Millionen elektrische Glühbirnen. Edisons Prophezeihung, die Glühbirne werde so billig werden, daß nur noch die Reichen sich Kerzen leisten könnten, hat sich erfüllt. Die Gramophone Company wirbt mit einem Angebot von 5000 Tonaufzeichnungen.

1900	Über ein Drittel der amerikanischen Arbeiter sind in der Lebensmittelproduktion beschäftigt.
1901	Die erste elektrische Schreibmaschine, die Blickensderfer Electric, wird hergestellt.
1901	Sigmund Freud veröffentlicht *Die Traumdeutung*, eine Schrift, die zusammen mit seinen anderen Werken die Abläufe des menschlichen Denkens erhellt.
1902	Millar Hutchinson aus New York erfindet das erste elektrische Hörgerät.
1905	Guglielmo Marconi entwickelt die erste Richtantenne.
1908	Orville Wright unternimmt seinen ersten einstündigen Flug.
1910–1913	Bertrand Russel und Alfred North Whitehead veröffentlichen ihre dreibändigen *Principia Mathematica*, ein bahnbrechendes Werk zu den Grundlagen der Mathematik, das die Methoden der ganzen Disziplin verändert.
1911	Herman Holleriths Tabulating Machine Company erwirbt mehrere Firmen und nennt sich jetzt Computing-Tabulating-Recording (CTR).
1915	Thomas J. Watson in San Francisco und Alexander Graham Bell in New York führen das erste nordamerikanische transkontinentale Telefongespräch.
1921	Der tschechische Dramatiker Karel Čapek prägt in seinem populären Science-fiction-Drama *RUR (Rossum's Universal Robots)* den Begriff »Robot« zur Bezeichnung von Maschinen in Menschengestalt. Die intelligenten Maschinen, als Diener ihrer Schöpfer konzipiert, reißen schließlich die Weltherrschaft an sich und vernichten die gesamte Menschheit.
1921	Ludwig Wittgenstein, oft als erster logischer Positivist bezeichnet, veröffentlicht *Tractatus logico-philosophicus*, eine Schrift, die von vielen als das bedeutendste philosophische Werk des 20. Jahrhunderts angesehen wird.
1924	Thomas J. Watson wird Vorstandsvorsitzender der Computing-Tabulating-Recording Com-

	pany (CTR), der ursprünglichen Tabulating Machine Company Holleriths, und nennt die Firma jetzt International Business Machines (IBM). Die IBM wird Marktführer im Bereich moderner Datenverarbeitung und eine der größten Industriefirmen der Welt.
1925	Niels Bohr und Werner Heisenberg entwickeln die Grundlagen der Quantenmechanik.
1927	Werner Heisenberg postuliert seine Unschärferelation, nach der Elektronen keine genaue Lage, sondern nur eine von Ort zu Ort wechselnde Wahrscheinlichkeit (Wahrscheinlichkeitsdichte) haben. Fünf Jahre später erhält er für seinen Beitrag zur Quantenmechanik den Nobelpreis.
1928	John von Neumann stellt das Minimaxprinzip vor, das weite Verbreitung in Spielprogrammen findet.
1928	Philo T. Farnsworth führt das erste vollelektronische Fernsehen ein. Wladimir Sworkin erhält das Patent für ein Farbfernsehsystem.
1930	In über 60 Prozent der amerikanischen Haushalte steht ein Radiogerät, insgesamt über 18 Millionen Stück.
1931	Kurt Gödel veröffentlicht seinen Unvollständigkeitssatz, der als wichtigster Lehrsatz der gesamten Mathematik bezeichnet wurde.
1931	Ernst August Friedrich Ruska und Rheinhold Ruedenberg erfinden unabhängig voneinander das Elektronenmikroskop.
1935	Der Prototyp der ersten Herz-Lungen-Maschine wird erfunden.
1937	Grote Reber aus Wheaton, Illinois, baut das erste Radioteleskop, das einen Durchmesser von 9,4 m hat.
1937	Aufbauend auf den Werken Bertrand Russels und Charles Babbages veröffentlicht Alan Turing »On Computable Numbers«, seinen berühmten Artikel, in dem er die Turing-Maschine vorstellt, das theoretische Modell eines Rechners.
1937	Nach der Church-Turing-These, die unabhängig von Alonzo Church und Alan Turing entwickelt wird, lassen sich alle von einem

	Menschen lösbaren Probleme auf eine Menge von Algorithmen reduzieren. Einfacher ausgedrückt: Maschinen-Intelligenz und menschliche Intelligenz sind im wesentlichen äquivalent.
1938	Lazlo Biró erhält das Patent für den ersten Kugelschreiber.
1939	Der kommerzielle Linienflugverkehr über den Atlantik beginnt.
1940	John V. Atanasoff und Clifford Berry bauen den ersten *elektronischen*, freilich nicht programmierbaren Computer, den sogenannten ABC.
1940	Das Computerprojekt Ultra, an dem während der Krieges 10 000 Briten arbeiten, führt zum Bau von Robinson, dem ersten funktionalen Computer. Robinson arbeitet mit elektromechanischen Relais und ist so leistungsfähig, daß er die Botschaften der Enigma decodieren kann, dem Nazi-Chiffriergerät der ersten Generation.
1941	Der Deutsche Konrad Zuse stellt den ersten *freiprogrammierbaren* Computer der Welt fertig. Zur Programmierung dieses Z-3 genannten Rechners engagiert er den blinden Mathematiker Arnold Fast, der zum ersten Prgrammierer eines funktional einsetzbaren Computers wird.
1943	Warren McCulloch und Walter Pitts schreiben ihren einflußreichen Artikel »Logical Calculus of the Ideas Immanent in Nervous Activity«, der sich mit Architekturen für Intelligenz auf der Grundlage neuronaler Netze befaßt.
1943	Das Ultra-Team in Großbritannien baut Colossus, einen Computer mit Elektronenröhren, die 100- bis 1000mal schneller arbeiten als die Relais von Robinson. Das neue System decodiert die immer komplizierteren Codes der Deutschen und hilft den Alliierten, den Zweiten Weltkrieg zu gewinnen.
1944	Howard Aiken stellt den ersten amerikanischen programmierbaren Computer, den sogenannten Mark I, fertig. Der Computer wird mit Lochstreifen programmiert und arbeitet mit Vakuumröhren.

1945	John von Neumann, Professor am Institute for Advanced Study in Princeton, New Jersey, veröffentlicht den ersten modernen Artikel zum Prinzip der Speicherprogrammierung.
1946	John Presper Eckert und John W. Mauchley entwickeln für das Militär den ENIAC, den ersten vollelektronischen universellen (programmierbaren) Digitalcomputer, der 1000mal schneller ist als Mark I.
1946	Das Fernsehen hält rascher Einzug ins amerikanische Leben als in den zwanziger Jahren das Radio. Im Jahr 1946 verfügen 0,02 Prozent der Haushalte über ein Fernsehgerät, 1956 sind es schon 72 Prozent, und 1983 werden es über 90 Prozent sein.
1947	William Bradford Schockley, Walter Hauser Brittain und John Ardeen erfinden den Transistor, ein kleines Gerät, das wie eine Vakuumröhre funktioniert, bei dem sich der Strom aber mit sehr viel größeren Geschwindigkeiten modulieren läßt. Der Transistor löst eine Revolution in der Mikroelektronik aus, senkt die Kosten für Computer und leitet die Entwicklung von Minicomputern und leistungsstarken modernen Großrechnern ein.
1948	Norbert Wiener veröffentlicht *Cybernetics* (dt. *Kybernetik*, 1963), ein bahnbrechendes Buch zur Informationstheorie, und prägt den Begriff »Kybernetik« in der Bedeutung »die Wissenschaft von Steuerung und Kommunikation bei Lebewesen und Maschinen«.
1949	Beeinflußt von Eckert und Mauchley baut Maurice Wilkes EDSAC, den ersten speicherprogrammierbaren Computer der Welt. Die neue Firma von Eckert und Mauchley bringt kurze Zeit später den BINAC heraus.
1949	George Orwells Roman *1984* entwirft die Schreckensvision einer bürokratisierten Welt, in der Computer zur Versklavung der Bevölkerung eingesetzt werden.
1950	Die US-Volkszählung wird erstmals mit einem programmierbaren Computer durchgeführt, mit dem UNIVAC von Eckert und Mauchley.

	Der UNIVAC ist der erste kommerzielle Großcomputer auf dem Markt.
1950	Alan Turing entwickelt in seinem Artikel »Computing Machinery and Intelligence« einen Test für den Nachweis der Intelligenz einer Maschine, den sogenannten Turing-Test.
1950	In den USA beginnt die kommerzielle Nutzung der Farbfernsehtechnik. Im folgenden Jahr wird das transkontinentale Schwarzweißfernsehen eingeweiht.
1950	Claude Elwood Shannon veröffentlicht im *Philosophical Magazine* seinen Artikel »Programming a Computer for Playing Chess«.
1951	Eckert und Mauchley bauen an der Moore School der University of Pennsylvania den EDVAC, den ersten Computer, der mit Speicherprogrammierung arbeitet.
1951	In Paris findet ein Kybernetik-Kongreß statt.
1952	Der Fernsehsender Columbia Broadcasting System (CBS) sagt mit Hilfe von UNIVAC die Wahl Dwight D. Eisenhowers zum Präsidenten der Vereinigten Staaten voraus.
1952	Das Transistorradio im Taschenformat wird vorgestellt.
1952	IBM 701, der erste elektronische Digitalcomputer für Fertigungsstraßen, wird von Nathaniel Rochester konstruiert und für wissenschaftliche Zwecke auf den Markt gebracht.
1953	James D. Watson und Francis H. C. Crick entdecken die chemische Struktur des DNS-Moleküls.
1953	Zwei bedeutende Beiträge zum Existentialismus erscheinen: Ludwig Wittgensteins *Philosophische Untersuchungen* (zunächst in Englisch) und Samuel Becketts Stück *Warten auf Godot*.
1953	Marvin Minsky und John McCarthy werden als Ferienarbeiter im Bell Laboratory beschäftigt.
1955	William Shockley gründet sein Semiconductor Laboratory und legt damit den Grundstein zu Silicon Valley.
1955	Die Remington Rand Corporation fusioniert mit Sperry Gyroscope zur Sperry-Rand Corporation, die zeitweilig eine ernsthafte Konkurrenz für IBM darstellt.

1955	IBM führt den ersten Transistorrechner ein (mit 2200 Transistoren statt der bisher für eine entsprechende Rechenleistung benötigten 1200 Vakuumröhren).
1955	Eine US-amerikanische Firma entwickelt einen ersten Entwurf für eine industriell nutzbare roboterähnliche Maschine.
1955	Allen Newell, J. C. Shaw und Herbert Simon entwickeln IPL-II, die erste KI-Sprache.
1955	Vertreter des neuen Raumfahrtprogramms und die Militärs erkennen, daß leistungsfähige Computer gebraucht werden, um Raketen zum Mond oder durch die Stratosphäre zu lotsen, und finanzieren größere Forschungsprojekte.
1956	Allen Newell, J. C. Shaw und Herbert Simon entwickeln das Programm Logic Theorist, das mit Hilfe rekursiver Suchverfahren mathematische Probleme löst.
1956	John Backus und ein Forscherteam bei IBM entwickeln *Fortran*, die erste wissenschaftliche Programmiersprache.
1956	Stanislaw Ulam entwickelt MANIAC I, das erste Computerprogramm, das einen Menschen im Schach besiegt.
1956	Die französische Firma Lip bringt die erste kommerzielle batteriebetriebene Uhr auf den Markt.
1956	Auf einer Computerkonferenz am Dartmouth College erhält die Künstliche Intelligenz ihren Namen.
1957	Kenneth H. Olsen gründet die Digital Equipment Company.
1957	Allen Newell, J. C. Chaw und Herbert Simon entwickeln den General Problem Solver (GPS), der Probleme mit Hilfe des rekursiven Suchverfahrens löst.
1957	Noam Chomsky schreibt die *Strukturen der Syntax*, die erste von zahlreichen bedeutenden Schriften, aufgrund derer er heute als Vater der modernen Linguistik gilt. Chomsky beschäftigt sich in seinen Büchern ernsthaft mit der Frage, welche Rechenleistung für das Verständnis natürlicher Sprache notwendig ist.

1958	Jack St. Clair Kilby von Texas Instruments erfindet den ersten integrierten Schaltkreis.
1958	John McCarthy und Marvin Minsky gründen das Artificial Intelligence Laboratory am Massachusetts Institute of Technology.
1958	Allen Newell und Herbert Simon prognostizieren, daß in zehn Jahren ein digitaler Computer Schachweltmeister ist.
1958	John McCarthy entwickelt LIPS, eine frühe KI-Sprache.
1958	Die Defense Department's Advanced Research Projects Agency (DARPA) wird eingerichtet. Sie wird in den kommenden Jahren zahlreiche wichtige Forschungsprojekte der Computerwissenschaft finanzieren.
1958	Seymour Cray baut für Control Data Corporation den CDC 1604, den ersten ausschließlich mit Transistortechnik gebauten Supercomputer.
1958–1959	Jack Kilby und Robert Noyce entwickeln unabhängig voneinander den Chip, der die Entwicklung sehr viel billigerer und kleinerer Computer ermöglicht.
1959	Arthur Samuels Dame-Programm, das als Studie zum Maschinenlernen entwickelt wurde, erbringt Leistungen, die dem Niveau der besten zeitgenössischen Damespieler entsprechen.
1959	Die elektronische Erstellung von Schriftstükken erhöht den Papierverbrauch für Gedrucktes: Die USA verbrauchen jetzt jährlich 7 Millionen Tonnen Papier. Bis 1986 wird sich die Menge auf 22 Millionen Tonnen erhöhen. Allein die amerikanische Wirtschaft wird 1981 850 Milliarden Blätter brauchen, 1986 dann 2,5 Billionen und 1990 4 Billionen.
1959	Grace Murray Hopper, die zu den ersten Programmierern von Mark I gehörte, entwickelt COBOL, eine Computersprache für den Gebrauch in der Wirtschaft.
1959	Xerox bringt das erste kommerzielle Kopiergerät auf den Markt.
1960	Theodor Harold Maimen entwickelt den ersten Rubin-Laser.

1960	Die DARPA stockt ihre Mittel für Computerforschung beträchtlich auf.
1960	In den USA sind rund 6000 Computer in Betrieb.
60er Jahre	Die auf der Basis neuronaler Netze arbeitenden Maschinen dieser Zeit sind recht einfach und bestehen aus einer geringen Anzahl von Neuronen, die in nur einer oder zwei Schichten angeordnet sind. Die beschränkte Leistungsfähigkeit dieser einfachen Modelle wird mathematisch bewiesen.
1961	Am MIT wird der erste Computer entwickelt, der mit dem Zeitanteilsverfahren arbeitet.
1961	Präsident John F. Kennedy leitet bei einer Sitzung beider Häuser des Kongresses das Apollo-Projekt mit dem Satz ein: »Ich glaube, wir sollten zum Mond fliegen«, und gibt damit den Anstoß zu umfangreichen Forschungen der Computerwissenschaft.
1962	Eine US-amerikanische Firma bringt den ersten Industrieroboter auf den Markt.
1962	Frank Rosenblatt veröffentlicht den Artikel *Principles of Neurodynamics* und definiert darin das Perceptron, eine einfache Recheneinheit für neuronale Netze. Eingeführt hatte er den Begriff Perceptron bereits auf einem Kongreß im Jahr 1959.
1963	John McCarthy gründet an der Stanford University das Artificial Intelligence Laboratory.
1963	Marvin Minsky veröffentlicht sein einflußreiches Werk *Steps Towards Artificial Intelligence*.
1963	Digital Equipment Corporation bringt mit dem PDP-8 den ersten erfolgreichen Minicomputer heraus.
1964	Die IBM baut mit Einführung der 360er Serie ihre Führungsposition in der Computerindustrie aus.
1964	Thomas E. Kurtz und John G. Kenny vom Dartmouth College entwickeln die Programmiersprache BASIC (Beginner's All-purpose Symbolic Instruction Code).
1964	Daniel Bobrow schließt seine Dissertation über »Student« ab, ein natürlichsprachliches Pro-

	gramm, das Algebra-Textaufgaben auf Highschool-Niveau löst.
1964	Gordon Moore sagt voraus, daß sich die Komplexität integrierter Schaltkreise jährlich verdoppeln wird. Seine als Mooresches Gesetz bekanntgewordene Prognose erweist sich in den kommenden Jahrzehnten (mit späteren Korrekturen) als richtig.
1964	Marshall McLuhan sagt in *Die magischen Kanäle* voraus, die elektronischen Medien, insbesondere das Fernsehen, würden ein »globales Dorf« schaffen, in dem »das Medium die Botschaft« sei.
1965	Raj Reddy gründet an der Carnegie-Mellon University das Robotics Institute, das zu einem wichtigen Forschungszentrum für KI wird.
1965	Hubert Dreyfus führt in seinem Memorandum für die RAND Corporation »Alchemy and Artificial Intelligence« mehrere philosophische Argumente gegen die Möglichkeit Künstlicher Intelligenz ins Feld.
1965	Herbert Simon sagt voraus, daß gegen 1985 »Maschinen jede Aufgabe bewältigen können, die Menschen bewältigen«.
1966	Stephen B. Gry gründet die Amateur Computer Society, wahrscheinlich den ersten PC-Computerclub, die mit *The Amateur Computer Society Newsletter* die erste Computerzeitschrift herausgibt.
1967	Medtronic entwickelt den ersten auf integrierten Schaltkreisen basierenden Herzschrittmacher.
1968	Gordon Moore und Robert Noyce gründen Intel (Integrated Electronics Corporation).
1968	In dem Film *2001: Odyssee im Weltraum* von Arthur C. Clarke und Stanley Kubrick tritt HAL auf, ein Computer, der sehen, sprechen, hören und denken kann. Filmstar HAL beflügelt die Phantasien der KI-Enthusiasten.
1969	Marvin Minsky und Seymour Papert zeigen in ihrem Werk *Perceptrons* die Grenzen einschichtiger neuronaler Netze auf. Die Kernthese des Buches besagt, daß ein Perceptron nicht entscheiden kann, ob die Linien einer Zei-

	chenfigur zusammenhängend sind oder nicht. Nach Erscheinen des Buches werden Forschungsprojekte im Bereich neuronaler Netze nicht mehr finanziert.
1970	Das Bruttosozialprodukt (in konstanten Preisen von 1958) liegt bei 3500 Dollar pro Kopf und ist damit über sechsmal so hoch wie vor einem Jahrhundert.
1970	Die Diskette zur Datenspeicherung in Computern wird eingeführt.
um 1970	Forscher am Xerox Palo Alto Research Center (PARC) entwickeln den ersten Personal Computer, genannt Alto. Alto ist der erste Computer, der mit Bitmap-Grafik, Fenstertechnik, Icons und Mauszeiger arbeitet.
1970	Terry Winograd vollendet seine bahnbrechende Abschlußarbeit zu SHRDLU, einem natürlichsprachlichen System, das in der kleinen Welt der Kinder-Bauklötze auf verschiedene Art intelligentes Verhalten zeigt. Gleichwohl wird SHRDLU wegen seiner begrenzten Anwendungsmöglichkeit kritisiert.
1971	Intel bringt den Intel 4004 heraus, den ersten Mikroprozessor.
1971	Der erste Taschenrechner wird vorgestellt. Er kann addieren, subtrahieren, multiplizieren und dividieren.
1972	Mit der Veröffentlichung seines Buches *Was Computer nicht können* setzt Hubert Dreyfus seine Kritik an den Fähigkeiten der KI fort. Er argumentiert, daß Symbolmanipulation nicht die Grundlage menschlicher Intelligenz sein kann.
1973	Stanley H. Cohen und Herbert W. Boyer beweisen, daß die DNS gespalten, neu zusammengefügt und dann reproduziert werden kann, indem man sie in das Bakterium *Escherichia coli* einbringt. Die Arbeiten von Cohen und Boyer legen das Fundament für die Gentechnik.
1974	*Creative Computing*, die erste Zeitschrift für PC-Freaks, kommt auf den Markt.
1974	Intel stellt den 8-Bit 8080 vor, den ersten Allzweckmikroprozessor.

1975	In den USA werden über 5000 Mikrocomputer verkauft. Altair 8800, der erste PC mit einem Speicher von 256 Bytes, kommt auf den Markt.
1975	*BYTE*, die erste populäre Computerzeitschrift, erscheint.
1975	Gordon Moore modifiziert seine Prognose von der Verdoppelung der Anzahl von Transistoren auf einem integrierten Schaltkreis, indem er den Rhythmus der Verdoppelung von 12 Monaten auf 24 Monate korrigiert.
1976	Kurzweil Computer Products stellt die Kurzweil-Lesemaschine KRM (Kurzweil Reading Machine) für blinde Menschen vor: das erste Gerät, das jeden gedruckten Text (Bücher, Zeitschriften, getippte Dokumente) laut vorlesen kann. Die KRM beruht auf der hier erstmals eingesetzten Technik der Omnifont-OCR (Omnifont: kann alle Schriften lesen, OCR: Optical Character Recognition).
1976	Stephen G. Wozniak und Steven P. Jobs gründen die Apple Computer Corporation.
1977	In dem Film *Krieg der Sterne* treten imaginäre lebensechte Roboter auf, die überzeugend menschliche Gefühle zeigen.
1977	Erstmals experimentiert eine Telefongesellschaft in großem Rahmen mit Fiberglaskabeln.
1977	Der Apple II, der erste gebrauchsfertige, mit Farbgrafikkarte ausgestattete Personal Computer, wird zum Markterfolg.
1978	Texas Instruments bringt Speak & Spell auf den Markt, ein Lernprogramm für Kinder ab sieben Jahre, das erstmals den menschlichen Stimmapparat elektronisch auf einem Chip abbildet.
1979	Im *Journal of the American Medical Association* veröffentlichen neun Forscher eine bahnbrechende Studie, in der die Leistung von MYCIN anhand von zehn Meningitis-Fällen mit dem Können von Ärzten verglichen wird. MYCIN behauptet sich dabei mindestens so gut wie die menschlichen Experten. Die Leistungsfähigkeit von Expertensystemen in der Medizin wird allgemein anerkannt.

1979	Dan Bricklin und Bob Frankston entwickeln VisiCalc, das erste elektronische Tabellenkalkulationsprogramm, und etablieren damit den PC als wichtiges Instrument im Geschäftsleben.
1980	Die Einnahmen der KI-Industrie belaufen sich auf einige Millionen Dollar jährlich.
80er Jahre	Das Paradigma der neuronalen Netze erlebt ein Comeback, da es jetzt potentiell ausgereiftere Neuronenmodelle gibt und auch mehrschichtige Modelle in Gebrauch kommen.
1981	Die IBM stellt ihren Personal Computer (PC) vor.
1981	Canon präsentiert den Prototyp des Tintenstrahldruckers.
1982	CD-Player kommen auf den Markt.
1982	Mitch Kapor präsentiert Lotus 1-2-3, ein besonders beliebtes Tabellenkalkulationsprogramm.
1983	Faxgeräte sind aus der geschäftlichen Kommunikation nicht mehr wegzudenken.
1983	Auf der ersten North American Music Manufacturers Show in Los Angeles wird das Musical Instrumental Digital Interface (MIDI) vorgestellt.
1983	In den USA werden sechs Millionen PCs verkauft.
1984	Mit dem Apple Macintosh wird die Metapher »Desktop« eingeführt – eine Form der Bildschirmorganisation nach dem Muster der Ordnung auf einem Schreibtisch, die ursprünglich bei Xerox vorbereitet worden war –, einschließlich Bitmap-Grafik, Icons und Mauszeiger.
1984	William Gibson benutzt in seinem Roman *Neuromancer* das Wort »Cyberspace«.
1984	Der Synthesizer Kurzweil 250 (K250) kommt auf den Markt. K250 gilt als das erste elektronische Instrument, das akustische Instrumente überzeugend nachahmt.
1985	Marvin Minsky veröffentlicht *The Society of Mind* (dt. Mentopolis, 1990) und stellt darin seine Theorie über den menschlichen Geist vor, nach der Intelligenz durch die richtige Organisation einer sehr großen Anzahl einzelner, für

	sich genommen unintelligenter Mechanismen zustande kommt.
1985	Jerome Wiesner und Nicholas Negroponte gründen das Media Laboratory des MIT. Das Labor soll die Anwendungsmöglichkeiten und Interaktionen der Computerwissenschaft, Soziologie und Künstlichen Intelligenz im Hinblick auf Medientechnologien erforschen.
1985	In den USA hat sich die Zahl der Arbeitsplätze von 12 Millionen im Jahr 1870 auf 116 Millionen erhöht. Im gleichen Zeitraum ist die Erwerbstätigkeit der Bevölkerung von 31 Prozent auf 48 Prozent angewachsen. Das Bruttosozialprodukt (berechnet nach konstanten Preisen) hat sich um 600 Prozent erhöht, und es ist kein Ende dieses Trends abzusehen.
1986	Auf dem amerikanischen Markt für Tastenmusikinstrumente ist der Anteil der elektronischen Anlagen von 9,5 Prozent im Jahr 1980 auf 55,2 Prozent gestiegen.
1986	Die Lebenserwartung in den USA liegt bei 74 Jahren. Nur 3 Prozent der Arbeitskräfte sind noch in der Lebensmittelproduktion tätig. Immerhin 76 Prozent der amerikanischen Erwachsenen haben einen höheren Schulabschluß; an den US-Hochschulen sind 7,3 Millionen Studenten eingeschrieben.
1987	NYSE-Aktien haben ihren höchsten Tagesverlust, was nicht zuletzt auf den computerisierten Aktienhandel zurückgeführt wird.
1987	Die gegenwärtigen Sprachsysteme verfügen über *eines* der folgenden Merkmale: großer Wortschatz, Erkennung fließend gesprochener Sprache oder Sprecherunabhängigkeit.
1987	Mustererkennungssysteme für Roboter sind zu einem Industriezweig mit 300 Millionen Dollar Umsatz geworden; bis 1990 wird der Umsatz auf 800 Millionen Dollar ansteigen.
1988	Computerspeicherplatz kostet nur noch ein Hundertmillionstel des Betrages, den man 1950 dafür bezahlt hat.
1988	Marvin Minsky und Seymour Papert legen in einer überarbeiteten Ausgabe von *Perceptrons* dar, wie sie die jüngsten Entwicklungen im

	Bereich intelligenter neuronaler Netze beurteilen.
1988	In diesem Jahr werden in den USA 4,7 Millionen Mikrocomputer, 120 000 Minicomputer und 11 500 Großcomputer verkauft.
1988	W. Daniel Hilli's Connection Machine kann 65 536 Berechnungen gleichzeitig durchführen.
1988	Notebooks sind populärer als die größeren Laptops.
1989	Intel bringt den mit 20 Megahertz getakteten 80386SX Mikroprozessor heraus, der über eine Rechenleistung von 2,5 MIPS verfügt.
1990	*Nautilus*, die erste CD-ROM-Zeitschrift, kommt auf den Markt.
1990	Die von Tim Berners-Lee entwickelte HyperText Markup Language wird vom CERN, dem Forschungszentrum für Kern- und Elementarteilchenphysik im schweizerischen Genf, freigegeben und führt zur Konzeption des World Wide Web.
1991	Handys und E-mail werden in der geschäftlichen und privaten Kommunikation immer populärer.
1992	NEC verkauft das erste double-speed CD-ROM-Laufwerk.
1992	Der erste »persönliche digitale Assistent« (PDA), ein tragbarer Computer, von Apple Computer entwickelt, wird vorgestellt.
1993	Intel bringt den Pentium 32-Bit-Mikroprozessor, einen Chip mit 3,1 Millionen Transistoren, auf den Markt.
1994	Das World Wide Web ist eingerichtet.
1994	American Online hat jetzt über eine Million Kunden.
1994	Scanner und CD-ROMs kommen allgemein in Gebrauch.
1994	Digital Equipment Corporation bringt eine 300-MHz-Version des Alpha AXP Prozessors heraus, der 1 Milliarde Instruktionen pro Sekunde durchführt.
1996	Compaq Computer und NEC Computer Systems bringen tragbare Computer mit Windows CE heraus.

1996	NEC Electronics bringt den R4101-Prozessor für den persönlichen digitalen Assistenten heraus, der unter anderem mit einem Touch-Screen-Interface ausgestattet ist.
1997	Deep Blue schlägt den Schachweltmeister Garry Kasparow in einem regulären Wettbewerb.
1997	Dragon Systems bringt mit NATURAL SPEAKING die erste Diktiersoftware für flüssig gesprochene Sprache auf den Markt.
1997	In der Geschäftswelt sind Videotelefone in Gebrauch.
1997	In Geldautomaten werden Gesicht-Erkennungssysteme benutzt.
1998	Das von der Dictation Division von Lernout & Hauspie Speech Products (früher Kurzweil Applied Intelligence) präsentierte Programm VOICE XPRESS PLUS ist das erste Programm zur Erkennung fließend gesprochener Sprache, das natürlichsprachliche Anweisungen versteht.
1998	Bei telefonisch abwickelbaren geschäftlichen Routinetransaktionen trifft der menschliche Kunde immer öfter auf einen Automaten, der mit ihm in einen sprachlichen Dialog tritt (z.B. Reservierungen bei United Airlines).
1998	Es gibt jetzt Anlagefonds, die evolutionäre Algorithmen und neuronale Netze benutzen, um zu Investitionsentscheidungen zu kommen (z. B. Advanced Investment Technologies).
1998	Das World Wide Web ist allgegenwärtig. Es ist keineswegs ungewöhnlich, daß Schüler der High School und kleine Lebensmittelgeschäfte ihre eigene Web-Site haben.
1998	In Laboratorien arbeiten automatische Assistenten, die als animierte Gesichter erscheinen und mit realistischen Mundbewegungen und realistischer Mimik sprechen. Diese Assistenten reagieren auf gesprochene Anweisungen und die Mimik ihrer menschlichen Benutzer. Sie sollen in zukünftigen Benutzerinterfaces für Verkauf und Dienstleistungen, als persönliche Recherche- oder Geschäftassistenten und für verschiedene Transaktionen eingesetzt werden.

1998	Das »Virtual Retina Display« (VRD) von Microvision projiziert Bilder direkt auf die Netzhaut der Benutzer. Obwohl das Gerät sehr teuer ist, sind für 1999 kommerzielle Versionen geplant.
1998	Für lokale Netze (LANs) und für den drahtlosen Datenaustausch zwischen allen persönlichen Kommunikationseinrichtungen wird die sogenannte »Bluetooth«-Technologie, für Verbindungen mit hoher Bandbreite zum Web die drahtlose Übertragung entwickelt.
1999	Ray Kurzweils *Homo S@piens. Leben im 21. Jahrhundert – Was bleibt vom Menschen?* erscheint und ist in Ihrer Buchhandlung erhältlich.
2009	Ein PC für 1000 Dollar kann rund eine Billion Rechungen pro Sekunde durchführen. PCs mit hochauflösender Bildschirm-Benutzeroberfläche sind in den verschiedensten Größen erhältlich; die kleinsten sind so klein, daß sie in Kleidungsstücke oder Schmuck eingepaßt werden können, während die größeren nur noch den Umfang eines schmalen Buches haben. Kabel verschwinden. Die Kommunikation zwischen den Komponenten erfolgt über drahtlose »short distance«-Übertragungstechniken. Sofortigen Zugriff auf das Web ermöglicht eine ebenfalls drahtlose High-Speed-Kommunikationstechnik mit großer Bandbreite. Texte entstehen überwiegend mit Hilfe von Programmen zur Erkennung fließend gesprochener Sprache, und Sprach-Benutzeroberflächen (Language User Interfaces – LUIs) sind ebenfalls allgegenwärtig. Die meisten simplen geschäftlichen Vorgänge (wie Einkauf, Reiseauskünfte, Reservierungen) finden zwischen einem menschlichen und einem virtuellen Partner statt, der oftmals durch ein menschliches Gesicht visuell präsent ist. Unterricht findet zwar immer noch in traditionellen Klassenzimmern statt, aber intelli-

	gente Unterrichtsprogramme sind ein gebräuchliches Lernmittel. Es gibt Lesemaschinen im Taschenformat für Blinde und Sehgeschädigte, »Hörmaschinen« (Sprache-zu-Text-Konvertierung) für Taube und computergesteuerte prothetische Geräte für Querschnittsgelähmte, so daß Behinderungen nicht mehr unbedingt das Leben der Betroffenen beeinträchtigen. Übersetzende Telefone (speech-to-speech language translation) sind allgemein im Gebrauch und für viele Sprachenpaare erhältlich. Steigende Ertragszuwächse aufgrund der fortschreitenden Computertechnologie sorgen für permanentes Wirtschaftswachstum. Preisdeflation, die sich im Bereich der Computerindustrie bereits im 20. Jahrhundert abzeichnete, zeigt sich jetzt auch in anderen Bereichen, weil sich die zunehmende Verbesserung des Preis-Leistungs-Verhältnisses der Rechenleistung auf praktisch alle Bereiche der Wirtschaft auswirkt. Menschliche Musiker jammen routinemäßig mit kybernetischen Musikern. Mit Hilfe gentechnischer Behandlungsmethoden ist es gelungen, die Sterberaten bei Krebs und Herzleiden drastisch zu senken. Die Bewegung der Neoludditen findet immer mehr Anhänger.
2019	Eine Recheneinheit für 4000 Dollar (in Dollar von 1999) besitzt ungefähr die Rechenleistung eines menschlichen Gehirns. Computer sind jetzt weitgehend unsichtbar überall eingebettet – in Wände, Tische, Stühle, Schreibtische, Kleidungsstücke, Schmuck und im Körper. Die Kommunikation mit anderen Personen, Computern, dem Web oder der virtuellen Realität läuft routinemäßig über dreidimensionale VR-Displays, die in Brillen und Kontaktlinsen eingebaut sind, und über Audio-Linsen. Die Interaktion mit Computern erfolgt überwiegend durch Gesten und Zweiwege-Kommunikation in natürlicher gesprochener Sprache.

Erste nanotechnische Maschinen werden in den Bereichen Fertigung und Prozeßsteuerung eingesetzt.

Mit Hilfe dreidimensionaler visueller und akustischer virtueller Environments und realistischer allumfassender taktiler Environments kann jeder mit jedem alles machen, und zwar unabhängig von physischer Nähe.

Bücher und Dokumente aus Papier werden kaum noch benutzt, und unterrichtet wird von intelligenten simulierten softwaregestützten Lehrern.

Blinde Menschen benutzen routinemäßig Brillen mit integriertem Lese-Navigationssystem. Taube Menschen lesen, was andere sagen, auf ihren Linsendisplays. Paraplegische und auch einige tetraplegische Menschen können mit Hilfe computergesteuerter Nervenstimulierung und ektoskelettaler Roboter gehen und Treppen steigen.

An der Mehrzahl aller Transaktionen ist mindestens eine simulierte Person beteiligt.

In die meisten Straßen sind automatische Leitsysteme eingebaut.

Die Menschen knüpfen Beziehungen zu ihren automatischen Assistenten, die ihnen als Gesellschafter, Lehrer, Pfleger und Liebhaber dienen.

In allen Bereichen der Kunst etablieren sich virtuelle Künstler.

Berichte über Computer, die den Turing-Test bestanden haben, häufen sich, allerdings erfüllen diese Tests nicht die von Fachleuten aufgestellten Kriterien.

2029 Eine Recheneinheit für 1000 Dollar (in Dollar von 1999) besitzt die Rechenleistung von annähernd 1000 menschlichen Gehirnen.

Die Kommunikation zwischen menschlichen Benutzern und dem weltweiten Rechennetz läuft über permanente oder temporäre Implantate (vergleichbar den heutigen Kontaktlinsen) für die Augen und über Cochlear-Implantate. Für Verbindungen mit großen Bandbreiten zum menschlichen Gehirn wurden die direk-

ten neuronalen Zugänge weiter verbessert. Eine Vielzahl neuronaler Implantate zur Verbesserung der visuellen und akustischen Wahrnehmung und Interpretation, des Gedächtnisses und des logischen Denkens sind erhältlich.
Automatisierte Agenten können sich jetzt selbst »fortbilden«; Maschinen sind in der Lage, mit wenig oder gar keiner menschlichen Unterstützung bedeutendes neues Wissen zu erschließen. Computer haben sämtliche von Menschen und Maschinen erzeugten literarischen und multimedialen Erzeugnisse »gelesen«.
Allumfassende visuelle, akustische und taktile Kommunikation erfolgt über direkte neuronale Verbindungen, ohne daß ein »Total-touch-Environment« aufgesucht werden muß.
Kommunikation erfolgt überwiegend ohne menschliche Beteiligung. Der Großteil der Kommunikation, an der ein Mensch beteiligt ist, findet zwischen einem Menschen und einer Maschine statt.
Im Produktionssektor, in der Landwirtschaft und im Transportwesen sind praktisch keine Menschen mehr tätig. Die Grundbedürfnisse der Erdbevölkerung sind überwiegend gedeckt.
Die gesetzlichen Rechte von Computern und die Frage, was ein menschliches Wesen konstituiert, sind Gegenstand einer kontroversen Diskussion.
Obwohl Computer regelmäßig anerkannte Versionen des Turing-Tests bestehen, wird weiter darüber gestritten, ob die maschinelle Intelligenz der menschlichen Intelligenz in all ihrer Vielfalt gleichzusetzen sei.
Der von den Maschinen erhobene Anspruch, Bewußtsein zu besitzen, wird überwiegend akzeptiert.

2049 Die Menschen leben überwiegend von nanotechnisch hergestellten Nahrungsmitteln, die nach ernährungsphysiologischen Gesichtspunkten zusammengesetzt sind und in Ge-

	schmack und Aussehen organisch erzeugter Nahrung entsprechen. Dadurch ist das Nahrungsangebot nicht mehr von begrenzten Ressourcen, schlechter Ernte oder begrenzter Haltbarkeit abhängig. Mit Hilfe von Nanobotschwarm-Projektionen werden visuellle, akustische und taktile Projektionen von Menschen und Objekten in der realen Realität geschaffen.
2072	Picotechnik (Technik auf Picometerbasis, also einem Billionstel Meter) wird angewendet. [1]
um 2099	Das menschliche Denken verschmilzt mit der ursprünglich von der menschlichen Spezies erschaffenen Maschinenintelligenz. Es gibt keine klare Unterscheidung mehr zwischen Mensch und Computer. Die meisten bewußten Wesen besitzen keine permanente physische Präsenz mehr. Aus erweiterten Modellen der menschlichen Intelligenz entwickelte intelligente Maschinen beanspruchen für sich, Menschen zu sein, ungeachtet der Tatsache, daß ihre Denkfunktionen nicht auf kohlenwasserstoffbasierten Zellprozessen, sondern vielmehr auf elektronischen und photonischen »Äquivalenten« davon basieren. Diese Intelligenzen sind in der Regel nicht mit einer spezifischen Prozessoreinheit verbunden. Die Zahl der ausschließlich softwareresidenten Menschen übertrifft bei weitem die derjenigen, die nach wie vor die traditionelle Neuronen/Zellen-basierte Verarbeitungsmethode benutzen. Selbst bei den Menschen, die noch immer kohlenwasserstoffbasierte Neuronen benutzen, ist der Einsatz von Neuroimplantaten weit verbreitet, die ihre Wahrnehmungs- und Erkenntnisfähigkeiten enorm vergrößern. Menschen, die auf solche Implantate verzichten, sind nicht mehr in der Lage, sinnvoll mit solchen zu kommunizieren, die sie benutzen. Information wird überwiegend in Form assimilierter Wissensprotokolle veröffentlicht und ist leicht zugänglich. Das Ziel von Bildung und

	Erziehung besteht darin, neues Wissen zu entdecken, das gelernt werden kann. Methoden der Femtotechnik (Technik auf der Femtometerbasis, das heißt in der Größenordnung von einem Tausendstel von einem Billionstel Meter) werden kontrovers diskutiert.[2] Der Begriff »Lebenserwartung« hat im Zusammenhang mit intelligenten Wesen keine Bedeutung mehr.
In ein paar Jahrtausenden ...	Intelligente Wesen beschäftigen sich mit dem Schicksal des Universums.

Anmerkungen

Prolog: Eine unerbittliche Glückssträhne

1 Welches waren die zentralen politischen und philosophischen Fragen des 20. Jahrhunderts? Eine war ideologischer Natur: Die totalitären Systeme von rechts (Faschismus) und links (Kommunismus) gerieten in Konkurrenz zur Demokratie und zum sozialstaatlich strukturierten Kapitalismus und unterlagen beiden auf breitester Front. Eine weitere Frage betraf die Folgen des technischen Fortschritts. Schon im 19. Jahrhundert wurden die Probleme der Technisierung evident (etwa die sozialen Folgen der Industrialisierung), das Spektrum der Problematik erweiterte sich durch viele Aspekte (Sozialgefälle innerhalb und zwischen den Völkern, Umweltzerstörung usw.) und wurde zu einem zentralen Thema im 20. Jahrhundert. Doch die Frage, »was einen Menschen ausmacht«, spielte bislang noch keine herausragende Rolle (allenfalls in der Diskussion um den Schwangerschaftsabbruch) – auch wenn dieses Jahrhundert in besonderem Maße, aber auch die vorangegangenen schon viel hinsichtlich der Durchsetzung der Menschenrechte und der Anerkennung des rechtlichen Schutzes aller Lebewesen erreicht hatten.

2 Einen sehr guten Überblick mit technischen Details zur Mustererkennung durch neuronale Netze bieten die »Neural Network Frequently Asked Questions«, die Web-Site von W. S. Sarle unter <ftp://ftp.sas.com/pub/neural/FAQ.html>. Zur Fähigkeit von neuronalen Netzen, einzelne Charakteristika zu unterscheiden, siehe Charles Arthur, »Computers Learn to See and Smell Us«, in: *Independent*, 16. Januar 1996.

3 Wie in Kapitel 6, *»Der Bau neuer Gehirne ...«* erörtert werden wird, dürften Techniken zu einem solchen destruktiven Scannen schon Anfang des 21. Jahrhunderts verfügbar sein. Ein nichtinvasives Scannen mit einer ausreichenden Auflösung und Bandbreite wird erst gegen Ende der ersten Hälfte des kommenden Jahrhunderts verfügbar sein.

Kapitel 1: Das Gesetz von Zeit und Chaos

1 Ein allgemeinverständlicher Überblick und detaillierte Hinweise zur Urknalltheorie und zum Ursprung des Universums siehe »Introduction to Big Bang Theory«, Bowdoin College Department of Physics and Astronomy <http://www.bowdoin.edu/dept/physics/astro.1997/astro4/bigbang.html>. –

Literatur zur Urknalltheorie: Joseph Silk, *A short History of the Universe*, New York 1994; Joseph Silk, *The Big Bang*, San Francisco 1980; Robert M. Wald, *Space, Time & Gravity*, Chicago 1977; Stephen Hawking, *Eine kurze Geschichte der Zeit – die Suche nach der Urkraft des Universums*, Reinbek bei Hamburg 1988.

2 Diese Kraft heißt deshalb »stark«, weil sie den Atomkern trotz der starken Abstoßung zwischen den einzelnen Protonen zusammenhält.

3 Die elektroschwache Kraft kombiniert den Elektromagnetismus mit der schwachen Kraft, die für den Beta-Zerfall verantwortlich ist. 1968 gelang es zwei Physikern, dem Amerikaner Steven Weinberg und dem Pakistani Abdus Salam, die schwache Kraft und die elektromagnetische Kraft in eine vereinheitlichte Theorie zu überführen. Die Weinberg-Salam-Theorie zeigt die sogenannte »spontane Symmetriebrechung« auf, wonach einige Teilchen, die bei niederer Energie unterschiedlich erscheinen, sich bei höheren Energien als Repräsentanten des gleichen Typs herausstellen.

4 Die schwache Kraft ist für den Beta-Zerfall und für andere stufenweise ablaufende langsame nukleare Prozesse verantwortlich.

5 Albert Einstein, *Über die spezielle und allgemeine Relativitätstheorie; allgemeinverständlich*, Braunschweig 1964.

6 Die Hauptsätze der Thermodynamik geben an, wie und warum Energie übertragen wird.

Der Erste Hauptsatz der Thermodynamik (postuliert von Hermann von Helmholtz 1847), auch bezeichnet als Energieerhaltungssatz, besagt, daß Energie weder erzeugt noch vernichtet, sondern lediglich umgewandelt werden kann, und daß demnach die Energiemenge im Universum konstant bleibt.

Nach dem Zweiten Hauptsatz der Thermodynamik (von Rudolf Clausius 1850 formuliert), auch bezeichnet als Entropiesatz, kann die Entropie, also das Maß der Unordnung im Universum, niemals abnehmen (wohingegen sie gewöhnlich zunimmt). Mit der wachsenden Entropie im Universum wandelt sich die Energie in weniger nutzbare Formen um. Die Effizienz jedes Prozesses liegt deshalb stets unterhalb von hundert Prozent.

Der Dritte Hauptsatz der Thermodynamik (beschrieben von Walter Hermann Nernst 1906 auf der Grundlage der Vorstellung eines absoluten Nullpunktes, wie er erstmals von Baron Kelvin 1848 postuliert worden war) ist auch als Gesetz vom absoluten Nullpunkt bekannt. Demnach kommt die Molekularbewegung bei einer Temperatur von 0 Kelvin (–273° C), also dem absoluten Nullpunkt, zum Stillstand. Da die Temperatur ein Maß der Molekularbewegung ist, kann man sich dem absoluten Nullpunkt beliebig annähern, ihn aber niemals erreichen.

7 »Evolution and Behavior« – unter <http://ccp.uchicago.edu/~jyin/evolution.html> – enthält eine ausgezeichnete Sammlung von Artikeln und Links zu den Theorien der Evolution. – Siehe auch: Edward O. Wilson, *Der Wert der Vielfalt: die Bedrohung des Artenreichtums und das Überleben des Menschen*, München 1995; Stephen Jay Gould, *The Book of Life*, New York 1993.

8 Vor vierhundert Millionen Jahren besiedelten erste Landpflanzen die Sümpfe. Damit konnten in Form von Amphibien erste pflanzenfressende Wirbeltiere das Land erobern. Gleichzeitig tauchten erste landlebende Gliederfüßer auf, von denen einige sich zu Insekten weiterentwickelten. Vor ungefähr zweihundert Millionen Jahren teilten sich die Saurier und die Säugetiere die gleichen Lebensräume. Die beherrschende Rolle spielten die Saurier; die oft nachtaktiven Säuger gingen ihnen meistens aus dem Weg.

9 Nach dem Verschwinden der Saurier vor 65 Millionen Jahren besetzten an Land die Säugetiere deren ökologische Nischen. Die Säuger sind die am höchsten entwickelte Klasse der Wirbeltiere. Kennzeichnend sind Warmblütigkeit, die Ernährung der Jungen durch Muttermilch, ein Fell, die geschlechtliche Fortpflanzung, (meistens) vier Extremitäten und vor allem das hochentwickelte Nervensystem.

10 Die Primaten bilden die am höchsten entwickelte Ordnung innerhalb der Säuger. Kennzeichnend sind die nach vorn gewandte Augenstellung, das binokulare Sehen und große Gehirne mit stark gewundenen Großhirnrinden, die höhere Denkfunktionen und ein komplexeres Sozialverhalten ermöglichen. Primaten waren nicht die einzigen intelligenten Tiere, zeichneten sich aber durch ein zusätzliches Merkmal aus, das die Entwicklung zum Computerzeitalter beschleunigen sollte: der Daumen, der zur Oppositionsbewegung gegen die anderen Finger befähigt und so einen unverzichtbareren Teil des Greifwerkzeugs darstellt. Intelligenz und die Fähigkeit, die eigene Umwelt zu beeinflussen: diese beiden Merkmale waren für die Entwicklung von Technik notwendig. Die zweite Fähigkeit beruhte dabei vor allem auf dem Gebrauch der Finger und Zehen. Es ist kein Zufall, daß die anatomische Bezeichnung für die Finger im Englischen »digits« heißt. »Digit« kommt von lateinisch »digitus« für Finger oder Zehe – und ist seinerseits möglicherweise mit dem griechischen *deiknynai* für »zeigen« verwandt.

11 Vor ungefähr fünfzig Millionen Jahren spaltete sich die Unterordnung der Anthropoiden ab. Anders als ihre Vettern, die Halbaffen, durchliefen die Anthropoiden eine rasche Evolution, die vor ungefähr dreißig Millionen Jahren zur Herausbildung höherer Primaten wie Menschen- und andere Affen führte. Kennzeichnend sind deren besondere Fähigkeit zur Kommunikation über Laute, Gestik und Mimik, eine Voraussetzung für die Entwicklung eines komplexen sozialen Verhaltens. Vor ungefähr 15 Millionen Jahren tauchten die ersten Hominiden auf. Obwohl sie bereits auf den hinteren Extremitäten gingen, stützten sie sich noch auf die Knöchel der Hände, um Balance zu halten.

12 Bei einem Computerprogramm können allerdings schon Änderungen um zwei Prozent gewaltige Auswirkungen haben.

13 Der Homo sapiens ist heute die einzige, aber nicht die erste technikschaffende Spezies auf der Erde. Der *Homo habilis* (der »geschickte« Mensch) tauchte schon vor fünf Millionen Jahren auf. Kennzeichnend waren sein aufrechter Gang und sein großes Gehirn. »Geschickt« war er insofern, als er bereits Werkzeuge herstellte und einsetzte. Unser direktester Vorfahr, der *Homo erectus*,

tauchte vor ungefähr zwei Millionen Jahren in Afrika auf. Er setzte ebenfalls Werkzeuge ein, nutzte Feuer, entwickelte eine Sprache und gebrauchte Waffen.

14 Der Primatenforscher Carl Van Schaik hat in den Sümpfen von Suaq Balimbing auf Sumatra Orang-Utans beobachtet: Die Tiere fingen und sammelten Insekten, Honig und Obst mit Werkzeugen, die sie selbst hergestellt hatten. Während gefangene Orang-Utans den Umgang mit Werkzeugen leicht erlernen, stellen die Primaten von Suaq die erste in der Wildnis beobachtete Population dar, die Werkzeuge einsetzte. Bei Orang-Utans in anderen Teilen der Welt ist ähnliches nicht beobachtet worden, wohl hauptsächlich deshalb, weil ihre Nahrungsquellen bequemer zugänglich sind.

Carl Zimmer, »Tooling Through the Trees«, *Discover* 16, Nr. 11 (November 1995), S. 46 f.

Krähen stellen Werkzeuge aus Zweigen und Blättern her. Sie dienen verschiedenen Zwecken, zeigen ein hohes Maß an Standardisierung und sind sogar mit Haken und Stacheln versehen. Das gekrümmte Ende des Zweiges nutzen Krähen zum Absuchen von Blattunterseiten nach Wanzen. Sie nehmen ihre Werkzeuge mit und lagern sie nahe ihrer Nester.

Tina Adler, »Crows Rely on Tools to Get Their Work Done«, in: *Science News*, 149, Nr. 3 (20. Januar 1996), S. 37.

Krokodile können ihre Beute nicht ohne weiteres zerreißen, deshalb verankern sie sie zuvor zwischen Felsen oder an Baumwurzeln. Ein solches Verhalten ist als der Gebrauch von Werkzeug gedeutet worden.

Aus der »Animal Diversity Web Site« des zoologischen Museums der University of Michigan, <http://www.oit.itd.umich.edu/projects/ADW/>.

15 Tiere kommunizieren aus einer Vielzahl von Gründen: zur Verteidigung (zur Warnung von Artgenossen bei Gefahr), zur Erschließung von Futterquellen (um Artgenossen auf sie aufmerksam zu machen), bei der Werbung und Paarung (um Paarungsbereitschaft zu signalisieren oder um potentielle Rivalen zu vertreiben) sowie zur Abgrenzung eines Reviers. Die Kommunikation dient grundsätzlich der Arterhaltung. Einige Tiere nutzen sie allerdings nicht nur als Überlebensstrategie, sondern auch, um Gefühle auszudrücken.

Die Kommunikation im Tierreich ist durch eine Vielzahl faszinierender Beispiele belegt:

- Das Weibchen einer malaiischen Baumfroschart zeigt mit einer Art Tanz auf den Zehen Paarungsbereitschaft an. Lori Oliwenstein, Fenella Saunders und Rachel Preiser, »Animals 1995«, in: *Discover* 17, Nr. 1 (Januar 1996), S. 54-57.
- Die Männchen von Wühlmäusen verteilen beim Putzen über ihr Fell körpereigene Duftstoffe, mit denen sie Weibchen anlocken. Tina Adler, »Voles Appreciate the Value of Good Grooming«, in: *Science News* 149, Nr. 16 (20. April 1996), S. 247.
- Wale kommunizieren über eine Serie von Rufen und Schreien. Mark Hig-

gins, »Deep Sea Dialogue«, in: *Nature Canada* 26, Nr. 3 (Sommer 1997), S. 29-34.

- Primaten übermitteln mit ihren Lauten eine Vielzahl von Botschaften. Eine Gruppe von Forschern hat Kapuzineraffen, Totenkopfäffchen und eine Art Tamarins in den Wäldern von Zentral- und Südamerika beobachtet. Da die Mitglieder der Horden sich im dichten Blätterwerk häufig nicht sehen können, lotsen sie sich mit einer Folge von Rufen oder Trillern gegenseitig zu den Futterquellen. Bruce Bower, »Monkeys Sound Off, Move Out«, in: *Science News* 149, Nr. 17 (27. April 1996), S. 269.

16 Berichten zufolge erlernen Washoe und Koko (ein männlicher und ein weiblicher Gorilla) die American Sign Language (ASL). Sie sind die bekanntesten der Primaten, denen eine gewisse Vertrautheit mit menschlichen Kommunikationsformen nachgesagt wird. Nach einem Training konnte der Schimpanse Viki sogar drei Wörter (Mama, Papa und das englische »Cup«) artikulieren. Die Schimpansinnen Lana und Kanzi lernten, an einer Computerkonsole Knöpfe mit Symbolen zu betätigen.

Steven Pinker äußert Bedenken hinsichtlich der Hypothese der Forscher, daß Menschenaffen die Taubstummensprache vollständig begreifen können. So merkt er in *The Language Instinct: How the Mind Creates Language* (New York 1994) an, die Menschenaffen lernten ASL nur in Grobform ohne volle Nuancen. Die erlernten Zeichen seien von den »realen« sehr weit entfernt. Zudem würden einfache Handbewegungen der Affen von den Forschern häufig als wirkliche Zeichen mißdeutet. So fiel einem gehörlosen Wissenschaftler aus Washoes Gruppe auf, daß Kollegen bei den Affen sehr viel mehr Zeichen protokolliert hatten, als er selbst beobachten konnte.

17 Technik tauchte schon in grauer Vorzeit auf und hat sich seither immer rasanter weiterentwickelt. Zu den von anderen Arten und Unterarten der Hominiden eingeführten Techniken gehören der Feuergebrauch, Steinwerkzeuge, Töpferei, Bekleidung und andere Mittel zur Deckung der Grundbedürfnisse. Frühe Arten von Hominiden entwickelten auf rudimentärer Ebene zudem eine Sprache, eine Bildende Kunst, Musik und andere menschliche Ausdrucksmittel.

Vor ungefähr zehntausend Jahren begannen Menschen Pflanzen und wenig später auch Tiere zu domestizieren. Nomadische Jäger wurden seßhaft und entwickelten stabilere Formen des Zusammenlebens. Hütten und Häuser schützten den Menschen und seine Erzeugnisse. Verbesserte Transportmittel ermöglichten Tauschhandel und sorgten mit für die Entstehung einer Zivilisation.

Das Rad wurde offenbar relativ spät erfunden. Die ältesten Funde aus Mesopotamien datieren aus der Zeit von vor ungefähr 5500 Jahren. Zeitgleich tauchen in derselben Region Flöße und Boote auf – und die Keilschrift, die erste bekannte Schrift.

Diese Errungenschaften versetzten die Menschen in die Lage, sich zu großen Gruppen zusammenzuschließen und so eine Zivilisation zu entwickeln. Die ersten Städte gab es vor ungefähr sechstausend Jahren in Mesopotamien. Ungefähr ein Jahrtausend später entstanden altägyptische Städte wie Memphis und

Theben, die zu Keimzellen des mächtigen ägyptischen Pharaonenreichs werden sollten. Als Festungen angelegt, wurden sie von Armeen verteidigt, denen die damals modernste Kriegstechnik zur Verfügung stand: neben Pfeilen, Bogen und Speeren auch der Streitwagen. Das Kastensystem dieser Hochkultur bildete die Grundlage einer Arbeitsteilung, die auch die organisierte Weiterentwicklung von Technik förderte. Eine Kaste aus Intellektuellen mit Lehrern, Ingenieuren, Ärzten und Schreibern bildete sich. Weitere Errungenschaften der altägyptischen Kultur waren die Papyri, die Standardisierung von Maßeinheiten, eine raffinierte Bearbeitung von Metall, künstliche Bewässerung und ein Kalender.

Vor über zweitausend Jahren erfanden die Griechen Maschinen mit einem komplizierten Innenleben. Archimedes, Ptolemäus und andere beschrieben Hebel, Nocken, Flaschenzüge, Klappen, Zahnräder und ausgeklügelte Mechanismen, die die Zeitmessung, die Navigation, die Kartographie sowie den Häuser- und Schiffbau revolutionierten. Die größte Berühmtheit erlangten die Griechen im Bereich der Kunst, vor allem in Dichtung, Theater und Bildhauerei.

Die griechische Kultur wich der überlegenen Militärtechnik der Römer. Das Römische Reich brachte die bisher erfolgreichste und am besten organisierte Stadtkultur hervor – eine Stadtkultur, der über einen sehr langen Zeitraum hinweg Stabilität und Frieden beschieden war. Römische Ingenieure überzogen den Kontinent mit einem Straßennetz, Tausende von Kilometern lang. Sie errichteten zahllose öffentliche Bauten wie Versammlungshallen, Brücken, Sportstadien und Bäder. Ein System von Abwasserkanälen sorgte für ein Höchstmaß an Hygiene. Aber vor allem glänzten die Römer auf dem Gebiet der Militärtechnik: Streitwagen und Rüstungen, Katapulte und Wurfspieße sowie andere hochwirksame Waffen und Kriegsmaschinen sicherten dem Reich die Herrschaft über die damals bekannte Welt.

Der Zerfall dieses Reichs um 500 n. Chr. läutete das Mittelalter ein, das zu Unrecht als »finsteres« Zeitalter gilt. Zwar verlief der technische Fortschritt im nächsten Jahrtausend, gemessen an heutigen Verhältnissen, eher langsam, doch drehte sich die Spirale der Entwicklung zusehends schneller. In Byzanz, in den Ländern des Islam, in China und anderswo erlebten die Naturwissenschaften, die Technik, die Religion, die Künste und die Philosophie eine Blütezeit. Dank des weltweiten Handels befruchteten sich die verschiedenen technischen Entwicklungen gegenseitig. So verdankte Europa den Chinesen die Armbrust und das Schießpulver, den Indern das Spinnrad. Papier und Drucktechniken, vor zweitausend Jahren von den Chinesen erfunden, gelangten jetzt nach Europa. In verschiedenen Teilen der Welt drehten sich Windmühlen mit ausgeklügelten Getrieben, hinter denen ein Fachwissen steckte, das später die Entwicklung erster Rechenmaschinen vorantreiben sollte.

Die Erfindung der gewichtangetriebenen Uhr im 13. Jahrhundert – sie funktionierte mit der an Windmühlen und Wasserrädern erprobten und verbesserten Zahnradtechnik – befreite die Gesellschaft vom Zwang, den Lebensrhythmus nach dem Sonnenstand auszurichten. Die wohl bedeutendste Erfindung des Spätmittelalters, Johann Gutenbergs Buchdruck mit beweglichen Lettern, schuf die Voraussetzungen für die Entstehung eines Geisteslebens außerhalb der von Kirche und Staat kontrollierten Eliten.

Im 17. Jahrhundert hatten technische Errungenschaften mit für die Entstehung weltumspannender Reiche gesorgt. In verschiedenen europäischen Ländern, darunter England, Frankreich und Spanien, entstanden durch den Handel mit fernen Kolonien blühende Wirtschaftsräume. Der Kolonialismus förderte den Aufstieg einer Schicht von Kaufleuten, ließ ein weltweites Bankensystem entstehen und stellte mit rechtlichen Regelungen wie dem Patent erstmals geistiges Eigentum unter Schutz.

Am 26. Mai 1733 erteilte die englische Patent-Behörde John Kay das Patent auf seine »neuartige Maschine zum Teilen und Schlichten von Wolle«: für ihn eine gute Nachricht angesichts seines Vorhabens, seinen »Schnellschützen« zur selbständigen Hin- und Herbewegung des Schiffchens am Webstuhl rasch auf den Markt zu bringen. Seine Erfindung wurde in der aufblühenden Textilindustrie Englands zum durchschlagenden Erfolg, doch zehrten die Prozesse zur Durchsetzung seines Patentes alle Gewinne auf. Kay starb verarmt und ohne je begriffen zu haben, daß seine Innovation in der Weberei die Industrielle Revolution eingeläutet hatte.

Die flächendeckende Einführung von Kays Erfindung steigerte enorm den Garnbedarf, so daß man versuchte, mechanisierte Formen des Spinnens zu entwickeln. Eine solche Maschine, die »Cotton Jenny« von Richard Arkwright, wurde 1770 patentiert. In den achtziger Jahren des 18. Jahrhunderts folgten dann neue Maschinen, die die Wolle vor der Verspinnung automatisch krempelten und kämmten. Gegen Ende des 18. Jahrhunderts hatten die Textilfabriken mit ihren immer effizienteren Maschinen die vielen kleinen englischen Familienbetriebe schließlich verdrängt. Diese Industrielle Revolution rief Anfang des 19. Jahrhunderts die Ludditen auf den Plan, die erste organisierte Bewegung gegen den technischen Fortschritt.

18 David E. Kalish, »Chip Makers and U. S. Unveil Project«, in: *New York Times*, 12. September 1997.

19 Das Schaubild für den Zeitraum von 1900 bis 1998 basiert auf folgenden Daten:

Jahr	Anlage	Additionszeit (Sek)	Rechenoperationen pro Sekunde (CPS)	Damaliger Preis in US-Dollar	Preis 1998 in US-Dollar	CPS/ $ 1000
1900	Analytische Maschine	9.00E-00	1.11E-01	1.000.000	19.087.000	5.821E-06
1908	Hollerith Tabelliermaschine	5.00E+01	2.00E-02	9.000	154.000	1.299E-04
1911	Monroe Calculator	3.00E+01	3.33E-02	35.000	576.000	5.787E-05
1919	IBM Tabelliermaschine	5.00E-00	2.00E-01	20.000	188.000	1.064E-03

1928	National Ellis 3000	1.00E+01	1.00E-01	15.000	143.000	6.993E-04
1939	Zuse 2	1.00E-00	1.00E-00	10.000	117.000	8.547E-03
1940	Bell Calculator Model 1	3.00E-01	3.33E-00	20.000	233.000	1.431E-02
1941	Zuse 3	3.00E-01	3.33E-00	6.500	72.000	4.630E-02
1943	Colossus	2.00E-04	5.00E+03	100.000	942.000	5.308E-00
1946	Eniac	2.00E-04	5.00E-03	750.000	6.265.000	7.981E-01
1948	IBM SSEC	8.00E-04	1.25E+03	500.000	3.380.000	3.698E-01
1949	BINAC	2.86E-04	3.50E+03	278.000	1.903.000	1.837E-00
1949	EDSAC	1.40E-03	7.14E+02	100.000	684.000	1.044E-00
1951	Univac I	1.20E-04	8.33E+03	930.000	5.827.000	1.430E-00
1953	Univac 1103	3.00E-05	3.33E+04	895.000	5.461.000	6.104E-00
1953	IBM 701	6.00E-05	1.67E+04	230.000	1.403.000	1.188E+01
1954	EDVAC	9.00E-04	1.11E+03	500.000	3.028.000	3.669E-01
1955	Whirlwind	5.00E-05	2.00E+04	200.000	1.216.000	1.645E+01
1955	IBM 704	2.40E-05	4.17E+04	1.994.000	12.120.000	3.438E-00
1958	Datamatic 1000	2.50E-04	4.00E+03	2.179.100	12.283.000	3.257E-01
1958	Univac II	2.00E-04	5.00E+03	970.000	5.468.000	9.144E-01
1959	Mobidic	1.60E-05	6.25E+04	1.340.000	7.501.000	8.332E-00
1959	IBM 7090	4.00E-06	2.50E+05	3.000.000	16.794.000	1.489E+01
1960	IBM 1620	6.00E-04	1.67E+03	200.000	1.101.000	1.514E-00
1960	EDC PDP-1	1.00E-05	1.00E+05	120.000	660.000	1.515E+02
1961	DEC PDP-4	1.00E-05	1.00E+05	65.000	354.000	2.825E+02
1962	Univac III	9.00E-06	1.11E+05	700.000	3.776.000	2.943E+01
1964	CDC 6600	2.00E-07	5.00E+06	6.000.000	31.529.00	1.586E+02
1965	IBM 1130	8.00E-06	1.25E+05	50.000	259.000	4.826E+02
1965	DEC PDP-8	6.00E-06	1.67E+05	18.000	93.000	1.792E+03
1966	IBM 360 Model 75	8.00E-07	1.25E+06	5.000.000	25.139.000	4.972E+01
1966	DEC PDP-10	2.00E-06	5.00E+05	500.000	2.341.000	2.136E+02
1973	Intellec-8	1.56E-04	6.41E+03	2.398	8.798	7.286E+02
1973	Data General Nova	2.00E-05	5.00E+04	4.000	14.700	3.401E+03
1975	Altair 8800	1.56E-05	6.41E+04	2.000	6.056	1.058E+04
1976	DEC PDP-11 Model 70	3.00E-06	3.33E+05	150.000	429.000	7.770E+02
1977	Cray 1	1.00E-08	1.00E+08	10.000.000	26.881.000	3.720E+03
1977	Apple II	1.00E-05	1.00E+05	1.300	3.722	2.687E+04
1979	DEC VAX 11 Model 780	2.00E-06	5.00E+05	200.000	449.000	1.114E+03
1980	Sun-1	3.00E-06	3.33E+05	30.000	59.300	5.621E+03
1982	IBM PC	1.56E-06	6.41E+05	3.000	5.064	1.266E+05
1982	Compaq Portable	1.56E-06	6.41E+05	3.000	5.064	1.266E+05
1983	IBM AT-80286	1.25E-06	8.00E+05	5.669	9.272	8.628E+04
1984	Apple Macintosh	3.00E-06	3.33E+05	2.500	3.920	8.503E+04
1986	Compac Deskpro 386	2.50E-07	4.00E+06	5.000	7.432	5.382E+05
1987	Apple Mac II	1.00E-06	1.00E+06	3.000	4.300	5.326E+05
1993	Pentium PC	1.00E-07	1.00E+07	2.500	2,818	3.549E+06
1996	Pentium PC	1.00E-08	1.00E+08	2.000	2.080	4.808E+07
1998	Pentium II PC	5.00E-09	2.00E+08	1.500	1.500	1.333E+08

Die Umrechnung des Kaufpreises für 1998 basiert auf dem Verhältnis der Indizes der Verbraucherpreise der betreffenden Jahre – nach den Angaben der Woodrow Federal Reserve Bank of Minneapolis. Siehe hierzu ihre Web-Site unter
<http.//woodrow.mpls.frb.fed.us/economy/calc/cpihome.html.>.

Charles Babbage entwarf die Analytische Maschine in den dreißiger Jahren des 19. Jahrhunderts und verfeinerte das Konzept bis zu seinem Tod 1871. Babbage konnte seine Erfindung niemals zur Vollendung führen. Die Marktreife der Maschine habe ich auf das Jahr 1900 geschätzt, weil um diese Zeit auch andere Rechenanlagen auf mechanischer Grundlage verfügbar wurden.

Die Daten des Schaubildes für das exponentielle Wachstum der Rechenleistung von 1900 bis 1998 basieren auf folgenden Quellen:
25 Years of Computer History
<http://www.compros.com/timeline.html>
BYTE Magazine »Birth of a Chip«
<http://www.byte.com/art/9612/sec6/art2.htm>
cdc.html@www.citybeach.wa.edu (Strech)
<http://www.citybeach.wa.edu.au/lessons/history/video/sunedu/computer/cdc.html>
Chronology of Digital Computing Machines
<http://www.best.com/~wilson/faq/chrono.html>
Chronology of Events in the History of Microcomputers
<http://www3.islandnet.com/%7Ekpolsson/comphist/comp1977.htm>
The Computer Museum History Center
<http://www.tcm.org/html/history/index.html>
delan at infopad.eecs.berkeley.edu
<http://infopad.eecs.berkeley.edu/CIC/summary/delan>
Electronic Computers within the ordnance corps
<http:/ftp.arl.mil/~mike/comphist/61ordnance/index.html>
General Processor Information
<http://infopad.eecs.berkeley.edu/CIC/summary/local/>
The History of Computing in Los Alamos
<http://bang.lanl.gov./video/sunedu/computer/comphist.html>
The Machine Room
<http://www.tardis.ed.ac.uk/~alexios/MACHINE-ROOM/>
Mind Machine Web Museum
<http://userwww.sfsu.edu/~hl/mmm.html>
Hans Moravec at Carnegie Mellon University: Computer Data
<http://www.frc.ri.cmu.edu/%7Ehpm/book97/ch3/processor.list>
PC Magazine Online: Fifteen Years of PC Magazine
<http://www.zdnet.com/pcmag/special/anniversary/>
PC Museum
<http://www.microtec.net/~dlessard/index.html>
PDP-8 Emulation

<http://csbh.mhv.net/~mgraffam/emu/pdp8.html>
Silicon Graphics Webpage press release
<http://www.pathfinder.com/money/latest/press/PW/1998Jun16/270.html>
Weitere Quellen:
Stan Augarten, *Bit by Bit; An Illustrated History of Computers*, New York 1984.
International Association of Electrical and Electronics Engineers, *Annals of the History of the Computer* (1987), Bd. 9, Nr. 2, S. 150–153, sowie (1994), Bd. 16, Nr. 3, S. 20.
Hans Moravec, *Mind Children: The Future of Robot and Human Intelligence*, Cambridge 1988.
René Moreau, *The Computer Comes of Age*, Cambridge 1984.

20 Weitere Ausblicke auf die Zukunft der Computerkapazität siehe Hans Moravec, *Mind Children: The Future of Robot and Human Intelligence*, Cambridge 1988, und das »Interview with David Waltz, Vice President, Computer Science Research, NEC Research Institute« unter <http://tqd.advanced.org/2705/waltz.html>. Das Thema wird zudem diskutiert in Ray Kurzweil, *Das Zeitalter der Künstlichen Intelligenz*, München und Wien 1993, S. 401-417. Alle drei Quellen erötern das exponentielle Wachstum der Rechenleistung.

21 Eine mathematische Theorie zum Unterschied zwischen Information und dem Rauschen sowie zur Fähigkeit eines Informationskanals zur Übertragung von Information.

22 Das Sante Fe Institute spielte bei der Entwicklung von Konzepten und Techniken zur Komplexität und zu emergenten Systemen eine Pionierrolle. Federführend bei der Entwicklung von Paradigmen zu Chaos und Komplexität war Stuart Kauffman, *At Home in the Universe: The Search for the Laws of Self-Organisation and Complexity*, Oxford 1995. Gegenstand der Abhandlung sind die »ordnenden Kräfte am Rande des Chaos«.

John Tyler Bonner stellt die Frage »Wie kommt es, daß eine Eizelle zum erwachsenen Wesen wird? Wie konnte sich in Jahrmillionen aus einem Bakterium ein Elefant entwickeln?« Siehe hierzu sein Buch *Evolution of Complexity by Means of Natural Selection*, Princeton 1988.

Ein weiterer Denker des Santa Fe Institute auf dem entstehenden Gebiet der Komplexitäts-Theorie ist John Holland. Seine Vorlesungsreihe am Institut von 1994 ist erschienen unter dem Titel *Hidden Order: How Adaptation Builds Complexity*, Reading 1996.

Siehe ebenso John Holland, *Emergence: From Chaos to Order*, Reading 1998, und Mitchell M. Waldrop, *Inseln im Chaos: Die Erforschung komplexer Systeme*, Reinbek bei Hamburg 1993.

Kapitel 2: Die Intelligenz der Evolution

1 Die chemische Zusammensetzung der DNS war bereits in den frühen fünziger Jahren bekannt. Die damals wichtigen Fragen lauteten: Wie ist das DNS-Molekül aufgebaut? Auf welche Weise erfüllt es seine Funktion? Beantwortet werden sollten diese Fragen 1953 von James D. Watson und Francis H. C. Crick.

Watson und Crick veröffentlichten ihre neuen Erkenntnisse in der Zeitschrift *Nature:* (25. April 1953) »The Molecular Structure of Nucleic Acid: A Structure for Deoxyribose Nucleic Acid«. – Mehr zum Wettlauf verschiedener Forschungsgruppen um die Aufdeckung der Molekularstruktur der DNS siehe James D. Watson, *Die Doppelhelix. Ein persönlicher Bericht über die Entdekkung der DNS-Struktur,* Reinbek bei Hamburg 1973.

2 Die Translation beginnt damit, daß ein Teil des DNS-Strangs zur Freilegung des Codes aufgetrennt wird. Durch Erstellung einer Kopie des freigelegten Codes der Basenpaare in der DNS wird ein Strang Messenger-RNS (mRNS) gebildet. Die Messenger-RNS, so benannt nach ihrer Botenfunktion, verläßt als Kopie eines DNS-Abschnitts den Zellkern und reist in den umgebenden Zellkörper ein. Dort trifft die mRNS auf ein ribosomales RNS-Molekül, das den Code auf ihr abliest und dann mit Hilfe der sogenannten Transfer-RNS (tRNS) aus den einzelnen Aminosäuren Proteinketten bildet. Diese Proteine sind die Arbeitsmoleküle, die die Aufgaben der Zelle übernehmen. So besteht beispielsweise das Hämoglobin, das für den Transport des Sauerstoffs über das Blut ins Körpergewebe verantwortlich ist, aus einer Sequenz von fünfhundert Aminosäuren. Da jede Aminosäure drei Nukleotid-Bausteine benötigt, erfordert die Codierung von Hämoglobin 1500 Positionen auf dem DNS-Molekül. Im menschlichen Körper werden jede Sekunde fünfhundert Billionen Hämoglobin-Moleküle gebildet. Die Maschinerie arbeitet folglich sehr effizient.

3 Ziel des Human-Genom-Projektes ist eine detaillierte genetische und physikalische Kartierung der fünfzig- bis hunderttausend Gene im menschlichen Genom sowie Aufschlüsse über die Gesamtstruktur und die Sequenzen der DNS von Menschen und Tieren. Gestartet wurde das Projekt Mitte der achtziger Jahre. Informationen zum Hintergrund des Human-Genom-Projekts, zu den augenblicklichen und zukünftigen Zielen sowie detaillierte Erklärungen zur Struktur der DNS siehe unter <http://www.nhgri.nih.gov/HGP/>.

4 Zu Thomas Rays Forschungsarbeit siehe den Artikel von Joe Flower, »A Life in Silicon«, in: *New Scientist* 150, Nr. 2034 (15. Juni 1996), S. 32–36. Aktuellere Informationen zu der software-gestützten Evolution Dr. Rays siehe <http://www.hip.atr.co.jp/~ray/>.

5 Zum Wesen von Intelligenz ist eine Reihe von Büchern erschienen: H. Gardner, *Abschied vom IQ: Die Rahmentheorie der vielfältigen Intelligenzen*, Stuttgart 1991; Stephan Jay Gould, *Der falsch vermessene Mensch*, Basel 1983; R. J. Herrnstein und C. Murray, *The Bell Curve*, New York 1994; R. Jacoby und N. Glauberman (Hg.), *The Bell Curve Debate*, New York 1995.

6 Nähere Informationen zu den Hypothesen um die Raumausdehnung und den anschließenden Zusammensturz des Universums siehe Stephen W. Hawking, *Eine kurze Geschichte der Zeit. Die Suche nach der Urkraft des Universums,* Reinbek bei Hamburg 1988; Eric L. Lerner, *The Big Bang Never Happened,* New York 1991. Zu den allerneuesten Entwicklungen siehe die Web-Site der International Astronomical Union (IAU) unter <http://www.intastun.org/>, ebenso die oben erwähnte »Introduction to Big Bang Theory« unter <http://www.bowdoin.edu/dept/physics/astro.19974/bigbang.html>.

7 Siehe hierzu Kapitel 3, *Vom Bewußtsein und von Maschinen,* einschließlich des Kastens: »Aus Sicht der Quantenmechanik«.

8 Peter Lewis, »Can Intelligent Life Be Found? Gorilla Will Go Looking«, in: *New York Times,* 16. April 1998.

9 Das System Voice Xpress Plus der Lernout & Hauspie Speech Products (die frühere Kurzweil Applied Intelligence) ermöglicht es dem Anwender, Microsoft WORD Befehle in »natürlicher Sprache« zu erteilen. Das System schreibt fließend diktierte Texte mit einem großen Vokabular nieder. Dabei kommt es »ohne Modus« aus, das heißt, der Anwender muß Befehle nicht als solche kennzeichnen. Das kann sich etwa so anhören: »Ich habe die Reise nach Belgien sehr genossen. Für diesen Abschnitt bitte eine um vier Punkte größere Schrift. Schriftart hier bitte Arial. Und ich hoffe, bald wieder nach Belgien zu kommen.« Das System Voice Xpress Plus erkennt den zweiten und dritten Satz automatisch als Befehle und führt sie (statt sie niederzuschreiben) aus. Dagegen werden der erste und der letzte Satz als inhaltliche Äußerungen identifiziert und niedergeschrieben.

Kapitel 3: Vom Bewußtsein und von Maschinen

1 Eine gute Einführung zum augenblicklichen Stand der Technik beim Scannen von Gehirnen gibt Vincent Kiernan, »Brains at Work: Researchers Use New Techniques to Study How Humans Think«, in: *Chronicle of Higher Education* (23. Januar 1998), Bd. 44, Nr. 20, S. A 16 f. Dabei geht es um den Einsatz der Kernspintomographie zur Kartierung der Hirnaktivität während komplexer Denkabläufe.

Marcus E. Raichle (»Visualizing the Mind«, in: *Scientific American,* April 1994) vermittelt Hintergrundinformationen zu verschiedenen bildgebenden Verfahren der Hirnforschung: Kernspintomographie (MRI), Positronenemissionstomographie (PET) Magnetoenzephalographie (MEG) und die Elektroenzephalographie (EEG).

Siehe auch den zweiteiligen Artikel von Tabitha M. Powledge, »Unlocking the Secrets of the Brain«, in: *Bioscience* 47, Juli/August 1997, S. 330–334 u. S. 403–409.

2 Die blutbildenden Zellen des Knochenmarks und gewisse Schichten der Haut wachsen und reproduzieren sich laufend. Dagegegen werden Muskelzellen

viele Jahre lang nicht ersetzt. Von Neuronen hieß es, sie würden nach der Geburt überhaupt nicht mehr ausgetauscht, während neuere Ergebnisse nun doch für die Möglichkeit einer Reproduktion sprechen. Dr. Elizabeth Gould von der Princeton University und Dr. Bruce S. McEwen von der New Yorker Rockefeller University entdeckten die Fähigkeiten ausgewachsener Krallenaffen, im Hippocampus, einer mit dem Lernen und dem Gedächtnis verbundenen Hirnregion, Gehirnzellen hervorzubringen. Diese Fähigkeit der Tiere nahm unter Streß ab. Siehe hierzu den Artikel von Gina Kolata, »Studies Find Brain Growth New Cells«, in: *New York Times,* 17. März 1998.

Andere Zelltypen wachsen und reproduzieren sich, sofern notwendig. Werden beispielsweise sieben Achtel der Leberzellen operativ entfernt, reproduzieren sich die verbliebenen fast bis zur Vollständigkeit des Organs. Siehe hierzu Arthur Guyton, *Physiology of the Human Body,* 5. Aufl., Philadelphia 1979, S. 42 f.

3 Gewisse Ideologien in diesem Zusammenhang dienten von jeher der Unterdrückung anderer Rassen, Völker oder Gruppen.

4 Von Platon gibt es verschiedene griechische Ausgaben. Von den Übersetzungen ist die Schleiermachers hervorzuheben: *Sämtliche Werke,* Köln und Olten, 1967. Eine detaillierte Darstellung von Platons Philosophie siehe G. Reale, *Zu einer neuen Interpretation Platons,* Paderborn 1992. Zu der von Platon gewählten Form des Dialoges siehe D. Hyland, »Why Platon Wrote Dialogues«, in: *Philosophie und Rhetoric 1* (1968), S. 38–50.

5 Zu einer kurzen Geschichte des Logischen Positivismus siehe A. J. Ayer, *Logical Positivism,* New York 1959, S. 3–28.

6 David J. Chalmers unterscheidet »zwischen den einfachen Problemen und dem schwierigen Problem des Bewußtseins«. Seiner Ansicht nach entzieht sich »das schwierige Problem vollständig den konventionellen Erklärungsmethoden«. Siehe hierzu seinen Essay »Facing Up to the Problem of Consciousness« in: Stuart R. Hameroff (Hg.), *Toward a Science of Consciousness: The First Tucson Discussions and Debates (Complex Adaptive Systems),* Cambridge 1996.

7 Diese objektivistische Sichtweise wurde in den zwanziger Jahren systematisch von Ludwig Wittgenstein in einer Sprachanalyse als sogenannter Logischer Positivismus definiert. Die philosophische Schule, die im Anschluß die Entwicklung der Computertheorie und Linguistik beeinflussen sollte, erhielt ihre Impulse aus Wittgensteins erstem größeren Werk, dem *Tractatus logico-philosophicus.* Das Buch wurde nicht sofort ein Erfolg. Um einen Verleger zu finden, benötigte Wittgenstein den Einfluß seines früheren Lehrers Bertrand Russell.

In einer Vorwegnahme der ersten Programmiersprachen numerierte Wittgenstein in seinem *Tractatus* alle Aussagen nach der jeweiligen Stellung in der Hierarchie seiner Gedanken. So beginnt er mit Aussage 1: »Die Welt ist alles, was der Fall ist«, womit er den problematischen Gegenstand seines Buches benennt. Typisch ist die Äußerung 4.0.0.3.1.: »Alle Philosophie ist ›Sprachkritik‹.« Sein letzter Satz, die Nummer 7, lautet: »Worüber man nicht sprechen kann, darüber muß man schweigen.« Die Anhänger des frühen Wittgenstein betrachten diesen schmalen Band nach wie vor als das bedeutendste philosphische Werk des vergangenen Jahrhunderts. *Tractatus logico-philosophicus,* in: Ludwig Wittgenstein, *Schriften,* Bd. 1, Frankfurt a. M. 1960.

8 Im Vorwort zu seinen *Philosphischen Untersuchungen* räumt Wittgenstein denn auch ein, in seinem früheren Werk, dem *Tractatus,* habe er »gravierende Fehler« gemacht.

9 Für einen Überblick über Descartes' Werk siehe B. Williams, *Descartes,* Frankfurt a. M. 1988; Cassierer, *Descartes' Lehre, Persönlichkeit und Wirkung,* Stockholm 1939, Nachdr. Hildesheim 1978; Karl Jaspers, *Descartes und die Philosophie,* Berlin 1966.

10 Nach Douglas R. Hofstadter, *»Gödel, Escher, Bach. Ein endloses geflochtenes Band«*, Stuttgart 1985.

11 Alan Turing, *»Computing Machinery and Intelligence«*, in: *Mind* 59 (1950), nachgedruckt in E. Feigenbaum und J. Feldman (Hg.), *Computer and Thought,* New York 1963.

12 Zu einer Beschreibung der Quantenmechanik siehe George Johnson, *»Quantum Theorists Try to Surpass Digital Computing«*, in: *New York Times,* 18. Februar 1997.

Kapitel 4: Eine neue Form von Intelligenz auf Erden

1 Einfache Rechenmaschinen wurden bereits zwei Jahrhunderte vor Babbage entwickelt. Die Pascaline von Blaise Pascal, die 1642 fertiggestellt wurde, konnte Zahlen addieren. Einige Jahrzehnte später vollendete Gottfried Wilhelm Leibniz seine Multipliziermaschine. Die maschinelle Berechnung von Logarithmen bedeutete freilich das mit Abstand ehrgeizigste Projekt.

Babbage kam allerdings nicht weit: Er verausgabte sich finanziell völlig, lag mit der britischen Regierung wegen der Eigentumsrechte im Streit und hatte Schwierigkeiten, seine ungewöhnlichen Präzisionsteile anfertigen zu lassen. Sein Chefingenieur entließ sämtliche Arbeiter und nahm dann selbst den Hut. Zudem überschattete eine Serie von Tragödien Babbages Leben: In dieser Zeit starben sein Vater, seine Frau und zwei seiner Kinder.

Babbage gab seine zunächst konzipierte »Differenzmaschine« auf und ließ sich auf ein noch ehrgeizigeres Unternehmen ein: auf den Entwurf des ersten vollprogrammierbaren Computers. Diese neue »Analytische Maschine« sollte auf die Lösung jedes erdenklichen logischen oder rechnerischen Problems programmiert werden können.

Die Anlage hatte einen Direktzugriffsspeicher, bestehend aus tausend »Wörtern« zu je fünfzig dezimalen Ziffern, das entspricht ungefähr 175 000 Bits. Eine Zahl konnte an jeder Speicherstelle wieder aufgefunden, verändert und an anderer Stelle erneut abgespeichert werden. Sie verfügte über einen Lochkartenleser und sogar über einen Drucker – fünfzig Jahre vor der Erfindung von Satz- und Schreibmaschinen. Eine Zentraleinheit (»CPU«) konnte die gleichen Arten logischer und arithmetischer Operationen durchführen wie heutige CPUs. Das Wichtigste war eine besondere Speichereinheit für Software in einer Maschinensprache, die den heutigen stark ähnelt. Eine Dezimalzahl legte die Art der Operation fest, eine weitere bestimmte die Adresse im Speicher des Operanten. Siehe hierzu Stan Augarten, *Bit by Bit: An Illustrated History of Computers*, New York 1984, S. 63 f.

Babbage beschreibt die Grundzüge seiner Maschine in der Abhandlung »On the Mathematical Powers of the Calculating Engine« von 1837 (nachgedruckt in Anthony Hymans Biographie, *Charles Babbage: Philosoph, Mathematiker, Computerpionier*, Stuttgart 1987). Zur Biographie von Ada Lovelace siehe Dorothy Stein, *Ada: a Life and a Legacy*, Cambridge 1985.

2 Stan Augarten, *Bit by Bit*, S. 63 f.

3 Joel Shurkin, *Engines of Mind: A History of the Computer*, New York 1984, S. 104, beschreibt Aikens Maschine als eine »elektromechanische Analytische Maschine mit IBM-Lochkartenbedienung«. Eine knappe Darstellung der Entwicklung des Mark I siehe Augarten, *Bit by Bit*, S. 103–107. Eine neue Sichtweise der Beziehung von Aiken zu Babbage siehe I. Bernard Cohen, »Babbage and Aiken«, in: *Annals of the History of Computing* 10 (1988), S. 171–193.

4 Die Idee der Steuerung über Lochkarten (aus Metall), die Babbage von Jacquards automatischen Webstühlen übernahm, überlebte ebenfalls und bildete im 19. Jahrhundert die Basis für die Automatik der Rechenmaschinen, die sich immer größerer Beliebtheit erfreuten. Die Entwicklung der Lochkartenanwendung gipfelte in der US-Volkszählung von 1890, bei der erstmals ein größeres Projekt der Datenverarbeitung auf elektrischer Basis durchgeführt wurde. Die Lochkarte selbst behielt ihre Bedeutung als Stützpfeiler der Computertechnik bis in die siebziger Jahre.

5 Turings Robinson war kein programmierbarer Computer. Dies war auch überflüssig, da er nur einer Aufgabe diente. Den ersten programmierbaren Computer entwickelte dagegen der Deutsche Konrad Zuse. Zuse, ein Bauingenenieur und Tüftler, ging es ursprünglich nur um die Automatisierung der »ermüdenden Berechnungen der Statiker«. Wie Babbages Maschine war seine erste Anlage, die Z-1, die er aus einem Baukasten im Wohnzimmer seiner Eltern zusammensetzte, ein rein mechanischer Rechner. Die Z-2 basierte auf elektromechnischen Relais und konnte komplexe Simultangleichungen lösen. Seine dritte Version, die Z-3, wurde zu seiner bedeutendsten Erfindung. Sie gilt als der weltweit erste *programmierbare* Computer. Wie sich aus dem Gesetz vom steigenden Ertragszuwachs rückblickend ableiten läßt, arbeitete Zuses Z-3 natürlich noch sehr langsam: eine Multiplikation dauerte über drei Sekunden.

Zwar wurde Zuse von der deutschen Regierung sporadisch finanziell unterstützt, und seine Maschinen spielten auch militärisch eine gewisse Rolle, doch wurde die Computertechnik und ihre militärische Bedeutung von der deutschen Führung vollkommen unterschätzt. Daraus erklärt sich auch das Vertrauen der deutschen Militärs in die Sicherheit des Enigma-Codes. Höchste Priorität hatten dagegen andere moderne Technologien wie der Raketenbau oder die Atomwaffen.

Es sollte Zuses Schicksal sein, daß weder ihm noch seinen Erfindungen besondere Aufmerksamkeit geschenkt wurde: Nach Kriegsende ignorierten ihn auch die Alliierten. Deshalb wird Howard Aiken oft als Erfinder des ersten programmierbaren Computers genannt, obwohl sein Mark I erst drei Jahre nach der Z-3 einsatzbereit war. Als Zuse mitten im Krieg die finanzielle Unterstützung durch das Dritte Reich verloren hatte, erklärte ihm das ein deutscher Offizier so: »Überhaupt verstehe ich das Ganze nicht, was heißt ›Berechnung von Flugzeugen‹? Die deutsche Luftwaffe ist tadellos, was braucht da noch berechnet zu werden?«

Zuses Anspruch, den ersten einsatzfähigen programmierbaren digitalen Computer gebaut zu haben, wird durch seine Patentanmeldung untermauert. Siehe hierzu beispielsweise K. Zuse, »Verfahren zur selbsttätigen Durchführung von Rechnungen mit Hilfe von Rechenmaschinen«, Antrag beim Deutschen Patentamt Nr. Z23624, 11. April 1936. Siehe Konrad Zuse, *Der Computer. Mein Lebenswerk*, 2. Aufl. Berlin und Heidelberg 1986; und Brian Randell, *The Origins of Digital Computers*, S. 159–166.

6 Alan Turing, »Computing Machinery and Intelligence«, in: *Mind* 59 (1950), S. 433–460, nachgedruckt in E. Feigenbaum und J. Feldman (Hg.), *Computers and Thought*, New York 1963.

7 Siehe hierzu A. Newell, J. C. Shaw und H. A. Simon, »Programming the Logic Theory Machine«, in: *Proceedings of the Western Joint Computer Conference*, 1957, S. 230–240.

8 Russells und Whiteheads bahnbrechende *Principia Mathematica* (bibliographische Angabe siehe das Ende der Anmerkung), die erstmals 1910-1913 erschienen war, formulierte auf der Grundlage von Russells neuer Konzeption der Mengenlehre die Mathematik um. Das Werk ebnete den Weg für die Entwicklung von Turings Berechenbarkeitstheorie auf der Grundlage der Turing-Maschine (siehe unten). Im folgenden möchte ich ein eigenes Beispiel für das Russellsche Paradox geben:

> Ein Richter spricht einen Mann eines besonders verwerflichen Verbrechens für schuldig und möchte ihm dafür die härteste Strafe zumessen. Er verurteilt ihn deshalb nicht nur zum Tode, sondern teilt ihm auch mit, daß das Urteil wegen der Schwere des Verbrechens auf einzigartige Weise vollstreckt werden soll: »Das Urteil wird spätestens am kommenden Samstag vollzogen sein. Des weiteren will ich, daß Sie am Morgen Ihrer Hinrichtung noch nicht wissen, daß Sie an diesem Tag hingerichtet werden. Wenn der Henker Sie abholt, sollen sie überrascht sein.«
>
> Der Verurteilte antwortet daraufhin zur Verblüffung des Richters: »Ausgezeichnet, Euer Ehren, nun ich bin wirklich erleichtert.«
>
> Darauf entgegnet der Richter: »Das verstehe ich nicht. Wie können Sie erleichtert sein? Ich habe Sie zum Tod verurteilt und angeordnet, daß die Strafe bald vollstreckt wird, Sie sich aber nicht vorbereiten können, weil Sie morgens noch nicht wissen, daß Sie am gleichen Tag sterben werden.«

Der Verurteilte antwortet: »Nun, Euer Ehren, nach dem Urteil kann ich am Samstag nicht hingerichtet werden.«

»Und warum nicht?« fragt der Richter.

»Das Urteil ist bis spätestens Samstag zu vollstrecken. Wenn wir bis Samstag warten, wüßte ich schon am Morgen, daß ich am gleichen Tag hingerichtet würde. Dann wäre ich nicht mehr überrascht.«

»Ich gebe zu, Sie haben recht«, räumt der Richter ein. »Am Samstag können Sie nicht hingerichtet werden. Aber ich verstehe immer noch nicht, warum Sie erleichtert sind.«

»Nun, wenn der Samstag als Hinrichtungstag entfällt, kann ich auch am Freitag nicht hingerichtet werden.«

»Und wieso nicht?« fragt der Richter.

»Wir stimmen darin überein, daß ich am Samstag nicht hingerichtet werden kann. Dann ist der Freitag der letzte mögliche Hinrichtungstag. Aber am Freitag werde ich ganz genau wissen, daß ich an diesem Tag hingerichtet werde. Also bin ich nicht mehr überrascht. Dann kann ich auch am Freitag nicht hingerichtet werden.«

»Das leuchtet ein«, sagt der Richter.

»Der letzte mögliche Hinrichtungstag ist folglich Donnerstag. Aber am Donnerstag würde ich wissen, daß ich an diesem Tag hingerichtet würde. Dann wäre ich nicht überrascht. Donnerstag scheidet also auch aus. Und aus dem gleichen Grund müssen wir auch den Mittwoch, den Dienstag, den Montag und den heutigen Tag ausschließen.«

Der Richter kratzt sich am Kopf, als der Häftling mit zuversichtlicher Miene in seine Zelle zurückgeführt wird.

Doch die Geschichte hat einen Epilog: Am Donnerstag holt man den Mann zu seiner Hinrichtung ab. Er ist völlig überrascht. Die Anordnung des Richters wird dabei also genauestens befolgt.

Soweit meine Version dessen, was als »Russels Paradox« berühmt wurde – frei nach Bertrand Russell, dem wohl letzten Denker, der in der Mathematik wie in der Philosophie Bahnbrechendes leistete. Wenn wir den in dieser Geschichte enthaltenen Widerspruch analysieren, stellen wir fest, daß die vom Richter genannten Bedingungen an keinem der Tage erfüllt werden können, weil, wie der Gefangene geschickt darlegt, die Hinrichtung an keinem der Tage überraschend käme. Aber gerade diese *Schlußfolgerung* verändert die Situation grundlegend, denn nun ist eine Überraschung wieder möglich. Dies führt uns zu der Ausgangssituation zurück, in der der Gefangene (theoretisch) zeigen kann, daß keiner der Tage in Frage kommt. Der Richter hingegen löst dieses Dilemma und durchschlägt den Gordischen Knoten, indem er den Hinrichtungstag willkürlich festlegt.

Das Beispiel, mit dem Russell sich tatsächlich auseinandergesetzt hat, ist einfacher: Es handelt sich um ein Problem aus der Mengenlehre. Eine Menge ist ein mathematisches Konstrukt aus gleichartigen Dingen. Sie kann aus Stühlen,

Büchern, Autoren, Spielern, Zahlen oder sogar aus anderen Mengen bestehen. Die Menge A ist folgendermaßen definiert: Sie ist die Menge aller Mengen, die sich nicht selbst als Elemente enthalten. Ist nun die Menge A ein Element von sich selbst?

Wenn wir über dieses bekannte Problem nachdenken, stellen wir fest, daß es nur zwei mögliche Antworten gibt: ja und nein. Wir können folglich alle Antworten ausprobieren (was bei den meisten mathematischen Problemen nicht möglich ist). Betrachten wir die Antwort ja. Lautet die Antwort »ja«, ist A Element von sich selbst. Aber wenn A ein Element von sich selbst ist, dann gehört A nach der Definition nicht zur Menge A. Diese Antwort führt folglich in einen Widerspruch und ist deshalb offenbar falsch.

Versuchen wir es mit der Antwort »nein«. Lautet die Antwort »nein«, dann ist die Menge A kein Element von sich selbst. Doch auch hier stößt man nach der Definition auf einen Widerspruch: Wenn Menge A nicht Element von sich selbst ist, wäre sie ein Element der Menge A. Wie in der Geschichte vom Verurteilten erhalten wir sich widersprechende, einander implizierende Aussagen. Aus der Antwort ja folgt die Antwort nein, aus der wiederum folgt die Antwort ja, und so weiter.

Obwohl dieser Widerspruch eher unbedeutend erscheint, sah Russell mit ihm die Grundlagen der Mathematik in Frage gestellt. Die Mathematik beruht auf der Vorstellung, daß es Mengen gibt und daß diese Elemente enthalten oder selbst Elemente anderer Mengen sind. Die Definition der Menge A und die Frage, ob die Menge A ein Element von sich selbst ist, erscheinen vernünftig. Und doch ist die Frage nicht zu beantworten. Ohne eine Auflösung dieses Widerspruchs schien die Mathematik in ihren Grundlagen gefährdet.

Russell wälzte das Problem über ein Jahrzehnt lang in seinem Kopf, wobei er seine Kräfte verausgabte und mindestens eine Heirat platzen ließ. Dann hatte er eine Antwort gefunden. Zur Lösung des Problems wartete er mit einem Computermodell auf (auch wenn er es nicht so nannte). Russells »Computer« ist eine logische Maschine, die nacheinander je eine logische Transformation vornimmt, die jeweils eine bestimmte Zeit in Anspruch nimmt – die Transformationen sind also nicht gleichzeitig durchführbar. Unsere Frage zur Menge A wird einer systematischen Untersuchung unterzogen. Russell setzt den theoretischen Computer (in seinem Kopf natürlich) in Gang, der nacheinander die logischen Operationen durchführt. An einem Punkt lautet die Antwort ja, dann aber läuft das Programm weiter, worauf die Antwort wenig später nein lautet. Das Programm läuft in einer Endlosschleife weiter, so daß die Antworten ja und nein sich abwechseln.

Die Antwort ist aber niemals gleichzeitig ja und nein!

Die Lösung mag beeindrucken. Russell war jedenfalls begeistert. Um die Mathematik zu retten, genügte es, die Antworten ja und nein *nicht gleichzeitig* zuzulassen. Mit Hilfe seines Freundes und früheren Tutors Alfred North Whitehead gestaltete Russell die gesamte Mathematik anhand seiner neuen Mengenlehre und Logik um, die sie dann als die *Principia Mathematica* 1910-1913 veröffentlichten. Es sei darauf hingewiesen, daß die Konzeption eines Computers, ob theoretisch oder nicht, zur damaligen Zeit kaum nachvollzogen wurde. Die Leistung, die Charles Babbage im 19. Jahrhundert vollbracht hatte, war damals weitgehend unbekannt. Ob Russell von Babbages Bemühungen (siehe Kapitel 4) Kenntnis hatte, ist fraglich. Sein revolutionäres Werk umfaßte die Entdekkung einer logischen Theorie der Berechenbarkeit und faßte die Mathematik als eine von deren Teilbereichen neu. Mathematik war jetzt Teil einer Theorie der Berechenbarkeit.

Russell und Whitehead sprachen nicht explizit von Computern, aber sie drückten ihre Gedanken in Begriffen der Mengenlehre aus. Erst Alan Turing sollte 1936 mit seiner Turing-Maschine das erste Computermodell erstellen (siehe Anmerkung unten).

Alfred N. Whitehead und Bertrand Russell, *Principia Mathematica*, 3. Bd., 2. Aufl., Cambridge 1925–1927.

Das oben beschriebene Paradox taucht erstmals auf in Bertrand Russell, *Principles of Mathematics*, 2. Aufl., S. 79–81, Nachdruck New York 1996. Es ist eine raffinierte Variante des Lügner-Paradoxes. Siehe hierzu E. W. Beth, *Foundations of Mathematics*, Amsterdam 1959, S. 485.

9 »Heuristic Problem Solving: The Next Advance in Operations Research«, in: *Journal of the Operations Research Society of America* 6, Nr. 1, nachgedruckt in Herbert Simon, *Models of Bounded Rationality*, Bd. 1, Economic Analysis and Public Policy, Cambridge 1982.

10 »A Mean Chess-Playing Computer Tears at the Meaning of Thought«, in: *New York Times*, 19. Februar 1996, gibt die Reaktionen von Garry Kasparow und einiger bekannter Denker zum Sieg Deep Blues über den Schachweltmeister wieder.

11 Daniel Bobrow, »Natural Language Input for a Computer Problem Solving System«, in: Marvin Minsky (Hg.), *Semantic Information Processing*, Cambridge 1968, S. 146–226.

12 Thomas Evans, »A Program for the Solution of Geometric-analogy Intelligence Test Questions«, in: Marvin Minsky (Hg.), *Semantic Information Processing*, 1968, S. 271–353.

13 Robert Lindsay, Bruce Buchanan, Edward Feigenbaum und Joshua Lederberg beschreiben DENDRAL in *Applications of Artificial Intelligence for Chemical Inference: The DENDRAL Project*, New York 1980. Eine kurze und präzise Erläuterung zu den wesentlichen Funktionsweisen des Systems siehe Patrick Winston, *Artificial Intelligence*, 2. Aufl. Reading 1984, S. 163 f, 195 ff.

14 SHRDLU galt viele Jahre lang als herausragendes Beispiel für die Möglichkeit von Künstlicher Intelligenz. Winograd beschreibt seine Forschung in seiner Dissertation *Understanding Natural Language*, New York 1972. Eine Kurzversion ist erschienen unter dem Titel »A Procedural Model of Thought and Language«, in: Roger Schank und Kenneth Colby (Hg.), *Computer Models of Thought and Language*, San Francisco 1973.

15 Haneef A. Fatmi und R. W. Young, »A Definition of Intelligence«, *Nature* 228 (1970), S. 97.

16 Alan Turing zeigte, daß die Grundlagen der Berechenbarkeit mit einer einfachen theoretischen Maschine zu modellien sind. 1936 konzipierte er den ersten theoretischen Computer in Form der nach ihm benannten Turing-Maschine (erstmals vorgestellt in seinem Artikel »On Computable Numbers with an Application to the Entscheidungsproblem«, *Proc. London Math. Soc.* 42 (1936), S. 230–265). Wie bei einer ganzen Reihe von bahnbrechenden Leistungen hatte er auch auf diesem Gebiet das erste und letzte Wort. Die Turing-Maschine bildete die Grundlage der modernen Berechenbarkeitstheorie. Wegen ihrer Einfachheit und Leistungsfähigkeit gilt die Maschine heute als erstes Computermodell.

Die Turing-Maschine ist ein Beispiel für die Einfachheit der Grundlagen der Intelligenz. Eine Turing-Maschine besteht aus zwei primären (theoretischen) Teilen: einem »Bandlaufwerk« und einer »Steuereinheit«. Das Bandlaufwerk enthält ein unendlich langes Band, das mit einer beliebigen Folge der beiden Symbole 0 (Null) und 1 (Eins) beschrieben (und später auch gelesen) werden kann. Die Steuereinheit enthält ein Programm, das aus einer Abfolge von Befehlenbesteht, die sich aus nur sieben verschiedenen Operationen zusammensetzen:

- Lies das Band
- Bewege das Band nach links
- Bewege das Band nach rechts
- Schreib eine 0 auf das Band
- Schreib eine 1 auf das Band
- Spring zu einem anderen Befehl
- Halt

Turing konnte zeigen, daß diese äußerst einfache Maschine alles berechnen kann, was sich durch jede beliebige noch so komplizierte Maschine berechnen läßt. Ein Problem, das die Turing-Maschine nicht lösen kann, ist durch Maschinen überhaupt nicht zu lösen. Diese Position wurde gelegentlich angefochten, konnte sich über die Zeit aber doch weitgehend behaupten.

Turing berichtet in seiner Abhandlung von der überraschenden Entdeckung, daß es unlösbare Probleme gibt, das heißt Probleme, die zwar eindeutig definiert werden können und auf die es auch eindeutige Antworten gibt, die aber nachweislich nicht von einer Turing-Maschine und damit überhaupt nicht maschinell berechnet werden können. Damit wurde einmal mehr der zuversichtliche Ansatz des 19. Jahrhunderts aufgehoben, wonach eindeutig definierbare Probleme letztlich auch lösbar seien. Turing zeigte, daß es ebenso viele unlösbare wie lösbare Probleme gibt.

Turing und sein früherer Professor Alonzo Church formulierten daraus die später so benannte Church-Turing-These: Wenn ein Problem einer Turing-Maschine gestellt, von ihr aber nicht gelöst werden kann, ist es auch durch menschliches Denken nicht lösbar. Nach einer »starken« Deutung der Church-Turing-These besteht eine wesentlich Übereinstimmung zwischen dem, was von Menschen gedacht oder gewußt werden, und dem, was eine Maschine berechnen kann. Die These kann als mathematische Neuformulierung einer grundlegenden These Wittgensteins in seinem *Tractatus* gesehen werden. Die Grundidee liegt darin, daß das menschliche Denken den Naturgesetzen unterworfen ist und seine Fähigkeit zur Informationsverarbeitung deshalb die einer Maschine nicht übersteigt. So kommt es zu der überraschenden Situation, daß wir ein Problem definieren und beweisen können, daß eine eindeutige Antwort existiert, daß wir aber gleichzeitig wissen, daß uns die Antwort immer verborgen bleiben wird.

Das wohl interessanteste unlösbare Problem ist das des Fleißigen Bibers. Es läßt sich wie folgt zusammenfassen: Jede Turing-Maschine hat eine gewisse Anzahl von Befehlen in ihrem Programm. Für eine beliebige positive ganze Zahl *n* konstruieren wir alle Turing-Maschinen, die *n* Zustände (also Befehle) besitzen. Als nächstes eliminieren wir diejenigen Maschinen mit *n* Zuständen, die in eine Endlosschleife geraten (also niemals anhalten). Schließlich wählen wir diejenige Maschine (von denen, die zu einem Halt kommen) aus, die die größte Anzahl von Einsen auf ihr Band schreibt. Diese Anzahl von Einsen nennen wir den Fleißigen Biber von *n*.
Tibor Rado, ein Mathematiker und Bewunderer von Turing, zeigte, daß es keinen Algorithmus und damit auch keine Turing-Maschine gibt, die für diese Funktion alle möglichen *n's* berechnen kann. Der Kern des Problems besteht darin, diejenigen Turing-Maschinen auszusondern, die in Endlosschleifen geraten. Wenn wir eine Turing-Maschine so programmieren, daß sie alle möglichen Turing-Machinen mit *n* Zuständen generiert und simuliert, dann gerät dieser Simulator selbst in eine Endlosschleife, wenn er versucht, eine Turing-Maschine zu simulieren, die in eine Endlosschleife gerät. Die Fleißige-Biber-Funktion kann für einige Werte von *n* berechnet werden, und interessanterweise ist das Problem, jene *n*, für die der Fleißige Biber berechenbar ist, von den *n* zu separieren, für die das nicht möglich ist, ebenfalls unlösbar.

Der Fleißige Biber ist eine »intelligente Funktion«. Genauer gesagt, stellt er eine Funktion dar, die um so mehr Intelligenz für ihre Berechnung benötigt, je größer ihr Argument ist. Wenn wir den Wert von *n* erhöhen, wird der Prozeß, der ablaufen muß, um den Fleißigen Biber von *n* zu berechnen, immer komplexer.

Bei $n=6$ können wir Additionen durchführen und kommen für den Fleißigen Biber dann auf einen Wert von 35. Mit anderen Worten: die Addition ist die komplexeste Operation, die eine Turing-Maschine mit nur 6 Schritten im Programm ausführen kann. Bei 7 Zuständen lernt das System multiplizieren, und der Fleißige Biber von 7 entspricht 22 961. Bei 8 Zuständen kann der Fleißige Biber Exponentialoperationen durchführen, und die Anzahl der Einsen, die er auf sein Band schreibt, liegt bei annähernd 10^{43}. Es sei darauf hingewiesen, daß dieses Wachstum noch größer ist als das nach dem Mooreschen Gesetz. Wenn wir bei 10 angelangt sind, benötigen wir eine exotische Notation, bei der wir einen Stapel von Exponenten brauchen (10 hoch 10 hoch 10 usf.), dessen Höhe von einem weiteren Stapel von Exponenten gebildet wird, dessen Höhe ebenfalls von einem Stapel von Exponenten gebildet wird usf. Bei 12 für den Fleißigen Biber brauchen wie eine noch exotischere Notation. Die menschliche Intelligenz (im Hinblick auf die Komplexität der noch verständlichen mathematischen Operationen) ist wohl längst überfordert, bevor der Fleißige Biber die Zahl 100 erlangt hat. Die Computer des 21. Jahrhunderts werden wohl etwas besser abschneiden.

Das Problem des Fleißigen Bibers ist ein Beispiel für eine große Klasse nicht berechenbarer Funktionen, wie Tibor Rado gezeigt hat: Siehe hierzu seinen Artikel »On Noncomputable Functions«, in: *Bell System Technical Journal* 41, Nr. 3 (1962), S. 877–884.

17 Raymond Kurzweil, *Das Zeitalter der Künstlichen Intelligenz*, München und Wien 1993, S. 123 f.

18 Hans J. Berliner, »Backgammon Computer Program Beats World Champion«, in: *Artificial Intelligence* 14, Nr. 1 (1980). Siehe ebenso Hans Berliner, »Computer Backgammon«, in: *Scientific American*, Juni 1980.

19 Ray Kurzweils Cybernetic Poet (RKCP) ist herunterzuladen unter der Adresse <http://www.kurzweiltech.com>. Näheres zum RKCP siehe den Abschnitt *Die kreative Maschine* in Kapitel 8 dieses Buches.

20 Zu diesen Kompositionsprogrammen siehe den Abschnitt *Die kreative Maschine* in Kapitel 8 dieses Buches.

21 Siehe hierzu W. S. Sarle (Hg.), »Neural Network Frequently Asked Questions«, unter <ftp://ftp.sas.com/pub/neural/FAQ.html>. Unter dieser Adresse können zahlreiche Hinweise zur früheren und laufenden Forschung zu neuronalen Netzen abgerufen werden. Eine gute Einführung zum Themenkreis bietet zudem G. E. Hinton, »How Neural Networks Learn from Experience«, in: *Scientific American*, September 1992, S. 144–151.

22 Forscher des Arbeitskreises Productivity from Information Technology (PROFIT) des MIT haben die Effizienz neuronaler Netze beim Entziffern von Handschriften untersucht.

Die Initiative PROFIT basiert auf der Sloan School of Management des MIT. PROFIT befaßt sich mit dem Einsatz von Informationstechnologie im privaten und öffentlichen Sektor. Zusammenfassungen von Ergebnissen dieser und anderer Forschungen zu neuronalen Netzen und zur Gewinnung von Daten sind abrufbar unter <http://scannergroup.mit.edu/papers.html>.

23 Die Miros Inc. mit Sitz in Wellesley, Massachusetts, spezialisiert sich auf die Entwicklung von Software zur Erkennung von Gesichtern. Zu ihren Produkten gehört der TrueFace PC, das erste entsprechende System für Computer, Netzwerk und Datenschutz; zudem den TrueFace Gate Watch, ein komplettes Hardware/Software-Sicherungssystem, das über Videokameras automatisch den Zutritt zu Gebäuden ermöglicht oder ihn verwehrt. Mehr Information zu dieser Firma siehe unter <http://www.miros.com/About–Miros.htm>.

24 Mehr Informationen zum Einsatz von BrainMaker in der medizinischen Diagnose und bei Prognosen zum Aktienindex Standard und Poor's 500 für LBS Management siehe die Home-Page von California Scientific unter <http://www.calsci.com/>.

25 Diese Zeit für die Wiederherstellung der Aktionspotentiale ist ein geschätzter

Durchschnitt. So geht Wladim Gerasimow beispielsweise bei der höchstmöglichen Frequenz beim Feuern von Neuronen (die weit über dem Durchschnitt liegt) von 250-2000 Hz (0,5-4 ms-Intervalle) aus. Siehe hierzu »Information Processing in the Human Body« unter <http://vadim.www.media.mit.edui/MAS862/Project.html>. Die Frequenz der Nervenimpulse unterliegt einer Anzahl von Variablen, unter anderem der Höhe und Dauer eines Tons. Siehe hierzu Jos. J. Eggermont, »Firing Rate and Firing Synchrony Distinguish Dynamic from Steady State Sound«, in: *NeuroReport* 8, Ausgabe 12, S. 2709–2713.

26 Informationen zu Hugo de Garis' Forschungen für ATRs Brain Builder Group sind abrufbar unter <http://www.hip.atr.co.jp/~degaris/>.

27 Ein faszinierender Bericht zu diesen Forschungen siehe Carver Mead, *Analog VSLI and Neural Systems,* Reading 1989, S. 257–278. Zu den synaptischen Verbindungen siehe die knappe Darstellung in Carol Levin, »Here's Looking at You«, in: *PC Magazine,* 20. Dezember 1994, S. 31. Detaillierte Informationen zu dieser Forschungsrichtung siehe zudem Carver Meads Web-Site »Physics of Computation-Carver Mead's Group« unter <http://www.pcmp.caltech.edu/>.

28 Das Institut SETI (Search for Extraterrestrial Intelligence) forscht nach Lebenszeichen im Universum. Der Schwerpunkt liegt dabei auf der Suche nach außerirdischer Intelligenz. Das Institut ist eine nichtkommerzielle Forschungseinrichtung, die von staatlichen Stellen, privaten Stiftungen und Einzelpersonen gegründet wurde und momentan über zwei Dutzend Projekte betreibt. Weitere Informationen unter <http://www.seti.org>.

29 Der Autor diktiert Teile dieses Buchs in den Computer über ein Programm zur Erkennung von fließend gesprochener Sprache, dem sogenannten *Voice Xpress Plus* aus der entsprechenden Abteilung der Lernout & Hauspie (früher Kurzweil Applied Intelligence). Näheres siehe Anmerkung 9 zu Kapitel 2.

30 Näheres zu State Streets Erwerb einer Mehrheitsbeteiligung an der Advanced Investment Technology siehe Frank Byrt, »State Street Global Invests in Artificial Intelligence«, *Dow Jones Newswires,* 29. Oktober 1997. Zu dem vom Investmentfonds AIT Vision eingesetzten System genetischer Algorithmen siehe die Beschreibung von S. Mahfoud und G. Mani, »Financial Forecasting Using Genetic Algorithms«, in: *Applied Artificial Intelligence* 10 (1996), S. 543–565. AIT Vision wurde Anfang 1996 angelegt, seine Zahlen sind öffentlich verfügbar. Im ersten vollen Kalenderjahr (1996) hat der Investmentfonds 27,2 Prozent an Liquidationswert zugelegt, seine Bezugsgröße, der Index Russell 3000, dagegen nur 21,2 Prozent.

Es sei darauf hingewiesen, daß ein besseres Abschneiden als die Bezugsgröße einen Beweis für eine Entscheidungsfindung auf höherem Niveau darstellt. Der Algorithmus ist dabei möglicherweise höhere Investitionsrisiken eingegangen als der Durchschnitt des Index.

31 Zu evolutionärer Computersoftware und zu evolutionären und genetischen Algorithmen gibt es zahlreiche Online-Quellen. Eine der besten ist »The Hitchhiker's Guide to Evolutionary Computation: A List of Frequently Asked

Questions (FAQ)«, herausgegeben von Jörg Heitkötter und David Beasley unter <http://www.cs.purdue.edu/coast/archive/clife/FAQ/www/>. Dieser Führer bietet alle möglichen Informationen von einem Glossar bis hin zu Links zu verschiedenen Forschungsgruppen.

Eine weitere Online-Quelle ist die Web-Site des Santa Fe Institute, abrufbar unter <http://www.santafe.edu>.

Eine Einführung in genetische Algorithmen gibt John Holland, »Genetic Algorithms«, in: *Scientific American* 267, Nr. 1 (1992), S. 66–72. Wie in Anmerkung 22 zu Kapitel 1 erwähnt, entwickelten Holland und seine Kollegen von der University of Michigan in den siebziger Jahren genetische Algorithmen.

Weitere Informationen zur Verwendung genetischer Algorithmen in der Entwicklung und Produktion von Lastwagen der Firma Volvo siehe Srikumar S. Rao, »Evolution at Warp Speed«, in: *Forbes* 161, Nr. 1 (12. Januar 1998), S. 82 f. Siehe zudem Anmerkung 22 zu Kapitel 1 zur Komplexität.

32 Siehe hierzu Wladimir Gerasimow, »Information Processing in the Human Body«, unter <http://vadim.www.media.mit.edu/MAS862/Project.html>.

33 Ebenda.

34 Die Kurzweil Applied Intelligence (Kurzweil AI), meine Gründung von 1982, arbeitet inzwischen als Tochtergesellschaft der Lernout & Hauspie Speech Products (L&H), ein internationaler Marktführer in der Entwicklung von Technologien zur Sprach- und Schrifterkennung und verwandter Anwendungen und Produkte. Informationen zu den Produkten der Spracherkennung sind abrufbar unter <http://www.lhs.com/dictation/>.

Kapitel 5: Kontext und Wissen

1 Victor L. Yu, Lawrence M. Fagan, S. M. Wraith, William Clancey, A. Carlisle Scott, John Hannigan, Robert Blum, Bruce Buchanan und Stanley Cohen, »Antimicrobial Selection by Computer: A Blinded Evaluation by Infectious Disease Experts«, in: *Journal of the American Medical Association* 242, Nr. 12 (1979), S. 1279–1282.

2 Eine gute Einführung in die Entwicklung von Expertensystemen und ihre Verwendung durch verschiedene Unternehmen bietet: Edward Feigenbaum, Pamela McCorduck und Penny Nii, *The Rise of the Expert Company*, Reading, Massachusetts, 1983.

3 William Martin, Kenneth Church und Ramesh Patil, »Preliminary Analysis of a Breadth-First Parsing Algorithm: Theoretical and Experimental Results«, MIT Laboratory for Computer Science, Cambridge, Massachusetts, 1981. Church zitiert hier den folgenden synthetischen Satz, der 1430 syntaktisch korrekte Interpretationen erfuhr:

»Es war die Anzahl der Produkte der Produkte der Produkte der Produkte der Produkte der Produkte der Produkte der Produkte.«

Und er zitiert den folgenden Satz, für den 1430 X 1430 = 2 044 900 Interpretationen geliefert werden:

»Welche Anzahl der Produkte der Produkte der Produkte der Produkte der Produkte der Produkte der Produkte der Produkte hatte die Anzahl der Produkte der Produkte der Produkte der Produkte der Produkte der Produkte der Produkte der Produkte?«

4 Dieser und andere theoretische Aspekte der Computerlinguistik werden behandelt in: Mary D. Harris, *Introduction to Natural Language Processing*, Reston, Virginia, 1985.

Kapitel 6: Der Bau neuer Gehirne ...

1 Hans Moravec wird diese These vermutlich in seinem Buch *Robot: Mere Machine to Transcendent Mind*, Oxford University Press 1998, vertreten, das noch nicht erschienen war, als ich diesen Text schrieb.

2 Die 150 Millionen Rechenoperationen, die ein Personal Computer im Jahr 1998 tätigen kann, werden sich bis zum Jahr 2025 siebenundzwanzigmal verdoppelt haben (wenn sich sowohl die Anzahl der enthaltenen Komponenten als auch die Geschwindigkeit jeder einzelnen Komponente alle zwei Jahre verdoppelt). Dies ergibt eine Anzahl von etwa 20 Millionen Milliarden Operationen pro Sekunde. Im Jahr 1998 sind auf einem konventionellen Personal Computer multiple Operationen notwendig, um die Operationen in einem neuronalen Netz zu simulieren. Bis 2020 werden die Computer jedoch für diese Art von Operationen (und für andere sich ständig wiederholende Operationen, die bei der Simulation neuronaler Funktionen erforderlich sind) optimiert sein. Man beachte, daß die Operationen in einem neuronalen Netz einfacher und regelmäßiger sind als die allgemeineren Zwecken dienenden Operationen in einem Personal Computer.

3 Die Zahl von 5 Milliarden Bits Rechenleistung pro 1000 Dollar im Jahr 1998 wird sich bis 2023 zwanzigmal verdoppelt haben, so daß 2023 etwa eine Million Milliarden Bits für 1000 Dollar erhältlich sein werden.

4 Das Ziel der Nippon Electric Company, einen Supercomputer mit einer maximalen Leistung von über 32 Teraflops zu bauen, wird geschildert in »NEC Begins Designing World's Fastest Computer«, in: *Newsbytes News Network*, 21. Januar 1998. Online-Adresse: <http://www.nbpacifica.com/headline/necbeginsdesigningwo_1208.shtml>.

1998 war IBM eines von vier Unternehmen, die für die Teilnahme an PathForward ausgewählt wurden, einer Initiative des amerikanischen Energieministeriums, Supercomputer für das 21. Jahrhundert zu entwickeln. Die anderen an dem Projekt beteiligten Firmen sind Digital Equipment Corporation, Sun Microsystems, Inc., und Silicon Graphics/Cray Computer Systems (SGI/Cray). PathForward ist Bestandteil der Accelerated Strategic Computing Initiative (ASCI). Weitere Informationen über diese Initiative siehe <http://www.llnl.gov/asci>.

5 Durch Nutzung der beschleunigt wachsenden Packungsdichte und Geschwindigkeit der Komponenten wird sich die Leistungsfähigkeit der Computer alle 12 Monate verdoppeln oder alle zehn Jahre um den Faktor 1000 erhöhen. Ausgehend von der Vorhersage, daß im Jahr 2020 das Äquivalent der geschätzten Rechenleistung des menschlichen Gehirns (20 Millionen Milliarden Operationen pro Sekunde) für 1000 Dollar erhältlich sein wird, wird 2040 die geschätzte Rechenleistung von einer Million, 2050 das von einer Milliarde und 2060 das von einer Billion menschlicher Gehirne für 1000 Dollar erhältlich sein.

6 Bis 2099 wird man für 1000 Dollar eine Rechenleistung erwerben können, die der von 10^{24} menschlichen Gehirnen entspricht, das ist 1014mal die Rechenleistung aller menschlichen Gehirne. Die für einen Penny erhältliche Rechenleistung wird dann das 10^{9}fache (milliardenfache) aller menschlichen Gehirne betragen.

7 Die punktualistischen Evolutionstheorien gehen davon aus, daß die Evolution sich in plötzlichen Sprüngen vollzieht, gefolgt von Perioden relativer Stabilität. Interessanterweise ist beim Verhalten von evolutionären Algorithmen oft dasselbe Phänomen zu beobachten. (Siehe Kapitel 4)

8 Dean Takahashi, »Small Firms Jockeying for Position in 3D Chip Market«, in: *Knight-Ridder/Tribune News Service*, 1994, S. 0921K4365.

9 Die gesamte Februarausgabe des Jahres 1998 von *Computer* (Bd. 31, Nr. 2) untersucht den Stand der Technik bei der optischen Datenverarbeitung und der optischen Speicherung.

Sunny Bains berichtet von Firmen, die die optische Datenverarbeitung zur Erkennung von Fingerabdrücken und für andere Anwendungen nutzen, in: »Small, Hybrid Digital/Electronic Optical Correlators Ready to Power Commercial Products: Optical Computing Comes into Focus.« *EE Times*, 26. Januar 1998, Nr. 990. Der Artikel steht im Internet unter
<http://www. techweb.com/se/directlink.cgi?EET19980126S0019>.

10 Eine auch für Laien verständliche Einführung in die Datenverarbeitung mit DNS bietet Vincent Kiernan, »DNA-Based Computers Could Race Past Supercomputers, Researchers Predict«, in: *Chronicle of Higher Education* (28. November 1997). Kiernan diskutiert die Forschungsprojekte von Dr. Robert Korn von der University of Wisconsin und von Dr. Leonard Adleman. Der Artikel steht im Internet unter:
<http://chronicle.com/data/articles.dir/art-44.dir/issue-14.dir/14a02301.htm>.

Informationen über die Forschungsprojekte an der University of Wisconsin finden sich unter:

http://corninfo.chem.wics.edu/writings/DNAcomputing.html>.

Leonardo Adlemans Aufsatz »Molecular Computation of Solutions to Combinatorial Problems«, in: *Science* (11. November 1994), Bd. 266, S. 1021, bietet einen technischen Überblick über sein Konzept zur DNS-Programmierung von Computern.

11 Über Lambertus Hesselinks Forschungsprojekt berichten Philip F. Schewe und

Ben Stein in *Physics News Update*, Nr. 219 (28. März 1995). Der Bericht steht im Internet unter: <http://www.aip.org/enews/physnews/1995/split/pnu2192.htm>.

12 Über Nanoröhren und Buckyballs informiert Janet Rae-Duprees Artikel »Nanotechnology Could Be Foundation for Next Mechanical Revolution«, in: *Knight-Ridder/Tribune News Service*, 17. Dezember 1997, S. 1217K1133.

13 Dr. Sumio Iijimas Forschungsprojekt über Nanoröhren wird in einem Artikel auf der Website der Nippon Electric Company (NEC) zusammengefaßt: <http://www.labs.nec.co.jp/rdletter/letter01/index1.html>.

14 Über die Forschungsarbeit von Isaac Chuang und Neil Gershenfeld wird berichtet in: »Cue the Qubits: Quantum Computing«, *The Economist* 242, Nr. 8005 (22. Februar 1997), S. 91 f., und in dem Artikel von Dan Vergano, »Brewing a Quantum Computer in a Coffee Cup«, *Science News* 151, Nr. 3 (18. Januar 1997), S. 37. Weitere technische Details und eine Liste mit Chuangs und Gershenfelds Publikationen findet sich auf der Website von Physics and Media Group/MIT Media Lab unter: <http://physics.www.media.mit.edu/publications/> und auf der Website vom Los Alamos National Laboratory unter: <http://qso.lanl.gov/qc/>.

Weitere Gruppen, die am Quantencomputer arbeiten, sind die Information Mechanics Group im Labor für Computerwissenschaft des MIT, im Internet unter: <http://www-im.lcs.mit.edu/>, und die Quantum Computation Group von IBM: <http://www.research.ibm.com/quantuminfo/>.

15 »Student Cracks Encryption Code«, *USA Today Tech Report*, 2. September 1997.

16 Mark Buchanan, »Lights Spooky Connections Set Distance Record«, *New Scientist*, 28. Juni 1997.

17 Roger Penrose, *Computerdenken*, Heidelberg 1991.

18 Um den Tunneleffekt zu verstehen, muß man wissen, wie die Transistoren auf einem Chip mit einem integrierten Schaltkreis arbeiten. Auf einem solchen Chip befinden sich Schaltkreise mit Tausenden oder sogar Millionen von Transistoren, durch die in elektronischen Geräten der Stromfluß kontrolliert wird. Ein Transistor ist ein kleiner Block, der aus einem Halbleiter besteht, einem Material, das sowohl als Isolator wirken als auch Strom leiten kann. Die ersten Transistoren bestanden aus Germanium; sie wurden später durch Silizium ersetzt.

Transistoren arbeiten, indem sie ein elektrisches Feld aufbauen, dessen Struktur sich binnen einer Sekunde millionenmal ändern kann. Der Tunneleffekt bezieht sich auf die Fähigkeit von Elektronen (kleine Teilchen, die um den Kern eines Atoms kreisen), sich durch das Silikon zu bewegen. Sie »tunneln« durch die Barriere, da aufgrund der Quantenunsicherheit nicht festgelegt ist, auf welcher Seite der Barriere sie sich befinden.

19 Die Zahl der Wissenselemente ist deshalb größer als die der Wörter, da viele Wörter auf mehrere Arten und mit mehreren Bedeutungen gebraucht werden. Diese unterschiedlichen Verwendungen oder Bedeutungen werden oft als

»Sinneinheiten« bezeichet. Es ist wahrscheinlich, daß Shakespeare über mehr als 100 000 solcher »Sinneinheiten« verfügte.

20 Zitiert nach Douglas R. Hofstadter, *Gödel, Escher, Bach. Ein endloses geflochtenes Band*, Stuttgart 1985.

21 Michael Winerip, »Schizophrenia's Most Zealous Foe«, *New York Sunday Times*, 22. Februar 1998.

22 Ziel des Visible Human Project ist es, anatomisch detaillierte, dreidimensionale Modelle des männlichen und des weiblichen Körpers herzustellen. In der gegenwärtigen Phase des Projekts werden mittels transverser Computertomographie, Kernspintomographie und Kryosektion Abbilder von repräsentativen männlichen und weiblichen Leichen geschaffen. Die Website hat die Adresse: <http://www.nlm.nih.gov/research/visible/visible_human.html>.

23 Die Forscher Mark Hübener, Doron Shoham, Amiram Grinvald und Tobias Bonhoeffer veröffentlichten ihre Experimente mit Optical Imaging in: »Spatial Relationships among three Columnar Systems in Cat Area 17«, *Journal of Neuroscience* 17 (1997), S. 9270–9284.

Weitere Informationen über dieses und andere Forschungsprojekte zur Abbildung des Gehirns finden sich auf der Website des Weizmann-Instituts: <http://www.weizmann.ac.il/> und auf der Website von Amiram Grinvald <http://www.weizmann.ac.il/brain/grinvald/grinvald.htm>.

24 Die Arbeit von Dr. Benebid und anderen Forschern wird zusammengefaßt in: Robert Finn, »Neural Prosthetics Come of Age as Research Continues«, *The Scientist* 11, Nr. 19 (29. September 1997), S. 13 und 16. Der Artikel steht im Internet unter folgender Adresse: <http://www.the-scientist.library.upenn.edu/yr1997/sept/research_970929.html>.

25 Aus einem Telefoninterview des Autors mit Dr. Trosch vom April 1998.

26 Dr. Rizzo's Arbeit wird ebenfalls besprochen in: Robert Finn, »Neural Prosthetics Come of Age as Research Continues«, siehe Anmerkung 24.

27 Mehr über den »Neuronentransistor« siehe die Website der Abteilung für Membranen- und Neurophysik am Max Planck Institut für Biochemie in Martinsried: <http://mmphys.biochem.mpg.de/>.

28 Robert Finn, »Neural Prosthetics Come of Age as Research Continues«.

29 Der Bericht über Carver Meads Forschungsprojekt findet sich im Internet unter: <http://www.pcmp.caltech.edu/>.

30 W. B. Yeats, »Sailing to Byzantium«, aus: M. L. Rosenthal, Hg., *Selected Poems and Two Plays of William Butler Yeats*, New York 1966.

Kapitel 7: ... und Körper

1 Hubert L. Dreyfus ist bekannt für seine Kritik an der Künstlichen Intelligenz durch sein Buch *Was Computer nicht können: die Grenzen Künstlicher Intelligenz*, Frankfurt/M. 1990. Zum Lager der Theoretiker, die den Geist gegenüber der Maschine prinzipiell für überlegen halten, gehören auch J. R. Lucas und

John Searle. Siehe J. R. Lucas, »Minds, Machines and Gödel«, in: *Philosophy* 36 (1961), S. 120–124, und John Searle, »Mind, Brains, and Programs«, in: *The Behavioral and Brain Sciences* 3 (1980), S. 417–424. Siehe auch Searles später erschienenes Buch *Die Wiederentdeckung des Geistes*, München 1993.

2 »Ein Forschungsteam unter Dr. Clifford Steer an der University of Minnesota Medical School berichtet in der aktuellen Ausgabe von *Nature Medicine*, daß es dank der Nutzung eines körpereigenen genetischen Reparaturmechanismus ohne die Verwendung von Viren auskomme. In einem bahnbrechenden Experiment zum Beweis seiner Methode veränderte das Team permanent das Blutgerinnungs-Gen in 40 Prozent der Leberzellen bei einer Gruppe von Ratten. Die Forscher spalteten zunächst einmal ihr DNS-Stück und gewannen einen RNS-Strang. Dann versahen sie das so gewonnene Molekül mit einem schützenden Mantel, banden es an Zuckermoleküle, die von der Leber aufgenommen werden, und injizierten es Laborratten. Wie geplant fanden die RNS-Moleküle die angepeilten Gene und legten sich an sie an. Ein Enzym in der Leber der Ratten besorgte den Rest: Wann immer es auf ein Gen mit angelagerter RNS stieß, entfernte es die nicht dazu passende DNS und ersetzte sie durch einen neuen Strang. Nun geht es nur noch darum, ob das Verfahren auch mit anderem Gewebe und nicht nur bei Ratten funktioniert.« Zit. aus: »DNS Therapy: The New, Virus-Free Way to Make Genetic Repairs«, *Time*, 16. März 1998.

3 Hans Moravec, *Mind Children: The Future of Robot and Human Intelligence*, Cambridge, Massachusetts, 1988, S. 108.

4 Ralph Merkles Äußerungen über die Nanotechnologie sind zusammengefaßt auf seiner Website beim Xerox Research Center in Palo Alto: <http://sandbox.xerox.com/nano>. Seine Website enthält Links zu wichtigen Veröffentlichungen über Nanotechnologie, wie etwa zu Richard Feynmans Vortrag von 1959 und zu Eric Drexlers Dissertation, sowie Links zu verschiedenen Forschungszentren, die sich mit Nanotechnologie befassen.

5 Richard Feynman stellte diese Ideen am 29. Dezember 1959 auf dem Jahrestreffen der American Physical Society im California Institute of Technology (Caltech) vor. Sein Vortrag wurde erstmals publiziert in der Februar-Ausgabe der von Caltech herausgegebenen Zeitschrift *Engineering and Science*. Dieser Artikel steht im Internet unter: <http://nano.xerox.com/nanotech/feynman.html>.

6 Eric Drexler, *Engines of Creation*, New York 1986. Das Buch ist auch im Web zugänglich auf der Nanotechnologie-Website von Xerox unter: <http://sandbox.xerox.com/nano> und auf Drexlers Website beim Foresight Institute unter: <http://www.foresight.org/EOC/index.html>.

7 Eric Drexler, *Nanosystems: Molecular Machinery, Manufacturing and Computation*, New York 1992.

8 Wie auf der Website von Nanothinc <http://www.nanothinc.com/> zu lesen, »ist die Nanotechnologie, wenn man sie so breit definiert, daß sie eine Reihe von Aktivitäten und Disziplinen mit nanotechnischen Bezügen umfaßt, eine globale

Industrie, in der 300 Firmen heute schon jährlich 5 Milliarden Dollar Umsatz machen und in vier Jahren 24 Milliarden Dollar Umsatz machen werden«. Nanothinc hat dem eine Liste von Firmen und ihren Umsätzen beigefügt, auf denen die genannten Zahlen beruhen. Nanotechische Anwendungen, mit denen bereits Einnahmen erzielt werden, sind unter anderem Mikromaschinen, mikroelektromechanische Systeme, automatisierte Fertigung, Nanolithographie, nanotechnische Werkzeuge, Scanning Probe Microscopy, Software, nanoscale Materialien und nanophase Materialien.

9 Richard Smalleys Arbeiten über Nanotechnologie finden sich auf der Website des Center for Nanoscale Science and Technology an der Rice University: <http://cnst.rice.edu/>.

10 Für Informationen über den Einsatz von Nanotechnologie beim Firmenlogo von IBM siehe: Faye Flam, »Tiny Instrument Has Big Implications«, in: *Knight-Ridder/Tribune News Service*, 11. August 1997, S. 811K7204.

11 Dr. Jeffrey Sampsell von Texas Instruments hat eine zusammenfassende Darstellung über die Erforschung von Mikrospiegeln geschrieben und ins Netz gestellt unter: <http://www.ti.com/dlp/docs/it/resources/white/overview/over.shtml>.

12 Eine Beschreibung der Flugmaschinen findet sich auf der Website der MEMS (MicroElectroMechanical Systems) and Fluid Dynamics Research Group der University of California in Los Angeles (UCLA): <http://ho.seas.ucla.edu/new/main.htm>.

13 Die nanotechnologischen Forschungsprojekte bei Xerox werden beschrieben in: Brian Santo, »Smart Matter Program Embeds Intelligence by Combining Sensing, Actuation, Computation. Xerox Builds on Sensor Theory for Smart Materials«, in: *EETimes* (23. März 1998), S. 129. Weitere Informationen über diese Forschungsprojekte finden sich auf der Website der Smart Matter Research Group am Xerox Research Center in Palo Alto, <http://www.parc.xerox.com/spl/projects/smart-matter/>.

14 Für Informationen über die Verwendung von Nanotechnologie beim Bau der Nanogitarre siehe: Faye Flam, »Tiny Instrument Has Big Implications«, in: *Knight-Ridder/Tribune News Service*.

15 Weitere Informationen über die Region Tscheljabinsk sind auf der Website zu finden, die für die Menschen in der betroffenen Region Hilfe mobilisieren soll: <http://www.logtv.com/chelya/chel.html>.

16 Mehr zur Entstehungsgeschichte von Space War in »A History of Computer Games«, in: *Computer Gaming World* (November 1991), S. 16–26, und in: Eric S. Raymond, Hg., *New Hacker's Dictionary*, Cambridge, Massachusetts, 1992. Space War wurde 1961 von Steve Russell enwickelt und von ihm ein Jahr später auf dem PDP-1 am MIT implementiert.

17 Die Medical Learning Company ist ein Joint Venture des American Board of Family Practice (eine Organisation, die jährlich 60 000 Kinderärzten in den USA die Zulassung erteilt) und der Firma Kurzweil Technologies. Ziel des Unternehmens ist es, Software zur Weiterbildung von Ärzten und für andere

Märkte zu entwickeln. Ein zentraler Aspekt der entwickelten Software wird ein interaktiver simulierter Patient sein, der untersucht, befragt und behandelt werden kann.

18 Halls Konzeption des Foglets-Nebels wird beschrieben in: J. Storrs Hall, »Utility Fog Part 1«, in: *Extropy,* Ausgabe 13 (Bd. 6, Nr. 2), Drittes Quartal 1994, und J. Storrs Hall, »Utility Fog Part 2«, in: *Extropy,* Ausgabe 14 (Bd. 7, Nr. 1), Erstes Quartal 1995. Siehe auch: Jim Wilson, »Shrinking Micromachines: A New Generation of Tools Will Make Molecule-Size Machines a Reality«, in: *Popular Mechanics* 174, Nr. 11 (November 1997), S. 55–58.

19 Mark Yim, »Locomotion with a Unit-Modular Reconfigurable Robot«, Stanford University Technical Report STAN-CS-TR-95-1536.

20 Joseph Michael, UK Patent #94004227.2.

21 Beispiele für die frühe Veröffentlichung »lasziver« Texte in: Patrick J. Kearney, *A History of Erotic Literature*, Hongkong 1982, und Richard Zachs, *History Laid Bare,* New York 1994.

22 *Upside Magazine,* April 1998.

23 Beispielsweise das »TFUI« (Touch-and-Feel User Interface), wie es vom Hersteller Pixis in den CD-Rom-Serien Diva und Space Sirens verwendet wird.

24 Aus Malcolm W. Brown, »Who Needs Jokes? Brain Has a Ticklish Spot«, in: *New York Times,* 10. März 1998. Siehe auch: I. Fried, C. I. Wilson, K. A. MacDonald und E. J. Behnke, »Electric Current Stimulates Laughter«, in: *Scientific Correspondence,* 391 (1998), S. 650.

25 K. Blum und andere, »Reward Deficiency Syndrome«, in: *American Scientist,* März-April 1996.

26 Hirngenerierte Musik ist eine patentierte Technologie von NeuroSonics, einer kleinen Firma in Baltimore, Maryland. Ihr Gründer, Direktor und wichtigster Entwickler ist Dr. Geoff Wright, der Chef der Abteilung für Computermusik am Peabody Conservatory.

27 Details über Dr. Bensons Arbeit finden sich in seinem Buch *The Relaxation Response,* New York 1990.

28 »God Spot is Found in Brain«, *Sunday Times* (Großbritannien), 2. November 1997.

Kapitel 8: 1999

1 Das US Federal Governement Gateway for Year 2000 Information Directories bietet unter <http://www.itpolicy.gsa.gov/mks/yr2000/y2khome.htm> eine Anzahl von Hinweisen auf Web-Seiten, die sich mit dem Jahr-2000-Problem beschäftigen. Zudem existieren im Web zahlreiche Diskussionsforen zu diesem Thema. Suchen Sie mit Hilfe eines Suchprogramms wie Yahoo (www.yahoo.com) einfach nach »Y2K discussion«, dann finden Sie etliche Web-Seiten zu diesem Thema.

2 David Cope berichtet über sein Programm EMI in seinem Buch *Experiments in*

Musical Intelligence, Madison, WI, 1996. Eine Besprechung von EMI findet sich auch in Margaret Boden, »Artificial Genius«, *Discover,* Oktober 1996.

3 Zu weiteren Informationen über das Programm Improvisor siehe Margaret Boden, »Artificial Genius«, *Discover,* Oktober 1996. Der Artikel beschäftigt sich mit der Frage, wer der eigentliche Schöpfer der von Computerprogrammen produzierten Originalwerke ist, der Programmierer oder das Programm selbst.

4 Laurie Flynn, »Program Proves Bad Puns Not Limited to Humans«, *New York Times,* 3. Januar 1998.

5 »ParaMind kopiert jeden Text, den Sie in seinen Bildschirm eintippen oder einfügen, und fügt in ihren Text systematisch neue Wörter ein. Die Wörter sind alle miteinander verwandt; so beziehen sich Adjektive etwa auf einen optischen Sachverhalt, Adverbien auf Bewegung. Aus dem Text, den Sie eintippen oder einfügen, werden ein oder zwei Wörter ausgewählt, die Sie mit den neuen Wörtern nach Belieben ergänzen können. Ihr Einfall erscheint in einem neuen Licht und kann in mehrfacher faszinierender Weise verändert werden.« Aus der Web-Seite ParaMind Brainstorming Software unter <http://www.paramind.net/>. Zu weiteren Informationen über Schreibprogramme siehe Marius Watz' Web-Seite mit dem Titel Computer Generated Writing unter <http://www.notam.uio.no./~mariusw/c-g.writing/>.

6 Weitere Informationen über den BRUTUS.1 Story Generator und seine Erfinder finden Sie unter <http://www.rpi.edu/dept/ppcs/BRUTUS/brutus.htm>.

7 Ray Kurzweil's Cybernetic Poet (RKCP) ist ein Software-Programm, das von Ray Kurzweil entworfen und von Kurzweil Technologies entwickelt wurde. Sie erhalten das Programm unter <http://www.kurzweiltech.com>.

8 Beispiele für die künstlerische Arbeit von Mutator finden Sie auf der Web-Site von Computer Artworks unter <http://www.artworks.co.uk/welcome.htm>. Karl Sims hat mehrere Artikel über seine Arbeit geschrieben, darunter »Artificial Evolution for Computer Graphics, *Computer Graphics 25,* Nr. 4, Juli 1991, S. 319–328.

9 Zeichnungen und Gemälde von Aaron, Harold Cohens kybernetischem Künstler, sind in Einrichtungen wie der Londoner Tate Gallery, dem Amsterdamer Stedelijik Museum, dem Brooklyn Museum, dem Museum of Modern Art in San Francisco und dem Washington Capitol Children's Museum ausgestellt worden.

10 Harold Cohen, »How to Draw Three People in a Botanical Garden«, AAAI88, *Proceedings of the Seventh National Conference on Artificial Intelligence,* 1988, S. 846–855. Die Bedeutung Aarons wird untersucht in Pamela McCorduck, »Artificial Intelligence: An Aperçu«, *Daedalus,* Winter 1988, S. 65–83.

11 Eine Liste von Sites zu Cohens Aaron findet sich unter <http://www.umcs.meine.edu/~larry/latour/aaron.html>. Siehe auch Harold Cohens Artikel in »Constructions of the Mind« unter <http://shr.stanford.edu.shreview/4-2/text/cohen.html>.

12 Raymond Kurzweil, *Das Zeitalter der Künstlichen Intelligenz,* München 1993.

Siehe auch die Publikationen auf der Web-Site von Kurzweil Technologies unter <http://www.kurzweiltech.com> und die Publikationen auf der Web-Site von Kurzweil Educational Systems unter <http://www.kurzweiledu.com>.

13 Mit Risikokapital sind Finanzierungsmittel gemeint, die von Organisationen oder privaten Geldgebern für Investitionen in Unternehmen, hauptsächlich in neue, bereitgestellt werden. In den Vereinigten Staaten werden mit Risiko-Kapital hauptsächlich Investitionen im High-Tech-Bereich getätigt.

14 Eine ausführliche Liste von Geräten, die mit Sprach- und Gesichtserkennung arbeiten, und von Forschungsprojekten in diesem Bereich findet sich in »The Face Recognition Home Page« unter <http://cherry.kist.re.kr/center/html/sites.html>.

15 Einen guten Überblick über das Thema bietet »The Intelligent Vehicle Initiative: Advancing ›Human-Centered‹ Smart Vehicles« von Cheryl Little vom Volpe National Transportation Systems Center. Diesen Artikel findet man über die Web-Seite des Turner-Fairbank Highway Research Center unter <http: www.tfhrc.gov/pubrds/pr97-10/p18.htm>. Zu Einzelheiten über die Versuche auf der Interstate 15 in Kalifornien siehe die Homepage des National AHS Consortium unter <http://monolith-mis.com/ahs/default.htm>.

16 Voice ExpressPlus von Lernout & Hauspie (ehemals Kurzweil Applied Intelligence) kombiniert beispielsweise einen großen Wortschatz und das Erkennen fließend gesprochener Sprache zum Diktieren mit dem Verstehen natürlicher Sprache zum Eingeben von Befehlen. Das Erkennen fließend gesprochener Sprache ohne natürlichsprachliches Verstehen bieten auch Naturally Speaking von Dragon System und ViaVoice von IBM.

17 Beispiele für Übersetzungsprodukte sind Langenscheidt's T1 Professional von der Gesellschaft für Multilinguale Systeme, einer Abteilung der Lernout & Hauspie Speech Products, sowie der Gobalink Power Translator und SYSTRAN Classic for Windows.

18 Duncan Bythell, *The Handloom Weavers: A Study of the English Cotton Industry During the Industrial Revolution*, S. 70. Es gibt eine Anzahl von Web-Sites, die sich mit der Geschichte der Ludditen und der gegenwärtigen neoludditischen Bewegung beschäftigen. Als ein Beispiel siehe die Web-Seite Luddites On-Line unter <http://www.luddites.com/index2.html>.

19 Ben J. Watternberg, Hg., *The Statistical History of the United States from Colonial Time to the Present.* U. S. Department of Commerce, Bureau of the Census, *Statistical Abstract of the United States*, 1997.

20 Ben J. Watternberg, Hg., *The Statistical History of the United States from Colonial Time to the Present.*

21 U. S. Department of Commerce, Bureau of the Census, *Statistical Abstract of the United States*, 1997.

22 Ted Kaczynskis Unabomber-Manifest wurde im September 1995 in der *New York Times* und *Washington Post* abgedruckt. Der vollständige Text ist auf zahlreichen Web-Seiten nachzulesen, so auch unter <http://www.soci.niu.edu/~critrim/uni/uni.txt>.

Kapitel 9: 2009

1 Ein Konsortium aus 18 Unternehmen, die Handys und andere tragbare elektronische Geräte herstellen, entwickelt zur Zeit eine Technologie namens »Bluetooth«, die eine drahtlose Kommunikation im Umkreis von zehn Metern mit einer Datenrate von 700 bis 900 Kbits ermöglicht. Bluetooth soll Ende 1999 auf den Markt kommen und zunächst ungefähr 20 Dollar pro Stück kosten. Man erwartet, daß der Preis nach der Einführung rasch sinkt. Bluetooth wird den Datenaustausch zwischen allen persönlichen Kommunikationseinrichtungen und elektronischen Geräten ermöglichen.

2 Technologien wie Bluetooth (siehe Anm. 1) ermöglichen den drahtlosen Datenaustausch zwischen Computer-Komponenten wie Zentraleinheit, Tastatur, Zeigegeräten, Druckern usw.

3 Microvision in Seattle verfügt über ein Produkt namens »Virtual Retina Display« (VDR), das Bilder auf die Netzhaut des Nutzers projiziert, während der Nutzer die normale Umgebung sehen kann. Das Produkt ist im Moment noch teuer und wird hauptsächlich an das Militär verkauft, wo es von Piloten benutzt wird. Microvision-Chef Richard Rutkowski will noch vor dem Jahr 2000 eine Verbraucherversion mit einem einzigen Chip herausbringen.

4 Ein Personal Computer des Jahres 1998 für rund 1000 Dollar kann etwa 150 Millionen Befehle pro Sekunde ausführen. Bei einer Verdoppelung alle zwölf Monate heißt das, hochgerechnet auf das Jahr 2009, 150 Millionen multipliziert mit 2^{11} (2,048) = 300 Milliarden Befehle pro Sekunde. Befehle sind weniger aufwendig als Rechenoperationen, so daß die Zahl der Berechnungen bei 100 Milliarden pro Sekunde liegen wird. Anders ist es, wenn wir die Geschwindigkeit von Neurocomputern zugrunde legen. Ein Neurocomputer des Jahres 1997 ermöglichte rund 2 Milliarden Operationen neuronaler Verbindungen pro Sekunde für rund 2000 Dollar, das macht 1 Milliarde Operationen pro 1000 Dollar. Bei einer Verdoppelung alle zwölf Monate ergibt das, hochgerechnet auf das Jahr 2009, 1 Milliarde mal 2^{12} (4,096) = 4 Billionen Berechnungen pro Sekunde. Im Jahr 2009 werden Computer routinemäßig beide Rechenarten kombinieren. Geht man also davon aus, daß ein Viertel der Berechnungen Operationen neuronaler Verbindungen sein werden, sind die geschätzten 1 Billion Berechnungen pro Sekunde für 1000 Dollar durchaus realistisch.

5 Die leistungsfähigsten Supercomputer sind zwanzigtausendmal leistungsfähiger als ein Personal Computer für 1000 Dollar. Wird ein Personal Computer für 1000 Dollar im Jahr 2009 ungefähr 1 Billion Berechnungen pro Sekunde (hauptsächlich Operationen neuronaler Verbindungen) durchführen, so bringen es die leistungsfähigsten Supercomputer auf etwa 2×10^{16} Berechnungen, was in etwa der geschätzten Rechenleistung des menschlichen Gehirns entspricht.

6 Während der Niederschrift dieses Buches erregte die Arbeit von Dr. Judah Folkman vom Children's Hospital in Boston, Massachusetts, und die Wirkung von Angiogenese-Inhibitoren großes Aufsehen. Insbesondere die Kombination von

Endostatin und Angiostatin – gentechnisch hergestellte Wirkstoffe, welche die Bildung kapillarer Blutgefäße verhindern – erwies sich bei Mäusen als sehr wirkungsvoll. Auch wenn von verschiedenen Seiten darauf hingewiesen wurde, daß Medikamente, die bei Mäusen wirken, bei Menschen häufig nicht wirken, führte diese Wirkstoffkombination im Laborversuch doch zu bemerkenswerten Ergebnissen. Medikamente, die bei Mäusen so gut wirken, wirken oft auch bei Menschen. Siehe dazu »HOPE IN THE LAB: A Special Report. A Cautious Awe Greets Drugs That Eradicate Tumors in Mice«, *New York Times*, 3. Mai 1998.

Kapitel 10: 2019

1 Siehe Anmerkung 3 von Kapitel 9 zum Virtual Retina Display der Firma Microvision.

2 Im Jahr 1997 ermöglichte ein Neurocomputer etwa 2 Milliarden Operationen neuronaler Verbindungen pro Sekunde für 2000 Dollar. Bei 22maliger Verdopplung bis 2019 steigt diese Zahl auf 8×10^{15} Berechnungen pro Sekunde für 2000 Dollar und 16×10^{15} Berechnungen pro Sekunde für 4000 Dollar an. Im Jahr 2020 bekommen wir 16×10^{15} Berechnungen pro Sekunde für 2000 Dollar.

3 Wenn jedes menschliche Gehirn etwa 10^{16} Berechnungen pro Sekunde durchführt und schätzungsweise 10 Milliarden (10^{10}) Menschen auf der Erde leben, führen alle menschlichen Gehirne schätzungsweise 10^{26} Berechnungen pro Sekunde durch. Im Jahr 1998 gibt es weltweit etwa 100 Millionen Computer. Nach vorsichtiger Schätzung dürfte es 2019 etwa eine Milliarde Computer geben, die dem ehemaligen technischen Stand von Maschinen für 1000 Dollar entsprechen. Somit beliefe sich die Gesamtrechenleistung der Computer auf 1 Milliarde (10^9) mal $10^{16} = 10^{25}$ Berechnungen pro Sekunde, und das sind 10 Prozent von 10^{26}.

Kapitel 11: 2029

1 Geht man von einer Leistungskapazität des menschlichen Gehirns von 10^{16} Rechenoperationen pro Sekunde und einer Bevölkerung von 10 Milliarden (10^{10}) aus, summiert sich die Leistungskapazität aller menschlichen Gehirne auf der Erde auf 10^{26} Rechenoperationen pro Sekunde. Gehen wir weiter davon aus, daß in diesem Jahr eine Milliarde 1000-Dollar-Recheneinheiten (in Dollar von 2029) installiert sind. Das ist zwar eine übermäßig konservative Schätzung, reicht für unsere Zwecke hier aber völlig aus. Die kombinierte Rechenleistung der Computer würde im Jahr 2029 demnach bei einer Milliarde (10^9) $\times 10^{19} = 10^{28}$ Rechenoperationen pro Sekunde liegen, das ist das Einhundertfache der Leistungskapazität aller menschlichen Gehirne (die 10^{26} Operationen pro Sekunde beträgt).

2 Siehe Raymond Kurzweil, The 10% Solution for a Healthy Life: How to Eliminate Virtually All Risk of Heart Disease and Cancer. New York 1993.

Kapitel 12: 2099

1 Wie in Kapitel 6, *Der Bau neuer Gehirne* ..., und Kapitel 10, *2019*, bereits angesprochen wurde, wird die menschliche Rechenkapazität von schätzungsweise 2 x 10^{16} (neuronaler Verbindungs-) Operationen pro Sekunde um das Jahr 2020 von durchschnittlichen 1000-Dollar-Computern erreicht werden. Wie gleichfalls bereits erwähnt, wird sich die maschinelle Datenverarbeitungskapazität alle zwölf Monate verdoppeln oder, anders ausgedrückt, alle zehn Jahre um den Faktor 2^{10} ansteigen. Somit wird im Jahr 2099 eine 1000-Dollar-Recheneinheit mit einer Leistungsfähigkeit von 10^{24} Operationen pro Sekunde eine um den Faktor 10^{24} höhere Kapazität besitzen als das menschliche Gehirn. Veranschlagen wir die Zahl der virtuellen Personen auf eine Billion (was hundertmal mehr wäre als die schätzungsweise 10 Milliarden Menschen, die Anfang des 21. Jahrhunderts auf der Erde leben werden) und den Wert der Rechenleistung pro Person auf eine Million Dollar, dann ergibt das unter dem Strich 10^{55} Rechenoperationen pro Sekunde.

2 Eintausend Qu-Bits würden die zeitgleiche Durchführung von 2^{1000} (ungefähr 10^{300}) Operationen pro Sekunde ermöglichen. Wenn 10^{42} der Operationen pro Sekunde auf Quantenoperationen entfallen, dann ergibt das 10^{42} x $10^{300} = 10^{342}$ Operationen pro Sekunde. Angesichts der Größenordnungen, in denen wir uns hier bewegen, sind $10^{55} + 10^{342}$ kaum mehr als 10^{342}.

3 Wahrscheinlich werden Sie sich fragen, was mit der Picotechnologie passiert ist. Die Picotechnologie bezieht sich auf technologische Verfahren auf der Ebene eines Picometers, entsprechend einem Billionstel Meter. Denken Sie daran, daß der Autor zuletzt vor siebzig Jahren mit Molly gesprochen hat. Die Nanotechnologie (Technologie auf dem Niveau eines Milliardstel Meters) kam in dem Jahrzehnt zwischen 2019 und 2029 auf den Markt. Und vergessen Sie nicht, daß im 20. Jahrhundert das Gesetz vom steigenden Ertragszuwachs auf dem Gebiet der Datenverarbeitung durch die fortschreitende Verkleinerung der Technologien erfüllt wurde. Ein gutes Beispiel dafür ist das Mooresche Gesetz, nach dem die (zweidimensionale) Größe eines Transistors alle zwei Jahre um 50 Prozent reduziert wurde. Das bedeutet, daß die Größe von Transistoren im 20. Jahrhundert alle zehn Jahre um einen Faktor von 2^5 (mithin das 32fache) verringert wurde. Folglich sank die Größe eines Transistors in *allen* Dimensionen um den Faktor 5.6, entsprechend der Quadratwurzel aus 32. Demnach reduzieren wir die Größe von Komponenten alle zehn Jahre um den Faktor 5,6.

Wenn sich im Jahr 2032 die Nanotechnologie im praktischen Einsatz befindet, dann sollte die Picotechnologie 40 Jahre später (weil $5{,}6^4 \cong 1000$), also um das Jahr 2072, einsatzbereit sein. Die Einführung der Femtotechnologie (die im Bereich eines Billiardstel Meters arbeitet) wäre dann also für das Jahr 2112 zu erwarten. Folglich bin ich eher konservativ, wenn ich sage, daß die Femtotechnologie im Jahr 2099 noch umstritten ist.

Die Nanotechnologie arbeitet auf der Ebene einzelner Atome, die Picotechnologie auf der subatomarer Partikel (beispielsweise Elektronen). Die Femtotechnologie stößt in den Bereich der Quarks vor, was jedoch angesichts der Tatsache, daß bereits heute manche zeitgenössische Theorien komplexe Mechanismen innerhalb von Quarks als gegeben voraussetzen, nicht sonderlich überraschend sein sollte.

Epilog: Ein Blick zurück auf den Rest des Universums

1 Natürlich könnte man die *Fleißiger Biber*-Funktion (siehe Anmerkung 16 zur Turing-Maschine in Kapitel 4) als quantitatives Maß der Softwareintelligenz verwenden.

Wie man mittels dreier einfacher Paradigmen eine intelligente Maschine baut

1 Siehe Vladim Gerasimov, »Information Processing in the Human Body«, unter <http://vadim.www.media.mit.edu/MAS862/Project.html>.

2 Marvin Minsky und Seymour A. Papert, *Perceptrons: An Introduction to Computational Geometry*, Cambridge, Massachusetts, 1988.

3 Der zitierte Text über die beiden Schwesterwissenschaften stammt aus einem Artikel von Seymour Papert, »One AI or Many«, in: *Daedalus*, Winter 1988.

»Dr. Seymour Papert ist Mathematiker und ein früher Pionier auf dem Feld der Künstlichen Intelligenz. Darüber hinaus besitzt er internationales Renommee als Vordenker über die Frage nach dem Einfluß von Computern auf den Lernprozeß. Papert stammt aus Südafrika, wo er sich in der Antiapartheidsbewegung engagierte. Von 1954 bis 1958 befaßte er sich an der Universität Cambridge mit mathematischen Forschungsarbeiten. Im Anschluß daran arbeitete er bis 1963 mit Jean Piaget zusammen an der Universität von Genf. Diese Zusammenarbeit brachte ihn darauf, die Mathematik zum Verständnis des kindlichen Lernens und Denkens einzusetzen. Anfang der sechziger Jahre ging Papert an das Massachusetts Institute of Technology, wo er zusammen mit Marvin Minsky das Artificial Intelligence Laboratory gründete und das grundlegende Buch *Perceptrons* verfaßte.« Aus der Web-Seite »Seymour Papert« unter <http://papert.www.media.mit.edu/people/papert/>.

4 »[Marvin] Minsky gehört zu den Pionieren der Robotik, Optik und Künstlichen Intelligenz. Im Jahr 1951 baute er den ersten willkürlich verknüpften neuronalen Netzsimulator (den sogenannten SNARC, Stochastic Neural-Analog Reinforcement Computer), der auf der Verstärkung simulierter Synapsenüber-

tragungskoeffizienten basierte. ... Seit Beginn der fünfziger Jahre arbeitet Marvin Minsky daran, intelligente Maschinen zu entwickeln und mit Hilfe von mathematischen Formeln psychische Vorgänge des Menschen zu charakterisieren.« Aus dem akademischen Werdegang Marvin Minskys unter <http://minsky.www.media.mit.edu/people/minsky/minskybiog.html>.

5 Dr. Raj Reddy ist Dekan der School of Computer Science an der Carnegie-Mellon University und Professor für Computer Science and Robotics an der Herbert A. Simon University. Dr. Reddy ist ein führender Wissenschaftler auf dem Gebiet der Künstlichen Intelligenz, der sich daneben auch intensiv mit der Frage der Mensch-Computer-Interaktion beschäftigt.

Zeittafel

Zu den Quellen für die Zeittafel zählt Raymond Kurzweil *KI – Das Zeitalter der Künstlichen Intelligenz*, München 1993.

»Introduction to Big Bang Theory« siehe <http://www.bowdoin.edu/dept/phy sics/astro.1997/astro4/bigbabg.html>; Joseph Silk, *A Short History of the Universe*, New York 1994; Joseph Silk, *The Big Bang*, San Francisco 1980; Robert M. Wald, *Space, Time and Gravity*, Chicago1977; Stephen Hawking, *Eine kurze Geschichte der Zeit – die Suche nach der Urkraft des Universums*, Reinbek bei Hamburg 1988.

»Evolution and Behaviour« siehe <http://ccp.uchicago.edu/~jyin/evolution.html>; Edward O. Wilson, *Der Wert der Vielfalt: die Bedrohung des Artenreichtums und das Überleben des Menschen*, München 1995; Stephen Jay Gould, *The Book of Life*, New York 1993; Alexander Hellemans und Bryan Bunch, *The Timetable of Science*, New York 1988. »CBN History: Radio/Broadcasting Timeline«, <http://www.wcbn.org/history/wcbntime.html>.

»Chronology of Events in the History of Microcomputers« siehe <http://www3.islandnet.com/~kpolsson/comphist.htm>.

»The Computer Museum History Center« siehe <http://www.tcm.org/history/index.html>.

1 Die Picotechnik umfaßt Arbeiten auf der Ebene subatomarer Teilchen (z. B. Elektronen). Siehe Kapitel 12 Anmerkung 3 über Picotechnik und Femtotechnik.

2 Die Femtotechnik umfaßt die Nutzung von Mechanismen innerhalb eines Quarks. Siehe Kapitel 12 Anmerkung 3 über Picotechnik und Femtotechnik.

Personenregister

Sachregister

Erweitertes Inhaltsverzeichnis

Jahrzehntelang nannte man ihn den »Mann ohne Gesicht«, weil es keinem westlichen Geheimdienst gelang, ihn zu fotografieren oder zu identifizieren. Jetzt erzählt Markus Wolf, der legendäre Leiter der DDR-Auslandsaufklärung, erstmals seine persönliche Geschichte.

Quasi aus dem Nichts hatte er den Geheimdienst nach Kriegsende aufgebaut. Doch schon bald besetzten seine Spione zentrale Stellen in der Bundesregierung und der NATO. Spektakuläre Erfolge und Niederlagen kennzeichneten die weitere Geschichte der Auslandsaufklärung, die mit dem Ende der DDR unterging.

Markus Wolfs Memoiren sind die packende Darstellung eines Kapitels internationaler Zeitgeschichte aus der Sicht eines der wichtigsten Protagonisten: ein Buch, das zu den Klassikern der Spionageliteratur zählt.

Markus Wolf

Spionagechef im geheimen Krieg

Econ | Ullstein | List

511

Horst-Eberhard Richter
Wanderer zwischen den Fronten

Gedanken und Erinnerungen
Gebunden

Richter spricht über sein Bewusstwerden in der Bestialität des Krieges, als Rückkehrer in eine materiell und moralisch geschlagene Gesellschaft. Er spricht über seinen beruflichen Werdegang und sein vielfältiges soziales und politisches Engagement. Dieses brachte ihn auch in nähere Berührung mit Willy Brandt, Helmut Schmidt, Oskar Lafontaine und Michael Gorbatschow – deren persönliche Strukturen er eingehend studieren konnte. Entscheidend war und ist für ihn stets die Verteidigung eines humanistischen Weltbildes.